采购与供应管理

有效执行五步法

升级版

曲沛力 著

机械工业出版社
CHINA MACHINE PRESS

如何评估、引入与考核供应商？如何建立、维护与发展供应商的关系？如何进行采购的财务预算与运营规划？如何利用供采博弈力之下的品类管理进行综合成本优化？如何搭建供应商绩效管理体系并将可持续性议题贯穿始终？这些都是困扰采购从业人员的实际问题。想学习采购与供应管理，应该从哪些知识入手？对于采购业务一线从业者和管理人员而言，本书可以帮助他们按照战略采购周期的顺序灵活掌握与运用相关工具或方法。本书以必备的五大核心工具为切入点，围绕这些工具详细地介绍相关的知识与技能，从战略、运营与操作三个层面深入浅出地阐述了采购与供应的前沿理论知识与工作实践方法。

图书在版编目（CIP）数据

采购与供应管理：有效执行五步法：升级版／曲沛力著．--2版．--北京：机械工业出版社，2024.12．--ISBN 978-7-111-76748-0

Ⅰ．F253；F252.2

中国国家版本馆 CIP 数据核字第 20248X31B2 号

机械工业出版社（北京市百万庄大街 22 号　邮政编码 100037）
策划编辑：曹雅君　　　　　责任编辑：曹雅君　解文涛
责任校对：樊钟英　李小宝　　责任印制：常天培
北京铭成印刷有限公司印刷
2025 年 1 月第 2 版第 1 次印刷
169mm×239mm・25.5 印张・1 插页・400 千字
标准书号：ISBN 978-7-111-76748-0
定价：85.00 元

电话服务　　　　　　　　　　网络服务
客服电话：010-88361066　　　机　工　官　网：www.cmpbook.com
　　　　　010-88379833　　　机　工　官　博：weibo.com/cmp1952
　　　　　010-68326294　　　金　书　网：www.golden-book.com
封底无防伪标均为盗版　　　　机工教育服务网：www.cmpedu.com

再版前言

《采购与供应管理：有效执行五步法》第1版出版距今已经过去了7年，在采购与供应链领域，无论是理论研究还是企业实践均发生了不小的变化。特别是在垂直产业链的供应市场分析与供应源搜寻，采购品类管理和可持续性发展方面都有了新的理论诠释与企业最佳实践。只有追求与时俱进，才能日臻完善。因此，本书也到了重新修订并再版的时候了。

我并不是一名采购与供应链理论方面的专家，这个领域在过往的几十年当中涌现出很多世界级的理论研究大师和先行者，他们的名望和教科书级别的专著，都是我难以望其项背的。感谢过往所经历的企业给予了宽松的管理空间，让我在近30年当中得以坚持在企业管理与社会教学活动中展开实践，让我有机会汲取系统理论知识并运用于企业实践，再从实践中梳理、验证与归纳。采购管理与通用的管理学一样，管理者除了要考虑"组团队、布人力、建系统"，还要向上延伸帮助经营决策层解决供应链当中的资源化战略问题；向下落实到作业层面，必须强调它的精准量化管理的属性。同时管理又是一种艺术，掌握正确的理论和技巧是必要的基础，但是它并不能保证你一定能完成优秀的艺术作品，而丰富多彩的企业实践活动才是根本。

在这次动笔修订之前，我就和编辑做好了沟通，这本书绝不仅仅讲解理论或者单纯的技术，它还会涉及企业管理的很多范畴。虽然有些读者和我的学员朋友或很看重理论与技巧问题，或很关心企业的具体应用与实践，但是穿插在理论与实践之间的内容，那些讲述采购与供应链管理本质的东西，才是我把它们转化成文字的出发点。

本次再版除了删除了一些过时的以及与采购管理关联性不强的内容之外，还修订和增补了以下几个方面：

（1）全面融入供应链的采购管理与"左手边"资源化的过程。

（2）前瞻性与创新性地早期进入供应市场。

（3）垂直领域产业链的供应市场定量分析与研究。

（4）采购物资或服务的定量定位与层层穿透。

（5）采购品类管理工具与综合成本优化。

（6）可持续性的采购与炭绩效管理。

这次再版的写作过程历时十个月，恰逢生成式 AI（人工智能）大模型技术风起云涌，未来很多管理工作也许会被人工智能所取代，但是以人为本的主观能动性、创意与想象力是不会被轻易替代的。人工智能终究是一项技术，企业的管理者要拥抱它的到来并用好这项技能，而不是恐惧或将其拒之门外。因此，面对新的时代，新型的学习方式更加强调知识的融会贯通与快速更新，还要不断地进行企业实践。同时，采购与供应领域的职业发展也越来越需要更宽广的视野与发散性思维。全面融入供应链的采购管理也表明了熟练掌握与应用各种相关的综合学科的知识是采购专业从业者的必选项，只有这样才能致力于帮助企业在供应链上提升核心价值，同时也能助力自身职业生涯的发展。此外，本次再版还希望能够带给大家一些启发，我们常说"考虑管理的理论与技巧越多，考虑管理的本质就越少"。希望大家合上这本书之后，能够走上广阔的采购实践大舞台，汇入新时代的企业管理洪流之中。

在此要感谢本书再版过程中给予大力协助的 CIPS 中国区总部的各位领导和老师们，还有一如既往支持我的广大学员朋友们。

曲沛力

2024 年 5 月

序

伴随着世界经济一体化步伐的加快，特别是我国在经历了30多年市场经济的快速发展之后，凭借全球化的推动作用，众多国外的企业进入了蓬勃发展的中国市场，同时越来越多的本土企业也加入了国际市场竞争与合作的行列，因此，国内对全面融入供应链管理的采购与供应的认知也逐渐发生了深刻的变化。

在迅速变化的商业环境中，各行各业都面临着前所未有的挑战与机遇。企业在不断整合与完善供应链基础的同时，以战略发展的高度强化采购与供应的管理显得尤其重要，如何在激烈的行业竞争中占得先机，通过制定中长期与短期相结合的采购战略，夯实企业的供应基础和资源整合能力，跨越式地提升采购与供应管理的技能与技巧，打造企业核心竞争力，帮助企业获得可持续的经营与发展的能力，成为国内企业迫切需要解决的问题之一。

企业为了获得竞争优势，对采购人员的要求也随之发生了根本性的变化：从处理事务的文书工作上升到必须具有战略眼光；从简单的交易技巧上升到参与公司的重大战略决策；从具备单一的知识上升到拥有综合的管理能力与领导力；从采购的硬技巧上升到基于供应链管理的采购与供应的综合技能。除此，采购人员还被要求成为能够提供和制定规格的准技术专家，而且还要成为商务处理的高手。

企业要想促进采购与供应管理体系的发展，就离不开更多具备了理论与实践经验的高水平采购管理人员的参与。但是以往国内的教育体系对采购作为一门专业学科的重视程度不够，企业对采购人员的培训也不足，可供学习和研究采购管理的专业书籍也较少。近些年在有关各方的关注下，不仅很多高校开设了采购专业课程，而且社会与企业也越来越重视对采购从业人员的专业培训，从而使这一状况得到了显著的改善。这些推进举措中也包括了已经引进国内的英国皇家采购与供应学会（CIPS）的认证体系与培训课程，它的落地生根与成长发展也见证了我国采购从业者对学习世界级先进管理理论与实践的渴求、提高专业技能的努力、企业在国际市场的竞争力逐步提升的过程。

《采购与供应管理：有效执行五步法》是一本从战略、运营与作业层面研究企业在采购与供应活动中供应市场分析、供应源搜寻、供应商关系、采购组织环境、企划与预算、控制与运营、绩效与发展的读物。该书作者从国际视角出发，在总结自己多年的企业管理实践与教学经验的基础上，不仅结合先进的CIPS理论对采购与供应的典型问题与案例进行了深入浅出的分析，着眼于解决企业采购与供应工作中面临的紧迫问题，还从不同层面按照采购周期理论提供了采购与供应管理的理念—方法—工具三位一体的帮助与指导，独辟蹊径地划分为五大核心步骤：供应源搜寻与供应市场分析，供应商关系管理，采购计划与预算，供应与采购博弈，供应商绩效考核与激励。并使这五个步骤环环相扣，紧密联系。而且书中针对采购管理的知识重点提供了大量来自企业第一线的运营规则、实战流程设计和各种图表说明，具有很高的借鉴价值。

《采购与供应管理：有效执行五步法》一书从管理理论与实践的研究角度剖析了企业采购与供应管理中经常遇到的重点和热点问题，并且进行了有机的模块化集成，利用系统的方法论和超越采购技能本身之外的管理实战工具，探讨系统化的采购与供应解决方案，充分展现了掌握和适应未来采购专业发展趋势的途径，体现了作者在企业管理领域、教学与写作过程中一贯的科学、严谨、务实的态度。

希望该书能成为研究人员、大专院校师生、企业管理工作者与采购从业者在工作实践中的案头必备读物与学习参考资料。在这本书的写作与出版过程中作者和机械工业出版社的编辑也倾注了大量的心血。我祝贺他们出版了一部无论从采购与供应理论还是企业管理实践方面都属于上乘的作品，也祝愿通过阅读与思考能够再次激发读者在企业管理领域继续开拓的潜能。

英国皇家采购与供应学会（CIPS）中国认证总部
北京中交协物流人力资源培训中心 主任
王增东
2016年7月

前　言

2002年春天，伴随着英国采购与物流认证和教学体系⊖的引进，我有幸开启了人生的另一段经历——做一名采购和物流系列课程的讲师，而当时我正在飞利浦（中国）医疗事业部负责大中国区物流系统的管理工作。自此，更多的具有企业相关管理经验的人士走上了讲台。时光荏苒，一晃14年过去了，我这才领悟了古人形容的"如白驹过隙"的含义。

我一向乐于快乐地发展我的职业生涯，不喜欢苦行僧似的工作状态。这些年，不论是咫尺讲台还是企业内的管理工作，都给我带来了很多的乐趣和享受。10多年来，不时有同事和学员问我：如果想学习采购，应该从哪方面入手？最好选择哪本书呢？近些年虽然市场上已经有不少采购、供应链方面的专著，但是我仍然热心于写作这样一本书：按照采购周期的顺序，从必备的五种实战工具入手，再围绕这些工具展开相关知识与技能的论述，期望给企业经营者和采购工作者带来不同角度的启发，这也是我的乐趣所在。

或许因为在职业生涯的20多年来一直坚守在企业的采购和物流管理领域，再加上在授课和咨询过程中和企业人员广泛交流，我深切理解了采购从业人员对于专业学习的迫切需求在哪里，哪些实用工具是最该优先掌握的。又因为采购是一门交叉科学，需要依靠大量的其他学科的知识组成自身的基础体系，在此之上还有一系列知识是超越采购本身技术和技巧之外的，这样的内容配合实战工具展开介绍，想必能让读者更深入地了解什么是采购，这也是我下决心尝试写这本书的原动力。

⊖ 教育部考试中心与中国交通运输协会开展中英合作教育项目，于2001年引进英国皇家采购与供应学会（CIPS）和英国皇家物流运输学会（LIT）职业资格证书教学体系。

本书在写作过程中也同时聚焦于中国交通运输协会在国内引进并开展的英国皇家采购与供应学会（CIPS）职业资格认证教育与学习体系的内容，希望可以成为一本中文版的 CIPS 参考书，帮助大家在学习教材之外，能够高效率地获取相关知识，以加深和强化对于 CIPS 系列教材的理解。

我很庆幸与机械工业出版社合作，从而加快了本书的出版，使得这本构思了 3 年多的书得以最终脱稿。

此外，我要特别感谢北京中交协物流人力资源培训中心王增东总经理、市场部杨燕宁总监，二位给予了建议、指导，并为本书出版提供了大力的帮助。

采购与供应科学属于供应链和企业管理之道，博大精深，学无止境，而我的时间和精力有限，更由于知识和能力的局限，书中难免有疏漏和错误，还望广大读者不吝赐教。

曲沛力

2016 年 7 月

目 录

再版前言
序
前言

**第 1 章
成功基石：
供应源搜寻与
供应市场分析**

1.1 评价你的供应商	... 002
1.1.1 如何更精准地表述	... 002
1.1.2 采购的"前""后"过程	... 002
1.1.3 供应基础与供应商评估	... 004
1.2 在组织中突出寻源职能	... 007
1.2.1 提升采购职能在组织中的战略地位	... 007
1.2.2 采购与其他职能的"制衡"	... 008
1.2.3 集权还是分权	... 010
1.2.4 寻源职能的独立	... 013
1.2.5 跨职能采购团队	... 021
1.3 供应链管理的"左手边"供应资源与供应市场分析	... 022
1.3.1 供应链"左手边"要突出供应市场网络中的稀缺资源管控	... 022
1.3.2 供应源搜寻的宏观框架	... 025
1.3.3 科学定量地进行供应市场分析与研究	... 028
1.3.4 三大类不同行业领域的供应市场	... 036
1.3.5 从另一个角度说明供应市场分析的必要性	... 043

1.4 核心工具：八维度供应商评估法 ... 045
　1.4.1 供应商财务状况评估 ... 046
　1.4.2 供应商生产能力评估 ... 065
　1.4.3 供应商生产设备评估 ... 067
　1.4.4 供应商人力资源与组织结构评估 ... 070
　1.4.5 供应商质量体系评估 ... 074
　1.4.6 供应商产品表现评估 ... 076
　1.4.7 供应商环境保护、可持续性和职业道德评估 ... 077
　1.4.8 供应商信息技术评估 ... 080

1.5 供应商评估的其他知识点和实用技能 ... 081
　1.5.1 10 "C" 和 "FACE 2 FACE" ... 081
　1.5.2 有效建立潜在一级供应源梯队的寻源漏斗模型 ... 083
　1.5.3 让供应商更早地参与进来 ... 091
　1.5.4 如何制定一份更具有实战意义的供应商评估表 ... 093

1.6 案例与思考 ... 101

第 2 章 知己知彼：供应商是如何看待客户的

2.1 与供应商建立关系 ... 104
　2.1.1 管理复杂的供采关系 ... 104
　2.1.2 和你的通讯录一样——复杂的关系也需要组合与分类 ... 123

2.2 充满风险的关系必须进行评估 ... 125
　2.2.1 供采风险要素 ... 125
　2.2.2 量化风险的概率与影响 ... 127
　2.2.3 易学易用的风险分析工具 ... 129

2.3 核心工具：如何分析供应商对客户的"偏好" ... 131
　2.3.1 供应商对客户的感受是什么 ... 132
　2.3.2 利用好供应商对客户的"偏好" ... 133

2.4 供应市场：复杂而多变的竞争环境 ... 138
    2.4.1 既要管理"关系"也要管理"环境" ... 139
    2.4.2 利用 STEEPLE 更全面地分析外部环境 ... 143
    2.4.3 用好 SWOT 分析工具 ... 146
2.5 案例与思考 ... 148

第3章 盈利之基：采购财务预算

3.1 快速上手制订一份采购前期计划 ... 152
    3.1.1 永恒的第一主题——自制还是外购决策 ... 152
    3.1.2 需求分析：采购周期的真正起点 ... 155
    3.1.3 完美的采购计划层次 ... 169
3.2 预算管理是采购职能的必修课 ... 172
    3.2.1 什么是采购预算 ... 173
    3.2.2 如何编制采购预算 ... 179
3.3 核心工具：帕累托法则在采购预算中的应用 ... 182
    3.3.1 理解帕累托法则 ... 182
    3.3.2 采购预算的分解 ... 185
    3.3.3 采购物料的重中之重 ... 194
3.4 案例与思考 ... 201

第4章 运筹帷幄：供应与采购的博弈

4.1 核心工具：供应与采购定位模型 ... 204
    4.1.1 理解卡拉杰克矩阵 ... 204
    4.1.2 简洁而不简单的四大类别 ... 207
    4.1.3 四大类物料的分类与聚焦 ... 212
4.2 采购定位与供应动力测评相结合 ... 213
    4.2.1 理解采购定位模型的缺陷 ... 213
    4.2.2 各个击破采购管理的难点 ... 214

4.3 深度技能：采购战略与运营框架的构建 … 218
   4.3.1 采购四大永恒战略议题从何而来 … 219
   4.3.2 从四大战略议题分解出 16 套采购策略 … 224
   4.3.3 更好地融入组织战略 … 228

4.4 三层级分解完成采购战略落地 … 232
   4.4.1 形成精准的采购运营计划与行动方案 … 232
   4.4.2 供应采购博弈力矩阵应用实例 … 239

4.5 卡拉杰克矩阵的精准定量定位 … 247
   4.5.1 由卡拉杰克四大象限的定性定位过渡到精准的
       定量定位 … 248
   4.5.2 分类分级设定是采购品类管理的第一课 … 253

4.6 采购品类管理：方法论与实施项目过程 … 260
   4.6.1 乔纳森·欧布莱恩的采购品类管理基础 … 260
   4.6.2 利用综合优化机会排序的五大过程打好开展品类
       项目的基础 … 266
   4.6.3 乔纳森·欧布莱恩 5i 采购品类项目管理模型 … 279

4.7 案例与思考 … 283
   4.7.1 伟达集团采购物资定位的困境 … 283
   4.7.2 盛华公司七大采购品类的综合成本优化机会 … 285

第 5 章 决胜千里：供应商绩效考核与激励

5.1 采购与供应绩效管理 … 288
   5.1.1 从组织绩效的四个层面理解绩效管理的重要性 … 288
   5.1.2 绩效管理为企业增加价值 … 290
   5.1.3 作为重要绩效的一部分如何确定成本与定价 … 295
   5.1.4 优良的库存管理绩效在商业运营中具有黄金般
       的价值 … 300

5.2 根据组织的特点对绩效测量进行分类 ... 306
5.2.1 如何协助组织与职能对内外部审计进行管理 ... 306
5.2.2 职能部门绩效测量与个人评估的内在关系 ... 312
5.2.3 供应商绩效：采购与供应绩效的重头戏 ... 316

5.3 关键绩效指标不能流于形式或束之高阁 ... 320
5.3.1 如何设定价格与成本绩效指标 ... 320
5.3.2 质量绩效指标的两方面 ... 322
5.3.3 与时间相关的绩效指标设定 ... 324
5.3.4 如何设定效率指标 ... 325
5.3.5 交付过程中的物流绩效指标 ... 326
5.3.6 借鉴财务的专业"标准成本法" ... 327

5.4 供应商绩效考核与等级评定 ... 329
5.4.1 平衡计分卡与战略地图在供应商绩效考核中的应用 ... 329
5.4.2 核心工具：供应商绩效考核结果的应用 ... 338
5.4.3 供应商进行等级评定的"双维度法" ... 352
5.4.4 供采双向联合绩效考核与采购手册的应用 ... 357

5.5 供应商开发与改进 ... 362
5.5.1 对供应商的主动开发 ... 362
5.5.2 供应商管理的重要手段：激励与配额管理 ... 366
5.5.3 两难的抉择：供应商关系的终止 ... 372
5.5.4 供应链中的可持续性与负责任的采购 ... 377

5.6 案例与思考 ... 386

后　记 ... 389

参考文献 ... 392

第1章
成功基石：
供应源搜寻与供应市场分析

科学有效地搜寻供应源并选择合适的供应商进行合作，是一切采购工作的基础

1.1 评价你的供应商

1.1.1 如何更精准地表述

1. 供应商评估

在以往的采购实践活动当中，针对供应商评估（supplier appraisal）的名称、概念和内容的表述较为宽泛，从名称上看五花八门，有的称供应商资格预审、供应商鉴定、供应商认证，还有的称初步筛选或者候选名单（shortlist），总之我们把这一过程看作对供应商潜在能力的测量。通过国际知名采购机构的理论指导和全球主要大型企业的采购活动实践，我们应当把"供应商评估"这一专有名词用来表述在合同授予或批准供应商供应之前对潜在供应商的评判。

2. 供应商履行合同后的评判过程

在工作实践中之所以发现不少组织对供应商评估的定义过程存在模糊性，主要是因为把"事后"供应商合同履行状况的评判与"事前"潜在供应商的评估混为了一谈。为了保证采购专业职能的科学性和专有名词的规范性，形成采购领域的"共同语言（common language）"，提高供应与采购工作与国际交流的通用性，我们把供应商在合同履行一定阶段后对其供应质量全方位进行的评判称为"供应商供应质量绩效考核"或"供应商等级评定（vendor rating）"。关于此方面的工具和论述将在第5章中具体展开。

1.1.2 采购的"前""后"过程

图1-1展示了一般性的采购循环周期（procurement cycle）包含的步骤、内容和次序关系，并且标记出对供应商测量和考评时通常会发生的两个主要环节。在一般采购循环周期中包括两个阶段：

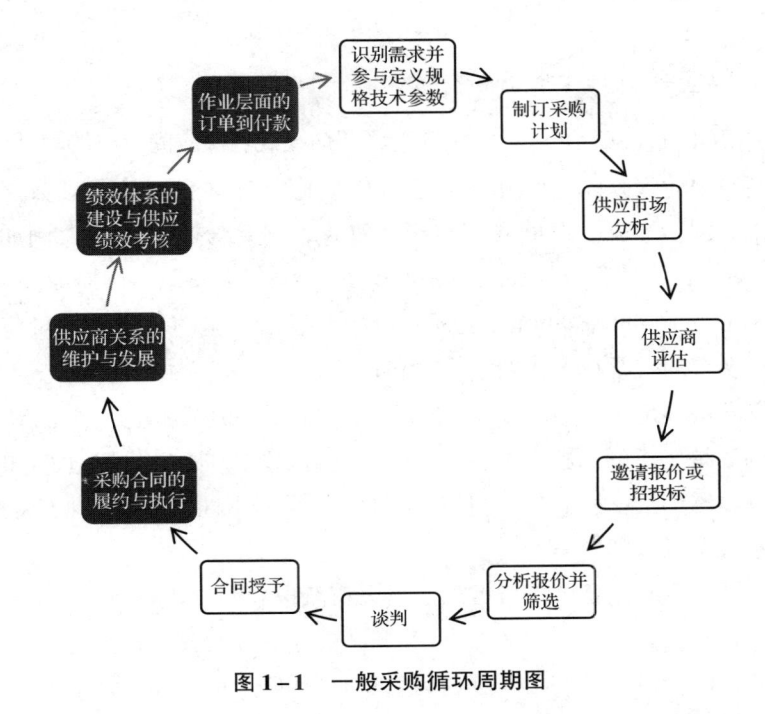

第1章 成功基石：供应源搜寻与供应市场分析

图1-1　一般采购循环周期图

（1）合同授予前（pre-contract award）阶段，包括识别需求并参与定义规格技术参数、制订采购计划、供应市场分析、供应商评估、邀请报价或招投标、分析报价并筛选、谈判、合同授予。

（2）合同授予后（post-contract award）阶段，包括采购合同的履约与执行、供应商关系的维护与发展、绩效体系的建设与供应绩效考核，还包括作业层面的订单到付款（英文缩写通常记做P2P，也就是Purchase to Payment，表达了微观作业层面的下订单、交货跟催、到货、入库、发票校验、付款）。

> **Tips** 图1-1进一步表明供应商评估是发生在"前"采购当中的重要活动，而供应商供应质量绩效考核是发生在"后"采购当中的重要活动。
>
> （1）供应商评估更多的是保证组织最大限度地获得供应源信息、获取供应资源、保证引入合适的供应商、搭建供需双方在供应市场接触和交流的平台。
>
> （2）供应商供应质量绩效考核则更多的是保证供应商关系管理工作的正常有序开展、促进与供应商关系的发展、确保供应质量、及时淘汰不合格供应商，同时也体现了在采购职能内部对供应商激励、引入和更新的驱动力。

1.1.3 供应基础与供应商评估

1. 供应基础（supply base）的简便评估模式：供应商资格的早期预审

我们通常建议采购组织建立自己的供应商基础并且对该基础数据进行电子信息化管理，形成数据库并与组织的管理信息系统有效对接，例如和企业的 ERP（enterprise resources planning）系统对接，这也是"供应商关系管理[一]（SRM，supplier relationship management）"系统信息化的基础。该供应商基础应当包括现有的、既往的以及潜在的供应商信息。

供应商基础是为了给采购方提供所有可能的供应商信息，常常从规模或范围（例如是广泛的、狭窄的还是单一的供应源）、地理位置（例如是本地的、本国的还是全球性的）、各项特征（例如是通用性的还是专业化的）等维度来描述供应商基础。

潜在供应商的信息可以考虑从以下渠道获取：

（1）以往的已经通过了资格预审或曾经进行过初试、试供应但尚未正式引入的供应商。可以借助以往执行过的评估得分和指标参数来衡量此类供应商。

（2）潜在供应商的市场宣传活动，包括广告、宣传册、报价单、销售代表的拜访、网站等。

（3）利用互联网工具和电子商务（e-business）平台进行搜索，获取相关信息。

（4）具有权威性的行业出版物，例如某些行业的供应商或经销商名录。这类名录除了产品信息，还提供一些关于供应企业的能力或财务状况的分析和评分。

（5）行业展会和研讨会等。在这些展会中可以集中搜集行业市场信息、

[一] 供应商关系管理（SRM）：正如当今流行的 CRM 是用来改善与客户的关系一样，SRM 是用来改善与供应链上游供应商的关系的，它是一种致力于实现与供应商建立和维持长久、紧密伙伴关系的管理思想和软件技术的解决方案，它旨在改善企业与供应商之间关系的新型管理机制，实施于围绕企业采购业务相关的领域，目标是通过与供应商建立长期、紧密的业务关系，并通过对双方资源和竞争优势的整合来共同开拓市场，扩大市场需求和份额，降低产品前期的高额成本，实现双赢。

各主要竞争对手的信息，还可以与供应商代表会谈，探讨供需双方的需求和观点，同时利用展会图文资料帮助建立潜在供应商信息数据库。

（6）采购从业人员之间的正式与非正式的交流也是信息收集和分析的辅助渠道之一。

建立一套完整的供应基础数据库信息，有利于我们在采购循环周期的开始阶段进行一次快捷有效的预评估。

（1）除了诸如供应商地址、联系方式等一般性的商务信息之外，多维度的评估信息主要还包括：所提供产品和服务的范围、供应商标准的交易价格和通用条款、与现有客户的平均交易价格及付款周期、特殊服务能力、对主要客户的供应绩效情况、竞争对手信息等。

（2）综合以上信息，可以根据采购组织的具体情况进行各评估条款评分的权重设计以及分项得分和总评得分的结果展示。展示方式除了数据表格外，还可以利用雷达图的趋势来辅助进行偏好决策。实际操作中也有人把这一类评估称作供应商资格的早期预审。

2. 供应商评估：在谈判或供应商选择与合同授予之前评判其能力水平以及适合性

拟定一套对潜在供应商进行客观评估的标准，并依据这套标准对潜在供应商进行筛选。

供应商评估过程应当按照以下四个步骤进行：

（1）计划与准备。包括核查组织内部有关供应商选择的策略和业务规则。若已有完善的供应基础信息数据库，可以根据该数据库所提供的资格早期预审信息进行取舍，同时还需要根据所要采购的重要度等级来划定评估范围。

（2）根据评估条款和项目进行评估，包括现场审计模式的访问、问卷调查、样品索取等。

（3）评估结果报告。需要一套包括评估量化得分的完整报告。报告内容还需要包括潜在的供应商的资质资格的取舍、晋级（进入下一轮价格谈判或价格投标等进一步的选择过程）、淘汰。对于被淘汰者，应当书面告知其在哪些方面仍需要加强以提高竞争力。

以上内容将在本章1.4和1.5节中进行详细论述。

全面的供应商评估还要考虑与所采购的物品或服务相适应。因为一次专业的潜在供应商能力和资质评估的成本较高，所耗费的人力、物力较大，通常它适用于：

（1）战略性或者非标准化物料的采购。
（2）重大的高价值的资本支出型采购。
（3）准备建立长期伙伴关系的采购。
（4）有 JIT^㊀（just in time）及时制供应的采购。
（5）全球化供应源寻源和风险程度较高的外包型采购。
（6）有重要物料由主供应商决定承包给分包商的采购。
（7）供应商开发和质量改善等方面的采购。
（8）有重要 SLA^㊁（service-level agreement）服务等级水平协议需要谈判的采购。

> **Tips** 对于风险等级较低、供应市场体现充分竞争、采购总成本相对较低的日常物资的采购，则应当慎重分析启动评估项目的得失。
>
> 例如，一家汽车发动机制造企业，对构成组装生产发动机总成的原材料和零部件的直接采购㊂（direct purchases），必须执行供应商评估流程。而对于行政办公所使用的通用性纸笔文具类的间接采购㊃（indirect purchases），通常采用简单的"货比三家"或者融合在该企业的框架 MRO㊄采购合同当中，则更能体现管理的高效性和过程成本的最优化。

㊀ JIT：及时制生产方式（just in time，简称 JIT），又称作无库存生产方式（stockless production）。

㊁ SLA：service-level agreement 的缩写，意思是服务等级水平协议。它是关于服务供应商和客户间的一份合同，其中定义了服务类型、服务质量和客户付款等术语。

㊂ 直接采购是指从主要供应链购买，该供应链贯穿于整个组织，并且组织也作为供应链的一部分。例如，一家食品生产企业的采购可能包括原料、调味品和包装材料等。

㊃ 间接采购是指从次级或者支持性供应链购买，以帮助组织实现目标，但本身不构成组织运作的过程部分。例如，一家食品制造企业需要购买能源、设备管理服务、办公用品等，以支持它生产食品所需要的基础业务。

㊄ MRO 是英文 Maintenance，Repair & Operations 的缩写，即：维护、维修、运行。通常是指在实际的生产过程中不直接构成产品，只用于维护、维修、运行设备的物料和服务。MRO 通常是指非生产原料性质的工业用品。MRO 采购属于间接采购。

1.2 在组织中突出寻源职能

在讨论供应商评估核心工具的使用之前，我们需要首先了解与其密切相关的供应源搜寻（sourcing）职能和相关组织结构的设立。"组团队、建系统、布资源"，组团队位于职能运营三大要素之首，足见其重要意义。而组建一支采购团队则必须考虑一个组织如何看待采购业务，如何把采购职能在组织结构的规划中体现出来。另外还有一个关键要素就是采购作为一个专业职能与组织内其他职能的接口模式的设计，它体现了职能制或部门制各个职能和部门之间的"制衡"关系，既有制约又有平衡，接口界面的合理设计可以使它们在保持职能分工清晰的前提下协同高效地互动和工作。

1.2.1 提升采购职能在组织中的战略地位

随着供应资源全球化的发展和采购职能领域的专业化水平的提高，组织内部采购职能的重要性得以体现，采购已经不是简单的购买行为，而是全面融入了现代供应链管理活动当中，成为"世界级采购"[一]这也在 Farmer[二]三定律中有所描述：

（1）采购职能重要性的提升与产品生命周期的大幅度缩短有着直接的关系。

（2）当业务与多变的市场频繁接触的时候，采购在组织中的地位也随之提升。

（3）另外，统计资料表明，现代组织中用于购买外部物资和服务的投入越来越高，甚至有些企业的采购金额占其总成本的比率超过90%，此时采购的重要性得到大幅度的增强。

采购职业化的外部环境也随着现代企业管理特别是供应链管理理念的发展，在近20年内发生了巨变。

[一] 世界级采购这个术语是从1986年舍恩伯格（Schonberger）的《世界级制造》出版后开始普遍使用的。简单描述就是把采购职能融入全球供应链当中，在关注采购本身的五个合适的同时，还要管理到在供应市场当中的供应商的供应商以及兼顾到下游目标市场的客户的客户。

[二] 大卫·法默（David Farmer）：英国亨利管理学院（Henley Management College）教授，早在30多年前即与彼得·贝利（Peter Baily）著有《采购原理与管理》一书。

（1）为了推广采购职业化，很多国家和地区先后成立了专门的行业协会，例如美国在 2005 年更名升级的供应链管理专业协会（CSCMP，council of supply chain management professionals）、英国皇家采购与供应协会（CIPS，the chartered institute of purchasing and supply）、国内的中国物流与采购联合会（CFLP，China federation of logistics and purchasing）以及代管的国内 26 个相关行业协会和事业单位。

（2）同时很多大学和学院分别开设了与采购、物流和供应链管理相关的专业课程。

（3）各种专业的期刊书籍也大量发行。

（4）因为采购是一门交叉科学，需要大量的相关学科知识作为基础，采购的专业学术内容的框架也在搭建过程中。

随着采购地位在组织当中的提升，采购活动已经由分别隶属于不同部门的采买功能提升到了战略职能部门的位置，负责进行采购战略的规划和实施。采购战略也被嵌入了组织发展战略当中，成为组织战略规划的重要组成部分。

1.2.2 采购与其他职能的"制衡"

1. 管理的系统模式

系统是"一个有组织的复杂的整体"。一个整体中的各个部分是有条件的互动的，这种互动包含了"制约和平衡"。一个组织机构的各个职能或部门就是一个整体系统的分系统。一个健康和稳定的系统是所有相关的分系统"制衡"下的产物。采购作为一个分系统，它和研发、生产等职能高度关联，同时也和市场、营销、财务等职能关系密切。这些关键点必须在进行职能和组织结构设计时有所考虑并且务必要在业务规则和作业流程中清晰明确地表达出来。

2. 制衡体现各职能专业化的协调与合作

（1）采购与研发设计职能需要解决的制衡议题。如图 1-2 所示，采购与研发设计在战略和战术层面需要解决的制衡问题，在沙德·都拉沙西（Shad Dowlatshahi）[一]的采购—设计力量场域分析原理中也有所描述。公司的战略平

[一] 沙德·都拉沙西，美国密苏里大学堪萨斯城分校商业学院教授，集中研究领域在经济学、企业管理、供应链和物流采购方面，著有多部学术著作和论文。

衡点是采购和设计在关于八大方面的制约和平衡之后的产物,是矛盾的统一体。在实际企业运营过程中,一件产品或一类服务的初始设计阶段都需要根据产品特点和客户的需要,科学地量化此平衡点,这样输出到下游的才是符合企业战略和具有充分竞争力的产品或服务。

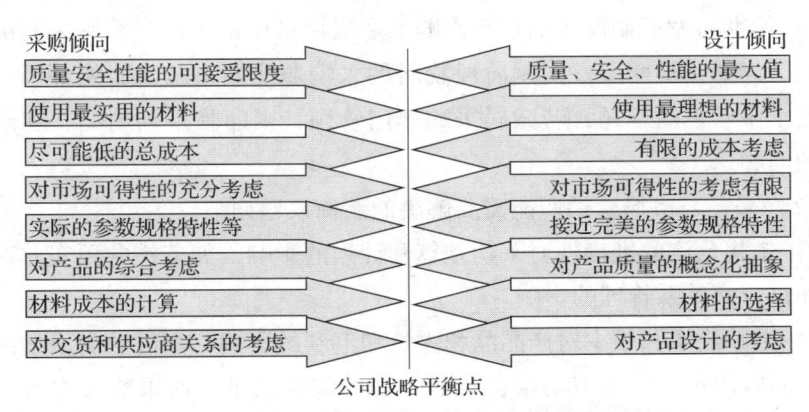

采购倾向	设计倾向
质量安全性能的可接受限度	质量、安全、性能的最大值
使用最实用的材料	使用最理想的材料
尽可能低的总成本	有限的成本考虑
对市场可得性的充分考虑	对市场可得性的考虑有限
实际的参数规格特性等	接近完美的参数规格特性
对产品的综合考虑	对产品质量的概念化抽象
材料成本的计算	材料的选择
对交货和供应商关系的考虑	对产品设计的考虑

公司战略平衡点

图 1-2　Shad Dowlatshahi 采购—设计力量场域分析原理图

1)采购物料或服务的需求规格确定,因为需求规格问题带来的可能是供应市场这扇门的"门缝"宽窄问题的辩证性决策。例如某零部件规格要求高或者特殊,能够体现产品的独特性和高附加值,但是同时其需求在供应市场中会受到制约,导致可得性变低,进而会出现供应和成本问题。

2)质量的妥协和保证。如合格率问题、什么是供应链中客户认同的质量、质量的缺乏和质量过盈问题。

3)如何开展价值工程(VE,value engineering)和价值分析(VA,value analysis)⊖。考虑供应商质量工程(SQE,supplier quality engineering)职能在

⊖ 价值工程(value engineering,VE)与价值分析(value analysis,VA)两种活动都是对商品的价值、功能与成本做进一步思考与探索,以小组活动方式,集思广益,朝各方向寻求最佳方案,再运用体系分工的方式达成提升价值或降低成本的目标。价值工程是在产品开发设计阶段即进行的价值与成本革新活动,因为仍在工程设计阶段,故称为价值工程;而一旦开始量产后,往往为了成本或利润压力,若不进行详尽的价值分析,则难以发掘可以降低成本或提高价值的改善点。此阶段以后持续的分析是降低成本的主要方法,就称为价值分析。所以请注意价值工程与价值分析的细微差别。经常有人把两者混为一谈,这是不严谨的。

部门中设立的位置，例如，当采购职能以商务关系管理为主时，通常会考虑把技术背景较强的 SQE 职能设立在研发和技术部门。

4）替代品研究的驱动力和开发方向。

5）向供应市场上游垂直整合资源的决策问题。

6）早期研发试制阶段的物料采购与形成批量稳定生产时物料采购的协同性问题。例如，早期研发试制阶段物料的采购职能如果归属研发部门，会导致采购集中管理的难题；若归属采购部门管理，则面临采购周期长和缺乏灵活性的问题。

(2) 采购与市场营销职能需要解决的制衡议题如下。

1）销售预测的准确性对采购预算和计划的影响，如营销的预实差对采购计划和供应商关系管理的影响。

2）采购成本和效率对产品品牌溢价和毛利的影响，如高效高质量的采购对产品品牌的扩大化和市场溢价有非常强的间接关系。而采购成本对产品的毛利进而对净利润有直接的影响。

3）对于那些既是客户又是供应商的类似"对冲"互惠贸易商业模式的管理。

4）供应链上下游对质量的一致性认同。

(3) 采购与生产或企业内部的直接客户需要解决的制衡议题如下。

1）物料需求计划（MRP，material requirement planning）或制造资源计划（MRPⅡ，manufacturing resource planning）⊖在生产和采购职能中的协调。

2）采购库存在生产、采购和供应商之间的信息交流和库存节点安排。

3）质量检验和品质控制的管理。

4）物料弃置和退货逆向物流的管理。

1.2.3　集权还是分权

如果决策的责任、权利和义务处于组织的一个焦点上并受到高度控制，

⊖　物料需求计划即 MRP 是指根据产品结构各层次物品的从属和数量关系，以每个物品为计划对象，以完工时期为时间基准倒排计划，按提前期长短区别各个物品下达计划时间的先后顺序，是一种工业制造企业内物资计划管理模式。制造资源计划即 MRPII 是对制造业企业的生产资源进行有效计划的一整套生产经营管理计划体系，是一种计划主导型的管理模式。

那么这个职能就是集权的。若决策的责任、权利和义务分散在组织的不同部分，那么这个职能就是分权的。

通过相关专业市场调研公司的市场调查，目前绝大多数商业组织中不存在纯集中的采购或纯分散的采购，基本都是以集中采购模式为主导的兼顾某种程度的分散采购。在一个组织规模不大且地理位置较单一的情况下，采购职能则被动地呈现较为集中的模式。而当组织业务活动分散在各个分支机构或不同地点时，那么就出现了在何处进行采购活动以及集中和分散的协调统一问题。

（1）当各分支机构所需要的物料或服务种类基本是以单一模式或品种为主时，采购职能总体倾向于集中模式。例如，一家食品企业的每个加工分厂虽然分布范围广，但是物料品种的需求较为一致，都需要使用大量的相同原物料，如面粉、食糖、辅料等，这种情况就可以安排采购集中管理供应商，形成规模经济效益，集中下达订单，然后分货到各个加工厂。

（2）而一家多种经营的多元化集团公司，其下属分支机构的经营范围和种类天差地别，这时对于集团公司而言，采购职能就倾向于分散管理。但是通常这类采购职能往往会把采购的战略企划和供应源搜寻职能安排在集团公司层面进行统一的管理，此时集团公司对各分支机构输出总体战略规划、供应商资源储备、采购运营规则和作业流程指导，形成所谓的协调式集中采购和指导式集中采购。

1）协调式集中采购如图1-3所示。

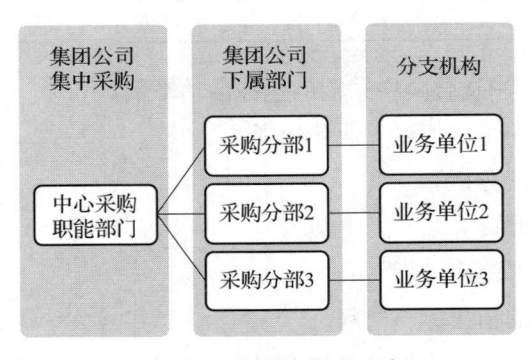

图1-3 协调式集中采购

如图 1-3 所示的协调式集中采购，组织可以安排部分采购业务活动在各集团公司下属的采购分部或分支机构进行。中心采购职能负责统一协调。在多个业务领域通用的产品和服务的采购通常是集中进行的。采购的策略、规则、系统和标准是集中管控的。

2）指导式集中采购如图 1-4 所示。

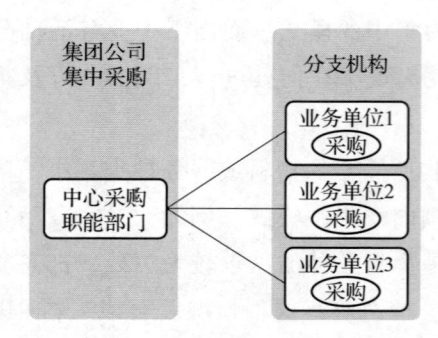

图 1-4　指导式集中采购

指导式集中采购模式的采购业务活动都在业务单位或操作单位进行，但中心采购职能部门输出战略目标并给予指导建议和稽核。采购的策略和业务规则由总部管控。

集中采购与分散采购的区别见表 1-1。

表 1-1　集中采购与分散采购的区别

集中式	分散式	集中式	分散式
协调全组织所有需求	与供应商关系密切	有很强的谈判能力	决定迅速
成为与市场联系的中心	与供应商联系紧密	有效控制库存和订单	管理层少

（1）实际工作中适合集中采购的业务活动举例：

1）决定主要的采购战略、业务规则。

2）供应市场的分析和调查。

3）战略供应源搜寻和开发。

4）单一供应源的决策。

5）大宗合同的招投标和谈判。

6）大规模的间接采购物品，如集团公司的总体办公文具类用品和设备。

7）供应商供应的配额管理规则。

8）集团公司的采购物料库存节点的选择和库存水平的管控。

9）人员采购技能的培训和职业生涯发展。

（2）实际工作中适合分散采购的业务活动举例：

1）小额或低值易耗品。

2）各分支机构的专属专用物品。

3）为避免断货的临时性紧急购买。

4）当运输仓储费用占主要成本时考虑的本地就近采购。

5）考虑到企业社会责任当中需要支持本地社区繁荣和就业的采购。

1.2.4 寻源职能的独立

1. 供应源搜寻职能的含义

战略性供应源搜寻（以下简称"寻源"）在一个组织中通常的英文表达是 sourcing，顾名思义，它是一个对供应资源的管控过程，同时也是一项专业化采购职能的分工，用来保证外部资源正确有效地补充组织内部资源的不足。

寻源职能在采购战术中的应用，有效地解决了采购过程中关于"如何以及在哪里获得产品或服务的问题"。简明的定义为：通过对供应市场进行前瞻性的有计划的分析，并且按照特定的商业需求对供应商进行选择，从而通过供应市场的供应过程满足组织的商业目标。这个定义中体现了寻源过程的职责二重性：

（1）开展科学有效的供应市场分析。

（2）按照需求选择供应商的过程。

2. 寻源与一般传统采购的区别

Tips　　　　　　　　　前采购与寻源

按照一般采购周期理论，寻源是属于合同授予前阶段的所谓"前采购"过程。从世界工业革命超过两百年以上的历史来看，战略采购中的寻源过程还是组织发展和企业科学化管理过程中的新兴产物。追根溯源，现代意义上的采购寻源过程大约起源于20世纪80年代中期之后，伴随大型跨国企业在全球的发展和壮大，引领了供应链管理的启蒙和发展，无论从理论还是实践上，对上游的链态供应市场都有了全新的认识。这一点从笔者于90年代中期在美国通用电气

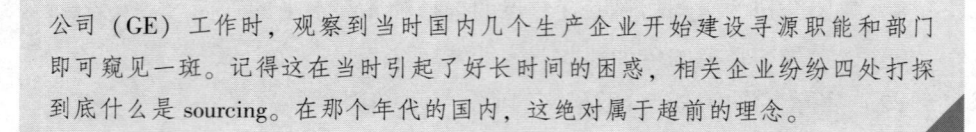

公司（GE）工作时，观察到当时国内几个生产企业开始建设寻源职能和部门即可窥见一斑。记得这在当时引起了好长时间的困惑，相关企业纷纷四处打探到底什么是sourcing。在那个年代的国内，这绝对属于超前的理念。

以往传统意义上的采购，是属于合同授予后供应商正式供应开始的"后采购"过程。包括订单下达、跟催、到货确认、付款安排、合同管理与供应商关系开发、资产管理以及一定供应周期内的供应质量绩效考核。有些情况下被称为"采购到付款"过程，即P2P（purchasing to payment）周期。以往很多传统型的企业采购职能都是仅仅对"后采购"的管理，再加上企业发展早期普遍存在的"营销至上"的片面思维和对采购的"竖起招军旗自有领粮人"的买方具有天然话语权的错误理念，所以远没有上升到以寻源为首的采购战略层面。

寻源通常的过程模型从识别和定义需求开始，到制订寻源计划、供应市场分析、评估和选择供应商、接收报价和谈判，再到合同授予终止。展开描述寻源的过程也是帮助大家在建立寻源团队、制定岗位职责时有据可依。具体寻源的岗位职责包括：

（1）识别和定义需求。由某个职能或部门提出采购需求，或由早期参与设计和研发的项目提出。这个过程是多个利益相关方进行多次评估的过程，它包括规格参数的早期定义和协调，也同时遵循本章1.2.2小节中的制衡议题。

（2）制订寻源计划。首先组织要明确"自制还是购买"的战略，它的制定和决策也是采购职能战略永恒的议题之一。随后要提出一系列相关建议，包括单一寻源还是多供应源策略，本地寻源还是全球化寻源，是直接从已有的供应商基础数据库中选择进行价格协议还是启动公开招投标。

（3）供应市场分析。对上游供应市场进行科学研究的目的在于预测采购物资和供应商所处的上游市场的供需矛盾情况及中长期的需求情况，估算市场成本和价格，预测物资的价格走势，不断寻找潜在供应源，评价供应源的安全性和风险等级，评估内外部环境因素对供应源的影响。在以往相当长的商业管理和工业化历史中，通常管理者和执行者把更多的精力放在企业内部管理和下游营销市场当中，对生产、营销、下游渠道市场和终端客户的研究十分充分，各种理论和实践层出不穷。但是对于上游庞杂的供应市场的研究一直处于被忽略的尴尬地位，这一点在国内的企业当中尤为突出。对于供应市场分析和潜在供应源信息搜寻的意义，有一句俗语较为贴切："允许你今天暂时用不到它，但是不允许你不了解它。"例如，一个采购PET瓶作为产品外包装的企业，除了对PET注塑和吹制的供应商有所了解之外，还要了解原材料的上游市场，包括生产PET注塑切片的炼化企业，甚至要统计分析用于生产切片的原油和成品油的市场情况。这也充分体现了对上游供应市场当中的供应商之供应商的管控思维。

（4）供应商评估和选择。设定供应商的主要考察标准，对潜在供应商进行资格预审，确定能够满足组织需求的具备合格资质的供应商，在后续的供应商引入过程中，就可以把精力集中在更加量化的价格和总成本构成方面。这同时也是两段式供应商引入的基础，具体将在后续核心工具章节中详述。

（5）供应商报价和选择。评估报价的方式包括最简易的索取报价单、进行公开招标或直接与供应商展开谈判，并按照设定的规则确定供应商。

（6）合同或合作关系的形成。形成具有法律效力的采购订单、商务合同或者其他模式的框架协议，用以确定销售、采购或订货条款。至此，寻源（或前采购）过程告一段落，后续职责将转移至一般意义上的"后采购"环节。

（7）当今全球采购供应市场分析与寻源的最新趋势。

1）面对全新的采购（全新的项目、全新的物资与服务、全新的设计等），更完美的寻源计划的第一步是让"前"采购更早地进入供应市场，与潜在供应源充分接触。因为从越来越多的企业实战中发现，即使在一个新产品、新项目的立项之初就请采购职能早期参与进来，面对陌生的、之前从未研究过的供应市场与行业领域，短时间内也是无法掌控的。对这类全新市场中的全新物资或服务，按照供应市场分析与研究的部署，甚至要前置1~3年。例如，一家食品饮料企业决定在经营的产品上采取多元化战略，在原本传统的矿泉水灌装的产品组合之外，增加一个新的以坚果类休闲食品为主的生产业务。那么这个新的产品组合对原有的采购职能就是一个全新的从未接触过的供应市场领域。

2）这类早期的前瞻性的供应市场分析与研究，还体现了采购职能的主动性与创新性。当今所谈及的主动性寻源活动中很大一部分来自于对全新采购物资与服务的早期供应市场研究。"前"采购的创新除了体现在对现有供应市场的分析、采购物资（或服务）与供应商能力的不断改善与开发，更多地体现在早期寻源活动对企业全新项目、全新产品的支持。

3）打破传统寻源过程的顺序，将供应市场调研环节前置，离不开一些先决条件，它包括：①企业战略、业务战略、采购职能战略的分解转化与落地。②企业3~5年中长期发展规划与年度运营计划、执行的统一与结合。

这些企业的管理机制可以让采购职能更早地识别未来的方向，安排部署以年度为时间单位的供应市场调研活动。分解、转化、落地到采购职能当中的中长期运营与发展规划，可能会要求在一个全新的企业级项目启动前三年就要逐步地走入供应市场，并与市场当中的潜在供应源接触。例如，第一年可以务虚，在全球或全国范围内开展调研，第二年可能就会更深入某个供应源的垂直领域产业链进行更详尽的研究，第三年对一级（Tier 1）供应源进行科学定量的分析，搭建寻源漏斗（随后章节会展开论述）。一旦该新项目、新产品在企业内正式立项，"前"采购可就以胸有成竹地参与到项目组中，把上游供应市场的基本情况科学定量地呈现出来，并且提出采购的寻源建议。若企业中没有这样的机制，那么就会遇到"隔行如隔山"的窘境，谁也不可能在短时间内完成恰当合适的供应商引入，也不可能完成供应市场与垂直产业链的研究与引领，更遑论稀缺资源的管控了。在当今，采购主动性、创新性的早期介入越来越成了企业提升核心竞争力的必选项。主动性与创新性的寻源过程如图1-5所示。

（当今全球采购寻源新的实践趋势）

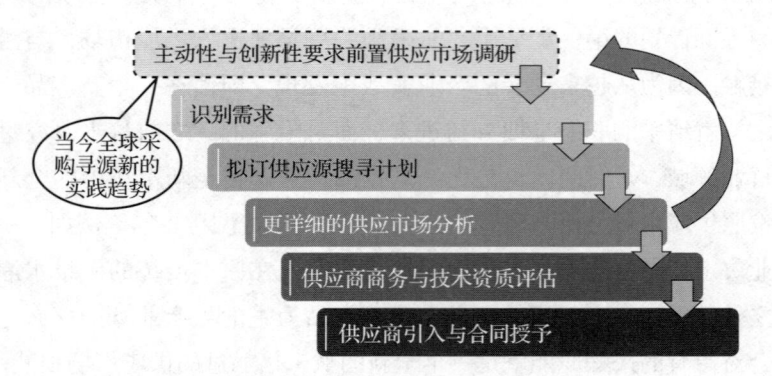

主动性与创新性要求前置供应市场调研
↓
识别需求
↓
拟订供应源搜寻计划
↓
更详细的供应市场分析
↓
供应商商务与技术资质评估
↓
供应商引入与合同授予

图1-5　主动性与创新性供应市场调研与寻源过程

3. 供应源搜寻团队在采购组织中的位置和组织结构设计

从供应链、价值链的管理和战略采购职能部署的角度出发，寻源团队应当整合在大供应链的职能当中。又因为寻源过程是企业供应链与上游供应市场密切接触的源头，而外部资源的管控和供应市场环境是决定企业经营成败

第 1 章　成功基石：供应源搜寻与供应市场分析

的关键要素之一。在如 1.2.3 小节所描述的协调式集中或指导式集中采购的管理模式下，寻源职能团队在组织中的位置有如下可能：

（1）集中采购模式下，将寻源团队设置在集团或总部的集中采购部中，作为集中采购的重要职能组织之一。例如，某集团公司采购中心下设寻源部门。部门内可以从大的分工类别中再分列供应市场分析职能处（科或组）、供应商搜寻处（科或组）、采购谈判与合同管理处（科或组）。这类模式是把前、后采购看作一个不可分割的整体融合在采购周期当中。此类模式管理运营较为顺畅，前、后采购统一在一个大的职能部门范围内，整体采购决策效率高。但是若把前、后采购作为一对矛盾统一体看待，"采"与"购"的制衡效果则不明显。

（2）另外一种模式，是在集团公司或总部内，把寻源独立于集中采购职能之外形成相对独立管理的职能部门，前、后采购的职能层级平行对等。这类模式通常会把更多的后采购职能的具体运营放权到分支机构，而后采购的总部职能更多的是策略的供应商关系管理和开发、供应绩效管理的规则设定和对分支机构的具体采购工作的稽核与指导。

> **Tips** 举例说明西门子集团的组织形式和采购职能在组织中的位置（图 1-6）

管理层						
营运集团						中央部门
信息通信	自动化与控制	电力	医疗		服务	
信息与通信网络	自动化与驱动	发电	医疗		西门子资产综合管理部	财务部
			照明		西门子采购和物流服务SPLS	人事部
信息与移动通信	工业系统及技术	输配电	欧司朗照明		西门子管理咨询	技术部
		交通	财务与资产管理		西门子管理培训	计划与发展部
行业应用与服务	生产与物流	交通系统	财务服务		西门子教育与培训	服务中心
					西门子人力资源	
					西门子主要用户管理	全球采购与物流
	楼宇科技	威迪欧汽车技术	资产管理		西门子法律部	信息与执行
					西门子财务部	人事管理咨询
					西门子移动管理	公共信息
地区组织：地区办事处及区域性公司、代表处、代办处						经济与公共关系

图 1-6　西门子集团组织形式和采购职能在组织中的位置

西门子的采购架构从集团管理的角度体现了三级采购管控模式。通常在组织的最高经营管理层设立专门的采购战略委员会（procurement strategic steering committee）。该委员会一般设定成一个跨职能虚拟组织，不需要特别的常设办公机构。委员会由首席采购官（CPO，chief purchasing officer）或者集团采购主管主持，委员会成员由公司股东或代表组成，另外还需要集团最高层级的相关高管和主管参与，如研发和技术总负责人、财务总监、生产高管、物流总监、市场营销总监等。委员会的主要职责是通过定期（通常建议为每个季度或半年）或不定期的会议对关系到采购战略的重大事项进行调整和决策，同时形成决议汇报至集团层面，对整个集团负责，如重大的外部资源项目、重要的战略产品研发和开发所涉及的采购战略的调整等。

第二个层级是集团的采购服务中心。作为集团的集中采购组织，对全球的分支机构提供集团公司的集中采购服务。具体职能包括：集团目标设定、战略采购企划、集中需求计划、全球供应源搜寻和供应市场分析、采购规则设定、采购IT信息系统工具。主要以战略性寻源的前采购为主兼顾集中采购的总部行政管理。

第三个层级是分散在全球各分支机构的采购职能，在集团公司的采购框架内具体承担采购任务的执行，属于指导性集中的采购模式。具体职能包括：集团公司供应源框架范围外的供应商搜寻、分支机构的采购需求管理、采购计划、供应商谈判、合同管理、供应商绩效考核等以后采购为主的职责。

西门子的采购控制—支持—执行三级管控体系见图1-7。

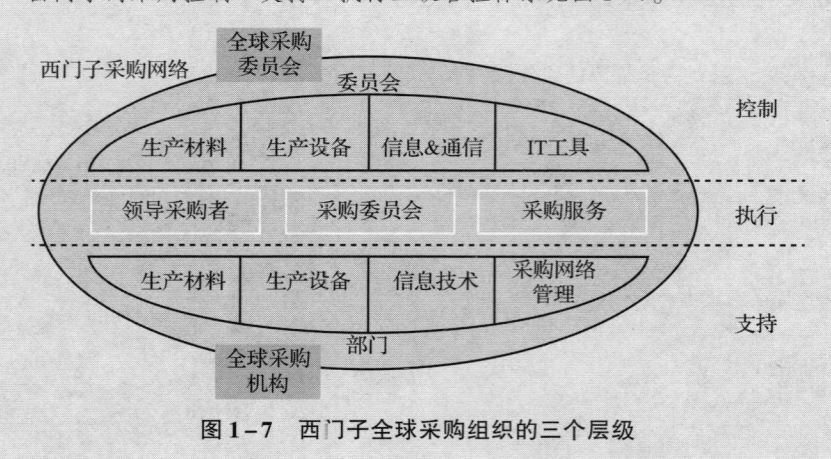

图1-7 西门子全球采购组织的三个层级

4．采购三大职能组织结构的建设和管理

以寻源和供应市场分析为主的前采购和以供应商关系管理为主的后采购，在以一个集中采购中心（或部门）的建制内，按照上述组织建设模式可以简单地划分成两大职能部门，部门的层级名称和职能等可以按照具体企业的组织结构模式定义，如部、处、科、组等。例如：寻源与供应市场分析处（前采购）、供应商管理处（后采购）。

第1章 成功基石：供应源搜寻与供应市场分析

在二部制模式基础之上，还有一种三大职能模式，就是将谈判和合同管理独立出来，与寻源和供应商管理职能并列，形成集中采购三大职能。我们用一个案例来说明某企业的集中采购组织结构设置，如图1-8所示。

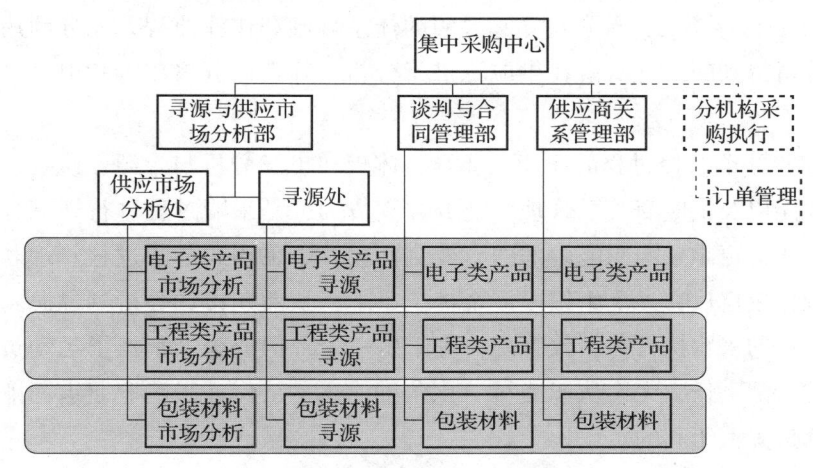

图1-8 总部制集中采购部三大职能组织结构

（1）此种采购组织结构的设置首先突出了寻源与供应市场分析职能的专业化和前、后采购的区分。

（2）在采购各个职能内按照采购物料的编类类别进行垂直管控。例如，该企业采购物料的类别有三类，在每个部门内按照电子类、工程类和包装材料类不同岗位进行专业专职管理。各组处设立经理或主管人员；组处内每个岗位按照实际工作量和职责重要程度安排员工人数。

（3）在供应市场分析处内部，首先建立市场分析体系，按照不同物料类别进行相关产业或行业研究，负责从政治、经济、社会、技术、法律和环保（PESTEL）⊖等方面不断进行市场扫描，建立起企业内外部的SWOT ⊖分析模

⊖ PESTEL分析模型又称大环境分析，是分析宏观环境的有效工具，不仅能够分析外部环境，而且能够识别一切对组织有冲击作用的力量。它是调查组织外部影响因素的方法，其每一个字母代表一个因素，可以分为六大因素：政治因素（political）、经济因素（economic）、社会因素（social）、技术因素（technological）、环境因素（environmental）和法律因素（legal）。

⊖ SWOT分析法，又称态势分析法或优劣势分析法，用来确定企业自身的竞争优势（strength）、竞争劣势（weakness）、机会（opportunity）和威胁（threat），从而将公司的战略与公司内部资源、外部环境有机地结合起来。

型，从宏观和微观经济层面分析供应市场的供需矛盾与趋势，了解供应市场的营销策略；分析全球和本地市场的价格走势；并根据收集的相关信息为供应源搜寻和企业的采购战略提供定期的指导性报告。

（4）在寻源处，首先建立起寻源的体系规则和作业流程。充分利用供应市场分析得到的信息对潜在供应源进行分析、筛选、资格预审和引进过程的管理。

（5）采购管控过程的职能三要素，体现在市场分析与寻源、谈判与合同管理职能以及供应商关系管理职能的独立方面，是采购过程进行切割分段管理的形式，也是采购职能内部的有效制衡模式。采购职能的过程管理若不进行切割，仅仅放在一个组织或一个员工身上，从前期市场分析到寻源到谈判再到后期的采购执行与绩效管理，等于由一个部门或个人承担了运动员和裁判员的全部责任，无论从职能科学化角度，还是从保证采购职业道德廉洁性方面都是弊大于利的。

（6）按照三大职能模式，供应市场与寻源部门职能范围起始于供应市场分析，终结于潜在供应商评估完成。随着后续谈判或招标的启动，采购过程中的责、权、利转移至谈判和合同管理职能部门。谈判和合同管理部门负责商务条款和价格谈判、招投标管理、商务合同签订确立以及合同管理。供应商关系管理部门的职责包括形成实际供应的供应商关系管理、具体采购过程管理、质量协同、供应商持续开发、供应商供应质量的绩效考核。

采购三大职能模式的主要优势见表1-2。

表1-2 采购三大职能模式的主要优势

组织结构	• 在采购部门内缩短职能横向跨度（通常认为从市场分析到合同签订，职能内容跨度过大） • 在采购部门内实现多层级管理，中心下辖各部门和各专业化组处（扁平化结构并不是在所有情况下都有效） • 根据职能特点选用适岗人员。特别在谈判管理方面，人员类型与其他采购职能不同
职能职责	• 前后采购职能合理切分 • 体现专人专事 • 采购谈判过程类似于销售的逆过程，人员选育和其他采购岗位区别很大，需要专门选择和培养 • 职能职责划分既有纵向的垂直管理，又有在三大职能中横向的关联

（续）

职业道德	• 根据采购工作的敏感特性，从职能分工上进行合理切割，规避一人（或一组）一事一跟到底的工作模式 • 组织结构的设立和制度的优化，是保证不滋生贪腐的基础 • 定期轮岗也是主动规避发生采购职业道德问题的有效方法
职涯发展	• 员工在职能部门内既可以纵向轮岗（小轮岗），也可以横向跨部门轮岗（大轮岗），不断增加员工的职业技能经验 • 轮岗可以定期进行。例如，图1-8中负责电子类产品供应市场分析的员工可以每半年轮岗到工程类产品市场分析岗位（小轮岗）。市场分析和寻源部门的某岗位员工可以每一年到两年轮岗到供应商管理部门某岗位（大轮岗）
员工培训	• 新员工入职后可以在试用期三个月内在各主要岗位轮岗实习，增加对整个企业和采购各个职能的认识，尽快进入工作角色，提高工作效率 • 老员工通过定期轮岗逐渐熟悉采购各职能、各岗位的工作，提高员工的工作积极性，提高团队的凝聚力

> **Tips** 三大职能模式需要关注的问题
>
> 在三大职能分立的模式下，为了保证采购过程的连续性，在每个过程阶段，在主要责任部门主导的前提下，后续部门要有效参与和跟进。
>
> 三大职能模式的劣势包括：组织结构复杂带来的管理难度、决策效率偏低等。对于每个具体的企业而言，任何组织结构都没有"好""坏"之分，只需要判断是否符合本组织的当前需求和未来的发展。不同组织之间的采购模式的横向对比标杆只有相对意义，不存在绝对的优劣。包括在评价采购集权分权的模式、集中的程度、职能的划分、组织结构的设定等方面都需要以科学理论为基础，博采众长并结合实际。

1.2.5 跨职能采购团队

在之前介绍的部门型或事业部型传统组织结构当中，跨职能团队（cross-functional team）的运作会根据一些项目管理的需要而启动，但通常不是组织的常态。而在以项目制为核心的矩阵式组织结构模式下，跨职能团队的常态化在使得采购项目获得更多的支持方面，就起着非常重要的作用。跨职能团队要求按照项目制模式建立，项目团队的人员构成包括：项目发起者或所有者（project sponsor or owner）、项目经理（project manager or leader）、项目组成员资源——利益相关方（stake-holder）代表或某方面的专家，并按照项目

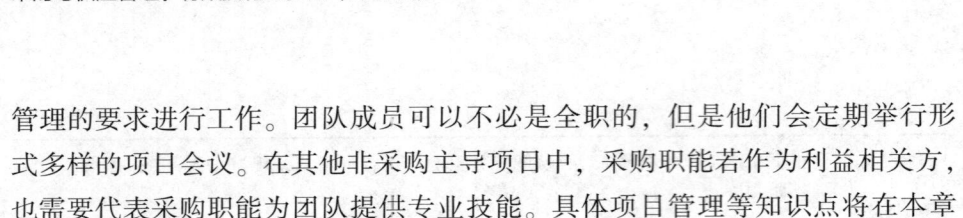

管理的要求进行工作。团队成员可以不必是全职的，但是他们会定期举行形式多样的项目会议。在其他非采购主导项目中，采购职能若作为利益相关方，也需要代表采购职能为团队提供专业技能。具体项目管理等知识点将在本章1.5节重点介绍。

1.3 供应链管理的"左手边"供应资源与供应市场分析

1.3.1 供应链"左手边"要突出供应市场网络中的稀缺资源管控

由美国供应链协会创建于20世纪90年代中期的供应链运营参考模型（SCOR，Supply Chain Operations Reference）一直在不断地完善与修订，至今仍然是供应链管理的权威表达。我们可以借用该模型进一步加深理解采购的战略意义。见图1-9。

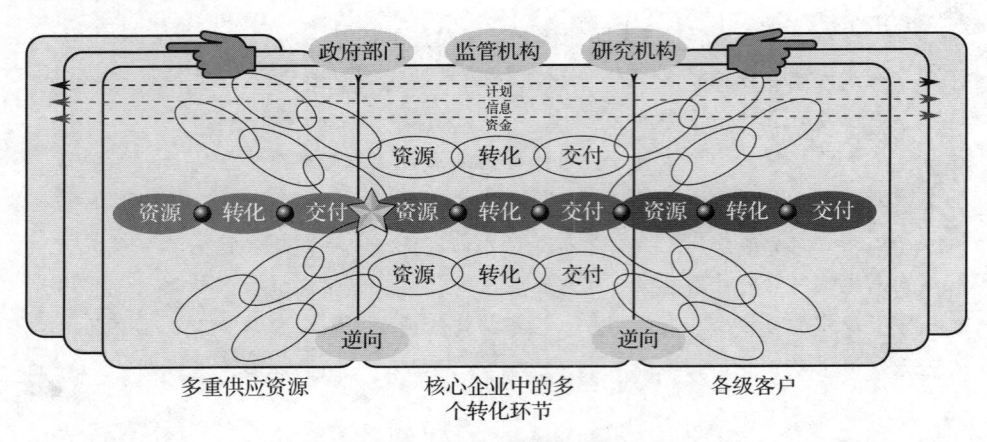

图1-9 供应链运营参考模型

1. 供应链管理的定义

供应链管理的定义可以有如下解释：除了本企业的采购、转化、交付、逆向活动之外，还要求管理客户的客户与供应商的供应商，并在端到端保证计划、信息、资金的效率。为了向供应链延展型（Extend，该专业术语以及供应链四阶段发展模型请参考供应链著名学者约翰·加托纳博士的相关专著）企业发展，在完成内部供应链整合之后，必须向供应链的两端去拓展，"右手边"负责管理网络化的客户营销市场，"左手边"负责管理网络化的供应市场。

2. 采购的本质

由此我们可以看出，采购的本质是寻找合适的外部资源并将资源恰当地引入企业中来，弥补企业在该资源方面的不足。因此采购就具有资源化（Sourcing）的战略意义。全面融入供应链管理的采购活动就是要突出对"左手边"网络化供应市场当中的资源进行合理管控，并且必须重点管理稀缺资源。如此，采购活动才能提升到企业资源战略的层面，完成采购由交易型上升到赋能型并再次跃迁到资源型的升级蜕变过程。图1-10是某企业向资源化采购转型升级的战略方向，它被写入供应链未来中长期的发展规划当中进行推进。

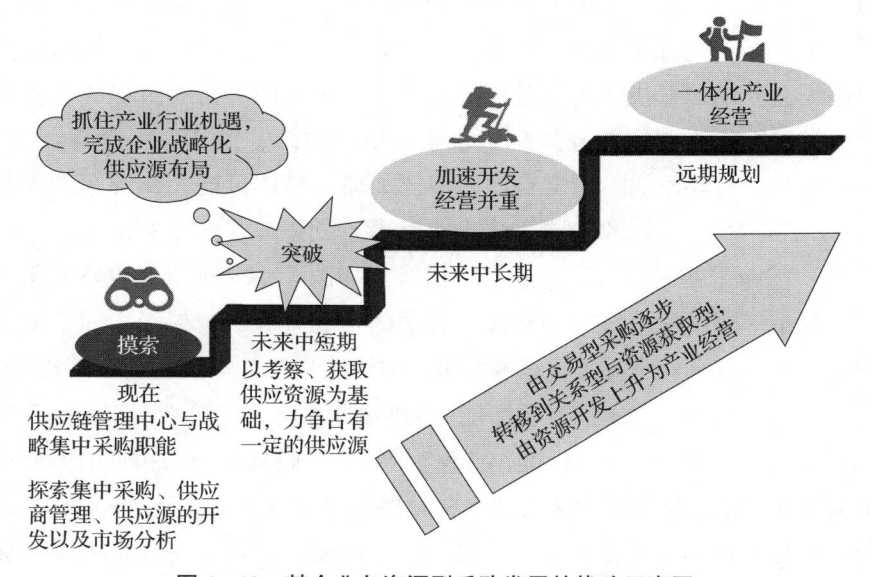

图1-10 某企业向资源型采购发展的战略示意图

3. 全面融入供应链管理的战略采购

汇总和集成了多位世界级的采购与供应链管理专家，包括肯尼斯·莱桑斯（Kenneth Lysons）、布莱恩·法林顿（Brian Farrington）、彼得·贝利（Peter Baily）、大卫·法默尔（David Farmer）、乔纳森·欧布莱恩（Jonathan O'Brien）等人的理论和阐释，我们可以对战略采购做出更通俗易懂的定义，并且将其与采购战略进行区分。

（1）战略采购以及"前、中、后"采购的三阶段。

1）本章开篇我们已经论述了采购职能的"前、后"分开,也谈及了三大职能的模式,在此还要特别强调三职能之一的负责供应商引入与合同管理的"中"采购的概念。当今的理论结合企业实践,大力倡导把供应商的引入过程与合同管理从"前"采购中剥离出来,形成三大职能之一的"中"采购。

2）战略采购的定义:以采购品类管理(Procurement Category Management,我们在第4章中将重点介绍该管理方法)为基础,以采购(或供应商)早期介入(ESI/EBI)为切入点,实行"前、中、后"采购管理,"前"采购负责供应市场与供应资源开发管理,"中"采购负责供应商的引入与合同管理,"后"采购负责采购的履约执行、关系与绩效管理,"前、中、后"采购职能既要合理分开,又要协调统一,并在全过程当中保证全生命周期成本的综合优化。

（1）我们在此还要简介采购战略的定义,目的是防止与战略采购相混淆。一个组织会立足于现状并结合自身的发展来制定组织战略,组织的各业务单元会承接组织战略制定业务战略,在业务单元内的采购作为一个职能之一,也会承接组织与业务战略制定自己的职能战略,具体可能会体现在采购职能的3～5年的中长期运营发展规划与年度运营计划中,这就是采购战略。

（2）战略采购三阶段十一步骤三层级。如图1-11所示,战略采购包含了三阶段十一个步骤,每个步骤又从管理的角度分成三个层级。一个带团队的职能,管理者无外乎要考虑三件大事:组团队(匹配恰当的组织结构)、布人力(岗位职责定义与人员数量、能力的匹配)、建系统(不断完善的管理机制,包括制度、运营规则与标准作业流程等)。我们从与采购相关的不同英语词汇与其应用语境中也能找到战略采购发展与演变的相应佐证。Sourcing 特指供应源搜寻的过程（通常简称"寻源"）。Purchase 在过往一直是采购的标准词汇,但是近年来该词汇更多的指代微观的采购履约执行,如有从下订单到付款的缩略语 PtoP（Purchase to Payment）概念。而在早期不经常使用的 Procurement,如今越来越多地出现在文本与口语中,它代表了全周期的战略采购。这一点在乔纳森·欧布莱恩的专著《采购品类管理》中也有提及。更具代表性的事件是 CIPS 机构,它们在大约10年前把用了近80年的名称 Chartered Institute of Purchase and Supply 中的 Purchase 修订成为 Procurement,因为他们认为再沿用 Purchase 的管理学语境作为本研究学会的名称已经不能代表该机构的战略采购地位。

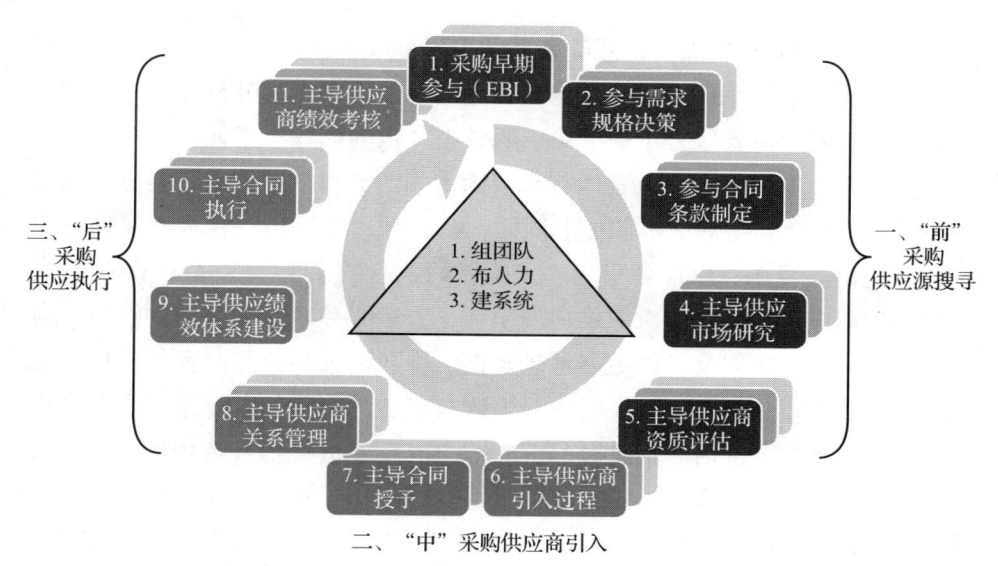

第1章 成功基石：供应源搜寻与供应市场分析

图1-11 三阶段十一步骤三层级战略采购周期

1.3.2 供应源搜寻的宏观框架

供应源搜寻这一概念的宏观框架结构就包含了两个活动的先后顺序：先做供应市场分析与研究，再做供应商的引入。其中供应市场分析既要做垂直领域产业链上各重要市场节点的供需研究，又要做一级（Tier 1）潜在供应源的重点分析。而供应商引入又分成两个阶段，先做资质评估，再做价格判断。而资质评估要坚持多角度与定量分析，资质又分为商务资质与技术资质。见图1-12。

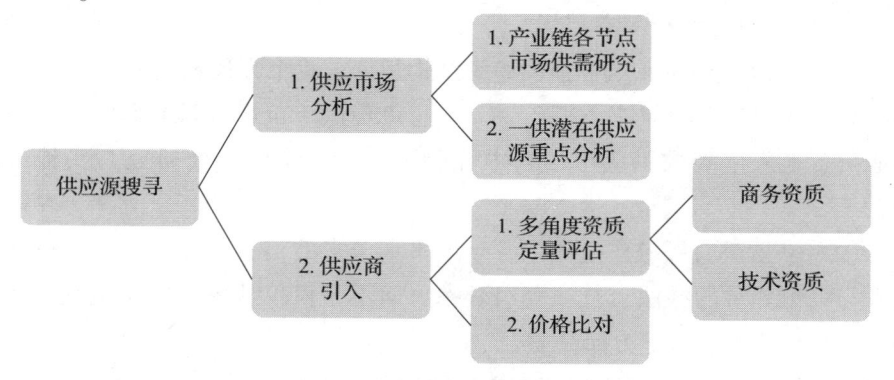

图1-12 供应源搜寻的框架与逻辑顺序

1. 设立"前、中、后"采购的意义

在论述"前"采购也就是供应源搜寻之下的供应市场分析之前，我们还需要再对采购为何要区分出前、中、后做进一步的解释。正如一个企业为了管理供应链"右手边"所负责的客户营销市场的交付活动，通常会分别建立市场营销、销售与售后服务职能。同样，在面对"左手边"供应市场时，也应该分别建立寻源、供应商引入、采购履约执行的职能。这是互相对应的，市场营销对应寻源，销售对应供应商引入，售后服务对应采购履约执行。通过这样的对照，我们就可以更好地理解前、中、后采购分开设置与管理的意义。之所以在很多企业中尚未完成对采购三职能的划分，主要是因为在过往相当长期的时间范围内，企业对于供应链的"左手边"的重视程度较低，认识不到供应资源和供应市场管控的价值，普遍存在"花钱买东西很容易，手里挥舞着钞票供应商就会纷至沓来"的误解。因此，更加合理化的采购组织结构的建设，各岗位职责与编制以及人员能力的完善，制度、运营规则与流程的再造，是很多企业的当务之急。

> **Tips** 当然有些企业的实践是把"前"采购和"中"采购整合在一起，也就是形成完整的供应市场分析加供应商引入与合同管理，这样的组织结构也是可行并常见的。但是如此的职能管理结构的安排，在某些企业中会出现"前"采购岗位与人员绝对数量多于"后"采购岗位与人员，会导致岗位责任重要度和管理侧重点变化、小团队之间的失衡等一系列问题，因为该问题涉及组织行为学中的专业理论与知识，在此不做引申和赘述。只是希望能够表明在规模以上企业，比较适宜搭建起"前""中""后"各司其职的三职能采购管理组织。

（1）针对"前"采购职能的组织结构规划，我个人比较支持将"前"采购再分解成两个小的职能小组，一个专门负责供应市场分析与研究，另一个专职负责走入广袤的供应市场当中开展潜在供应源的产业研究与实地考察活动。

（2）获取垂直领域产业链中各重要市场节点的信息与数据，要采取多种形式与渠道并举的办法，打一套组合拳，而不是仅仅从单一的渠道获取。例如，包括但不限于以下方面：

1）关于当前和过往供应商与市场的信息与数据。

2）通过信息征询函，进行"广泛撒网重点捕捞"，这也是早期资质评估与资格预审（RFI，Request for Information）的重要组成部分。

3）有选择地参与潜在供应商的市场宣传活动。

4）建立立足于本行业企业的固定的信息采集渠道，如专业信息化平台的互联网查询、在线商品交易所、拍卖网站、专业采购论坛等。

5）定期地采集官方或具有资质的行业协会、研究学会等出版的各行业供应商表现的多要素排行名录（行业企业"黄页"）。

6）订阅并专业地对行业出版物（报纸、期刊、公告）和专业性的采购期刊加以研究分析。

7）参加具有一定规模和资质的行业展会、研讨会或新产品发布会（如在国内和国际会举办各类型、各行业的国际展览会）。

8）与采购职业经理人之间的正式或非正式的信息交流。

（3）供应市场分析小组需要获取与整合所有信息与数据，对上游垂直领域产业链中的各个重要市场环节进行科学定量的分析，提交阶段性的供应市场分析报告并负责制定年度运营规划中的采购财务预算。

（4）这就涉及如何科学高效精准地获取上游供应市场信息与数据的制度与规则问题。通常我们对供应市场信息与数据的采集和获取采用三种办法：

1）若我们的供应市场分析人员自身的背景与技能足够专业，就自行进行分析与研究，并按照岗位职责要求产生出系列报告。

2）若自身专业度不够，就可以采取有偿支付信息费的模式从专业的行业领域资讯平台获取（通常从免费的网络搜索引擎获取的信息与数据没有过多的专业参考意义）。与上游和大宗商品关联度高的物资，呈现供需多变、价格波动较大的特征，建议获取与分析信息的时间尺度要能够按天计算。在此举一些行业领域的例子。

①假设在半导体产业链中进行采购，费城半导体指数（PHLX Semiconductor Sector，简称SOX）是最权威的宏观资讯来源，是全球半导体产业景气指标之一。在国内还要采集与参考如Digi-Key、Mouser、深圳集邦咨询等的权威信息与报告。

②若一个矿泉水灌装企业采购大批量的PET瓶作为容器，在管理PET容器成型供应商的同时，应当通过卓创资讯这类权威化工粒子的信息平台深入

研究 PET 容器的上游的 PTA、乙二醇瓶片等化工粒子或原料。此外，还务必要通过类似中石油下属的能源一号这类资讯平台获取与研究美国西德克萨斯中间基原油（WTI）、北海布伦特（Brent）原油以及上海期货交易所（SHFE）的期货市场与原油的现货价格。

③一家食品加工企业需要采购大批量的各等级规格的面粉、大豆和食用油，就应当通过中粮期货这类权威信息平台获取与分析大连盘（DCE）和郑州盘的期货，美国芝加哥期货交易所（Chicago Board of Trade，CBOT）的资讯。对于大豆以及豆粕这个大品类，因为存在国内和国际市场，国内市场的现货分析，还要依据行业特点，获取黑龙江榨油企业的当天挂牌价、青岛、烟台港的进口现货价格、黄埔港、东莞港的价格。

④一家乘用车的主机厂会常态化地大批量使用各规格的钢板（汽车板），就要求不仅通过钢铁贸易商向上游研究冷轧热轧市场，还要研究钢铁冶金冶炼市场，也要研究国内铁矿砂的现货价和到岸价，更要研究与跟踪巴西淡水河谷、澳洲必和必拓、力拓等铁矿砂的全球资源型巨头，同时考虑期货与现货市场的行情。

3）面对非常重要的采购物资和上游供应市场，也可以采取引进某行业领域的专业人员作为信息分析专家的办法，进行更全面、更专业的精准分析。若没有必要设立固定岗位人员，也可以聘请行业内的权威人士与专家定期（如每季度）有偿提供市场分析与行业趋势研究报告。

①例如，我在中化化肥有限公司工作期间，每年需要以 FOB 条款进口约600 万吨钾肥，折算成 6 万吨的巴拿马级货船，就是要负责 100 条船的海运费用，当时针对复杂且多变的干散货海运市场，我们专门聘请一位波罗的海干散货指数（BDI）的分析师，帮助企业精准地预判未来的市场供需与价格走势，从而可以更科学地进行海运货代管理的决策。

②另外，有一家知名的工业变压器企业为研究它们的重要采购物资铜的型材，设立了专职有色金属分析专家岗位，沿着铜这条产业链向上游定量分析各个市场节点的供需矛盾与趋势。

1.3.3 科学定量地进行供应市场分析与研究

1. 垂直领域产业链各重要市场节点的定量分析

（1）采购与供应管理当中最具战略性的活动是对供应链"左手边"供应

市场的研究与分析，并思考如何对稀缺资源进行有效的管控。考虑到全球范围内不同国家的发展阶段不同，因此特别建议，在我国企业的采购与供应链管理实践中，更要注重"前"采购，重视对供应市场的研究与分析，在这条路上没有捷径可走。

（2）为了有效地管理供应链"左手边"的网络化供应市场，我们所施加的管理就不能仅仅止步于直接和我们发生交易的一级供应商（Tier 1，通常简称"一供"），就必须按照采购物资的定位（详见第4章相关内容）原则，通过直接给我们供应物资（或服务）的"一供"，再沿着垂直领域的产业链向上游延伸，对各个重要市场节点的供需矛盾都要进行科学定量的分析，若有必要甚至要研究到第一产业当中去。因为我们所采购的所有有形产品或某些无形的服务向上溯源，均来自于从自然界不需要加工或简单加工就可以获得物资的第一产业（如农业、矿业、林业、石油、畜牧业、养殖、渔业等）。"有必要"三个字要求我们务必对采购的物资（或服务）进行科学的分类管理（在第4章详细论述），例如，前文提到的矿泉水灌装企业，它们所负责的PET瓶采购与办公用A4打印纸的采购，前者就有必要分析到化工粒子、化工中间体与石油原油领域，而A4打印纸就完全没必要大动干戈，通常仅做必要的询价比价采购即可。我们用钢结构产业链进行举例说明，见图1-13、图1-14。

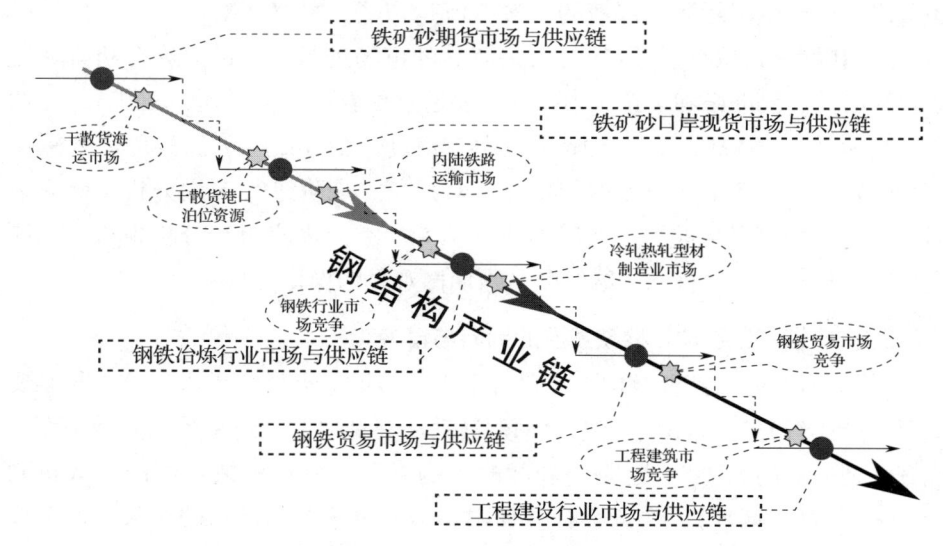

图1-13　钢结构产业链与各重要市场节点供应链示意图

图 1-14　钢结构产业链上中下游供应链当中的重要参与者举例

假设一家工程建设公司在常规基建项目上要使用大批量的建筑用钢铁型材，在产业链的位置处于下游。过去的传统采购做法就是找几家钢铁贸易企业投标或者报价竞争，然后谈判并授予合同。这种落后的操作模式，无法让我们充分地了解网络化的供应市场当中正在或将要发生的变化与波动，在战略上我们丧失了资源管控的主动权，在战术上我们也处于议价和交付条件谈判的不利地位。该案例中，就要求现代的采购管理必须越过作为一级供应商的钢铁贸易企业，去深入研究冷轧热轧市场的供需矛盾，再向上研究钢铁冶炼市场，甚至要精准分析铁矿砂的进口环节如到岸价、装车车板价等，同时还要研究铁矿砂国际运输范畴的干散货海运市场，最终要对第一产业的铁矿砂几大国际巨头以及它们所处的大宗商品的市场进行相关的研究分析，如巴西淡水河谷、澳洲必和必拓、力拓等，要透过伦敦金属交易所（LME）、纽约金属交易所（NYMEX）、芝加哥商品交易所（CME）、上海期货交易所（SHFE）等渠道获取权威数据与信息，对期货、现货进行定量分析，研究数据背后的市场表现与成因，然后形成专项专品类的供应市场分析报告，才能更精准地形成下一阶段的采购策略与当期微观采购操作的指导。

2. 供应链"左手边"稀缺资源的判断与管控

"沿着垂直领域产业链向上游对各个重要市场节点供需矛盾的分析与必要的第一产业研究"，帮助企业把"采购活动从交易型上升到关系赋能型进而完成资源型采购的转型"。这是一套战略采购寻源当中抓稀缺资源的有效机制（制度、规则与流程），在竞争日益加剧、不确定性大幅增高的今天，已经成为一个组织的必答题。

（1）如何定义与判断稀缺资源？我们采用较易理解的两维度资源定义模型对供应市场当中的资源稀缺特性加以分析。如图1-15所示。

1）我们把资源集中程度高、获取难易程度难的资源定义为稀缺资源。例如，某些特定的物资、专有的服务，又或者某种技术壁垒等，掌握在全球少数几家供应商手中。同时，采购方综合博弈力很低、不掌握话语权，即使有资金也很难购买到，如典型的卖方市场。

2）针对稀缺资源，从企业战略方向出发，采购应当识别稀缺资源，提出稀缺资源管控的建议，实施并完成供应市场当中稀缺资源的整合。

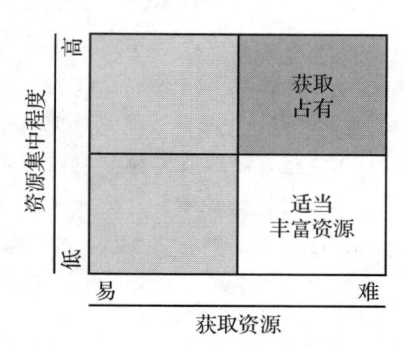

图1-15 稀缺资源定义与判断模型

（2）对于稀缺资源如何有效管控？

1）如果对于供应市场当中的稀缺资源放任不管，往往会导致采购物资（或服务）陷入瓶颈型供应的被动局面（我们会在第4章中详细介绍如何利用三阶段结合自营自制的组合工具对瓶颈物资与供应进行化解）。

2）作为镇守企业供应链"左手边"的采购职能应当主动出击，谋求稀缺资源的突破与整合，力图有效地获取甚至占有该资源。通过这一过程，企业可以获得市场领导地位，成为行业规则的制定者。雷·卡特尔（Ray Cater）在他的专著中论述道："战略性供应源的开发、占领乃至一体化经营也是为提供企业核心竞争优势而建立的供应源增值过程。"

Tips   **企业获取乃至占领稀缺资源的案例**

（1）中广核集团公司在多年前就考虑到维持和发展企业经营过程中最重要的采购物料之一就是精制的铀同位素燃料棒，沿着该产品的垂直领域产业链向上游一直分析到第一产业的铀矿，发现中国的铀矿自然禀赋在世界范围的排名并不占优，排名靠前的包括加拿大、澳大利亚、哈萨克斯坦以及非洲的纳米比亚。在经过详细地综合分析与考察后形成可行性方案，最终与哈萨克斯坦铀矿合资，非洲的纳米比亚湖山矿控股，并将湖山矿带到了单体铀矿全球排名第二的位置，一举克服了铀矿卡脖子的问题。为了突出资源的战略地位，中广核集团公司还成立了全资的子公司"中广核铀业"。

（2）地方国企福建象屿集团有一个业务板块是不锈钢冶金，为了满足国内改革开放后经济建设的高速发展对不锈钢的需求，在国内的镍铁矿资源不足的情况下，远赴印尼收购和参股控股一系列镍铁矿，并在矿口建立不锈钢冶炼基地，产品的70%销往国内，30%供应海外市场。

（3）近期因新能源产业的爆发而表现卓越的宁德时代公司，近些年募集资金在全球收购磷矿和锂矿，背后的抓稀缺资源的战略逻辑如出一辙。

（4）全球第一大乘用车配套企业德国博世公司在2017年曾经因为其上游的铝压铸件供应商 Albertini Cesare 的商务配合问题导致对德国宝马生产线的断供，董事会审时度势在七天之内全资收购位于意大利的这家企业。

3. 进行供应市场分析与研究的基础理论模型与工具

我们做供应市场分析，应当初步具备宏观经济学与微观经济学的基础知识与相关分析技能。在此推荐大家学习保罗·萨缪尔森（Paul A. Samuelson）的经济学原理，理解市场的机制与供需的相互作用。当然我们不是要求大家都成为专业的经济学者，而是掌握了以下五个基本知识点并适当向市场经济学的深度与广度延伸，也就达到了"前"采购职能当中对供应市场分析人员的基本要求。

（1）依据保罗·萨缪尔森的理论，我们先来观察需求曲线的特点。假设需求曲线倾斜向右向下，当价格是 P_1 时，需求量对应的是 Q_1，当价格沿着需求曲线下降到 P_2 时，需求意愿则扩大到 Q_2，反之价格上涨，需求意愿就会退减。我们把这类需求称为弹性需求。见图1–16。

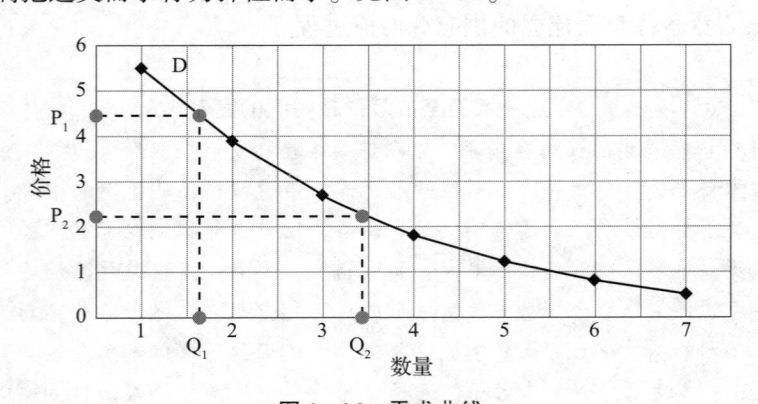

图1–16 需求曲线

若需求曲线垂直于横坐标轴，则为刚性需求，也就是完全不受价格影响，需求量恒定；若曲线平行于横坐标轴，则称为完全弹性需求。因此，可以用需求弹性比率来定量分析需求的弹性程度。公式如下：

$$需求弹性\ e_d = \frac{需求量变化百分数}{价格变化百分数} = \frac{\frac{\Delta Q}{Q}}{\frac{\Delta P}{P}}$$

1）$e_d = 0$，称作完全无弹性（Perfectly Inelastic）。此时需求量恒定，完全不受价格影响，对应的需求曲线是一条垂直于横轴的直线。

2）$0 < e_d < 1$，称作缺乏弹性。必需品（Necessity）往往缺乏弹性。此时价格变化对于需求的影响较小。典型的必需品是粮食，在一定条件下粮食再贵也得买。

3）$e_d = 1$，称作单位弹性。

4）$1 < e_d < +\infty$，称作富有弹性。具有奢侈品（Luxury）或非基础必需品倾向的商品往往富有弹性。此时价格变化对于需求的影响较大。例如，水果中的草莓、荔枝、车厘子等水果，昂贵的价格常常会让人望而却步，一旦降价就一定会吸引更多的人去买来尝鲜。零售的车用燃油成品油也如此，过高的价格可能会导致一批价格敏感型车主放弃驾驶考虑替代品，如地铁、公交或出租车。

5）$e_d = +\infty$，称作完全弹性（Perfectly Elastic）。此时价格恒定，即使需求无穷大也是如此。对应的需求曲线是一条平行于横轴的直线。

6）除此之外，我们还希望大家可以自学以下知识点：相关商品的研究，替代品（Substitute）和互补品（Complement）。需求交叉价格弹性对判定替代品与互补品的定量分析。

（2）我们观察供给曲线的特点时要站在供给者的角度去思考，假设供给曲线倾斜向右向上，当价格低迷至 P_1 时，供应者愿意投放到市场的供应量就对应为 Q_1；而当价格上涨到 P_2 时，供应者在市场上的投放量的意愿会扩大到 Q_2。如图 1-17 所示。

（3）单独观察需求或供给曲线，意义有限。我们主要聚焦在一个给定的市场当中去研究需求与供给的共同作用。关于市场，保罗·萨缪尔森给出了经典且严谨的定义："市场就是需求与供给互相作用的机制。"如图 1-18 所示。

图 1-17　供给曲线

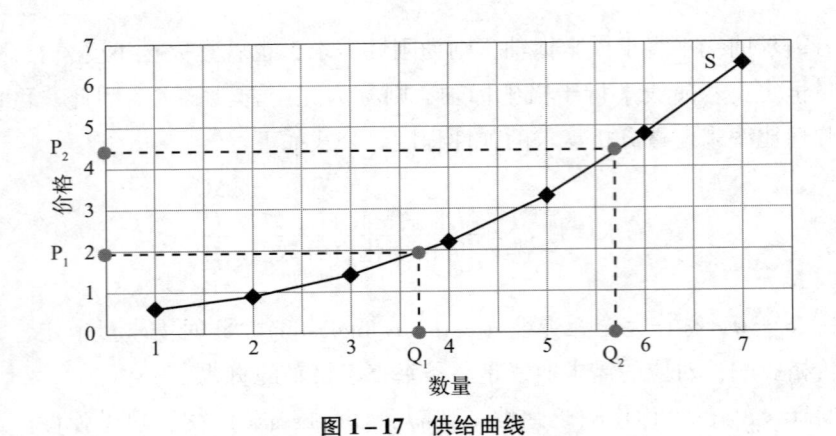

图 1-18　供给和需求均衡曲线

在一个市场当中，需求与供给互相作用，曲线交叉在一个点，这个点叫作公平交易价格，记做 P_0。在此价格下，需求与供给双方对价格无异议且在此价格下形成成交量 Q_0。采购的供应市场分析职能就要不遗余力地找到该市场中需求与供给作用下的公平交易价格。我们继续深入观察，假设价格背离公平交易价格 P_0，抬升到了 P'_0，会发生什么情况？若排除其他非市场要素的左右（如政府部门出台某种宏观调控或行政指令与政策），此时因为价格上涨，供给者会期望看到这样的市场表现，因此有极大的意愿扩大投放到市场的商品的数量，但是事与愿违，由于价格抬升，需求的意愿会降低，将会出现供大于求的市场状况。在此情况下，价格会被抑制与挤压，又会回落到公平交易价格 P_0 的范围内。反之，若价格下降到 P''_0，需求方会乐见到价格的降低，需求意愿会扩张，但是由于价格低迷，供给者的供应意愿会被抑制，将会出现供不应求的状况。而供不应求将会导致价格被推高到公平交易价格 P_0 的范围内。

（4）用一个假设的案例再来观察供给曲线本身的向左或向右的移动所带来的变化。我们观察属于第一产业的铁矿砂市场领域，该领域的专家已经在年初阶段性地定量分析并预测了未来的供给与需求作用下的公平交易价格 P_0 和成交量 Q_0。但是市场活动会受到宏观的主客观环境的重大影响，包括一些难以预测的突发事件。作为全球最大的铁矿砂资源型企业，发生了尾矿溃坝事故，又恰逢巴西国内出现矿到港物流不畅等事件，这势必会引起全球铁矿砂供应的短缺，那么供给曲线就会向左移动，如此就会出现新的平衡，公平交易价格 P_0 会被推高到 P_0'，成交量退减到 Q_0'。如图1-19所示。

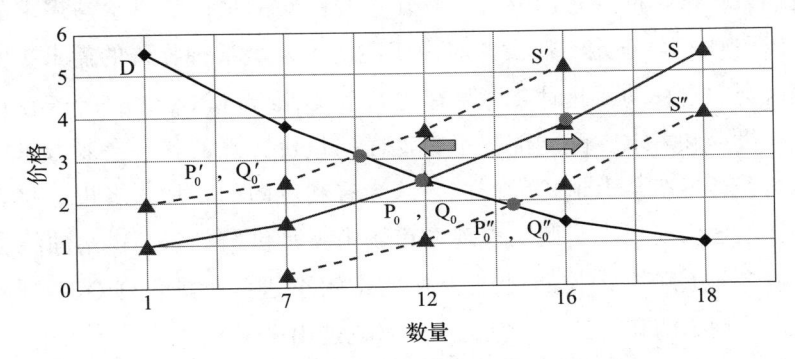

图1-19 供给曲线移动带来的变化

若该产业链处于完全自由市场经济（也就是单纯依靠供给和需求来决定）状态，这样的事态会传递到产业链的下游各个重要市场环节，从而大概率在产业链某环节上会出现利用资金囤积货物导致供需失衡的情况，使得价格背离真实供需进一步暴涨。又过了几个月，巴西淡水河谷的矿难平复，其国内物流也开始顺畅，伴随着供给曲线又回归到原有的位置，P_0 和 Q_0 也恢复如初。又假设另外一家铁矿砂巨头必和必拓在澳大利亚已经探明的又一座巨型高品位铁矿已经开始释放产能，未来一段的产出量已经趋于明确，那么此时供给曲线就会向右移动，拉低公平交易价格 P_0，在需求曲线不变的情况下，成交量也会相应增长。

（5）保罗·萨缪尔森的另外一句名言就是："归根结底，需求驱动市场。"如图1-20所示。

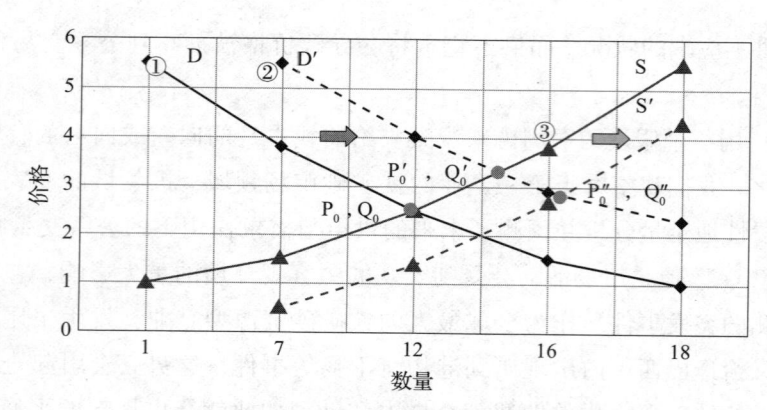

图 1-20 需求曲线移动带来的市场变化

我们来尝试解读这句话的含义：在一个已知的平衡的供给与需求的市场当中，P_0 和 Q_0 已经确定。假设此时由于经济的发展某种物资的需求扩张，需求曲线就会向右移动，此时会将原有的 P_0 和 Q_0 推高到 P'_0 和 Q'_0，若在自由市场仅依靠供给和需求支配的前提下，这样的量价齐涨的状态会刺激供应，原有的供给者会不遗余力地扩大产能，认为有利可图的新加入者也会挤入，那么供给就不会仅仅止步于此，表现在市场中就是供给扩张，供给曲线会向右移动，将之前上涨的 P'_0 拉低到 P''_0，成交量 Q'_0 会进一步扩张到 Q''_0。到此一个繁荣稳定、购销两旺、价格便宜的市场就创造出来了。

1.3.4 三大类不同行业领域的供应市场

通常遵循供应市场分析的特性，我们可以将采购物资（或服务）分解成三大类：一类就是由第一产业的大宗商品通过产业链各环节深加工而来的物资，如白砂糖、面粉、大豆蛋白提取物、咖啡粉、棕榈油、车用汽柴油、塑料粒子、饮料的容器 PET 瓶、家具用高密度板、包装用纸板箱、建筑用钢铁型材、水泥、沥青等；另一类是具有更大附加值的装备设备类，如飞机涡扇发动机、汽轮机发电机组、钢铁冶金轧机、医用核磁共振仪、矿山用特种车辆、工程挖掘机、实验室用分析仪器、水泵、电机、电脑、复印打印机等；第三类就是隶属于第三产业的各种类型的服务。这三大类采购物资由于其转化过程截然不同，供应市场分析的模式也大相径庭。但是不论采购物资（或服务）隶属于哪一大类，都应该首先运用一系列相关的战略分析工具进行分析,包括 SWOT 分析,并且两两结合利用自己的优势结合外部机遇(SO)、规避自身的劣势结合外部的威胁(WT)推导出扬长避短战略;再利用 STEEPLE(社会、技术、经济、环保、政治、法律、道德)工具对行业、企业与采购活动所处的宏观环境进行扫描与分析;还要利用迈克尔·波特的"五力"分析工具,站在客户的角度对现有的一级供应商、供应商的竞争对手、替代品、该供应行业的新加入者、供应商的供应商(垂直领域产业链中上游的各重点市场环节)进行科学定量的分析与研究。

1. 由第一产业的大宗商品通过产业链各环节深加工而来的物资采购的供应市场分析

符合大宗商品的深加工制品特性的采购的供应市场分析与单价预算的论证,通常采用市场供需分析与成本加成(Cost Plus)定价法进行运营规划管理。它的定价方式隶属于价格—成本型采购(PPCA,Purchase Price-Cost Analysis)。在不断变化的市场中,分析过往与未来的供需矛盾,形成第一产业源头的粗加工产品的公平交易价格 P_0 的定价,将其作为锚定点,再依据产业链下游各加工环节的成本加成,推导出采购的应该成本(should cost)或应该价格(should price)。

(1)成本加成就是一般意义上的加工过程成本的明细,包括原物料、加工生产费用、各项管理与行政费用、该行业企业的合理利润、税费。简称"料、工、费、利、税"。我们采购的供应市场职能应当对这类大宗商品的深加工制品搭建成本加成信息数据库,并将其归入 SRM 信息系统的管控范畴。表1-3是举例说明一个简单注塑零件的成本加成表格。

表1-3 注塑零件成本加成法举例

产品名称	×××			
规格	123			
材质	XYZ 和 ABC			
班产量	5000 个/8H			
成本组成	项目	每单位成本 元/个	所占成本比例 %	说明
原料	原料1	0.1811	46.24	名称:XYZ 单价:13200 元/吨
	原料2	0.0530	13.55	名称:ABC 单价:11600 元/吨
	辅料1	0.0335	8.56	名称:色母 单价:49 元/kg

（续）

成本组成	项目	每单位成本 元/个	所占成本比例 %	说明
工费	工资	0.0240	6.13	用工：1 人/班；人均工资：3000，每月 25 天，每班 8 小时计算工资
	动力费	0.0232	5.94	包括水电气费用
制造费	包装	0.0035	0.90	包装物名称：纸箱、胶带等；单价：12 + 1.14 元；单位包装容量：1000 个/箱；周转次数；5 次
	损耗	0.0080	2.05	按照3% 计算（多家报价比较取低值）
	运费	0.0046	1.18	44 元/方，每方 9500 个
	设备折旧	0.0083	2.13	设备名称：160T；价值：30 万元；折旧年限：8 年
	模具分摊	0.0300	7.66	模具价值：模具价值 30 万元；预计产量：1000 万只
	管理费	0.0111	2.83	按照3% 计算（多家报价比较取低值）
利润率		0.0111	2.83	按照3% 计算（多家报价比较取低值）
合计	未税单价	0.3916	100	
	含税单价	0.4425		按照13% 计算

由表 1-3 可以看出，当我们针对该类采购物资搭建了成本加成之后，"应该成本"与"应该价格"在企业内就达成了共识，成本结构一目了然，也方便了负责采购的成本会计的管理。同时，信息化之后，我们就有了实时对供应商价格体系的管理和对供应商阶段性调价的依据。例如，对于大宗商品的深加工制品，与供应商协作共同监控成本与市场走向，采取观察期末启动调价的机制。通常的做法是实行季度末启动调价机制，在一个季度内与供应商约定共同遵循的权威资讯平台报出的涨跌幅度，未超出约定上下限的，可以不调价，超出的按照实际调涨或调跌。在很多市场环境下，如航空公司燃油附加费的征收、成品油的涨跌等都是这个模式下的产物。

（2）具体此类物资的供应市场分析可以采用以下七个步骤，流程示意图如图 1-21 所示。

1）第一步：对该物资过往 5~10 年的采购历史记录的汇总与简析，包括：分解到各个月度的采购加权平均价格以及走势；各年份市场行情变动的重大事件以及对市场和本企业采购活动的影响；历史上为了应对市场行情的变化而采取的战略举措与技战术组合；与长期战略合作伙伴的关系维护与发展情况；过去的1~3年中具体采购措施的得与失和预实差（预算与实际的差距）等。

历史 国内 国际 策略 供需 预算 后市

图1-21　供应市场定量分析七步法示意图

2）第二步与第三步：若该产品的上游第一产业存在国内和国际市场，那就要分别论述国内与国际市场过往一年的表现和对未来市场行情走势的分析，以及它们之间的互相作用，如替代还是互补？互相之间的博弈如何？同时，要定量分析供应源头的投入产出；生产与供应的意愿；宏观环境因素的影响；上下游的需求与供应情况；上年年底库存结存情况；国内外主要经济体的宏观调控政策与经济支持或财政补贴等；未来一年国内与国际市场的后市趋势、盈余与缺口。

3）第四步：依据上述分析对未来一年的采购策略进行论证。例如，未来3~6个月的短期采购战术，未来一年的中期采购办法与长期举措。

4）第五步：未来一年分解到各个月的供需矛盾的定量分析。无外乎利用所学习的保罗·萨缪尔森的经济学理论中关于市场与供需的知识不断地分析各种供给与需求的要素，按照季度、月度、淡旺季或重要市场节点的供需表现进行分析。

5）第六步：市场定价结合各环节成本加成定价法推导并制定出未来一年分解到各月度的单价预算。

6）第七步：为了应对后市行情的变化，要阐述应当观察哪些重要的行业领域的时间节点；哪些重要的市场信息更新；哪些宏观要素与调控政策的释放；地缘政治与战争热点地区的变化是否与资源集中度较高的地区相重叠，如原油、粮食、矿业等的全球资源集中区域。这些影响要素一旦发生突变，都有可能在未来极大地影响具体的源头与产业链。我们应该做到未雨绸缪。

> **Tips** 用国产大豆种植、榨油、豆粕蛋白深加工产业链的供应市场分析与采购单价预算的管理进行说明：
> （1）企业历年采购历史数据：对历史的回顾。
> （2）国内大豆主产区的种植基本面与国际大豆的市场供需分析：定量分析供应源头、下游各重要环节的需求、年度结转库存情况等。
> （3）推导出未来一年的采购策略：按季度的短期采购方法、中长期的年度采购模式建议。
> （4）根据大豆榨油与豆粕蛋白深加工产业链各重要市场节点的供给与需求互相作用的定量分析，结合具体行业的成本加成模型，设定分解到各月度的单价预算（具体采购财务预算管理相关内容参见第3章）。产业链的简单归纳：上游看种植地（北美、南美、国内），中游看粮油与榨油巨头，下游看饲料、酿造、食品、蛋白工业等行业。
> （5）依据以上综合信息，采用市场供需结合成本加成定价，制定未来全年的分解到各月的采购单价。
> （6）展示该产业链后市重点环节将要关注的信息，并且预判这些信息会给后市的走向带来的变化。目的是让采购企业了解未来市场的趋势，进而配合企业滚动预算的调整与管理。

2. 具有更大附加值的装备设备类采购的供应市场分析

装备设备类供应市场分析和大众商品转化的物资类供应市场分析，有截然不同的侧重点。除了简单的机电设备以外，绝大多数装备设备类采购首先是基于价值型采购来展开的供应市场分析方法（SVCN，Supply and Value Chain Network），而不是简单的价格—成本型采购。另外，相较于大宗商品的物资类或者耗材类的采购，装备设备的采购往往具有较长的使用周期，如和生产相关的设备类实际使用年限往往超过十年以上。这就要求我们务必站在全生命周期的角度来进行供应商的开发。

（1）瞄准价值型采购的供应市场分析包含七大要素：
1）物质转化（原物料、在制品、半成品、产成品）与信息流的效率。
2）每项成本背后的驱动因素。
3）考虑价值的体现以及背后的由来。
4）辨别各选项的机会与风险、管理风险、承担风险。
5）全供应链网络的企业社会责任与可持续性问题。

6) 该装备设备处于产品生命周期的哪个阶段？持续性如何？

7) 包含全生命周期的技术路线成本与售后服务成本等各种隐性成本，而不仅仅是设备本身的价格或成本。

（2）如图 1-22 所示，关于装备设备类采购的隐性成本的研究，我们要坚持打破价格-成本冰山，要考虑价格和上游转化成本的关系，要进行大量的分析计算。同时还要利用价格和成本分析调查工具对各种变量进行比较，推断出成本优化的可能性。宏观的宗旨就是将隐性成本在供应市场分析的过程中一一厘清，并且将其量化，与价格一起呈现出来。

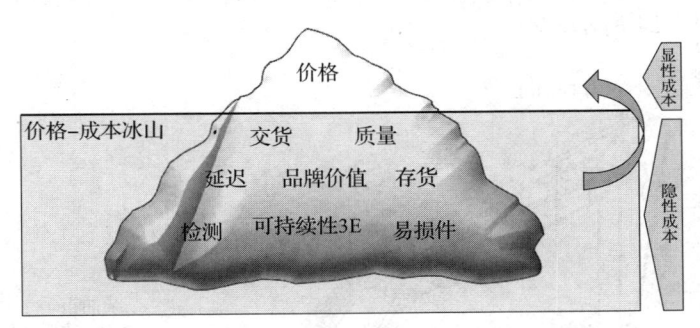

图 1-22 装备设备类的价格-成本冰山示意图

（3）关于装备设备类的技术路线，我们要主动走入供应市场，对行业内的各企业与旗下产品组合进行深入研究，要理解装备设备类的旧技术、现有技术、新技术与未来技术的结构与时间图谱。保障采购方企业充分理解所支付的成本换取的是何技术路线下所构成的产品，未来的发展如何。例如，某世界头部企业品牌提供的装备是很快就会被淘汰的旧技术路线下制造的产品，那么即使其报价再低（也许是要快速出货，清理库存），也要考虑在未来使用周期的前提下是否值得购买。如图 1-23 所示的技术路线与时间的构成。

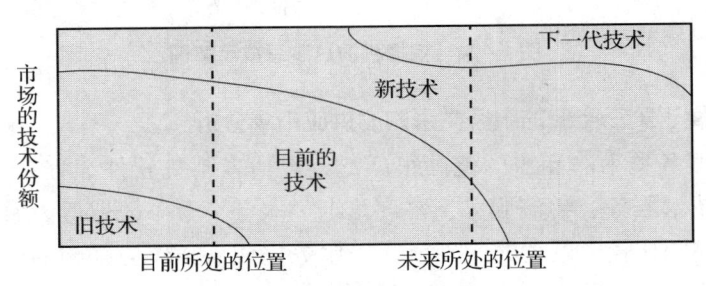

图 1-23 技术路线份额与时间结构示意图

（4）另外，针对装备设备类采购，还要求供应市场分析与寻源职能克服困难，站在与主机厂一致的高度，对装备设备的研究一直到不可拆解的总装总成与组件。这项工作确实有一定的难度，但是"前"采购工作若做不到这个程度，那么采购合适、恰当的装备设备也就成了一纸空谈。这就是该岗位职责的基本要求。以采购一台挖掘机为例，要按照挖掘机总装的物料清单（BOM，Bill of Material）的基本逻辑，研究所有完成品、总成、子装配件、中间件、零部件甚至原材料，同时还要量化分析到制造加工一个产品所需的各种部件（微观到不可拆解）的数量、成本与特性。一台挖掘机的主机厂总装构成如图1-24所示。

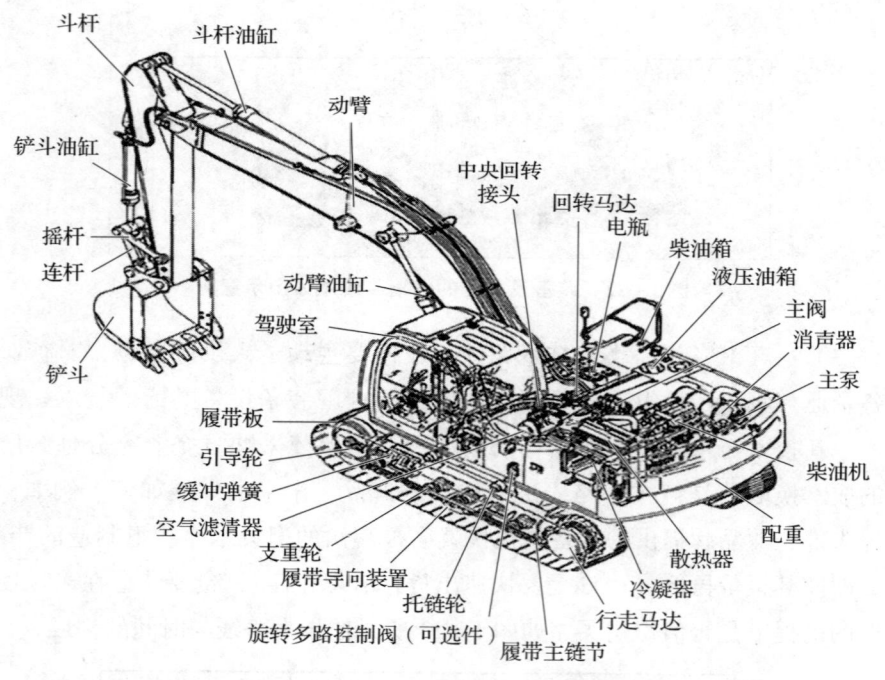

图1-24 挖掘机的总装总成示意图

3. 隶属于第三产业的服务类采购的供应市场分析

（1）服务类采购涵盖的范围很广泛，包括客制化软件编程、售后服务、维修保养技术服务、物流服务、咨询培训类服务、劳务派遣等。服务类产品和有形产品相比较，最大的区别就在于服务完成后，作为采购的服务产品本身也就消失了。例如，一次办公室保洁服务，一次软件开发编程服务，在清洁打扫完成、软件按期按质量交付之后，作为产品的服务动作也就消耗完成，不再具有持续存在的特征。除此之外，和有形产品的供应市场分析与寻源没有本质区别。一家大型的银行软件中心需要开发一款客制化的零售客户终端APP，这就要求采购职能的供应市场分析岗位要充分研究这类客制化软件的传统开发集散区域的市场行情，如北京区域、上海区域、深圳区域、武汉区域、成都区域等，该类软件开发的每人每天的基本报价与服务内容的定量基础研究。同样要考虑隐性成本问题、技术路线问题等。同时要求内部客户提供软件开发的一揽子多期需求计划，防止供应商恶意"钓鱼"报价与投标。例如，在未充分理解供应市场，同时内部需求也不明朗的前提下，盲目对客制化软件开发进行招标，一家世界级的软件承包商报出了极低的价格，在资质优异的前提下评标决标并中标。一期开发完成交付后使用了一段时间，内部客户提请采购部进行二期升级开发，并且说明客制化软件不能再招标，只能按照单一来源谈判，结果原供应商报出了"天价"。这和装备设备类采购只注重产品本身价格而忽视了长生命周期过程中的售后服务与维保成本，进而深陷"唯价格论"的泥潭是同样道理。

（2）服务类采购经常会出现"一事一议"的情况，针对这样的"小、散、乱"的需求特点，宜采用潜在供应商资质入围的办法，在合理化的基础上减少供应商的数量。例如，某企业的市场营销广告促销品类采购就打破了由于历史需求积累的原因，存在众多小、散、乱供应商的被动格局，将市场营销的广促品进行渠道化分类，分成广告、印刷、服装、装置、礼品五大渠道，采用资质入围的办法，针对特定的市场活动，再对入围供应商报出的一揽子解决方案进行分析比对、谈判或招标。

1.3.5　从另一个角度说明供应市场分析的必要性

之前介绍的三阶段十一步骤的战略采购周期的起始步骤供应商早期参与或采购早期参与（ESI, Early Supplier Involvement 或 EBI, Early Buyer Involvement），这一理念转化为职能的作业流程，究竟应当如何管理？首先，多利益相关方早期参与的理论与实践来源于新产品新项目开发的 VA/VE 当中的价值工程，它以客户价值为目标，对直接影响价值的功能要素与成本要素进行定量分析并决策，这就要求多利益相关方群策群力；其次，它也是技术研发活动的早

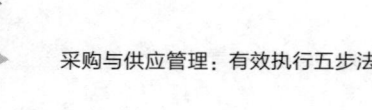

开发与多种供应链活动进行并行工程（Concurrent Engineering）的基本要求。关于采购的早期参与，要回答两个问题：第一，采购活动到底多早才算早期参与？第二，采购早期参与后具体负责哪些工作？

（1）因为过去传统的管理理念把采购局限在完成交易的范畴，这就导致了采购参与新产品、新项目的时间过晚。例如，一家生产制造企业在新产品的中试前才通知采购职能把下一阶段生产所需要的物资物料备齐。可是采购却发现这些全新的采购物资物料都是第一次听说，就连供应商在哪里、供应市场的特点都完全不掌握，更不要说在短时间内引入供应商形成有效的供应。如此管理，这家企业采购参与得就太晚了。正确的方法是采购职能在新产品新项目的研发或市场开发之初就获得此类信息并积极地参与其中，甚至要利用企业与职能部门的中长期发展规划，提前1~3年就前瞻性地进入供应市场。这就要求在企业内形成保障采购获取相关信息并早期参与的机制（制度、规则与流程）。如果企业没有这方面的保障机制，就要建立机制；有机制的，就要不断完善它。

（2）采购要作为供应市场领域的专家，早期参与后要把上游供应市场的信息科学定量地呈现在新产品的多利益相关方的项目小组内，并结合供应市场的情况提出采购的建议。项目小组要针对新产品的需求、规格、技术参数等要素进行集体决策。很多落后的、过时的新产品、新项目管理思维认为需求、规格、技术参数、产品表现等要素是由研发、品控、工艺、市场营销来决定的，就会导致在这些方面形成"一言堂"。我们应当在企业内摒弃这种不科学的机制。美国商学院的沙德·都拉沙希（Shad Dowlatshahi）教授特别提出了企业的产品与业务的战略是由供应市场活动倾向的八大要素与市场营销和技术活动的八大要素制约与平衡的结果。若这种制衡的机制匮乏，则会跌入唯价格论、唯技术指标论、唯质量冗余（overquality）论、唯完美产品论的泥潭。我们可以讲一个小故事来比喻并加深理解这个概念。

1）假设有一位人士是PC机专家，他的一个好朋友找他买家用笔记本电脑，唯一的要求就是别太重，要轻薄一些。这位专家听到后马上就到电脑商城去购买，此时商城里各个摊档的老板都求着他买，并给予了特别的优惠与礼品。专家轻而易举地从五大品牌中选择了一款。

2）专家的另外一位朋友也请他购买笔记本电脑，但是这位朋友是个富豪，他受邀将在下个月参加一场世界级的慈善晚宴的拍卖活动，急需一台笔记本电脑。富豪朋友说他的要求是除了顶级配置之外，还要白金材质的外壳和镶嵌南非钻石的键盘等。这位专家也是转身就去了电脑商城，这次所有的摊档都不再对他有求必应，而是冷嘲热讽地说不可能购买到这样的电脑。最后终于有一个门店老板说他们专业代理高端定制化电脑，这个电脑配置的要求可以满足，但是前提是订金 10 万元，交期 6 个月。这位专家空手而归，和他的富豪朋友说笔记本电脑是垄断供应，订金高昂，交期很长，无法按期买到。结果招致了富豪朋友的严重不满，批评道：什么 PC 机专家，连一台笔记本电脑都买不来！

　　寓教于乐，故事里这位专家就是企业的采购，而那两位朋友就是内外部的需求方。请大家继续思考这个故事：他作为 PC 机专家发挥了专家的作用吗？正确的做法应当如何？答案就是：他作为 PC 机专家，应该把 PC 机市场里的五大品牌高、中、低档的配置和特点定量地讲给两位朋友听，并结合两位朋友的需求和特点提出购买电脑的建议。特别是针对第二位朋友，要明确告知此采购物品为超级定制化产品，成本极高，可得性极差，交期很长，同时还要提出可行性的替代方案或标准化、通用化的建议。现在对应到企业里的角色，采购就应当是供应市场里某个领域的专家，在需求方提出需求时，采购应当发挥专家的作用，把上游供应市场里的情况科学定量地呈现给新产品、新业务的项目组，并提出采购专家的建议。至于最后的产品与业务的决策，则是多利益相关方集体研讨的结果。因此，在采购早期参与阶段必须进行有效的制衡，防止"一言堂"的发生。

1.4　核心工具：八维度供应商评估法

　　谈判或供应商选择与合同授予之前，应当利用供应商评估工具评判其能力水平以及适合性。通常商务合同本身是以少数客观、可量化条目为基础的，在这些条目中，价格往往是首要条款，可以简洁明确地对报价或投标方案做出比较。但是这样的简单比对价格的选择模式，特别在对重要物资的采购、高价值采购、高竞争性市场的物资采购中会落入"唯价格论"的陷阱，因为通过单纯的价格比对所得到的最低价格往往会掩盖供应商和供应过程中的其他潜在风险，如供应商商务能力的可持续性、质量一致性、技术能力和交付

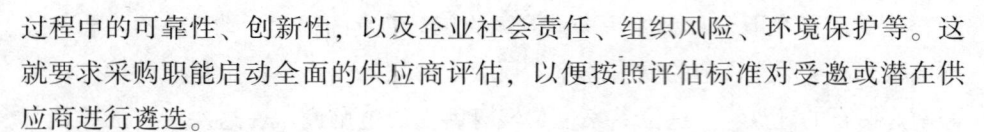

过程中的可靠性、创新性，以及企业社会责任、组织风险、环境保护等。这就要求采购职能启动全面的供应商评估，以便按照评估标准对受邀或潜在供应商进行遴选。

评估完成之后才可以进入竞争性合同竞标阶段，达到优中选优的目的，这也是总购置成本（TCA，total cost of acquisition）⊖或总拥有成本（TCO，total cost of ownership，也称总所有权成本）⊜管理思维的体现。单纯的低价格可能导致高的总购置成本，而这一点却往往容易被忽视，总成本最优被许多企业的管理者误解为价格最低，只要购买价格低就好，很少考虑使用成本、管理成本和其他无形成本。采购决策影响着后续的运输、调配、维护、调换乃至产品的更新换代，因此必须有对总体成本考虑的远见，必须对整个采购流程中所涉及的关键成本和其他相关的长期潜在成本进行评估。

对潜在供应商进行评估的办法有很多种方案，我们依据莱森斯（Kenneth Lysons）和法灵顿（Brian Farrington）⊜的建议，从以下八个维度建立模型并进行评估：财务、生产能力、生产设备、人力资源、质量体系、产品表现、环境保护和职业道德、IT 信息技术。

1.4.1 供应商财务状况评估

从保障采购业务和供应连续性的角度出发，通过测量相关指标反应财务的稳定性。采购工作者虽然不是专业财会人员，但是从采购知识体系的完善和交叉科学的角度，专业采购人员应当对企业财务的管理知识有一个初步的了解，目的并不是学习财务专业本身，而是帮助采购职能评估供应商的财务健康度和稳定性，进而可以有效控制供应源搜寻中的风险。财务评估方案是

⊖ 总购置成本不仅仅是简单的价格，还承担着将采购的作用上升为全面成本管理的责任，它是企业购置原料和服务所支付的实际总价，包括安装费用、税、存货成本、运输成本、检验费、修复或调整费用等。

⊜ 总拥有成本是公司经常采用的一种技术评价标准，它的核心思想是在一定时间范围内所拥有的包括购置成本（acquisition cost）和每年总成本在内的总体成本。在某些情况下，这一总体成本是为获得可比较的现行开支而对 3~5 年时间范围内的成本进行平均的值。

⊜ 莱森斯和法灵顿拥有多年的供应链和采购方面的教育背景、咨询以及从业经验，联合著有《采购与供应链管理》等著作。

个专业化的课题，有必要详细展开论述。

1. 财务评估可以为供应商的选择提供具有参考价值的信息

在财务评估的总体方面可能包括以下要素：

（1）企业超过3年的正在被评估或审计的营业额。

（2）超过3年的利润率以及毛利和净利之间的关系。

（3）固定资产值以及固定资产回报和固定资产利用回报率。

（4）借贷尺度以及资产负债率。

（5）是否有影响供应能力的收购或合并的可能性。

（6）企业拥有的重点大客户数量。若大客户数量少，当大客户流失后，企业可能陷入财务困境。

2. 对潜在供应商进行财务评估的原因

（1）财务方面出现困难的供应商不可能承担大宗供应合同的重任，更谈不上与采购方形成长期伙伴关系。例如，现金流的缺乏会导致供应商不能对其上游供应商进行支付，从而无法履行合同甚至导致其停产停业。

（2）采购方应当谋求对供需双方都合理的公平价格，公平价格的谈判是围绕着供应商提供商品所需要的成本而展开的，并且要考虑到企业再投资和合理利润率，它又与供应市场分析互为因果。

3. 供应商财务信息的来源

（1）若供应商是公共上市公司，可以从它们公开的年报或财报中得到包括资产负债表（balance sheet）、损益表（P/L, profit and loss account）和现金流量表（cash flow statement）在内的三大财务报表。

（2）若供应商为非上市公司，采购方可以邀请其提交或介绍它们的前期、当期和预期的财务状况。而一个有意愿向下游市场营销其商品并且期望成为战略合作伙伴的供应商通常不会拒绝这类邀约。另外，在评估过程中利用评估调查表计分也是一种半强制性要求（不能提供有效信息的条款不得分）。

（3）某些行业咨询机构和媒介可以提供关于市场和供应商的相关财务数据和信息。

（4）一些信用评级公司和风险管理机构可以有偿提供供应商的信用状况信息。

(5）另外还可以从潜在供应商的主要客户那里交换一些信息，但要注意这类信息的可靠性和权威性，一般仅具有辅助参考意义。

4．资产负债表

资产负债表体现的是企业在某一时点（如报表日时点）的资产和负债情况。

（1）资产（asset）：企业所拥有的并且用来实现商业目标的有形或无形物。

1）固定资产（fix assets）是指瞄准长时间运营并且价值较高的资产，可分为无形资产（如商业信誉度和品牌）和有形资产（如土地和建筑、设备、办公家具、交通工具等）。

2）流动资产（current assets）是指以较快的速度流入和流出企业的资产，包括商品和原材料库存、应收账款、银行存款等。

（2）负债（liability）：企业欠外部的款项，包括应付账款、外部借款、透支、税费等。

1）流动负债（current liabilities）是指在资产负债报表日 12 个月内应予偿付的负债。

2）长期负债（long-term liabilities）是指在资产负债报表日 12 个月以后偿付的负债，如长期银行贷款。

下面列举某企业的资产负债汇总表（假设时点为 2013 年 12 月 31 日）。

表 1-4　某企业双年对比资产负债表　　　　（单位：百万元）

	2012 年	2013 年
固定资产	139.00	130.00
流动资产		
库存	45.00	42.00
应收账款	27.00	29.00
银行存款结余	5.00	3.00
	77.00	74.00
流动负债		
应付账款	55.00	36.00
税金	10.00	10.00
	65.00	46.00

（续）

	2012 年	2013 年
净流动资产	12.00	28.00
总资产减去流动负债	151.00	158.00
长期负债		
5% 抵押款	40.00	40.00
	111.00	118.00
资本和储备金		
普通股股本	35.00	35.00
留存利润	76.00	83.00
	111.00	118.00

（1）如表 1-4 所示，在 2013 年 12 月 31 日的时点上，该企业所使用的固定资产为 130（数字单位均为百万元，后同），流动资产为 74，总资产 = 固定资产 + 流动资产 = 130 + 74 = 204。

（2）通常企业会重点考虑流动性差的资产处理，然后处理现金和容易转化为现金的流动性强的资产。固定资产如土地、建筑物和办公设备等是供企业使用而非用于转售和变现的，因此从自然属性上讲属于流动性最差的资产。

（3）对于转售或制成成品的商品库存，通常期望最终把这些库存转化为商品销售出去，以增加现金收入。若能够得到科学有效的控制，在合理的基础上压缩库存金额，增加资产流动性。

（4）若企业对下游销售的商品没有被及时支付，就形成了资产中的应收账款，属于客户欠企业的最终将要形成现金收入的债款。

（5）流动负债，企业欠外部的包括欠供应商的货款形成的应付账款和所欠的税务税款。

（6）长期负债包括利息为 5% 的抵押贷款 40，归还期在报表日 12 个月之后。

（7）总流动资产减去总流动负债得到净流动资产，即 74 - 46 = 28。流动资产大于流动负债，意味着该企业有充足的流动资产来支付应付账款。若净流动负债即流动负债大于流动资产，那么则表明该企业会遇到没有足够的流动资产来支付欠账的风险与困难。

（8）净资产 = 总资产 - 负债 = (130 + 74) - 46 - 40 = 118，这也是该企业属于股东的资产负债表价值。

（9）股东以购买股份的形式向这家企业注入了 35，股东的支付构成了这

些净资产的资金。剩余的 83 来自企业的留存利润，也就是没有作为红利分配给股东而是滚动下来留给企业的利润。

在以上案例中，资产负债表显示了企业在 2013 年 12 月 31 日这个时点上，股东在这个企业的投资价值为 118，这一投资显示为资产负债表中的净资产。简单总结，资产负债表显示了供应商在某一时刻的资产和负债。

5．损益表

（1）收入（income or revenue）：组织从销售、存款利息、投资分红等当中获得的资金。企业要生存，必须有足够的现金来支付流动负债。

（2）支出（expenditure）：组织支付出去的资金。资本支出是用于长期收益的项目（以固定资产为主）。而运营支出是用于短期收益的项目（如流动资产、固定资产的维护、企业经营费用）。

（3）表 1-4 显示，该企业在 2013 年 12 月 31 日时点上获得了 83 的留存利润，其中有一部分是本年度内产生的，而其他则是从往年的滚动中积累起来的。损益表（P/L）可以更详细地体现这些情况。

（4）表 1-5 是该企业的损益表，反映了企业过去 12 个月的经营活动情况（假设时点 2013 年 12 月 31 日）。

表 1-5　某企业双年对比损益表　　　　　（单位：百万元）

	2012 年		2013 年
营业额		196.00	209.00
销售成本		151.00	157.00
毛利润		45.00	52.00
管理费用	11.00		11.00
销售和分销费用	11.00		14.00
		22.00	25.00
营业利润（未息税）		23.00	27.00
应付利息（5% 贷款）		2.00	2.00
税前利润		21.00	25.00
应付税款		10.00	10.00
税后利润		11.00	15.00
股东分红		7.00	8.00
当期留存利润		4.00	7.00
前期留存利润		72.00	76.00
留存利润总计		76.00	83.00

1）在 2013 年 12 月 31 日的留存利润中有 7 是来自本年度当年留存利润，加上历年滚动积累下来的利润是 76。

2）营业额也就是销售得来的收入，对应的是在当年内售出的商品，不考虑现金是否在年内实际到账，有些企业称为 sales in take。

3）毛利润等于营业额减去购买或生产这些商品的成本。此案例中毛利润为 209 - 157 = 52。

4）营业利润（未息、税）等于从毛利润中减去业务所导致的各项开支，此案例中业务开支包括管理费用和销售分销费用，这样净利润（未息、税）= 52 - 11 - 14 = 27。

5）息、税后的净利润还需要减去利息支付和税金，即 27 - 2 - 10 = 15。净利润理论上可以作为投资回报付给股东。

6）但实际案例中，企业董事会决定只拿出 8 作为红利付给股东，而把企业当年的其余利润留在企业里，再加上以前滚动留存的利润 76，则年末留存利润总计 = 15 - 8 + 76 = 83。这就和之前讨论过的资产负债表中的留存利润条目联系在一起了。留存利润总值也被称为损益准备金。

7）留存利润是一个很重要的数字，因为它反映了供应商企业的财务成就和管理水平。它同时体现了对企业再投资的承诺，这也是对未来企业发展信心的体现。

损益表显示了供应商在一段时间内（通常为一年）的收入、支出以及利润或亏损情况。

6. 现金流量表

企业能实现盈利未必就能保证健康的现金状况，这是损益表的局限性所在。一家企业即使有着健康的盈利，但是会因为现金状况不好而导致不稳定。

现金流量表用来确定企业中的现金从何处来、往何处去。该表的最后部分会体现年初、年内、年末总体的现金盈余或缺口。

表 1-6 是截至 2013 年 12 月 31 日某企业的年度现金流量表。

表 1-6 某企业 2013 年度现金流量表　　（单位：千元）

运营活动净现金流入	540.00
投资回报和财务服务	
利息支出	-28.00

(续)

税款		
企业所得税支出		-108.00
资本性支出		
购买有形固定资产	-90.00	
出售有形固定资产	12.00	
资本性支出下净现金流出		-78.00
		326.00
支付股息		-66.00
		260.00
融资		
发售股票	32.00	
偿还长期贷款	-300.00	
融资项下净现金流出		-268.00
现金减少		-8.00
年初现金		92.00
年末现金		84.00
营业利润向净现金流入调节		
营业利润		420.00
折旧		136.00
增：库存		-4.00
增：应收账款		-18.00
增：应付账款		6.00
营业活动净现金流入		540.00

（1）该企业的日常业务可以产生健康的现金流。年度内运营活动产生了540 的现金盈余。

（2）年度内出现三笔大的现金流出：利息支出 28，税金 108，新购买了设备等固定资产净支出 78。用运营活动现金流入减去现金流出等于现金盈余，即 540 - 28 - 108 - 78 = 326。

（3）在可支配的盈余中，企业拿出了 66 作为股息给股东，剩余的盈余还有 326 - 66 = 260。

（4）通过出售股票，企业又进一步获得了 32，但有偿还了一笔 300 的长期贷款，这两笔都属于长期资本流动，所以列在一起。

（5）以上因素使得现金状况出现减少，从年初现金的 92 到年末现金的

84，共计减少8。

现金流量表显示了各个来源的现金量以及用于各个用途的现金支出量和供应商在一段时间内（通常为一年期）的现金持有量的改变情况。

7. 可以体现财务稳定性的关键衡量指标

除了审阅和调研当期（通常为当年或当季）的财务报表之外，还应当对过往年度的财务数据进行分析和比对。这就涉及以下三个评估措施：

（1）利用这些数据本身再加上通过计算得到的各项比率，在纵向的时间维度中进行对比，例如，和过去历年进行对比，有哪些进步和退步，分别代表哪一类的风险等级较高。若现金流量表体现出连年的恶化趋势，那么则说明该企业有可能对其供应商的支付能力和承诺出现问题。若该企业资产负债率较高，就能推断其持续的经营能力可能会出现问题，甚至导致资不抵债或破产，那么就不能和其进行正常的供采交易，更不用说是建立长期的合作关系了。

（2）用当期的绩效表现数据和该企业当期的预算与计划进行对比，观察其是否达到了目标。详细考察其预算与预测之间的差距、预测预算与实际经营结果的差距，进而可以测评其短期经营能力。

（3）利用横向的空间维度标杆管理办法，将该企业与其所在行业的竞争对手进行对比，可以反映出该企业在行业内是否属于正常经营，是否具有竞争力。

> **Tips　为什么财务比率分析如此重要？**
>
> 可以说，只有比率评估才是真正的可利用的量化评估结果，而之前谈到的三大财务报表则是开展测评工作的基础数据，我们需要利用这些数据进行比率的分析和比对。例如，当我们得知一个企业的经营规模是100亿元时，我们无法直接得到它的经营规模是大还是小的结论，因为我们没有把它放到该企业所在的产业和行业中去进行横向对比。这100亿元的营收假设放在硬质塑料的食品包装行业，它可能就是国内的龙头老大了，但若放在石油行业，可能连入门门槛值还未到。再假设两个企业均净利润为50亿元，但是其中A企业的净利润率为2%，B企业为20%，那么则说明B企业的获利能力远超过A企业，只是A企业的市场规模比B企业要大。这也就是比率测评的意义所在。换句话说，在财务评估当中，绝对值是基础，相对值（比率）是根本。

8. 几个衡量指标的概念

之前我们论述过，采购方必须有能力随时获取潜在供应商和当前供应商的公开财务信息。下面我们就介绍一下盈利性、流动性、杠杆比率和投资等衡量指标的概念，为比率分析打下基础。

（1）盈利性。尽管现代企业经营之道包含了多元化的目标，但是毫无疑问，在充分市场经济条件下，任何一方都是追求盈利最大化的（除了政府公共部门和慈善机构），利润意味着企业有能力应对经营活动中的各项开支，且有盈余。这对企业的生存和长期发展意义重大。利润还属于股东，是他们的投资回报，企业也会按照他们的持股情况支付一部分利润作为分红，一个良性的且持续性的利润空间是鼓励股东继续投资的基础，也是拉高股票价格的重要因素，从而起到维持股本的作用。

另外，留存的未分配的利润也是重新投向企业用于自身发展的关键要素，它可以用于购买资产、偿还债务、更新基建和设备、应对各种应急事项等，同时还能避免因以上项目所产生的过多的借贷而带来的成本和风险。

如果一个企业亏损或利润偏低，那么它的经营效率是低下的，也预示着该企业存在资金枯竭和发展难以为继的风险。反之若利润明显超过同行业很多，则有必要对其成本结构、品牌溢价、市场目标和定价策略进行分析，对采购方的机遇则是存在着价格谈判的空间。

通过横向和纵向的标杆对比，一个有着合理利润空间的供应商企业是双方合作的基础。供应商企业财务的稳定性可以保证供应的安全性；由于受到利润的再投资而获得发展的空间保证了供应的质量，同时从提高供应链的可持续性的战略角度出发，也符合企业的社会责任要求。

（2）流动性。企业实现了盈利并不一定意味着就有充足的现金资源可以利用。若利润被用于购买了非流动性资产（建筑、厂房、设备等），则这些资产无法在需要时立刻"变现"，还有可能利润作为红利被派发给了股东。

企业应当具备较充足的现金或流动性较强的资产（股票、债权等），可以相对较快地转化为现金以支付短期债务和对上游供应商支付，从而维持其良性的运营。同时企业也应当具备良好的现金流管理能力，能很好地协调资金流的进出，以及应对到期的债务支付。流动性还对于资金的成本、投资发展潜力具有更深层次的影响。

采购方应当对供应商的偿付能力具有较强的敏感性，因为它对是否可以建立与供应商的长期战略合作起到关键作用。站在供应链的角度看问题，我们还要对其向上游的按照账期准时全额付款的能力进行关注。

（3）杠杆比率。杠杆比率（gearing）是一个衡量企业长期负债或贷款与股本或自有资本之间比例的指标。若企业很大比例的资金来自于长期借债，那么则视为"高杠杆比率"。杠杆比率过高，意味着财务中有很大的一部分需要为企业的贷款支付利息成本，当企业在多变的市场中面对不可预期的金融危机时，这就成为企业非常大的经营风险之一。所以企业应当避免这类比率。反之若一个企业杠杆比率较低，则表明该企业的运营主要依靠自有资金，比较容易扛住风险。

（4）投资。一个企业对于潜在投资者具有多大的吸引力？这就是站在了投资者的角度衡量企业的财务实力和可预期的投资收益。它和采购方评估的相关性体现在以下几个方面：

1）投资者的信心体现了该企业的总体财务实力和经营管理能力。

2）供应商对其投资者的吸引力增加，可以鼓励投资行为，从而提高自身的偿付能力、降低杠杆率和资金成本，增加业务能力。

3）还可以从该企业向投资者派发的红利的数量和比例中看出采购者得到的商品价格谈判空间的大小（例如派发红利过多，会间接压缩采购方的价格谈判空间）。

（5）比率分析的类别包括三大类：

1）利润比率：衡量企业是否获得了理想的利润。

2）流动性和杠杆比率：衡量企业是否有足够的流动资产以支付短期和长期债务。

3）投融资比率：衡量企业向股东以及其他投资者派发的投资回报的力度和持续性。

9. 利润比例——企业获利能力的晴雨表

很多财务科目的具体数据都与营业额有着内在的关系，把各项科目的数据与营业额进行对比得到的一系列比率，是十分常用的关键绩效指标。

以下的比率计算均套用表1-4某企业双年对比资产负债表、表1-5某企业双年对比损益表及表1-6某企业2013年度现金流量表。

(1) 毛利润百分比 = $\frac{毛利润}{销售额} \times 100\%$。从表 1-5 某企业双年对比损益表中可以查得：

2013 年：$\frac{52}{209} \times 100\% = 24.9\%$

2012 年：$\frac{45}{196} \times 100\% = 23.0\%$

毛利率的提高或降低，和供应链的各个职能均相关。假设营销组合没有大的变化，则表明的是生产成本（或生产效率）或采购成本的变化。例如：同行业中的生产型企业的出厂毛利率对比，若某企业毛利率明显较其他企业高，则说明该企业有着较高的生产效率和相对较低的采购成本；反之则说明毛利率会较低。

(2) 净利润百分比 = $\frac{税前利润}{销售额} \times 100\%$。从表 1-5 某企业双年对比损益表中可以查得：

2013 年：$\frac{25}{209} \times 100\% = 12.0\%$

2012 年：$\frac{21}{196} \times 100\% = 10.7\%$

1) 有些企业用息税前的营业利润来代替净利润，则可能隐藏了其较高的贷款额所带来的高杠杆比率。所以净利润率和营业利润率之差反映了企业的杠杆比率的影响。

2) 若我们能够利用净利润率再结合损益表进行分析，具体做法是把损益表中的所有成本和费用项目进行分列以及汇总，再和营业收入进行对比，可以得到运营的成本率，它也是一个有效的比对数据。成本列表应当包括：销售成本、管理费用、销售和分销费用。这样所形成的既有毛利和净利润率，又有各项成本的对比，再加上过往各年度的数值，就可以具体分析出哪项指标的趋势走高了或者降低了，以及为什么。例如由于分销渠道费用的增长导致了本年度净利润的下滑，那么就可以调查是什么原因导致的分销渠道费用增高，以及这种增高是运营战略计划内的还是失控的。进而考虑如何应对这种增高而导致的利润丧失。

(3) 资本回报率 = $\dfrac{\text{支付利息和税款之前的利润}}{\text{平均运用的资本}} \times 100\%$。资本回报率（ROCE, return on capital employed）可谓是"首选比率"，它有着特别重要的意义，描述了利润和企业所使用的资本或长期资金的百分比关系。

从表1-4某企业双年对比资产负债表和表1-5某企业双年对比损益表中可以查得，2013年：$\text{ROCE} = \dfrac{27}{\dfrac{158+151}{2}} \times 100\% = 17.5\%$。

1）平均运用资本是将期初和期末的资产负债表上所使用的资本取算数平均值，其中包含了长期融资，但是不包括银行透支等短期融资。通常在财务管理的规则中，利息指的是长期负债的利息，所有短期负债的利息全部从利润中扣除了。

2）企业的长期资金统计为成本，贷款资金需要支付利息，股东资金需要支付红利等，所以对于企业而言，实现运用资本的最大化是非常重要的。

3）此外还有资产回报率的概念。资本回报率是关注企业利用投资获得了多少回报，而资产回报率是瞄准企业总资产是否得到了良好的运用。资产回报率的计算是把以上的公式的分母换成总资产（固定资产加上流动资产）。

10. 流动性比率和杠杆比例——企业偿还债务能力的压力计

（1）短期流动性比率。在短期流动性比率中有两大主要指标——流动比率和速动比率，都集中反映了稳定性，衡量的是组织的流动资产与流动负债之间的关系。

1）流动比率 = $\dfrac{\text{流动资产}}{\text{流动负债}}$，也称为运营资本比率（简写为 CR，current ratio）。

从表1-4某企业双年对比资产负债表中可以查得，2013年：$\text{CR} = \dfrac{74}{46} = 1.61$

其结果反映了企业是否拥有充足的流动资产来支付流动负债。财务专业资料表明，流动比率的理想化指标是2。

但是流动性指标也有其局限性，因为流动性还与未来的现金流密切相关。该指标过低特别是在几个时间阶段对比中发现迅速恶化时，要警惕流动性变差的趋势和根本原因。当然若该比率过高也会影响盈利性，会增加企业投资的机会成本，也就是投资者会考虑过盈资金投资在其他地方可能带来的高回报。

2）速动比率（也称为酸性测试比率，简写为 QR，quick ratio 或 acid-test ratio）。酸性测试是一种快速测试的实验，犹如测试某化学液体的酸性程度，将酸碱指示剂混入所需要测试的液体，颜色会随着其酸碱性而变化。

把速动比率称为酸性测试比率是因为速动比率像酸性测试比率一样，代入公式，立刻可以知道结果，检验的效果明显。

$$QR = \frac{流动资产 - 库存}{流动负债}$$

从表 1-4 某企业双年对比资产负债表可以查得，2013 年：$QR = \frac{74-42}{46} = \frac{32}{46} = 0.7$

该比率体现了重点关注流动性最优的资产，即现金和债权，因为它们可以很迅速地用来偿付负债，而库存则需要等到一定时间后出售并收到现金货款后才能用于偿付，所以该测量当中有意把库存扣除了。若比率较低，对于近期将要偿付的账款可能无法足额支付。通常认为该比率的理想值是 1，也就是说企业的每 1 元的流动负债就有 1 元的易于变现的流动资产来抵偿。

但是该指标存在相对性，首先应当在同行业中进行横向标杆对比。其次不同行业的情况会有较大差异。例如在应收账款较低的零售行业，可能存在速动率低于 1 的合理情况。反观应收账款较高的行业，虽然速动率可能远高于 1，但是也并不能直接表明其偿债能力就强，因为还要考虑应收账款的回款的不确定性，所以还需要配合分析应收账款的质量。

（2）中长期偿付比率。

1）中长期偿付比率又称为杠杆比率，它反映了企业的长期流动性和稳定性。它是长期资金与股东资本和储备金的比值。若一个企业有很大比例的资金来自于长期债务，则说明其杠杆比率高。

2）杠杆比率的计算原则是考量固定回报资金与股东资金之间的关系。其中固定回报资金特指债务资本或长期贷款的固定利息；而股东对于股息回报是没有固定预期的。

3）杠杆比率的公式可以从很多种角度进行表达，其中较为典型的表达如下：

$$杠杆比率 = \frac{固定回报资本（长期贷款）}{普通股资本和准备金（净值）} \times 100\%$$

从表 1-4 某企业双年对比资产负债表中可以查得，2013 年：$\frac{40}{118} \times 100\% = 33.9\%$。

4）杠杆比率高意味着公司总体财务架构中有很多固定回报资金，从长远看也是一种潜在风险因素，例如在未来经济情况不理想的时候还要支付那些不变的固定回报贷款的利息成本，这有可能给企业雪上加霜。所以企业经营管控要对这类资金的占比进行合理化限制。

5）杠杆比率低则说明企业主要依靠已有资本，而之前谈过自有资本没有固定回报的问题，从而比较容易在困难的年份中坚持下来。

（3）利息偿付比率。

1）贷款利息是必须支付的，无论企业实现盈利与否。利息偿付比率关注的是将支付利息和税前利润和要支付的利息挂钩，它体现了利润是否具备满足支付利息的能力。

2）利息偿付比率高意味着利润足以支付利息；而利息偿付比率低则是一个危险信号，说明企业支付利息能力低下，抑或是支付利息后变得不那么游刃有余了。

3）简易公式采用息税和分红前的利润除以利息额的计算方法。从表 1-5 某企业双年对比损益表中可以查得，2013 年：$\frac{27}{2} = 13.5$ 倍。

11. 效率和营运资本比率——企业管理其资产的秒表

在研究总资产周转率的同时，我们应当重点看待库存和应收账款。之所以称为营运资本比率，是因为我们通常把库存、现金、应收账款的总计减去应付账款之后与总资产之间的比例看作企业的效率与营运资本比率。

（1）资产周转率。

1）资产周转率（asset turnover）衡量的是一个企业的资产是否被很好地利用来产生销售收入。一个企业如果周转其资产的次数多，就意味着很好地发挥了其价值，那么一定程度的高周转率则与企业的高管理效率成正相关。资产周转率的计算公式通常表达为：资产周转率 $= \frac{销售额}{营运资产} = $ 次/年。

运用从表 1-4 某企业双年对比资产负债表和表 1-5 某企业双年对比损益表联合查询得出的数字进行计算，营运资产最合理的计算是依据统计年度的

平均资本为准。

$$\frac{209}{\frac{158+151}{2}} = 1.35 \text{ 次/年}$$

2)从该案例中可以看出,企业所使用的每 1 元钱的资产带来了 1.35 元的销售收入。该指标比率的潜在意义是希望使用尽可能少的投资产生尽可能多的销售收入。

(2)库存周转率。

1)无论对于供应链管理和采购管理的战略层面还是作业层面而言,库存周转率都是一个非常重要的指标。一方面企业必须维持能够满足客户需求的库存量,另一方面企业又要合理管控因库存过高而导致的资金资本积压。企业的管理者应当合理进行监督和管控,寻求这两方面的平衡。

2)通过计算库存周转率(stock turnover ratio)可以有效监测不同时间阶段的变化情况,作为采购方可以评估供应商是否成功地平衡了这些冲突。此外,若库存周转率过低,则表明供应商可能存在产能利用问题,或者库存变质和过期所带来的质量问题,可能也从另一个侧面反映了供应商的下游客户订单过低,进而质疑其行业竞争力问题。

3)库存周转率衡量的是库存在一定时间段内(通常为年度)的周转次数。公式表达为:

$$\text{库存周转率} = \frac{\text{销售成本}}{\text{平均库存价值}} = \text{次/年}$$

还有一种库存周转率的表达式是用销售收入除以期初和期末库存的平均值。年周转率和周转天数都是常用的统计单位。

从表 1-4 某企业双年对比资产负债表和表 1-5 某企业双年对比损益表可以查得,2013 年:$\frac{157}{\frac{45+42}{2}} = 3.6$ 倍

4)库存周转率也要放在企业内进行纵向的历史对比和行业内的横向标杆对比。不同行业有着不同的库存周转特性。例如零售和快消品行业要明显比其他行业的库存周转率高得多。

(3)债务托收期(Debt Collection Period,也可以直白地称为客户账期)。

1）这是一个非常具有实战意义的指标。以往当我们和一个新供应商关于账期进行谈判的时候，可能我们能够利用的仅仅是采购方自己的博弈力。博弈力强，就可以以我为主达成更长的账期；博弈力偏弱，则只能听从供应商的安排。又或者供应商在谈判中提到，他们和现有客户制定的账期按照惯例普遍短于某个固定天数，采购方也只能围绕着这个天数来进行谈判。这些操作都是不科学的。我们掌握了债务托收期这个指标的计算办法，就可以在账期谈判前掌握主动。

2）该指标在以往企业的采购运营中，由于财务知识的局限性，没有得到应有的重视。但是伴随着采购职能的科学化、系统化，它的重要性日益得到提高。它衡量了供应商对现有的客户供应完成后多久会向其支付货款。从供应商财务能力评估的角度，若该供应商不能及时开出发票或不能有效对超账期的客户进行追讨，就会对供应商的现金流造成不利的影响。

3）众所周知，账期的具体天数往往是经过供采双方谈判的结果，不会完全一刀切。有的客户的账期可能长一些，有的可能短一些。这个计算并不是精密的数字，但是能够反映供应商对其现有客户的基础平均账期。参考意义仍然很大，至少做到在谈判之前心中有数。

4）债务托收期的计算是用供应商年度赊销额除以年度期末的应收账款，得到一年的应收次数（俗称应收"转了几圈"）。然后再用365天除以应收次数（圈数），就得到了债务托收期（账期）的天数。公式如下：

$$债务托收期（账期）=\frac{365\text{天}}{当年的赊销额/期末销售应收账款}$$

在此需要注意，一个企业的所有销售活动不一定都有账期。例如，一家生产番茄酱的调味品企业，下游的客户分为两大类：一类是经销批发和零售渠道，最终在商超形成对消费者的销售。这类渠道型营销通常没有账期，也就是对下游经销商客户采取"先款后货"的模式。另一类是食品加工企业客户，对它们往往是有账期的。那么该企业的赊销额数据的提取就不是全年的营业额，而是只对食品加工企业客户的那部分营业额。我们应当从供应商详细的分业务单元的损益表中研究并获取。而应收款数据应当从供应商的资产负债表中提取。例如，某企业的年度赊销额为2009万元，销售形成的期末应收款为190万元，则债务托收期（账期）计算如下：

$$债务托收期（账期）=\frac{365\text{天}}{2009/190}=34.5\text{天}$$

5）另外，不仅仅是对账期谈判有益，这个计算结果还可以帮助我们评估供应商企业的回款状况。以上案例表明该供应商的客户在买到货物后平均约35天付款。假设该供应商提供45天账期，那么平均约35天的账款回款期就体现了较高的回款效率。假设信用账期提供的是15天，那么就表示有不少客户的付款拖欠过久，超过了标准账期。

12. 投资比率——企业投资行为的温度计

假设一个潜在的投资者在考虑购买某个企业的股票或进行其他投资行为时，如何评估这家企业的财务状况以及从这项投资中可以得到多少预期的回报呢？

（1）每股红利。

1）在股东心目中一个关键的考量出发点就是预期的分红收入。企业公开的账目中经常会注明每股红利，对于持有明确份额股份的股东可以很容易地计算出自己收获的红利。

2）若没有明确注明每股红利，那么计算的基础如下：首先计算出普通股的红利总额，从表1-5某企业双年对比损益表中可以查得2013年度的股东分红为800万元。然后在表1-4某企业双年对比资产负债表中可以查得普通股资产是3500万元，假设普通股每股面值5元，那么普通股的股数则为700万股。那么每股红利 = $\dfrac{红利总额}{股数}$ = $\dfrac{800\ 万元}{700\ 万股}$ = 1.14 元/股。

3）若该股东持有20000股，那么他的分红收入 = 1.14 元/股 × 20000 股 = 22800 元。

（2）分红收益。

1）股东仅了解其所持有的股票能够拿到的每年的红利是不够的，还需要知道这些投资需要多少成本，而这些则取决于股票市场。

2）股票价格取决于市场情况以及该企业在市场中正在被评估的和预期的未来价值。这个市场预期和股票的票面价格无关。我们假设投资者需要做充分的机会成本的计算，那么投资行为就需要在不同的投资方案中针对预期的回报进行对比。若银行的储蓄年利率是10%，投资者就可以很容易计算出，想得到每年22800元的收入，也可以采用把228000元存进银行的投资办法获得同样的回报，而且通常意义上这笔投资还没有其他风险。而购买企业的股票的话风险就高很多了。除非他用远低于228000元的价格买到20000股，否则对于投资者的投资行为的吸引力就不大。

3）银行的存款收益是已知的，若年利率为10%，等于每投入100元可以得到10元。那么潜在的投资者也会对欲投资企业的股票进行类似的计算，计算股票价格和可以收获的红利之间的关系，这个关系被叫作分红收益。

4）简易计算公式如下：分红收益 = $\dfrac{每股的红利金额}{每股股价}$ × 100%，我们已经在之前计算得到2013年该企业分红是1.14元/股。假设该企业股票当前在股票市场上的售价是每股10元，那么分红收益 = $\dfrac{1.14}{10}$ × 100% = 11.4%。从这个计算结果可以看出，比银行存款的利息10%要好一些，但是从单纯的投资回报操作看，恐怕尚不足以弥补这种投资行为所带来的额外风险。

（3）每股收益。在实际企业运营中，收益和红利是不对等的，因为企业不会把全部收益以红利的形式发放，总会有部分收益留在企业里。在该企业案例中，2013年的税后利润是1500万元，已知该企业发行了700万股的股票，那么每股收益为 $\dfrac{1500\,万元}{700\,万股}$ = 2.14元。

（4）盈利对红利比例。普通股持有者需要了解自己的红利的可获得性，若盈利对红利比例显著下降，那么普通股的持有者可能在未来无法确保继续收到这样的红利。

在该企业案例中，2013年盈利对红利的比例为 $\dfrac{收益（息税后利润）}{当年的普通股红利}$ = $\dfrac{1500\,万元}{800\,万元}$ = 1.9倍。

（5）市盈率。

1）市盈率（P/E, price to earning）是投资分析中另一个关键比率，用一股的价格除以这一股所对应的盈利。假设我们已知该案例企业中2013年每股普通股价格为10元，我们已算的每股收益为2.14元，那么 $\dfrac{P}{E}$ = $\dfrac{10}{2.14}$ = 4.67。

2）通过以上计算得知，若购买该企业的股票，投资者需要等4.67年才能收回他们的本钱。投资者就可以很方便地将这个数字与不同企业的市盈率进行对比。

3）较高的市盈率显示市场对该企业的潜力印象较为深刻。而在对供应商财务稳定性和未来前景进行评估时，对于采购方构成了最重要的指标之一。在同行业内对这一指标进行横向对比是较为有效的。

（6）股东资金回报率。该比率也可以看作利润比率范畴。计算公式如下：

$$股东资金回报率 = \frac{收益（息税后利润）}{普通股股本加留存利润} \times 100\%$$

2013 年该案例企业的股东资金回报率为 $\frac{15000000}{118000000} \times 100\% = 12.7\%$

需要注意一点，股东资金回报率也有采用息税前的利润进行计算的，所以在对该指标的计算过程中使用具体数据的范围必须加以注明。

Tips 　　　　　　　　**非财务专业人员需要掌握的财务知识**

由于财务知识对于一般采购管理人员的职能范围而言属于跨专业领域的知识，而在供应商评估过程条款中财务比率问题又是重中之重，所以特别把主要各项财务比率再次利用表格汇总并简化释义如下，以便更容易地理解学习和使用，见表 1-7。

表 1-7　主要财务比率分类及计算结果简化释义表

主要财务比率分类	计算结果简化释义
流动比率 1）流动比率 = 流动资产/流动负债 2）速动比率 =（现金 + 应收款项）/流动负债	1）>1.0 为合理，但过高或反映管理水平较低 2）>0.8 为合理，过低反映现金流动有问题；过高或反映资产管理水平较低
运营比率 1）存货周转率 = 销货成本/平均存货 2）固定资产周转率 = 销售额/平均固定资产 3）总资产周转率 = 销售额/平均总资产 4）应收账款周转天数 =（应收账款项 × 365）/销售额	1）比较行业水平。体现库存问题 2）比较行业水平。体现固定资产的使用效率 3）比较行业水平。体现总资产的使用效率 4）比较行业水平。体现对下游客户的关系维护和协议管控问题
获利能力比率 1）销售净利润 = 税后利润/销售额 2）资产回报率 = 税后利润/总资产 3）权益回报率 = 税后利润/总权益	1）获取行业信息，比较行业水平 2）获取行业信息，比较行业水平 3）越高越好
负债比率 1）负债权益比率 = 总负债/权益 2）流动负债权益比率 = 流动负债/权益 3）利息偿付能力比率 =（税前利润 + 利息）/利息	1）获取行业信息，比较行业水平。若 > 3，则是高杠杆作用 2）不能超过 1 3）若 >3，越高越好；若过低，偿还贷款或有困难

1.4.2 供应商生产能力评估

生产能力是指在特定时间范围内完成一个生产单位量的有限能力，通常以每单位时间输出的单位产量来表达。生产能力的限定条件体现在时间范围、设备投入程度和人力资源保证等几个方面。例如，从时间范围考察产能，具体是每月（或每周）几天、每天几个班次安排生产；设备投入程度体现在产线排布、设备产能、设备再投入方面。具体对供应商的产能评估项目如下：

1. 一个正常工作周期的最高生产能力

考察供应商总产能的目的是了解供应商能够处理接受订单的最大货量，以及在一定时间内能够生产多少单位的产品。它可以提供一个在参评供应商范围内的横向对比和行业内的标杆对比，也是经营规模评估的一部分。

在考察供应商总产能的同时，还可以了解工程、创新、设计、准时制供应、快速定制、逆向物流等运营层面的能力。

2. 现有生产能力超负荷或欠负荷的程度

若产能已出现透支或有潜在透支风险，供应商可能面临无法承接更多订单或者交货时间的延误。

若产能明显过剩，或因为各种原因没有充分投产，要警惕因生产过程质量管控不利所带来的产品综合质量问题，或运营和生产效率问题。在企业战略层面要同时考虑其战略策略规划能力；在运营层面，还要考虑其市场营销能力、客户关系维护拓展能力和可持续性发展问题。

3. 如何增加现有生产能力以满足不断增长的需求

若未来客户需求增加，现有产能是否存在提升空间？例如，添置厂房设备，增加班次和人力，对外分包，以及提高管理能力。

供应商面对未来的市场机会，增加产能的意愿如何？可以根据以下数据和指标量化测量。

（1）供应商对未来企业经营战略的规划。企业的中长期战略规划是否体现了未来经营扩张的战略路径图，以及是否量化？例如经营发展方向、营收的增加、市占率增长和根据战略的投资组合的预期数字。

（2）市场需求预测。可重点从供应商市场营销的中长期战略规划和一年

期的运营计划中挖掘对市场需求变化的预测。

（3）产能扩张的计划。根据供应商市场营销规划所能体现的产能扩张计划，具体分析供应商未来产能的潜力和产能变化趋势。

（4）财务评估中得以体现的成本和收益分析指标。若产能的扩张已经体现在供应商的运营规划中，评估还希望能够从财务的投资成本和收益分析报告中得到一致性的结果以进行验证。

> **Tips** 用于主要客户的有效生产能力的比例
>
> 供应商现有的主要客户占用了产能的多大比例？潜在的采购预期将会占用多大的比例？考察这个指标的背后意味着对该供应商运营风险的分析。例如若该供应商过于依赖少数几个大客户，一旦其中一个大客户终止合作，经营上就会发生问题。例如体现在该供应商在资金上过分依赖于主要大客户而存在的应收账款风险和现金流不足的风险。从以上这些情况可以看出，在考察其生产能力表现的同时，也应高度关联到财务指标方面。而财务问题又与质量、效率、投资和运营管理能力息息相关。

4．对于预期的买方订单量在供应商生产能力中所占的比例

如何确定供应商是否有能力在保证供应质量的前提下以规模经济效益的价格来提供所需的产品？

采购方应给出未来预期采购的订单量来确定供应商是否具备在现有产能的情况下保证供应或者是通过扩产来完成。

应向供应商索取能够保证未来订单量的产能证明，以验证供应商的供应链管理基础水平。

5．供应商使用何种系统来进行排产

（1）考察供应商企业是否已实施了以 MRP 或 MRP Ⅱ 为生产管理体系的企业资源计划 ERP⊖ 系统，以及是否有效地将客户市场营销需求转化为物料或资

⊖ ERP：Enterprise Resource Planning，企业资源计划，由美国 Gartner Group 公司于 1990 年提出。企业资源计划是 MRP Ⅱ（企业制造资源计划）下一代的制造业系统和资源计划软件。除了 MRP Ⅱ 已有的生产资源计划、制造、财务、销售、采购等功能外，还有质量管理、实验室管理、业务流程管理、产品数据管理、存货、分销与运输管理、人力资源管理和定期报告系统。

源需求计划进而进行排产。

（2）在实施物料或资源需求计划系统的基础上是否采取了 S&OP⊖（销售与运营计划）管控协调机制。

（3）其上游供应商的供应和交付的跟踪。

（4）生产周期目标的标准和绩效。

（5）生产计划和其控制系统的总前置期管控模式。

（6）考察供应商是否具备生产和供应的应急预案，保证具备一定的快速响应、灵活应对紧急或突发需求的能力。

（7）生产和交付绩效的历史纪录。

1.4.3 供应商生产设备评估

在需要利用生产设备进行生产和制造的企业中，生产设备的评估取决于评估的标的物——产品或服务的产出。例如，采购方希望在供应市场获得塑料聚丙烯基础材料颗粒，那么就要评估石化炼化企业生产制造所需产品的机械设备；若采购方针对汽车货运市场的运输服务进行采购（运输服务分包），就要对承运商的车辆和管理系统进行评估。通常应当从以下几个方面来考察：

1. 供应商是否拥有制造所需产品或服务的机械设备

（1）考查供应商生产场地和机电设备的类型是否具有按照买方规格的精度要求进行生产的能力。

（2）同时需要了解机电设备的生命周期管理情况，具体到机械设备的投资规划、选型方案、安装调试和交付使用过程的历史记录。

2. 在制造资源短缺的情况下，外协分包的程度和过程管控如何

（1）在供应链网络全球化的时代，企业都会采用外协分包转包进行生产加工的模式，只是外协分包的程度有所不同。例如，针对专用生化测试仪器的采购，我们有必要深入考察其营销渠道背后的生产加工模式，也就是集成品牌商对于产品制造的外协分包程度。该产品是全部在品牌商的生产加工基

⊖ S&OP：Sales & Operations Planning，销售与运营计划。涉及企业经营和企业运营管理的多个方向的议题，包括中长期计划的制订和执行、需求与供应的平衡、订单履行策略的实施、库存与服务水平的调整等。

地制造,还是以一定比例进行外协分包或者向上游转包?当把全部产品的生产加工制造外包时,我们通常称为 OEM[一]制造。

(2)在品牌优势集中度较高的行业领域,越来越多的核心企业只拥有品牌以及品牌背后的核心技术和商业价值,而把大规模劳动密集型的加工制造进行了充分的 OEM 生产。例如,我们耳熟能详的耐克运动装备和苹果手机计算机设备的品牌商和其上下游的产业链。在汽车的整车制造行业均采用了纵向垂直供应链整合的模式,整车品牌企业均采购上游各层级供应商的零部件和组件进行总装。

(3)若转包或 OEM 的比例过高,就必须重视分包方或 OEM 生产商。所以供应商的评估,不仅只针对第一层级的供应商,在大多数情况下,还要同时对二级甚至三级供应商所形成的供应网络进行考察评估。这一评估模式背后还隐含了供应链管理模式的价值链增值和供应商分级管理的概念。

(4)传统企业制造的产成品的全部或部分是在本企业内进行生产加工的,通常是通过对上游多层级供应商组件或零部件进行采购之后,集成总装和加工而成。而 OEM 模式可以理解为是在网络供应链模式下对上游各级供应市场进行采购的特例,品牌核心企业把生产制造职能全部外包出去,本企业只进行很少的后期加工甚至不需要任何加工处理即可进入市场营销渠道。无论何种模式,都要求供应商对各层级的分包方进行有效管控,管控模式可以参考采购方对其进行评估的方案从而延伸到其上游。

(5)通过列表归纳总结 OEM 和传统生产性采购的主要区别,见表 1-8。

表 1-8　OEM 和传统生产性采购的区别表

	OEM	传统生产性采购
技术复杂程度	相对较高	相对较低
产品认证时间	长	短

[一] OEM(original equipment manufacturer)生产,也称为定点生产,俗称代工(生产),基本含义为品牌生产者不直接生产产品,而是利用自己掌握的关键的核心技术负责设计和开发新产品,控制销售渠道,具体的加工任务通过合同订购的方式委托同类产品的其他厂家生产。之后将所订产品低价买断,并直接贴上自己的品牌商标。这种委托他人生产的合作方式简称 OEM,承接加工任务的制造商被称为 OEM 厂商,其生产的产品被称为 OEM 产品。

(续)

	OEM	传统生产性采购
供应市场	独立性强，需要特定企业的特殊制造	一般独立性较弱，可以从公共市场和相关行业中采购获得
产品生命周期	一般较短	一般较长
产品层级	高，已经过深加工，一般可直接使用	中低，初中级产品，一般不能直接使用
产品通用性	很低，一般具有排他性，其产品特性和商务协定等因素决定了其他客户不能使用	较高，产品一般也对其他客户适用
产品标准	由采购方（品牌商）自行制定的特定标准	国际、国家或行业制定的通用标准

3．在行业范围内比较机电设备的先进程度以及维护保养的安排

（1）通过收集行业信息，比较机电设备的先进程度，在高效率的前提下保证成本优化和加工过程的质量稳定性和一致性。

（2）生产厂和设备的新旧程度以及维护保养水平的高低，能够反映设备故障或损耗造成生产停工的风险水平。所以有必要考察生产厂的自有设备管理能力，例如自有维修保养团队的技术力量和解决故障的水平等级，还要考察设备的外部维修保养服务的提供商与生产厂所签订的技术服务水平协议（SLA，server level agreement）以及履行情况。

4．工厂、车间和产线的布局合理性

考察工厂、车间和产线布局和流程的安排是否便于提高效率。因为合理性会辅助提高生产效率和有效降低成本。例如工厂园区和车间布局的合理性可保证物流的效率和产品的安全。产线的合理性保证了直接生产加工的效率和质量。

5．工厂现场的管理系统和水平如何

产线和车间管理系统体现在以下几方面：

（1）排产计划的下达和接收安排。

（2）根据排产计划对生产设备和劳动力合理安排。

（3）生产流程管控包括领料、上料、加工过程工艺控制以及在制品和半

成品、产成品、原物料和产成品库存与仓储管理。

（4）现场生产环境和清洁体系，如 5S 的实施贯彻。

6. 供应商是否应用了诸如计算机辅助设计、计算机辅助制造或柔性制造系统等软硬件系统

> **Tips　　　　　　　其他 IT 系统的考虑**
>
> 以上问题可以延伸到被评估供应商对于新产品的研发能力以及对于新产品实施的管理管控体系，例如，如何启动新产品研发，在新品开发早期供应链中有哪些职能参与（这也体现了 ESI、VA/VE 技术的采用程度），新品的初试、中试过程如何管控，小批量试没产如何安排。另外，在提供物流运输仓储服务的行业，是否有相应的软硬件的投入使用，如 WMS（仓储管理系统）、TMS（运输管理系统）以及库存管理系统等。

7. 生产过程是否有完善的健康保障和安全防范措施

需要考察生产制造场地、生产条件对环境、从业人员以及客户的健康和安全保障是否符合相关的法律法规，所以 EHS[一] 体系建设和管理的情况也构成了考察的必要项目。这部分将在 1.4.7 环境保护和职业道德部分展开论述。

1.4.4　供应商人力资源与组织结构评估

员工是企业最有价值的资源。在一定的组织结构下的人力资源管理，是满足组织当前及未来发展的需要，是实现组织目标与员工发展最大化的必要保证。因此在评估过程中应当向供应商获取以下几方面的相关信息：

1. 供应商组织结构的模式和特点

（1）组织结构的模式。

1）组织结构的基本分类和模式包括：传统型、区域型或事业部型、矩阵型和虚拟组织结构。我们应当分析供应商不同的组织结构对于其自身的业务发展和行业特性的适应性。

2）组织结构的适应性问题是相对的，没有放之四海而皆准的唯一优势结

[一]　EHS 是环境（environment）、健康（health）、安全（safety）的缩写。EHS 管理体系是环境管理体系（EMS）和职业健康安全管理体系（OHSAS）的整合。

构,而应当具体问题具体分析。例如,一家传统型生产制造并通过市场营销行为而生存发展的企业,通常还是以传统"树"型组织结构所具有的实践稳定性为主,若在此基础上具备对于大型项目采取部分或局部以项目制为主导的矩阵式结构,则通常认为该企业的组织结构兼具稳定性和灵活性。假设一家新兴的以互联网思维为基础的企业,则可能更适应于灵活的矩阵式和虚拟组织结构。

（2）组织结构的特点。重点考察供应商的市场营销团队、生产制造团队和以采购物流职能为基础的供应链管理团队,统计各职能的人员构成、获取职能部门管控的命令链和汇报链、了解重要岗位职责和人员的匹配。

（3）重点考察供应商的市场营销团队、生产制造团队和以采购物流职能为基础的供应链管理团队,统计各职能的人员构成,获取职能部门管控的命令链和汇报链,了解重要岗位职责和人员的匹配。

2. 企业规模和主要经营管理团队的组成

（1）从组织结构的设计和建设的角度出发,通常可以根据员工总数来反映企业的规模,再配合诸如净资产、生产率和总销售量等指标对同行业内的企业规模做出有效评估。

1）在我国,根据公开发布的《统计大中小型企业划分办法》,具有两类划分维度,一个是从不同行业领域进行区分,另一个是从人员数量、净资产和营收方面划分。例如工业企业,人员数量 2000 人及以上、销售额 3 亿元及以上、资产总额 4 亿元及以上,划定为大型企业。对于人员数量 300～2000 人、销售额 3000 万～3 亿元、总资产 4000 万～4 亿元,划定为中型企业。其余为小微企业。

2）欧盟的划分标准设定为：雇员超过 250 人、营业额超过 5000 万欧元为大型企业；雇员在 50～249 人、营业额低于 5000 万欧元为中型企业；雇员在 10～49 人、营业额低于 1000 万欧元为小型企业；雇员在 10 人以下、营业额低于 200 万欧元为微型企业。

3）通过这样的划分模式对比可以反映出不同国家和地区的劳动力生产力和生产效率的区别,以及数字背后的因为社会结构、产业模式、供应链上下游位置的不同而导致的劳动力密集程度的差异。

（2）根据企业规模的不同，经营和运营管理团队的架构也会有所差异，我们应当从正规化、集权化、专业标准化和复杂程度等几个方面进行观察。这也表明了每个因素都与组织规模有关。

1）正规化、专业标准化的程度在大规模企业中呈现得更明显，因为它们对控制公司中的活动很有必要。

2）大型企业更倾向于使用文件、规则、书面政策和程序以及详细的工作描述，而不仅仅依赖管理人员的个人能力。

3）一个企业需要处理的关系越多，过程就越需要正规化和标准化。例如麦当劳有海量的文档和文件用来描述所有产品的制作过程，如何向客人打招呼，如何维护设备等。这种正规化、标准化和专业化有助于麦当劳在全球的餐厅都保持同样的产品质量。与此形成对比，一家当地的小咖啡厅里卖的产品可能每次品尝起来都不太一样，这就是小型组织规模相对缺乏标准化的证明。

3．人力资源的效率和利用情况

（1）从经营指标出发的人力资源效率量化评估：

1）企业人均营业额和利润的贡献度。

2）企业市场营销部门人员的人均营业额和利润贡献度。

3）企业市场营销人员占总员工数的比例。

4）企业采购、物流或供应链职能人员占总员工数的比例。

（2）从客户、市场营销角度评估人力资源效率：

1）平均每个市场营销人员或客户代表等岗位负责客户的数量。

2）平均每个市场营销人员或客户代表等岗位在单位时间内接收到客户订单的数量。

3）每张客户订单的平均运作成本。

4）以上的评估指标也适用于企业的采购职能部门，例如平均每个采购人员负责的供应商数量。

4．管理和作业人员的流动情况

可以从流动性和稳定性两个方面进行考察：

（1）员工流动性：单位时间内离职数量与单位时间内员工平均数量的比值。

（2）员工稳定性：工作一年或以上的员工数量与总员工数量的比值。

5. 企业对员工的激励奖励办法

一个企业若能够具备一套认同度相当高的人力资源评估考核和激励体系，科学的职业生涯发展激励和适度的财务奖励可以有效提高员工士气，激励员工为企业做出更大的贡献以及提出更多的意见和创新建议。

（1）员工的职业生涯发展：

1）考察企业是否具备完善的员工职业生涯发展和晋升路径规则和流程。

2）过往3年内企业各层级晋升员工的人数。

3）企业全年内外部培训的科目、人数和平均单人次接受培训的时间。

（2）财务奖励制度：

1）考察企业的财务奖励方案，这类方案应当基于绩效评估的程序而创立。

2）在激励、奖金和薪酬待遇方面，企业应当有一套严谨的绩效审核体系，以便管理者和员工共同遵守执行。

3）财务奖励不应在绩效评估方面占主导地位，更不应让员工认为绩效评估就是财务方面的奖惩，否则绩效评估将失去其优势。

6. 组织文化和价值观

就像社会中的文化现象一样，组织中也有类似的文化，它被员工分享，通过一定的模式进行交流并具有传承特性。

企业文化的评价具有一定的难度。我们不妨从企业经营场所的外观、员工的行为中去观察这样的价值观、信念、思想基础和行为规范的体现和反映。

供应商如何看待质量和客户服务？是否致力于创新、责任感、商业道德和环境保护？公司内部的沟通是否顺畅？这些都体现了供应商的经营管理能力和对产品交付质量的承诺，以及是否有可能与采购方建立起建设性工作关系。

企业文化"门当户对"的适配性之所以重要，是因为假设供应商的企业文化与采购方格格不入，在价值观、质量观和对未来的愿景等方面都相去甚远，那么未来形成紧密合作关系纽带的可能性就会很低。

7. 工会和劳资关系

> **Tips　　　　　西方劳资纠纷与工会势力**
>
> 若经常性地需要与其他国家和地区的供应商保持商业往来，就需要考虑当地的工人代表机构和认可的工会组织的影响力。应重点考察过往 3~5 年内每年因为劳资纠纷损失的工作日总计或比例。
>
> 例如，1998 年，美国通用汽车公司的两家主要工厂经历了 54 天的由美国汽车工人联合会领导的大罢工，因为此次罢工，通用汽车几乎关闭了北美地区所有的制造企业。这给北美乃至全球与通用汽车相关的供应链上下游产业的正常经营带来了灾害性的打击。与此相反，福特汽车公司在相当长的时间内从未经历过来自汽车工人联合会的罢工。福特公司在背后所做的努力是把与工会的真诚合作关系看作公司的一项竞争优势。他们彼此达成了很多基于互惠互利的协议，这反映了工会与福特公司之间的新型的更具有合作性的关系。

1.4.5　供应商质量体系评估

1. 采购方应当关注以下几个方面的质量问题

（1）卓越性：对照行业标杆、企业最佳实践衡量某产品的水平。同时考虑产品设计、工艺、细节关注程度以及产品在避免缺陷上所做出的努力。

（2）适用性：从广义上衡量产品的客户满意度；从狭义上实现其设计意图，达到对它的预期。

（3）符合需要和规格：关注产品是否满足规格中提出的功能、特性、效能及标准，进一步体现了供应商对流程质量的管控能力。

（4）可接受的质量和资金价值：采购方如何权衡性能功能与产品价格成本。抛开价格等其他因素谈质量和抛开质量等因素谈价格，都是不科学的表现。

2. 供应商是否达到 ISO[一] 或其他相关质量标准

质量管理包含质量控制和质量保证两个方面，体现了企业管控并保持合适的质量输入和质量输出的能力。它要求提供的产品和服务符合其规格、适

[一] ISO 标准是指由国际标准化组织（International Organization for Standardization）制订的标准。国际标准化组织是一个由国家标准化机构组成的世界范围的联合会，现有超过 140 个成员国。

合其用途并持续改进质量。

企业建设质量管理体系的意义：

（1）与采购方建立信任机制，保证按照采购方的要求提供产品和服务。

（2）通过过程控制和减少差错保证供应链质量的一致性和达成目标的高效性。

（3）通过明确的计划和过程管控，提升员工能力、培训水平以及职业道德素养，从而提高企业的生产效率。

（4）建立有效的文档文件管理系统，记录并保存经验教训和最佳实践，保证质量文化在企业内的贯彻和传承，这也是质量管理系统的收益之一。

企业可以采用包括国际化标准组织的 ISO 9000 在内的标准衡量和认证体系来规划和评估自己的质量管理体系。

（1）企业通常的做法是邀请具有专业资质和公信力的第三方机构来评估和衡量。

（2）采购方在重点物资的采购过程中往往把获得 ISO 9000 的认证作为供应商资格预审的必备条件之一。

（3）ISO 9000 标准比较具有普遍性，适用于各类组织和企业，它把质量管理体系分为四个主要过程：管理责任、资源管理、产品实现、分析测量和改进。

3. 供应商是否具备并实施全面质量管理○、六西格玛○或其他质量统计管理和控制系统

全面质量管理是一种将质量上升为企业哲学而受到高度重视的质量管理

○ 全面质量管理（TQM，total quality management）是对一个组织以产品质量为核心，以全员参与为基础，目的在于通过让顾客满意和本组织所有者及社会等相关方受益而建立起一套科学严密高效的质量体系，从而提供满足用户需要的产品的全部活动，达到长期成功的管理途径，是改善企业运营效率的一种重要方法。

○ 六西格玛是一种改善企业质量流程管理的技术，以"零缺陷"的完美商业追求，带动质量成本的大幅度降低，最终实现财务成效的提升与企业竞争力的突破。六西格玛是摩托罗拉公司发明的术语，用来描述在实现质量改进时的目标和过程。西格玛（σ）是统计学用的希腊字母，指标准偏差。术语六西格玛指换算为百万分之 3.4 的错误/缺陷率的流程变化（六个标准偏差）尺度。西格玛真正流行并发展是在经过通用电气的实践，杰克·韦尔奇于 20 世纪 90 年代发展起来的 6σ（六西格玛）管理是在总结了全面质量管理的成功经验，提炼了其中流程管理技巧的精华和最有效的方法，成为一种提高企业业绩与竞争力的管理模式。

方式。全面质量管理将质量升华为企业的价值观和愿景，融入企业内所有的资源和关系，并渗透到供应链网络当中，以追求全方位的持续改进。

以全面质量管理为导向的运营强调以客户的满意、全员参与、持续改进为宗旨。基于此，采购方可以重点考察供应商在全面质量管理的认知以及在多大程度上采用了其中的关键原则，包括全供应链的质量一体化、参与采购方上下游的持续改进意愿、跨职能跨企业的通力协作的体现、追求零缺陷的运营规则和实施。

4. 质量管控体系是否能向上游供应链网络延伸

从供应链管理的角度出发，采购方应当透过第一级的供应商考察其对第二级和第三级的供应商网络进行有效质量的管控和保证体系。通过考察供应商是否具备对上游供应物料检验和测试的手段和方法来体现其质量控制和质量保证体系。

（1）发现并修正缺陷的检验检测体系称为质量控制，它主要着眼于确定规格、标准和公差。但是由于检验检测活动的多重性和不增值的特性，而且一旦通过检验检测发现质量问题，错误已经铸成，而相关成本已经产生，所以单纯的质量控制体系有其局限性。

（2）对缺陷加以预防的质量保证，是一种把质量融入过程中每个阶段的更主动和更全面的质量过程管理方式。它需要贯穿整个供应链的上下游，包含在质量管理体系内，以系统性措施来预防缺陷。以上评估项目又和价值分析（VA）、价值工程（VE）以及供应商早期介入高度相关，这些质量管控模式也是一个企业总拥有成本或全生命周期成本管理思维的体现。

1.4.6 供应商产品表现评估

产品表现特别对于非标准类产品更是至关重要。例如，建筑项目、安装营造和技术服务等就属于此类。对于此类供应商应当增加以下评估项目：

（1）考察供应商是否承担过同类项目。若有已完成的或者正在进行的同类或类似项目，对其客户所采购的产品或服务进行考察参观，以便进一步分析。并且可以利用其现有客户的评判作为重要的辅助评估因素。

（2）针对服务型的采购，由于供应商交付的是无形的产品，往往较难评定。在 20 世纪 80 年代末期，市场营销专家帕拉苏拉曼（Parasuraman）、杰西莫（Zeithaml）和柏利（Berry）提出了一个衡量服务质量的方法，称为 SERVQUAL（service quality）模型。这一模型认为采购方可以从五个维度来对服务做出评估：

1）有形设施：与服务相关的实物产品、设施以及服务所得到的结果。

2）可靠性：准确可靠并始终如一地履行服务承诺的能力。

3）响应性：快速响应能力，体现在积极地乐于为客户提供高水平服务。

4）保障性：让客户感受到可以信任的，体现在售后服务的员工所具有的知识、礼节以及表达出自信与可信的能力。

5）情感投入性：能够理解客户的需求，随和体贴，提供发自内心的关照，并让客户感受到个性化的服务。

（3）在有些评估方案中，会把这类非标准或服务类产品供应商的产品表现评估融合在质量评估和生产能力评估当中。

1.4.7 供应商环境保护、可持续性和职业道德评估

在全球化时代，当今社会对于企业运营发展的看法，越来越多地融入了环境保护、商业道德以及社会责任的问题。而企业的目标也从以往单纯以盈利为目的发展到以社会责任为重要因素的多元化目标。在近些年曝光的案例中不乏买方企业因为供应链上游的若干层级的供应商出现破坏商业道德、环境或者劳动法规的行为，而导致声誉和品牌受到损害。

1. 环境评判标准的内容

（1）考虑交通运输可能造成的影响，采购方与各级供应商之间的地理位置关系应当作为考虑的因素之一。

（2）是否使用和推广更为"绿色"的材料和包装，并且力争减少使用量。

（3）"绿色"设计和创新能力，体现在研发和设计中是否考虑到易于安装、运输、拆解、循环利用，并且是否追求能源利用效率最大化和具备逆向物流管理能力。

（4）考察是否制定并实施了强有力的环保政策，如如何有效控制和限制

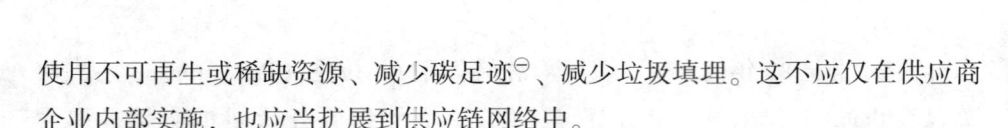

使用不可再生或稀缺资源、减少碳足迹㊀、减少垃圾填埋。这不应仅在供应商企业内部实施，也应当扩展到供应链网络中。

（5）是否具有稳定的环境管理体系，包括ISO14000环境标准认证或其他相关认证。ISO14000是一系列关于环境管理体系的国际标准。环境管理体系是一个组织评估和管理其对环境的影响的系统化过程。这个标准的目的在于帮助组织建立起遵循这一标准的体系，并为其提供审核审查。ISO14000项目下有100个号，从ISO14001到ISO14100。其中ISO14001是环境管理体系的主干标准，主要要求如下：

1）环境政策说明，包括致力于防止污染，提高环境绩效，并且遵守法规要求。

2）识别组织有可能对环境造成影响的各种活动。

3）企业绩效目标和环境绩效目标的统一协调。

4）实施一套环境管理体系来达到这些目标，包括员工培训、指导和程序等。

5）定期进行审计审核，必要时开展纠正和预防措施。

（6）要求企业行为符合所在国家或地区的环境保护和排放法律法规。

2. 社会责任、商业道德以及劳动法规

考察企业是否具备一套完整的企业社会责任体系和商业道德规范，并且审核定期的企业社会责任报告。目前通行的SA8000㊁是一套适用于全球各行各业的社会责任标准。同时在2010年经过国际上主要利益相关者群体的专家代表的一致同意，为所有类型的组织提供协调一致的、全球性的指导——ISO26000社会责任指南2010。

在其他采购与供应原则满足的前提下，根据供应商与采购方的地区地理关系，以考察采购方是否履行了支持本地供应商的企业社会责任。

㊀ 碳足迹英文译为carbon footprint，是指企业机构、活动、产品或个人通过交通运输、食品生产和消费以及各类生产过程等引起的温室气体排放的集合。它描述了一个人的能源意识和行为对自然界产生的影响，号召人们从自我做起。目前，已有企业开始践行减少碳足迹的环保理念。

㊁ 社会责任标准"SA8000"，是social accountability 8000 international standard的英文简称，是全球首个道德规范国际标准。其宗旨是确保供应商所供应的产品皆符合社会责任标准的要求。SA8000标准适用于世界各地的任何行业和不同规模的公司。

第 1 章 成功基石：供应源搜寻与供应市场分析

考察供应商在符合国际劳工组织标准方面的情况，包括支持工人权益、坚持平等多样化、禁止使用童工和奴役行为。

供应商应当有效证明自己的劳动用工政策是符合相关劳动法律法规、负责任并且符合商业道德的，包括合理的待遇和工作条件、对员工的健康和安全保障、平等的工作机会和人员构成多样化。

应当考察供应商的贸易政策和行为是否符合商业道德，例如，支持供应商的多样化，在公平交易的原则下支付合理的价格，不滥用自身在供需关系中的主导地位。特别在全球化模式下，在因人力和原材料成本相对低下而形成的比较成本⊖优势的市场，尤其要避免高主导性的压迫和剥削倾向。

遵从公平贸易标准或成为道德贸易协议⊜的成员。

致力于透明化和改进，与采购方协作，包括具有接受采购方关于商业道德和企业社会责任政策的监督与评估的意愿，主动说明和展示上游各层级供应商情况以便采购方对供应链全程进行追溯。

> **Tips** "可持续性"是近年来全球的热门话题，涉及经济、环境、社会以及伦理等多个方面。通过三个维度来构建可持续性框架：
> (1) 利润—经济效益、人类—社会可持续性、地球—环境可持续性。
> (2) 经济、环境和公平，体现了社会正义。
> (3) 资源和尊重，体现了经济和自然资源的合理利用与管理以及对人类和其他动物的尊重。
> 在建立起以上框架的基础上，应当包含持续性的多方面策略和运作：
> (1) 供应商对环境影响的管理。
> (2) 可持续的资源消费管理。
> (3) 遵从各项环保法规。

⊖ 比较成本是指设定不同厂商、不同生产地域、不同季节、不同流通地域等参数后的成本比较。如果一个国家在本国生产一种产品的机会成本（用其他产品来衡量）低于在其他国家生产该产品的机会成本的话，则这个国家在生产该产品上就拥有比较优势。

⊜ 道德贸易是指从事国际贸易的企业必须遵守一定的道德规范，即要求出口企业在组织商品出口赚取利润的同时，还要承担对员工、对消费者、对社区和环境的社会责任，包括遵守商业道德、强调生产安全、关注职业健康、保护劳动者的合法权益、保护环境等。

(4) 合乎道德的贸易、劳工以及雇佣行为。
(5) 企业社会责任以及合乎道德的政策。
(6) 声誉管理，用以避免因供应商违背商业道德、不负责任的行为曝光而对采购方的声誉造成风险。

3. 合规性也属于广义的环境和商业道德评估范围

要求供应商具备合规记录，包括关于工作场所健康与安全、产品安全性和标签标注、环境保护等，以及在这些领域的公开政策和价值观。不合规的供应商可能使采购方的产品出现不合规问题，导致商品召回、残损或报废甚至面临法律风险。

1.4.8 供应商信息技术评估

互联网和电子商务技术的普及改变了企业经营业务的方式。资料表明，目前已有超过 1/3 的采购方通过网络进行交易，而且这种趋势还在迅速增长。另外以互联网为基础的信息技术还支持和采购相关联的各项业务活动，如供应源搜寻与鉴定、搜寻产品信息和价格、订单跟踪、交付、付款结算等，在企业实践当中均已广泛采用了电子化和信息化来进行过程管控。

(1) 在 IT 信息技术评估过程中，首先考察供应商的企业官方网站及其可以提供的有效信息。

(2) 考察供应商是否具备企业资源管理系统 ERP，是否具备 MRP 或 MRP Ⅱ对生产资源进行管控，客户关系和供应商关系是否已实行信息系统化管理。

(3) 供应商的电子商务能处理哪些业务活动？如订单处理、供应链计划、物料采购、电子招投标平台、库存管理、产品交付过程。

(4) 考察供应商的电子信息系统与程序是否和采购方的系统、程序具有兼容性或可以按照采购方要求进行调整。

(5) 考察供应商是否具备自主或委托第三方进行 IT 开发的能力，保证能够在需要时与采购方开展电子商务和系统的整合，以便提高采购效率。例如，EDI 或其他数据信息的交换，外部网络与采购方互通互联的意愿，供应商是否具备 RFID 或其他识别技术来实现货物运输和仓储的电子化跟踪。

1.5 供应商评估的其他知识点和实用技能

在讨论了供应商评估的分类模式、供应源搜寻在采购职能中的组织结构建设以及八维度评估工具之后，我们将围绕组织货源和供应商信息搜集的过程介绍相关的知识点和其他实用技能工具。

1.5.1 10"C"和"FACE 2 FACE"

潜在供应商评估的模型和方法在业界已有不少，很多还在随着采购和供应链管理科学的深入研究而持续发展和完善。下面我们简要介绍两种评估模型，供大家学习时拓宽思路和在实战中参考使用。

1. 雷·卡特尔㊀（Ray Carter）的10"C"模型

（1）能力（competence）。

1）供应商是否具备履行合同所需的资源或专业知识。

2）是否能够生产相应的产品或者提供所需的服务。

3）在管理、创新、设计或其他相关领域的实力。

（2）产能（capacity）。

1）供应商能否满足买方在当前和未来的需求。

2）供应商的最大实际产量。

3）自身供应链管理水平。

（3）承诺（commitment）。

对于相关的关键价值，例如质量、服务、成本管理和持续改进等方面表现出的承诺与采购方建立长期合作关系的意愿。

（4）控制（control）。

1）资源和风险的管控体系。

2）质量和环境管理体系。

㊀ 雷·卡特尔（Ray Carter）是英国著名的供应链管理职业经理人、供应链与采购管理专业咨询顾问，著有 *Practical Procurement* 等采购管理专著。

3）财务控制和欺诈防范机制。

4）风险评估和管理体系。

（5）现金（cash）。

1）现金资源和现金管理能力能够确保良好的财务状况和稳定性。

2）供应商的盈利能力、现金流状况。考察是否有足够的流动资金用来支付账单、购买原材料、发放工资等，从而维持企业健康运转。

3）自有资产、债务状况、成本结构与分摊情况以及总体的财务健康状况。

（6）一致性（consistency）。

考察供应商是否能够保证一贯努力提升质量和服务水平，如供应稳定可靠、流程顺畅无误，体现流程的高可靠度、较强的质检质量控制能力，可以在构成不利影响之前发现问题和防范失误。

（7）成本（cost）。

考察供应商是否价格合理、全生命周期成本低、资金价值高。

（8）兼容性（compatibility）。

1）供应商在战略、操作、技术以及文化层面上与采购方兼容。

2）战略和文化包含价值观、道德观、工作方法、管理风格、战略目标等。

3）运营和技术包含各种规则和流程、组织架构、IT系统的兼容性。

（9）合规性或企业社会责任（CSR）。

1）遵循环境、企业社会责任和可持续发展的标准与法律法规。

2）建设并有完善的环境、企业社会责任和风险管理体系，并确保始终如一地合乎规范。

3）愿意遵从采购方有关职业道德、企业社会责任以及可持续性的政策和标准。

（10）沟通（communication）。

1）能够高效地利用相关技术进行供应链中的协作。

2）使用电子商务、互联网或相关EDI技术的能力与程度。

3）有共享包括需求、计划和成本等信息的意愿。

> **Tips**
>
> ## 10 "C"
>
> 雷·卡特尔的 10 "C" 模型也在不断地演进和发展，有些资料显示在原有的 10 "C" 基础上又增加了 2 个 "C"，分别是：高尚道德（clean），在合规性之外，更加强调了采购职能和采购从业者的道德操守，这在当今的社会大环境下是具有重大意义的一个考察方面；企业文化（culture），特别强调供应商与采购方共享相似的企业文化观和价值观。

2. 多恩·戴德斯的 FACE 2 FACE 供应商评估对照表

该模型从另一个角度利用英文单词的缩写，提供了便于记忆的八个维度。见表 1–9。

表 1–9 多恩·戴德斯的 FACE 2 FACE 供应商评估对照表

固定资产（fixed assets） 为满足采购方需求所需的有形资产	财务稳定性（financial stability） 保证供应的持续性
供货能力（ability to deliver the goods） 产能和可靠的交货、服务、质量	合作能力（ability to work with the buyer） 双方文化和沟通方面的兼容性，具有合作的意愿
成本（cost） 具有竞争力的总获取成本，并针对具体条款有可协商的意愿	质量承诺（commitment to quality） 在质量标准和体系方面的可靠性，具备持续改进的意愿
效率（efficiency） 高效使用资源，摒弃浪费	环境和道德（environment/Ethical factors） 政策和行为考虑到企业社会责任、商业道德和环境管理

1.5.2 有效建立潜在一级供应源梯队的寻源漏斗模型

1. 什么是一级供应源的寻源漏斗模型

顾名思义，寻源漏斗模型是仿照工作和生活中漏斗的原理和作用演化而成的。该模型希望能够利用更科学的办法反映一级供应源市场当中的供需之间的互动或矛盾，提升供应源搜寻的效率。

供应市场分析这一重要的管理过程，除了通过直接给我们供应物资（或服务）的一级供应商沿着垂直领域的产业链向上游，对各个重要市场节点的供需矛盾都要进行科学定量地分析之外，还应该特别建立针对供应市场当中一级供应源的寻源漏斗。我们要聚焦某一行业领域的广泛的供应源，利用科

学的办法打造潜在供应源梯队，为合理合法地引入供应商打下基础，避免陷入"唯价格论"的泥潭，同时在 SRM 系统当中形成潜在供应源信息数据库。

2. 形成漏斗的三个阶段的限定

（1）早期的初步限定，例如，企业采购是为了某一个重大项目，供应商的规模不宜过小，因此采用了某一具体的企业净资产金额进行限定，这一阶段就形成了供应基础（Supply Base），也就是这部分供应商宏观的初步资质合格。

（2）再用某些商务与技术资质或一些解决方案加以限定，形成了这个阶段的"短名单"（Short List），即一份更精炼的潜在供应商名录。

（3）最后用更加详细的商务与技术资质进行限定，形成优选供应商（或资质合格供应商）。

通过以上三个阶段，就形成了某个物资（或服务）的潜在供应源梯队，它为我们高效快捷、科学精准地引入供应商提供了依据，也为我们一旦要启动除现有供应商之外迅速扩大寻源范围奠定了基础。例如，某企业采用目标成本法设计了一款产品，通过物料清单 BOM 分解后，某具体 SKU 的采购目标成本或某种规格技术参数就固定下来，若现有供应商不能达到供应的要求，采购职能可以迅速在漏斗中扩大寻源范围，提高寻源效率和精准性。

那么，是否就必须在寻源漏斗所形成的优选供应商当中引入供应商呢？答案是否定的。供应商的引入过程要在依法依规、合法合规的基础上来进行操作，应该采用哪种形式就采用哪种形式。但是寻源漏斗保证了我们可以在主动性寻源的基础上清晰明确地引入合适的供应商。至于在实战当中，结合法律法规的要求，供应商引入的形式通常有五种，包括：公开招标、邀请性招标、竞争性谈判、询价比价、商务磋商（下文会详细介绍）。

寻源漏斗模型如图 1-25 所示。

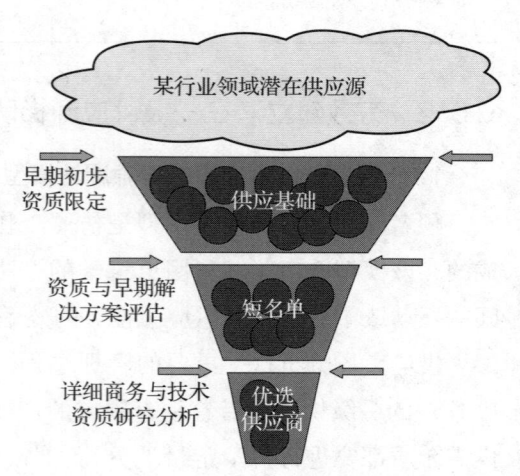

图 1-25 一级供应源寻源漏斗模型

现代采购管理理念其中之一认为：采购管理重在过程，控制了过程就控制了结果。结果只能由过程产生，什么样的过程产生什么样的结果。现代采购管理中最可怕的现象是"暗箱操作"和"过程管理不透明"，并因此而导致过程管理失控，最终必然表现为结果失控。实际上"结果导向"的控制最多只能起到"亡羊补牢"的效果。在现代企业采购与供应市场战略中，必须根据动态的、实时的供应市场信息进行"前"采购决策。

1）供应市场和潜在供应源分析。首先我们需要通过对供应市场的分析和潜在供应源分析为企业建立供应商基库打下基础。例如我们需要某种钢结构的零件采购，就应当对作为国际大宗物资的铁矿砂的市场情况进行分析和信息跟踪，再对作为二级供应商的钢铁企业链进行分析和研究，才能进行钢结构生产企业的评估决策。

2）供应商基库建立。针对经常性重复采购的重点物料（一次性、临时性或需要现场采购的物料除外），应当在企业内建立供应商基库。通过广泛的供应市场的各层级分析结论并结合初期考察，形成合格供应商清单。

根据不同物料的特点，我们应当对供应商基库规模、范围、地理位置和特征进行分类管理。顾名思义，基库提供了企业所需物料涉及的供应商。企业的供应需求可以从这些供应商处获得。它提供了一份基础供应商名录，并不是说这些基库内的供应商都可以直接拿来使用，而是我们一旦需要选择供应商，就不需要再从浩瀚的供应市场中搜寻了，可以针对基库信息直接启动供应商评估项目。例如，我们需要采购PET包装瓶进行饮料的灌装，根据行业和物料特点，规定把营收在1亿元以上，并且运输半径不超过500km的PET包装生产企业的信息进行归纳分析，结合早期考察，发现一共有10家企业符合要求，则这10家PET瓶生产企业形成了该物料的供应商基库。

3）供应商资质评估。当企业需要引入新的供应商来满足采购需求时，应当在供应商基库建立和完善的基础上，首先对供应商基库内的供应商启动供应商评估项目。我们可以使用之前章节论述过的评估工具，例如：八维度供应商评估法、10"C"评估法、"FACE 2 FACE"评估法等。

若企业的采购需求超出了现有的供应商基库的供应商储备，则该采购项目则需要花费更长的时间和精力从早期的供应市场研究和潜在供应商分析着手进行。经验表明若在没有供应商基库的情况下开展引入供应商的项目，则

耗时是具备供应商基库的模式的 2 倍以上，同时还将面临形成供应后的供应绩效不良问题等风险。由此可见企业在对常规采购的重要物资方面建立供应商基库的必要性和重要性。

4）供应商价格评估。价格评估是供应商资质评估完成之后的关键步骤，也是供应商选择的决策与合同授予的前提。

关于价格的评估，笼统的表述就是对于竞争性供应源搜寻的基本流程和程序，对于相对简单、低价值的需求或者重复性采购，可能只需要向不同的供应商发出报价邀请、接受报价并从中选择，就可以保证价格和要约在大体上有着较好的竞争力。但是如果是高价值、高风险的新采购，那就有必要进行结构化和标准化的竞争性招投标。

5）关于招投标。对于以下条件中所包含的项目，则必须履行公开招标。根据有关招标投标法律法规，应当公开招标的项目有三类：一是国务院发展计划部门确定的国家重点项目和省、自治区、直辖市人民政府确定的地方重点项目；二是国有资金控股或者占主导地位的依法必须进行招标的项目；三是有关法律的特别规定。应当公开招标的项目，有下列情形之一的，可以邀请招标：一是技术复杂、有特殊要求或受自然环境限制，只有少量潜在投标人可供选择；二是采用公开招标方式的费用占项目合同金额比例过大。如果该项目属于依法必须招标的项目，又不具备邀请招标的条件，只能公开招标。在此特别说明，因国有企业（国有企业是指由国家拥有全部或部分所有权的企业，包括中央政府和地方政府出资、监督以及管理的企业。根据国有资产管理权限的划分，国有企业可以分为由中央政府监督管理的央企和由地方政府监督管理的地方国企）的性质，符合上述条件的，则"应招必招"，以体现公平、公正、公开的原则。除此之外，则可以进行企业自主招标或其他竞争与非竞争的比选模式。若企业的采购活动涉及公开招标或政府采购，还请学习与研究相关的公开招投标法与实施条例、政府采购法与实施条例。不同国家和地区与招投标相关的法律法规也有所不同。

6）就这个话题加以引申，还涉及供应商引入的形式问题，全球范围包括中国国内，总体上供应商引入的形式有五大类：

①符合法律法规的公开招标，这是最严格严谨的一类供应商引入形式。

它要求必须履行相关采购活动发生所在国家和地区或某行业领域（如世界银行贷款的招标要求）规范下的公开招投标法。

②邀请性招标。属于限制性招标的范围，要求相对宽泛，招标方可以自主邀请若干家投标方形成竞争机制。另外，非国企性质的企业，可以实行企业自主形式的招标。

③竞争性谈判。只要构成潜在供应商的竞争性即可，也是属于企业自主供应商引入的形式。

④寻比价（货比三家）。采购方更关注的是价格问题，例如，供应市场与采购物资（或服务）均呈现较为简单的特性，供需矛盾不突出，波动性不大，价格不高，附加价值也较低，所提供的物资（或服务）已经被供应市场自身充分规范。

⑤商务磋商与谈判。之所以最后一类引入形式不具有竞争性，是因为供应商只有一家或少数几家，形成了垄断或寡头垄断的供应特征，卖方市场倾向性很强，经过前期的充分供应市场分析与内部利益相关方协调后，更多的是通过商务洽谈与交流的形式，力争获得一定的采购博弈力形成有效的供应。这往往在供应过程中会形成瓶颈物资（或服务）。规避"卡脖子"供应和整改措施详见第4章关于瓶颈物资（或服务）的论述内容。

7）供应商引入也并不是言必称招标。因为存在五种适用各种形式的招标条件，某一条不满足则不能进行招标。适合招标的五大要素如下：

①采购物资（或服务）金额要足够高。各国的招投标法都对标的物金额有所约定，标的物金额过低，甚至比招标项目的过程成本还低，招标活动的意义就不大了。

②供应市场当中潜在供应商或投标方数量要足够多，若供应商或投标方数量（小于三家）满足不了充分竞争的最低要求，招标所构成的基础也就不存在了。

③招标方应该能明确、量化地提出标的物的需求、规格、技术参数等必要条件。如果招标方无法明确和量化，投标方也就无法明确具体的投标内容。

④投标方要有投标意愿，就算供应市场当中供应商数量很多也构成充分竞争，但是由于各种原因（如采购方吸引力等级很低），潜在供应商不愿意投标，那也构不成招标的必要条件。

⑤招投标项目要留有充足的时间，一般来说，在国内从招标文件公告发布到中标公示，至少需要 20 天左右的时间，实际情况下可能更长。

8）另外，值得注意的是，在我的很多课程与企业咨询过程中，涉及寻源漏斗的论述时，往往有些固执于传统采购观念的工作者会提出异议。他们一致认为在企业中不需要搭建寻源漏斗：第一，没有固定的岗位与专职人员去做这件事，或人员数量不足；第二，因为像国有企业，几乎大部分采购都采取公开招标形式，寻源漏斗没有其存在的必要性。这确实是一个很典型的错误观念，值得加以讨论。

①这个错误的、过时的传统采购观念代表了一部分企业还是把采购看成简单的采买与交易行为，把更多的目光聚焦在采购合同授予的所谓"最后一击"上，而忽略了更有价值的前瞻性的供应市场研究与寻源过程。他们更多考虑的是"唯价格论"的采购。若采购职能连"一供"的潜在供应市场与供应源都不能进行科学有效的管理，更何谈在垂直领域的产业链中抓稀缺资源。

②过往，在把供应资源这一战略性问题简单化的思想指导下，企业往往只重视招标，认为招标是灵丹妙药，只要合规并能通过审计，其他的都不重要。在此举一个典型的例子来加以说明。在《中华人民共和国招标投标法实施条例》中有一项过程管理很复杂的条例，这个条例值得引起我们的深思——它的出台是建立在招标企业什么实际情况的基础上？让我们一起来研究以下这个案例。

企业决定启动某招标项目，但是由于面对的是一个全新的市场领域，设备装备具有全新技术且技术复杂，招标方无法在招标文件中精确拟定需求、规格与技术参数，于是决定先征求早期解决方案与技术建议，如此才能制定招标文件。主要有四项工作：第一，发出征集早期解决方案和技术建议的公告或邀请；第二，向应征早期解决方案与征集技术建议的招标方递交技术建议书；第三，评价、选择或合成确定技术方案；第四，根据技术方案编制招标文件。因此，第一阶段的主要工作是确定项目招标的技术标准。招标人可以通过沟通、商讨和论证，采用并优化已经提交的技术建议，或据此研究形成技术方案，并作为招标文件中的"技术标准和要求"。为了让潜在投标人事先明确第二阶段的投标资格，招标人应在第一阶段技术建议方案征集公告中规定第二阶段投标人的资格条件并可以组织资格预审，符合投标资格条件且第一阶段递交了技术建议书的潜在投标人才有资格参加第二阶段投标。招标人编制完成招标文件后，应该向第一阶段递交技术方案建议的潜在投标人提供招标文件。递交技术建议书的单位有权利可以不参加第二阶段的投标而无须承担责任。在此阶段，投标人应当严格按照招标文件编制、提交包括具有竞争性、约束力的投标报价以及技术管理实施方案的投标文件，并按照招标文件要求提交投标保证金。有关招标文件的编制、投标、开标、评标等活动，应按照《中华人民共和国招标投标法》和《中华人民共和国招标投标法实施条例》之规定执行。需要说明三点：第一，两个阶段均属于招投标活动，其中第一阶段已经启动了招标程序，但实质是招标文件的准备阶段，不需要严格按照招标投标程序要求实施。为了广泛征集并优化技术方案，对提交技术建议书的单位可以不设置资格条件；第二，招标人在技术方案征集文件中应当明确规定对提交的技术建议书是否进行补偿以及补偿方案；第三，因提交技术建议书的单位放弃第二阶段投标导致投标人不足3人的，招标人应当分析具体原因，并纠正可能存在限制或者排斥潜在投标人等问题。

  从以上案例大家可以看出，制定如此复杂的条例，皆因为过去的招标主体采用的是过时的、传统的采购思维方式。如果按照现代的"前"采购要求，第一句话就是错误的。为什么采购方会面对全新的设备、全新的技术而无法制定技术规格和招标文件呢？全面融入供应链"左手边"网络化供应市场的现代"前"采购就必须对其所管辖的上游行业领域了如指掌。用直白的口语加以说明："允许你今天不用它，但不许你不了解它"，"供应市场分析与寻源岗位就必须成为该行业领域的业余九段高手"。如果没有现代的"前"采购机制，自然就迫不得已如此复杂地"开个口子"。试想，若企业当中有健全的"前"采购团队，对供应市场有科学充分的研究，特别对潜在"一供"更是了如指掌，那么根本就不需要这么复杂且不易操作的实施条款。这在我们供应市场分析的章节已经详细论述过，早期的前瞻性、创新性的前置供应市场研究，必须依靠明确的3~5年的中长期企业战略与业务战略的分解、转化、落地。可以说没有企业战略、业务战略以及落地的采购战略的指导，供应商引入无异于盲人瞎马。

> **Tips　不同国家和地区的相关法律法规的差异**
>
> 因为供应商的价格评估直接与不同采购金额、不同行业、不同采购项目等相关联，同时又涉及不同国家和地区的相关法律法规的不同规定，我们需要特别强调这一点。例如，CIPS体系的资料当中介绍了英国的利用采购金额设定的"门槛"值：
>
> （1）对于100英镑以下的订单不要求有正式的供应商选择程序。
>
> （2）对于100～5000英镑的订单会要求有谈判程序，或者要求至少有三家供应商报价，以确保价格具有竞争力并体现资金价值。
>
> （3）对于5000英镑以上的采购，要求按照完整的竞争性招投标程序进行，并要求符合相关法律法规的规定。
>
> 而在我国，最新版《中华人民共和国招标投标法实施条例》有相关规定，摘要如下：
>
> （1）施工单项合同估算价在400万元以上的。
>
> （2）重要设备、材料等货物的采购，单项合同估算在200万元以上的。
>
> （3）勘察、设计、监理等服务的采购，单项合同估算价在100万元以上的。
>
> （4）单项合同估算价低于以上三项规定的标准，但项目总投资额在3000万元以上的。
>
> 由此可见，在供应商价格评估管理过程中，对于是否需要启动公开招投标，以及邀标、投标、开标和评标等程序，必须依据不同国家和地区的法律法规进行。例如：在欧盟的采购法案中明确规定私营组织的招标可以实施开标后谈判（PTN，post-tender negotiation），而我国则明令禁止。另外涉及政府公共部门的采购，还要依据相关政府采购法。

9）引入有效供应商。经过以上论述的具体价格评估过程后，对于达成资质和价格等各项筛选评估要件的供应商，应当签发并授予正式的商业合同。同时启动采购方对该供应商的后续合同管理职能以及进行有效供应后的供应商关系管理，即所谓"后采购"职能。

（4）采购寻源与供应商引入漏斗也体现了供应寻源过程的管理。

1）采购方在拟定了需求识别管理办法和供应源搜寻计划后，就可以利用采购漏斗来推进和监控寻源过程了。这也是漏斗纵向管理的模式，即从需求识别一直到引入供应商形成合同关系。

2）采购漏斗模型中还蕴藏了寻源各个环节的横向管理理念。例如在市场分析环节、资格预审供应商基库建立环节、资质评估和价格评估环节都可以设定不同的多维度多角度的参数来对各步骤中"入围"和"晋级"的供应商加以限制,也就是漏斗的每个环节的"直径"的大与小、宽与窄的设计。这些参数的规划和设置是通过供应链当中的各个职能要素的相互制衡而确定下来的,与我们之前论述的供应市场这扇门的"门缝"宽窄问题的辩证性决策相一致。

3. "9-6-3-1"模型

"9-6-3-1"模型是依附于采购寻源与供应商引入漏斗的管理理念之上的。它是一个倒推的比例范围概念,也就是说若想成功引入1家有效供应商,就应当在供应市场分析过程中,广泛地掌握9家或以上潜在供应商的基础情况,并且应当对供应商基库中的6家进行资质评估后,形成至少3家的价格评估模式。

"9-6-3-1"是一个概念性比例数字,它具有供应市场分析和供应商寻源理念的广泛相对性,是一个总结性的指导经验值,并不是采购管理学中的绝对值。例如,我们建议对于重要物资的供应商数量至少需要一个主要、一个次要和一个备份,形成三家供应的局面,那么按照"9-6-3-1"比例理念,则需要在供应市场分析中掌握该行业的至少30家左右的供应商基础情况,而在企业的供应商基库中,最好建立起20家左右的完整数据信息。

"9-6-3-1"结合采购寻源与引入漏斗这种倒锥形模式,也是在战略采购中,分析供应市场、掌握上游资源、利用供应竞争优势、采取供应商评估体系等方法,管理"前采购"的有效途径。

1.5.3 让供应商更早地参与进来

在产品创新和开发时,供应商的早期参与(ESI,early supplier involvement)和采购方的早期参与(EBI,early buyer involvement)是紧密相关的。ESI体现了供应商的介入对于成本、质量和创新可能产生的益处。采购作为跨职能项目团队的一部分,在供应商的选择和供应商的管理中起着重要的作用。

1. 供应商早期介入的优势

(1) 供应商早期介入虽然在很多企业的实际操作中仿佛不太现实,和传统的做法大相径庭。按照传统的做法,只有在产品设计完成后供应商才有机会提出反馈意见。但是现代的供应链管理理念要求在产品或服务的研发和创新阶段就要让供应商参与进来,而且最好在概念设计阶段就参与进来。

（2）ESI 的主要目的在于让通过了资格预审的供应商提供采购方所不具备的专业知识，请他们提出前瞻性的建议以改善产品或服务的设计、降低过程成本。供应商可以利用多种途径为产品的研发过程做出贡献。例如，他们可以对设计提出建设性的批评意见，或尽早提出使用不同的材料或者制造方法的建议。

（3）在很多领域采购方可以受益于供应商提供的专业知识，如材料的规格公差、标准化或减少品类冗余、目标在于减少成本的经济批量订货、产品的包装和运输要求、前置期和库存水平的联合管理、供应商制造流程和采购方的组织流程改进用以提升产品质量。

（4）在服务采购方面，潜在服务提供商作为跨职能团队的一员与用户和采购人员共同协作起草、商议有关服务内容以及服务水平协议（SLA）。

（5）供应商早期参与的主要优点在于可通过更加现实的技术标准，提升产品质量、缩短开发时间、降低研发和生产成本来实现企业的收益。从中我们还可以得到对供应链网络的长期收益，例如，ESI 可以促成与优秀的供应商之间的长期伙伴关系，还可以加深采购方对于特定的供应市场发展状况的了解，更有利于企业的未来。

2. 供应商早期介入的局限性

（1）按照 ESI 开发出来的产品或服务可能实际上是根据供应商的情况量身打造的，会带来较大的局限性，同时也会导致对于该供应商的依存度过大。

（2）这样的供应商一旦形成有效供应，会存在故步自封的倾向，有可能在质量或创新意识上有所降低；还会导致更换供应商的困难。

（3）ESI 还可能带来在产品研发和企业信息方面保密与安全的问题。例如，通过供应商将信息有意或无意地泄露给竞争对手。

> **Tips** 采购方的早期参与
>
> 在产品研发早期既可以采取"请进来"的 ESI 模式，也可以采取"走出去"的 EBI 模式。若实行供应商早期介入有一定困难，也可以换一个角度，采用采购方早期介入的模式。采购人员无论对于企业内部还是外部供应市场的广泛联系，都对产品的开发至关重要。一方面采购人员参与产品研发团队，为他们提供建议甚至是全职参与团队工作。另一方面采购人员"走出去"，积极进行供应市场分析、供应源搜寻和评估，可以更快更早地与外部市场相融合。

1.5.4 如何制定一份更具有实战意义的供应商评估表

我们在建设供应商评估体系时，首先要考虑采用哪种评估工具，在实际工作中，我们推荐莱森—法灵顿的八维度评估工具。当然我们在本章内介绍的其他评估工具也可采用。若企业内部已经有一套评估工具和方法了，我们可以利用这些模型针对现有的体系进行持续改进。

1. 供应商所处的产业行业和企业经营模式的不同

面对供应商所处的不同的供应市场，我们不可能仅制定一套一成不变的评估工具来面对不同的行业和产业。例如，评估农矿产品的贸易经销商与评估电子零配件的生产制造商就会有很多不同点。因此，企业在制定供应商评估体系时，我们要根据产业行业等的差异来制定不同的模板。

（1）可以按照三大产业模式进行划分，如隶属第一产业中的大宗农矿产品的供应商、第二产业中的通过生产加工制造出各类产品的供应商、第三产业的服务提供商。

（2）还可以按照企业的经营模式的不同进行划分：

1）不进行有形的生产加工制造的流通贸易型供应商，通过某经销商、批发商或代理机构等采购某种产品就划归为这类模式。

2）与之相对的就是从生产加工制造型企业进行采购。

（3）此外，还可以按照供应商的企业规模，如大型企业、中小型企业、小微企业等维度进行划分。

（4）从企业的实战出发，一般利用上述第（1）、（2）条进行组合划分，建立若干评估模版，对不同特性的供应商有针对性地使用不同的模板。

2. 评估表各评估项权重设定

当供应商寻源预评估项目小组要建立一套新的评估体系时，举例说明对于八维度评估项的权重以及每个评估维度内将要设定的各小项的选择、取舍和权重分配，如何科学地决策是一个必须面对的问题。

（1）八维度评估项的权重设定。我们之前谈到过应当在寻源与供应商评估过程中导入跨职能团队的项目制，而项目制在进行重大决策时，就不能成为一言堂或某一个职能的闭门造车，而需要进行科学化的决策。

1) 举例说明：假设项目小组成员有 5 人，要对某一类型的供应商评估八个维度的权重进行评分。

2) 我们采用项目名义小组（nominal group technology）①的模式，每位小组成员对权重独立进行打分。八个维度，认为最重要的记 8 分，认为最不重要的记 1 分，其他各项为每个成员认定的中间各个数值进行打分。得出记分表汇总如表 1-10 所示。

表 1-10　举例说明供应商评估八维度小组打分评分表

	成员 1	成员 2	成员 3	成员 4	成员 5	平均值	小计
1. 财务	8	6	7	5	6	6.4	32
2. 生产能力	5	7	8	8	8	7.2	36
3. 生产设备	7	8	4	6	2	5.4	27
4. 人力资源和组织结构	3	1	1	3	1	1.8	9
5. 质量体系	6	5	6	7	5	5.8	29
6. 产品表现	4	4	5	4	7	4.8	24
7. 环境、商业道德和企业社会责任	2	2	2	1	4	2.2	11
8. IT 信息技术	1	3	3	2	3	2.4	12
						总计	180

3) 以上打分流程完成之后，似乎就可以根据平均分形成权重的分配了，不过从精益化项目管理技术和统计学的具体应用角度来看，若再利用肯德尔和谐系数（KCC, Kendall's coefficient of concordance）②来进行决策的一致性分析，则结果更加科学和具有说服性。通常 KCC 值在这类评价小组成员独立思考投票的验算过程中，设定在 0~1，即可通过具体得分认定结果的一致性高

---

① 名义小组技术是管理决策中的一种定性分析方法，是指在决策过程中对群体成员的讨论或人际沟通加以限制，但群体成员是独立思考的。像召开传统会议一样，群体成员都出席会议，但群体成员首先进行个体决策。管理者先选择一些对要解决的问题有研究或者有经验的人作为小组成员，并向他们提供与决策问题相关的信息。小组成员各自先不通气，请他们独立思考，要求每个人尽可能把自己的备选方案和意见写下来。在此基础上，由小组成员对提出的全部备选方案进行投票，根据投票结果，赞成人数最多的备选方案即为所要的方案。

② 肯德尔是 20 世纪英国著名的统计学专家。肯德尔和谐系数最常用的一种情况是考察多位评分者评分的一致性程度或者说是评分者系数。评分者一致性问题指向的是主观性测试，存在着主观评价标准。这时需要多位评分者使用评分标准对相同被试进行评定，进而考虑评分者一致性系数。

低。例如，假设结果等于1，则认为小组内成员的投票具有高度的一致性，对于各项的打分无任何个体化差异。若结果更加趋向于0，则认为具有完全的不一致性，对于投票结果的有效性需要质疑，并启动小组内的协调沟通机制，再次打分投票。一般而言，我们会根据经验设定 w 值大于等于0.5即可以认定为有效且具备一致性。

4）肯德尔和谐系数的计算公式为

$$w = \frac{12(S)}{K^2(N^3-N)}, \text{其中} S = \left[\left(\sum R_j/N\right) - R_j\right]^2$$

K（参加投票的人数）=5

N（项目个数）=8

R_j（评分的总计）=180

$$S = \left[\left(\frac{180}{8} - 32\right)^2 + \left(\frac{180}{8} - 36\right)^2 + \left(\frac{180}{8} - 27\right)^2 + \left(\frac{180}{8} - 9\right)^2 + \left(\frac{180}{8} - 29\right)^2 + \right.$$

$$\left.\left(\frac{180}{8} - 24\right)^2 + \left(\frac{180}{8} - 11\right)^2 + \left(\frac{180}{8} - 12\right)^2\right]$$

$= 90.25 + 182.25 + 20.25 + 182.25 + 42.25 + 2.25 + 132.25 + 110.25 = 762$

这样，我们求得的 S 方差，通过计算上述的经验公式得出 w 值，此和谐系数值就能反映小组的投票是否有效和达成一致的程度。通常我们会根据经验设定 w 值大于等于0.5即可以认定为有效且具备一致性。

$$w = \frac{12(S)}{K^2(N^3-N)} = \frac{12 \times 762}{5^2(8^3-8)} = 0.726$$

因此和谐系数为0.726，即小组的投票得分情况真实有效，并且取得了较为一致性的认可。

5）在我们的日常工作和项目管理中涉及很多统计学和概率学的系统知识，这方面的知识体系是高等数学在实际工作中非常有价值的应用，可以通过自学加强这方面的能力。另外为了方便概率统计的应用，再推荐一个非常实用的统计学应用软件——Minitab供大家学习使用（例如我们常用的正态分布分析、肯德尔和谐系数等，对统计学中的绝大多数理论公式和模型，都可以利用Minitab很方便地进行计算和分析，同时Minitab也是六西格玛项目管理的指定工具）。

6）在验证了小组对权重打分的有效性之后，我们就可以利用各分项得分与总计的占比，对各维度的权重进行分配了，见表1-11。

表1-11 供应商评估八维度权重分配

	成员1	成员2	成员3	成员4	成员5	平均值	小计	权重
1. 财务	8	6	7	5	6	6.4	32	18%
2. 生产能力	5	7	8	8	8	7.2	36	20%
3. 生产设备	7	8	4	6	2	5.4	27	15%
4. 人力资源和组织结构	3	1	1	3	1	1.8	9	5%
5. 质量体系	6	5	6	7	5	5.8	29	16%
6. 产品表现	4	4	5	4	7	4.8	24	13%
7. 环境、商业道德和企业社会责任	2	2	2	1	4	2.2	11	6%
8. IT信息技术	1	3	3	2	3	2.4	12	7%
						总计	180	100%

（2）八维度内各小项的选择和权重分配。关于对八维度内每个维度再进一步进行各个小项的设立和第二层级的权重分配时，还需要在项目组内采用头脑风暴、5个为什么（5 Why's）、因果图（鱼骨图）等科学管理工具，最后，与以上的记分评分和科学决策验证过程一样，汇总结论，建立并实施按照八维度评估项和各分项的供应商评估记分表。

Tips　　　　　　　　　　　供应商评估表制定示例

举例说明某企业根据供应市场行业情况和采购料品特性，依据八维度评估理念制定出两个阶段的两套评估表模版：供应商信息征询表和现场评估表。

供应商信息征询表：提前发放给潜在供应商，由供应商据实填报，见表1-12。

表1-12 由供应商填报的评估信息征询表

供应商名称：		
征询信息类别	评估明细	权重
财务	1. 企业的注册资本 2. 最近3年的营业额 3. 最近3年的毛利率和净利率 4. 经营活动现金净流量 5. 资产负债率 6. 大客户的数量占营业额的比例	20%

（续）

征询信息类别	评估明细	权重
人力资源企业管理	1. 技术和管理人员的数量	15%
	2. 管理人员的流动率	
	3. 组织架构（清晰、健全）	
	4. 供货周期（7天、5天、3天）	
	5. 采购成本管理（过程管理）	
	6. 生产过程费用控制（管理措施）	
	7. 交货准确率（95%、97%、99%）	
	8. 即时供应（JIT）能力（90%、95%、98%）	
	9. 包装及运输（完整性、安全性保护措施）	
	10. 供应商选择（供应商选择体系、合同）	
环境、道德和企业社会责任	1. 有没有专人负责环境管理？	10%
	2. 物资材料是否来自可靠的货源？	
	3. 供应商是否安置了将废物降至最低的设备？是否具备废物处理和再循环的设备？	
	4. 是否通过 ISO 14001 等体系认证？	
	5. 对控制危险品和控制妨害公共安全的物品做了什么样的安排？	
信息技术	1. 公司有没有网站？若有，请提供	5%
	2. 公司是否具备企业资源管理系统和相关的各业务模块？例如 MRP、CRM 等	
	3. 公司的电子商务能处理什么样的业务活动？	
	4. 如何提供有关产品和库存的实时信息？	

该表用于需要寻源的过程前期，对潜在供应商经营的基本信息进行收集和初步评估。该案例分列了4个维度构成信息征询表，发给供应商填报并回收。其总权重占整体评估项目的50%。

具体各项的评分办法可自行决定。例如采取0、1、3、5分值的评分模式。

（1）0分：完全不存在，无建制和配置；完全不符合检查项目的规定、不配合检查工作或不提交。

（2）1分：不符合检查项目的规定，但是仍有改善意愿的。

（3）3分：部分符合检查项目的规定，但是仍然有部分不符合或者有一定的缺陷。

（4）5分：完全符合或超过检查项目的规定。

对于本身即是量化指标的，例如财务数据等，可以根据供应商行业和企业特点，由财务部门牵头，项目组共同决策，设定一定的阶梯门槛值对应评分分值来进行打分。假设根据某行业情况，我们把营业额大于等于10亿元的对应分值设为5分；把3亿元到10亿元的区间的对应分值设为3分。以此类推。

供应商现场评估表。在取得了由潜在供应商填报的信息征询表后，就要根据评估需要进行实地现场考察和评估，见表1-13。

表1-13 供应商现场考察评估表

供应商名称：	
供应商地址：	
评估日期：	
评估品项：	
评估目的	a. 对现有供应商基础考察 b. 选择新供应商 （请以"√"选择）
供应商评估类别	a. 农矿产品粗加工型供应商 b. 生产制造加工型供应商 c. 贸易流通型供应商 （请以"√"选择）

项目	检查项目	权重	得分				评鉴说明
			0	1	3	5	
产品质量	1. 是否具备国家要求的产品相关指标的官方检测报告。0分：无；1分：承诺期限内提供；3分：有相关检测报告，但检测项目不全；5分：检测报告较全面，且有效	20%					
	2. 能否提供所有物料的出厂质量检验单。0分：不能提供；1分：承诺期限内能够提供；3分：提供的质检单不全；5分：完全符合要求						
	3. 储存过程中能否有效避免异物引入包装内外。0分：不能避免，不能改善；1分：不符合要求，但能够改善；3分：能够避免异物落入，并能改善；5分：措施全面，能够避免异物引入						
	4. 是否对所有供应商建立开发、评估、批准程序。是否具有供应商定期考查计划，并留有考察记录。0分：无具体措施和计划；1分：有供应商管理程序，但没有实施；3分：有具体的供应商管理工作，但没有完全按照计划进行；5分：完全符合要求						
	5. 是否具有控制仓库温度、湿度控制措施。温度、湿度计是否有效。0分：无；1分：仓库内无温度、湿度计，但承诺改善；3分：有温度、湿度控制措施，但没有进行有效的监控；5分：完全符合要求						
	6. 是否具有批次管理程序，对所存物料的来货日期、生产日期均是否有明确的标识。0分：无；1分：承诺期限内改善；3分：有标识，但记录不全；5分：完全符合要求						

(续)

项目	检查项目	权重	得分				评鉴说明
			0	1	3	5	
产品质量	7. 是否制订书面的虫害鼠害防治计划；厂房内外没有发现虫害鼠害活动的迹象、隐患。0分：厂区内发现虫害鼠害迹象，且无计划；1分：制订计划，但未实施，承诺改善；3分：厂区内无虫害鼠害的迹象，有防治措施，但无书面计划；5分：完全符合要求						
	8. 产品的包装和贮存是否符合采购方的标准要求。0分：不符合要求，无法改善；1分：不符合要求，承诺改善；3分：符合要求，但仍需改善；5分：完全符合要求						
	9. 各功能作业区现场照明设备是否使用安全型照明设施，以防止灯管破裂时污染暴露的成品。0分：照明设施有严重隐患；1分：有隐患，承诺期限内改善；3分：使用安全照明设施，但没有防护；5分：完全符合要求						
	10. 是否通过相关质量管理体系认证（ISO9000、ISO14000、HACCP）。0分：无；1分：通过1个或正在申请中；3分：通过2个；5分：通过3个以上质量体系						
加权值小计							
制程管理	1. 凡应用性质不同之场所（如仓库、制造现场、包装车间等）是否个别设置。0分：没有分类设置；1分：没有分类设置，但承诺近期改善；3分：分类设置不合理；5分：完全符合要求并合理设置						
	2. 生产作业区现场屋顶是否易清扫，以防止灰尘储积，减少结露或成片剥落等情形发生。0分：完全不符合；1分：可清理但是长期未清；3分：清理不彻底；5分：干净整洁，符合要求						
	3. 成品的包装状态：密封良好，以免异物混入，库内成品遵守先进先出的原则，并有存量及存货记录，包括品项、规格生产批号、出货时间、地点、数量等。0分：完全不符合；1分：无相关的管理记录；3分：管理记录不全面；5分：完全符合要求	30%					
	4. 经过现场检查，是否有防止异物的措施，是否存在产生异物的隐患。0分：存在严重隐患；1分：存在隐患，能够改善；3分：有防止异物的措施，但仍需改善；5分：防护措施较全面						
	5. 现场的货物存放是否整齐，是否有不良品存放区域，是否有明显的定位线，货物存放是否有完善的标识。0分：完全不符合；1分：有相关区域的设置，但没有实施；3分：部分要求不符合；5分：完全符合要求						

(续)

项目	检查项目	权重	得分				评鉴说明
			0	1	3	5	
制程管理	6. 储存过程中能否有效避免化学品污染。仓储门窗是否封闭，是否安装纱网，开启门窗时是否能够保证不受外部环境的污染。0分：存在严重隐患；1分：仓储门窗开启，外部有污染；3分：现场没有发现隐患，但没有相关的规定；5分：完全符合要求						
	7. 现场是否干净、整齐、无异味，地面清洁，无存水、油渍等。0分：严重不符合，储存环境极差；1分：环境较差，但可改善；3分：环境良好，仍可改善；5分：完全符合要求，现场环境优良						
	8. 是否建立并实施玻璃和易碎品或硬塑料管制程序。对灯具和其他易碎物品采取屏蔽保护措施，防止可能对产品造成的污染。0分：现场发现玻璃、硬塑料碎品并且发现隐患；1分：存在隐患但承诺近期改善；3分：现场具有防护措施，但无相关管制程序；5分：完全符合要求						
	9. 更衣室、洗手间、休息室和洗涤间是否保持干净整齐。0分：脏乱；1分：部分脏乱；3分：较干净整洁，但仍需改善；5分：完全符合要求						
	10. 仓储区域是否有专人管理。日常发现异常现象时，是否迅速追查原因并及时处理，并留有记录。0分：日常无人管理；1分：管理人员没有对现场进行有效的管理。3分：有日常管理，但无管理记录；5分：完全符合要求						
加权值小计							
评估总得分（加权值×权重）							
评鉴结论							
核准			评估人				

以上供应商评估案例采用了信息征询和现场评估相结合的模式。两部分评估借鉴了八维度评估的内容，修订整合为六大方面。信息征询和现场评估各占50%的权重。各分项权重通过之前所述的项目小组提名和投票模式决定，其中制程管理占30%、财务占20%、品质管理占20%、人资和企业管理占15%、环境和社会责任占10%、信息技术占5%。

1.6 案例与思考

水立方设备运营与维护承包商的选择

1. 背景

水立方是中国新的标志性游泳中心的名字，为世界游泳锦标赛建造。不同于传统的游泳池建筑（例如，墙和屋顶是由柱子、钢筋和其他建筑材料支撑的），水立方的外壳集各功能于一身，由固体防水水泡结构组成。这种结构从墙壁到屋顶都是没有缝隙的，意味着建造速度可以非常快。乍看起来，这种建筑没有传统建筑那样牢固，但是水立方的设计宣称，假如出现地震，它将会非常理想地吸收地震的能量。游泳池通常需要大量的热量，而水立方的设计是高效节能的，可以吸收太阳能用于加热设备。游泳池使用大量的水，那么设计师就通过有效地回收水池溢出的水来克服这个问题。设备的未来运作和维护面临很多挑战，其中一些挑战见表1－14。

表1－14 水立方面临的挑战

1	游泳池的大量专业设备的维护和应急计划（例如，水回收系统、过滤、排水、太阳能热能转换等，所有设备均从西方制造商进口）
2	缺少提供专业设备维护和安全措施的技术专家
3	对结构的定期检查，以确保其能够安全地吸收地震或撞击而产生的能量
4	设备使用中的健康、安全和环境问题，包括运作/危险风险评估和紧急响应程序
5	与专业供应商没有签订正式协议，没有仔细考虑设备支持方面的恰当的供应链或采购行为
6	由于文化和语言的不同，可能在管理提供设备支持的专业供应商方面产生影响

由于游泳锦标赛开始的时间已经确定，所以水立方需要快速建造。水立方的业主现在意识到公司在风险管理、供应链管理和设备采购管理方面缺乏专业知识，并且面临着在上表中所提出的挑战。水立方每年的运营和维护费用预算为600万元，业主预计每年由公众使用所产生的收入可以弥补这一费用。

2. 供应链在本次供应商选择过程中的主导作用

供应链职能牵头与其他相关职能部门负责风险评估、检查和管理所有与

设备维护相关的采购行为，对搜寻和选择水立方设备长期管理公司给出建议，以确保设施能够安全高效地运作，最重要的是费用要控制在预算范围之内。要求列出三个潜在公司，参加这个长期采购合同的正式竞标。

根据初始的数据库搜索，有 6 家潜在的管理公司入选。经过对各公司资质、能力调查所得到的信息如表 1-15 所示。

表 1-15　6 家管理公司的信息

项目	预期的设备管理公司					
评估标准	A	B	C	D	E	F
在全球范围内进行运作的国际公司	可以	可以	可以	可以	不可以	可以
财务稳定性	一般	一般	优秀	一般	良好	优秀
是否有员工了解中国文化、会说中文	有	有	有	没有	没有	有
以前对游泳设施管理的跟踪记录/绩效记录	良好	良好	优秀	较差	一般	优秀
开展更多工作的能力	可以	现已满负荷	可以	现已满负荷	可以	可以
具备在健康、安全、环境和安保能力方面的政策和流程	有	有	有	有	没有	有
价格（高、中、低）	中	中	高	低	低	高
对分包商和供应商的管理能力	良好	一般	优秀	较差	较差	优秀
是否有合格的专业采购人员	有	6 个月之后	有	没有	没有	有
危险和风险评估的专业能力	经验丰富	有些经验	有些经验	有些经验	经验不足	经验丰富

3. 思考与启发

（1）如何建立科学有效的评估体系，包括 RFI、RFQ 两段式供应商引入过程管理；如何设定加权量化评估标准；在评估表中的六家潜在的设备管理公司，推荐并证明可能入选投标的三家公司。

（2）从风险管控的角度思考，水立方设备运营与维护过程中涉及采购与供应的可能发生的风险要素，如何进行定性与定量的决策？

第 2 章

知己知彼：
供应商是如何看待客户的

使我们在科学地管理与供应商的关系时将供应与采购的价值最大化

2.1 与供应商建立关系

2.1.1 管理复杂的供采关系

关系无处不在。采购与供应行为不可能独立于社会和企业供应链之外,那么就会存在各种各样的关系。组织之间、组织内部的各个职能、组成企业的人与人之间都会形成特定的关系。例如,一个人在街头摊随手购买一瓶饮料,一个企业向有着长期供应关系的供应商采购物料等,都属于形成关系的过程。但是毫无疑问,前者只是简单的个人消费行为,虽然也存在市场营销和客户关系特征,但更多地体现了交易关系的随机性、临时性和一次性,而后者应该是我们主要关注和讨论的组织供应与采购的商务关系。又因为供应链中上下游的关系不再仅仅是简单的交易关系,还充满了复杂性,同时这种复杂性又对供应链的竞争优势起到了关键作用,这也是需要对供应商关系进行管理和规划的主要原因。

1. 商务关系的本质

厘清商务关系有助于我们在采购战略落地的过程中,依据关系的具体形式和驱动要素指导供应商关系管理的规则和流程的建设与完善。例如,我们在制定关系规则和流程时,可以把驱动要素配置在个人关系层面、行为关系层面和资源关系层面,让我们的规则和流程更加系统化。

(1) 关系的具体形式:行为者关联、活动联结和资源纽带。所谓商务关系,意味着在商业活动领域的各方所具有的某种联系和纽带。通常表现为:

1) 在基本层面体现为行为或者活动拥有者的关联,是个人代表商务活动中各方面的联系、互动和沟通。例如,在企业对企业的交易中,个人联络的形成和利用。

2) 还表现在中等层面的行为联结,即商业活动各方面共同完成的商业交易企划和协调或者数据的共享。

3) 更表现在高层面的资源纽带,例如,某一方或多方投入时间、资金和其他有形或无形的资源,在此情况下经常能够形成较为密切的关系,易产生双向的依赖性。

(2) 关系的驱动要素。关系中的各方必须有共同的意愿才能构成驱动要素,即共同建立并发展的关键品质和价值观。

1) 关系的互动。在构成供应链上下游的商业关系中,强调质量在供应商和客户之间的认同,体现在每一次的联系和交易过程中形成体验和感受,从而影响到关系的形成和发展。

2) 各方的互信程度是关系到供应链成功的关键,它能降低各方在交易中的风险,使得各方敢于为所形成的关系而投入。例如,一个供应商感到采购方不值得信任,他们就不太可能与之共享保密信息、协作改进流程或系统整合。

3) 体现共享信息意愿的透明度。它是以互信为基础的。信息是一把双刃剑,可以用来分享以促进关系的发展,同时若丧失互信,某一方也可能利用它来压制对手,过度使用己方的博弈力。透明度对于关系的支持在于双方能够互相了解彼此的需求、危机和潜在的贡献,这也是协作的基础。

4) 各方共同希望延续关系并且为了维护和发展关系所付出的努力还反映在承诺上。如果各方都致力于这样的关系,他们就有了彼此忠诚可靠的基础,而不仅仅是满足合同条款的基本要求。所以承诺对于长期供应链关系当中增加价值、抗击风险是非常重要的。

5) 在进一步培育关系的过程中,买方和供应商甚至延伸至竞争对手之间,可以通过共同合作与协作来提升价值,通过供应链网络联盟实现互利共赢。

6) 供应链的理念之一是希望各方都能够从关系当中有所收获,互惠互利。对于任何可持续性的商务关系,互惠性都是必不可少的。如果不是双方都能从中受益,那么这份关系就具有盘剥性质,这也不符合供应与采购的商业道德标准,很可能会破坏可持续性。

2. 采购的内外部关系

供应链包含了商品或服务从原材料阶段直到最终用户手中的各种流动和

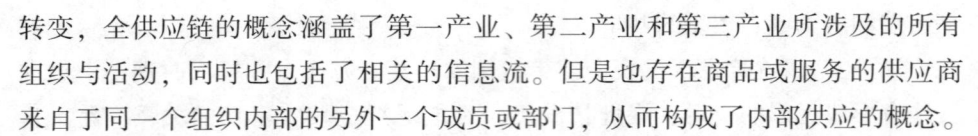

转变,全供应链的概念涵盖了第一产业、第二产业和第三产业所涉及的所有组织与活动,同时也包括了相关的信息流。但是也存在商品或服务的供应商来自于同一个组织内部的另外一个成员或部门,从而构成了内部供应的概念。

对于内部或外部供应链的概念,站在不同的立场,由于观察角度的不同,也会有不同的结论。例如,在一个大型多元化的集团企业内部,不同的事业单元之间构成以供应采购上下游关系为联结的关联交易行为,通常我们也会把这类企业内部的模式称为"纵向多元化"。而若从集团的角度观察,这些交易就是内部供应链的概念;若站在集团之下某个独立企业层面考虑,也具有外部供应链的特点。

(1) 内部和外部供应链。

1) 我们之所以强调供应商关系管理的重要性,是因为在大多数情况下,供应链是通过各个独立的企业之间的供应合同与协作关系来加以控制的。这也是传统的商业模式所反映的企业间的供应链(inter – business supply chain)。

2) 在一个组织内部的各个职能和部门之间,也存在外部供应链的特征,包括采购接收输入品的进向活动、将输入品转变为输出品的转化活动、再到输出品交付到客户的出向活动。只不过这些活动不是企业与企业间的,而是发生在企业内部,这也称为内部供应链(internal supply chain)。

(2) 内部供应的概念。

1) 由内部供应链概念延伸至内外部客户的理念。将内部流程和关系视作供应链的一种类型,可以体现组织内部各个职能间是如何紧密联系以向客户提供价值的。企业内的任何部门只要其任务关系到其他部门任务的实现,就可以看作是其他部门的商品与服务的"供应商"。为了实现目标,这个扮演了"供应商"角色的部门也要本着客户满意的宗旨进行内部客户服务活动,并且通过内部客户(internal customer)的满意来促进各级外部客户的满意。

2) 在企业价值链上整合不同职能的目标,需要依靠运用内部供应链的理念来实现。它注重的是各级客户的增值过程,而不仅仅是某个职能的目标得失,它能够驱使各个职能单元认真检视自己通过供应可以提供的价值增值活动。

3) 采购职能还可以作为内部的咨询者。这个咨询过程可以提供包括向兼职采购的部门提供服务、跨职能团队项目中的采购需求、采购的规则和流程的建设与完善、加入到新产品的开发过程中实行 ESI 或 EBI、提供供应市场研究结果、利用谈判服务和技能的专长代表其他部门进行谈判。

（3）内部关系的特点。内部关系除了具有与外部关系相似的客户服务过程之外，还与之存在很多差别：

1）内部客户有可能不会与供应提供部门签署商务合同，甚至可能在需求、规格或服务协议方面与外部供应相比都不够清晰，存在互相的期望没有充分表达而导致服务失败的风险。

2）和外部企业间的商业交易行为相比，内部的"交易"行为还存在成本核算不够明确，内部交易价格或利益交换过程中双方不满意的情况。

3）和外部供应商的自由选择相比较，内部客户选择或变更内部"供应商"的自由度相对很低。如何利用一体化供应模式提高与内部客户的互信度是关键突破点。

4）扮演内部供应角色的采购职能需要建立内部的沟通渠道以便于信息共享和协作，并且努力在组织内部推广自己以彰显采购内部供应增值的价值。

5）在组织内价值链中的直线职能，例如生产和营销因为不同的优先级和目标，往往会对内部服务职能存在误解，认为这些内部服务职能有"官僚主义"倾向。

> **Tips** 近年来各大企业鼓励采购活动与市场营销相融合
>
> 采购营销是采购职能在内外部供应链的利益相关者中"推销"自己的方式。近年来，市场营销管理学开发了整合营销传播（IMC，integrated marketing communications）㊀的理念。伴随着这个理念，采购职能还在企业内外部扮演着将企业品牌价值向上游延伸的角色。同时作为内部供应者，还需要遵循市场营销的规律向内部推销自己的产品和服务，进行内部市场化（inter-market）活动。

3．采购与供应关系图析

采购与供应的商务关系是多维度、多角度的。

㊀ 整合营销传播是指企业在经营过程中，以由外而内的战略观点为基础，为了与利害关系者进行有效的沟通，以营销传播管理者为主体所展开的传播战略。现代管理学将整合营销传播分为客户接触管理、沟通策略及传播组合等几个层面。

从多维度方面看，关系的紧密程度、互惠互利性、信任程度等都有不同，根据这些差异可以形成一个关系疏密的谱系图。

从多角度看问题，除了以买方角度研究供应市场和供应源，还需要从供应商向下游市场营销的角度出发来研究他的客户（采购方），又可以形成供应商偏好模型或供应敏感度矩阵，我们将在2.3节详细论述。

（1）关系的类型（如图2-1所示）。

对立关系　松散型关系　交易关系　紧密战术关系　单一供应源关系　外包关系　战略联盟　伙伴关系　共命运关系

←关系松散趋于竞争性倾向　　　　　关系紧密趋于协作性倾向→

图2-1　采购与供应的商务关系图

图2-1展示了采购商务关系由松散到紧密的各种可能的类型，该图谱由于使用的领域不同，描述用词有不同的版本，但是基本都反映了松散关系更倾向于双方的竞争性，而紧密关系则充分体现了战略协作性。

每一种关系的形成都有它的成因，受到的影响来自于采购与供应的基本要素、供应市场的作用、供应链的特性等；同时所形成的关系反过来也会影响到一系列运营因素：供应合同的类型与期限、所提供的产品或服务、供应商数量、信息交流的数量和质量、定价机制和交付绩效、高层参与的程度以及买方对供应商的开发和支持力度。

> **Tips　与供应商的九种关系类型简化归纳为五大类**
>
> （1）交易型关系：我们可以把对立关系、松散型关系和交易关系这三类划为对立利用范围，用于例行采购的多供应源搜寻、强势谈判、短期合同，并且对供应商没有过多的特殊能力要求。关系形式和结果着重于商务条款和定价的对抗性，主要看中的是抓住供应市场采购方博弈力的短期即时性优势和最佳条件，不会更多地考虑长久的合作关系。基本定位为交易型采购。
>
> （2）紧密战术型关系：依据供应商评估过程中产生的与资质相符的供应商基础，选定优先级供应商，进行较重要的采购。对供应商有一定的特殊能力要求，例如在节约成本之外，买方还想要保证供应的质量和连续性。这一特点符合紧密战术关系类型。

（3）单一供应源关系：从一个单独的能够提供独特而重要能力的供应商处采购战略型物资，从供应市场来看具有垄断供应特点，有些理论把少数几个供应商形成的寡头垄断型供应市场也纳入到单一供应源范畴内。对于买方而言，该类物资的供应连续性和质量是优先考虑的，从积极的角度出发，这具有高度信任、相互承诺和协作的基础。但是在实践中，若被动性地依赖于唯一的或者绝对少数的供应商所产生的风险可能过高，所以此类供应模式是采购运营管理和风险管控的重点项目。在以下章节会重点讨论如何主动地管控单一供应源并发挥其优势。

（4）外包型关系：我们可以把外包类型的关系理解为采购与供应的分层级的网络化。买方和第一层级的供应商结成伙伴关系，把采购业务分品类主动或被动地外包给他们，然后通过第一层级的供应商形成对第二层级或更多层级的供应商的管控，一整合并控制整个供应链。这样做的目的有两个，一是将资源集中到自己核心的能力上，二是利用和获得外部的专长和资源，有效地补充内部资源的不足。

（5）紧密纽带型关系：在买方和供应商能力互补、重要性对等的前提下，形成战略联盟或合资以提供产品或服务。双方致力于互信和互惠的解决方案，期望分担收益和风险，从战略高度绑定在一起，立足于长期的紧密纽带关系。战略联盟、伙伴型关系和共命运关系都具备以上的特点。

（2）单供应源和多供应源搜寻。以往的采购理念简单地把单一供应源理解为"死路一条"，似乎只有多供应源才是采购方生存发展的"出路"。而当今的采购与供应管理者日益认识到多供应源模式并非降低供应风险、确保采购竞争力的唯一途径。

1）在采购与供应的关系图析中存在一类比一般的交易型更紧密的关系，那就是单一供应源，也是主动地选择唯一供应商的模式。

当然这也是风险最大的一种供应商基础的构成方式，一旦唯一的供应商出现问题，买方就会遭遇重大损失。作为抗风险计划的一部分，很多采购方会倾向于采用双供应源计划，这样采购方既可以获得合理的供应基础数量，又可以防范过度依赖于一家供应商的风险。

主动出击搜寻和选择单一供应源适用于以下情况：

① 总需求太小，不值得把订单拆分给几个供应商，否则将产生过高的作业成本，且不利于管理供采关系。

② 在某些行业领域，其中一家的供应商在声誉、质量、价格等方面的优势远超过其他对手。

③ 供应商的初始生产过程投入、工艺装备、系统整合等方面的启动费用很高，买方若使用多家供应商并为这类初期投入多次支付费用得不偿失。

④ 供应本身存在风险或者相对匮乏，买方与其从若干存在供应能力和质量不确定性的供应商采购，不如转而明确和管理一个独家供应商。

2）一般的采购管理理念认为，控制采购风险的最有效的方法之一就是保有较多的满足资质的潜在供应商。

采用多供应商的优势是：

① 若出现了供应短缺或中断甚至供应商由于各种原因突然退出供应，或者需求发生非预期的增长，采购方还有其他多家关系稳定的供应商可作为替补。

② 若采购方或供应商的内外部环境发生变化，供应商与采购方之间的配合兼容程度也会发生变化，供应的博弈力和竞争力也可能提升或降低，如果有更大范围的合格供应商的选择余地，采购方就可以随机应变，获取更优惠的价格、交易条款、质量、创新性和灵活性。这个策略还可以在充分竞争的供应市场模式下，保持供应商基础的竞争力。

多供应源策略若不加分析地使用，也会产生一些劣势：

① 可能导致不必要的高采购成本。供应商数量过多，会导致同样的需求情况下，出现更多的小额订单，使单位订单的交易和管理费用增高。若整合订单后，向较少的供应商订货，不仅存在获得批量折扣的机会，还会节省交易过程成本。

② 若供应商基础数量冗余，等于采购方保留了很多较少或几乎不使用的供应资源，这些供应资源无论对买方还是供方都不能有效地发挥其价值。

③ 如果众多供应商提供的产品类似，还有可能导致库存品项和数量的增加，导致库存成本过高，不利于供应链的简化和标准化。

④ 另外，多供应源策略还可能导致失去与少数优质供应源形成更紧密合作关系的机会，这些机会是采购发挥战略职能的重要基础，包括获得更高的供应链价值和竞争力、持续改进、共同创新、在质量领域的投入和更高效的沟通与整合。

综上所述，近年来在单源还是多源的思辨中，更为普遍采用的策略是建立更强大的供应商合作关系用以在合理化的基础上收窄供应商基础数量，这样可以使采购方更专注于开发"少数"的可靠供应伙伴。反之，少数集中优化后的供应商又可以使采购方专心于建立和平衡与优选供应商的关系。

（3）对抗或竞争型关系。在供应商关系图中越靠近左侧部分，越是基于一般的操作性和战术性的采购，对抗性或竞争性的特征也就越明显。关系中的每一方都期望能获得自己设定的所谓最优的结果，必要时会以牺牲另一方的利益为代价，这就是一种非赢即输或者追求我赢你输的思维方式。其中采购方若获得暂时的利益，供应方必然要付出额外的代价或增加支出，反之亦然。典型的例子就是采购方通过本身的较高博弈力而滥用话语权和定价权，用来压低供应商的利润率从而获得最低的价格，或者供应商占有高博弈力地位而漫天要价或通过在质量上偷工减料来提高利润率。

这种关系在本质上是交易型而非关系型的，双方也不会更多地考虑到这种非赢即输的关系对未来潜在的负面影响，双方关注的是短期的价格和战术成本，而不是长期的价值和全生命周期成本。它的特点如下：

①双方缺乏信任，很少共享信息。

②关注于一次性的或短期的交易。

③利用自身短浅的优势地位进行输–赢谈判来获取最有利的交易。

④双方均不会十分在意交易过程是否损害了对方的利益和长远的关系。

⑤不承担对于质量或改善任务的共同责任，仅仅按照合同条款简单行事。

⑥由于不能对互惠的利益有正确的认识而缺乏合作精神。

（4）合作或协作型关系。在上面所讨论的交易型关系中，生意的各方都希望通过等价交换获得利益。而在关系型交易中，还会因为分享、协作而获得增值和额外的利益。

1）在协作型的关系中，各方有意识地寻求建立长期的、互惠的、可持续的交易关系。战略要点在于不仅采够和供应双方分享共同利益，还要通过寻求供应链增值的方法来获得额外的利益。双方都争取"把蛋糕做大"以形成一种双赢的局面，在供应链上的各方包括市场客户都能够获益。

2）采购方会努力与较少数的优质供应商建立长期关系。在按照合同行事的基础上，还需要互相信任，尽到义务。双方共同参与寻找改进和创新的机会点，能够让彼此都受益的信息、知识和智慧都会得到分享。而且需要定期的交流，设定并检讨成本和质量改进的目标。信息在一定程度上可以双向地自由分享，以支持合作完成解决方案。

3）协作型关系还需要具有积极进取方面的前瞻性，以确保在增值和竞争优势领域获得期望的结果和改进。需要注意的一点是，这种关系不是打着合作和协作的名义为了长期关系而"长期"，导致双方不思进取，自满自足。鉴别协作关系的真伪可以从以下几点入手：

① 双方共同追求更高效率和竞争力。

② 采购方与供应商共同制订未来计划。

③ 双方拥有一致的目标。

④ 采购方与供应商之间达成共识，为了更加有竞争力，应该共同努力消除供应链中的浪费和冗余。

⑤ 追求供应链间信息公开透明化。

⑥ 双方增加互相理解，并且努力达成或超越期望。

⑦ 协作型关系是一种平等的互惠关系，特别是采购方不会采用"主仆"的态度来对待供应商。

⑧ 双方的透明化还体现在对于"退出"的战略和机制，能够共同制定规则并达成一致。

（5）外包型关系。现代管理理论更加强调体现企业的核心竞争力，拥有越来越多的品牌和市场的更加自主的企业不再自制不能充分体现核心竞争力的产品、零部件和组件，转而采用外购模式。并且将一系列支撑职能包括维护保养、内部餐饮、仓储运输、人员招聘培训等都外包和分包出去，甚至包括一些过去认为是核心的职能如销售、人力资源招聘、客户服务和呼叫中心（call center）等。

我们讨论外包关系，就离不开战略外包（或外购）与自营（或自制）的战略决策与战术选择。在企业管理发展的萌芽期，通常会把这个复杂问题简单化，认为自己有能力干就自己干，自己没能力干就包出去。在随后的发展过程中，财务的自制与外包成本问题成了决策的决定性因素，例如，通过财务的成本会计核算，若自营成本比外包低就倾向于自营，反之则外包。而融入现代供应链管理思维的自营与外包的决策过程，除了将财务成本核算作为参考之外，还要引入二维的决策模型。第一个维度是该产品或服务对企业的战略核心价值的判断，第二个维度是外部的供应能力或风险判断。二维决策模型如图2-2所示。

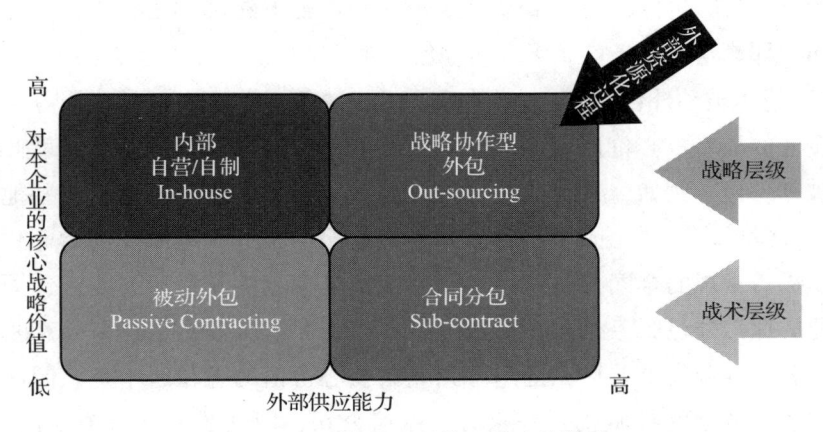

图2-2 外包与自制的二维决策模型

模型中对企业的核心战略价值贡献高的两个象限，就是我们常说的战略决策过程。

1）战略外包决策。如果一个产品或服务经过研判对企业战略核心价值的贡献很高，同时外部的供应能力又很强，那么就倾向于进行战略协作型外包，从英文对应的Out-sourcing可以解读出它更侧重于外部的战略资源化过程。例如，在苹果手机的制造过程中，富士康所扮演的角色绝不仅仅是简单的代工生产过程，而是双方形成了战略协作关系，甚至底层的基础研发都紧密结合在一起。

2）战略自营决策。若一个产品或服务经过研判对企业战略核心价值的贡献很高，同时外部没有供应能力或该能力很弱，又或者是外部竞争过于激烈且被竞争对手虎视眈眈，一旦外包，有可能造成技术流失、机密泄露的风险，那么就倾向于企业自营。

对企业核心战略价值的贡献较低的两个象限，就是我们常说的战术决策过程。

1）战术合同分包（Sub-contract）决策。若一个产品或服务经过研判对企业的战略核心价值低，同时外部的供应能力又很强，那么就倾向于进行合同

分包。例如，某大型工程建筑集团的核心价值体现在修桥筑路领域的总包和承接大型战略工程建设的能力，并且具有超强的专业建筑领域的技术研发团队，至于拿到的某个标段具体基建施工中的钢筋捆扎和水泥灌注则不属于该集团的核心战略价值，而外部又有众多的专业施工建设单位和相关的劳务派遣公司，那么这类业务就属于合同分包的战术定位。

2）战术被动外包（Passive contracting）决策。若一个产品或服务经过研判对企业的战略核心价值很低，同时外部的供应能力也不强，那么就倾向于进行被动外包。例如，某企业在国内有多个生产加工制造基地，一些地处大型城市开发区内的加工园区，对于办公室的保洁服务，可以找到专业化的保洁公司进行常规的合同分包。而有些园区地处偏远的县级市开发区，周边没有专业的保洁外包服务机构，再进一步分析，保洁服务对于一个生产基地而言，再怎么强调其重要性，也达不到战略核心价值的地位。于是该园区的行政部门就在就近的县城找到一家劳务派遣公司，聘请了一些劳务输出人员，再负责对他们进行一定的清洁工作的培训即可。这就属于被动外包的范畴。

> **Tips** **外包与分包的区别**
>
> 著有《采购与供应链管理》一书的肯尼斯·莱森斯等人是这样定义和解释战略协作型外包（out-souring）和合同分包（subcontracting）的区别的：战略协作型外包是一种长期的战略，围绕核心竞争力和外部关系的重组，且无论外包的程度多大，企业自身必须保持相当的核心能力。而合同分包则是一种短期的战术性的行为。如果你想管理企业园区内的绿化树木花卉和草坪并雇佣外部的专业团队负责所有的种植和养护工作，这就具有了战略协作型外包的特性，是基于一揽子的长期合作下的解决方案的企划、设计和实施。而仅仅是雇佣外部团队为草坪剪草则属于简单的合同分包行为。

外包关系中关键的合同和关系管理涉及一系列需要考虑和解决的问题：

1）外包决策需要建立在清晰的目标以及可衡量的收益之上，并且需要经过全面的成本效益分析。

2）外包关系把双方绑定在一起，是基于一种长期的关系，因此也需要严格选择供应商。在遴选的过程中，不能像简单交易关系那样仅仅对成本进行比较，还需要按照八维度或"10C"供应商评估工具进行鉴定和引入。

3）要清晰地界定整体的服务水平需求并反映在与供应商的商务合同内，还需要公正明确地对各种风险、成本以及责任进行划分。

4）服务水平、标准以及关键绩效指标要明确并且得到双方的认可，过程中要进行持续、严格的监控，还要安排阶段性绩效考核，之后进行适当的奖惩，以激励其履约和遵守合同。

5）通常以年度为单位，定期从合同履行中总结优势和教训，以评估合同是否应当续约、修改或终止，并建设性地管理和处理合作过程中的纠纷。

外包关系模式的优缺点也较明显，我们应当尽可能围绕企业的核心竞争力来讨论，用多维度的观察和思考方式对外包进行决策，而不是简单地衡量企业自身是否具备自制能力。表2-1总结了一些优劣的对比，供企业针对外包与否进行决策时使用。

表2-1 外包的优缺点

优点	缺点
有助于组织机构合理化和规模缩减，从而降低人员、空间以及设施的成本	相比于内部供应，服务提供、合同授予以及管理成本可能增高
可以把管理、人员以及资源集中投入到组织的核心活动和竞争力当中。战略的决策是找寻那些与众不同、增值且难以模仿的能够带来竞争优势的业务	难以确保服务质量、一致性以及企业社会责任，因为监管难度大且费用高。保密信息和知识产权有失控的风险
可以借助承包方的专业知识、技术以及资源，对于非核心活动，这样可以比组织自行承担增加更多的价值	有可能失去企业自己在服务领域中的专长、知识、联系或者技术，特别是将来可能还会出现把这些职能重新收回到企业中的情况
获得经济规模效益，因为承包方可能服务众多类似的客户	在供应链中多出了供应商这一个层级，拉长了与客户之间的距离，可能会弱化与外部或内部客户之间的沟通和联系
可以实施竞争性的绩效激励，而内部服务提供者可能存在不思进取的情况	在绩效和风险方面存在失控的可能性。可能会被不兼容的或者绩效不良的合作关系绑定，包括企业文化和价值观的不兼容，关系管理困难的同时，承包商也可能失去进取心

在此还必须强调外包的适用范围：

1）非核心的竞争力活动。把非核心的竞争力活动外包后可以获得：

① 从专业供应商的专业知识、成本效益以及协同作用中获益。

② 让企业可以充分发挥其核心竞争力。

③ 不会让企业因失去自身能力或因市场风险而处于不利地位。

④ 让企业能够充分利用其自身所不具备的技术或其他运营能力。

2）借助外力，外部承包方具有企业所需的竞争力和能力的那些活动。

3）考虑资金价值和机会成本，从衡量可获得的服务水平角度出发，外包由于供应商成本和利润结构、规模经济效益，或者采购方可以有效处理掉一些资产负担等方面的原因，而能带来更高的资金价值的那些活动。

（6）伙伴型关系。伙伴型关系（partnership relationship）在关系图中属于高度合作和承诺的右侧一端。这样的关系更具有以组织长期目标为导向的战略意义。合作时限更长远，彼此更信任，信息交流更充分。供应商也被看作组织竞争优势和未来计划的一个不可或缺的部分。

关于伙伴型关系，学术性更强的定义为：客户和供应商抛开大小之别，在清晰且双方共同认可的目标基础之上致力于一种长期的合作关系，以追求内外部供应链的能力和有效性的提升。

建立伙伴式供应源的关键特征如下：

1）双方高阶管理层的共识、承诺和定期的交流。

2）所有相关专业职能的全员参与。

3）采购方与供应商在新产品设计中的早期参与与协作。

4）采购方与供应商之间高度的信任水平、知识共享和公开透明，包括双方共享成本数据，并且应当具备一定的灵活性，这也是加强信任与沟通的结果。

5）清晰的共同目标和对长期关系的承诺。

6）采用积极主动的方法来改善与发展伙伴的关系，而不是在问题产生时才被动地进行处理。

7）强调全面质量管理理念，强调通过合作达到质量最优，确保持续改进。

8）利用电子信息化和互联网技术实现高度的系统集成。例如：利用ERP，与上游供应商形成供应市场、订单、发货、库存等信息的即时互联互通。

肯尼斯·莱森斯认为，建立伙伴型关系的目的在于将短期的、敌对的、强调运用采购博弈力优势达到品优价廉之目的的采购方与供应商关系转变为长期的、可达成基于质量、创新以及价值分享和价格竞争力相结合之共识的合作关系。

> **Tips** 对于伙伴关系的不同观点
>
> 还有一些观点认为作为战略采购当中的供应源关系战略，伙伴型关系通常只适用于少数非常大型的公司。对于其他企业，虽然对于仅有少数几种采购类型而且供应商的选择余地很小的情况下可能适用，但这是一种风险性很高的策略，应慎重对待。
>
> 将外购物资的竞争性供应源转变为伙伴式的供应源，会增大供应风险并对利润造成影响，因为这种伙伴关系往往会将相关的采购推向战略物资区间。若处理得完美，战略性采购可以带来丰厚的回报，但是这需要管理层的重点关注，而且一旦出现问题后果会很严重。

4．建立最适合的关系类型

英国曼彻斯特理工大学曾经对商务关系进行过研究，发现成功的合作关系必须以交易关系中的商务现实状况为基础，并要求整个组织机构中的所有层次都能行动一致。商务的现实状况包括：双方由于所处的行业领域和市场地位等各方面的不同，关键商业目标总会有冲突或不一致的方面，即使短期目标较为一致，长期的策略也会存在差异；当双方不再具有明显的互惠特性，合作关系就很难维持；当供需矛盾在市场中的权力地位不平衡时，合作也很容易丧失存在的基础。

维持成功合作关系的难点还在于必须依靠整个组织的高度步调一致，否则就会由于组织机构一个部分的失调，使其他部门的努力轻而易举地付之东流，除非双方已经结盟共同支持供应链的发展。

在形成紧密关系过程中，还必须了解到，若一家企业还没有越过单打独斗的职能障碍而形成基于过程一体化向外部客户提供价值的阶段，那么就不能很好地体现供应链的长期集成竞争优势，取而代之的可能是凸显某一职能的短期"优势"，而这种局部的短期优势反而通常会导致整体供应链绩效的迅速恶化。这也从侧面支持了"紧密关系通常会形成于大型企业之间"的某种论点，因为所谓"大型企业"从某个层面上具备了实行供应链过程一体化的基础。

根据以上章节的讨论，我们了解到关系的形成和关系形式是多元化的，现实中也并不存在一种所谓"最好的"或"最理想化的"关系形式。通过对简单的关系类型的论述，我们不应该得出合作关系就一定优于交易型的对抗关系。我们应当运用相关的工具和分析方法选取最恰当的关系类型。这也是本单元重点介绍的内容。

（1）建立最适合关系的要素。按照合适的关系类型进行采购管理也属于品类管理的概念范畴。最合适的关系类型取决于以下要素：

1）采购物品的性质和重要性要素。对于低值的、日常的或者一次性的采购，不需要在长期合作上进行大量的投资；而对于不稳定的供应市场上复杂的、定制的、高值的采购，进行这种紧密关系投资则具有合理性，其根本目的在于保证对供应规格、质量和可用性的控制。

2）供应商的胜任力、能力、依存度和绩效以及它们之间的信任程度。诚信和互信是发展更密切关系的必要基础。

3）供应商与采购方在企业文化、价值观和战略目标的兼容程度。若相差甚远，并且在有备选供应资源的前提下，就要考虑如果弥补差距或克服困难就会付出过高的代价。

4）企业和采购职能的目标和优选事项的一体化。例如在提供最好价格还是最优质量、最大安全性等方面辩证关系的一致性。

5）供应市场要素。

① 若供应面临着宏观环境风险，采购方可能会倾向于选择更多的供应源。

② 若具有高度的价格波动性，采购方可能会倾向于投机性的现场购买（spot buying）或通过合同锁定尽可能较长期的预期的有利价格。

③ 若市场变化快、产品生命周期短且具有创新性，可能会避免被锁定在长期供应合同上。

④ 若市场上质量优、能力强、品牌佳的供应资源很稀缺，至少采购方的单方面意愿是希望建立合作伙伴关系。

6）法律法规要求等方面的要素。例如，对于不符合法律规定的企业之间的合谋联合、合并等不正当的控制市场和扭曲竞争的手段，是法律明令禁止的。

（2）交易型关系的适用阶段。之前我们提及在供应商建立关系时，合作型关系不一定比竞争型关系更合适。若我们能够在建立关系之前针对是否采用竞争性方法考虑以下几点，则有利于我们决策的科学化和精准性，这里的思考逻辑要素主要包括：充分竞争性供应市场、供应商对客户业务的敏感性、过程成本效益衡量、长期关系风险。

1）若在商业的交易过程中，采购方采取更具有对抗性的方法能更好地保证最好的商业交易结果，并从关系中获得最大的价值份额，那么此时的关系更倾向于竞争型。

2）发展更加紧密的合作型关系会使用到大量的人力和物力资源，而且将有限的资源投入到所有的关系中是不切实际的。对于特定的供应商，如供应商对此交易不感兴趣或者供应商本身不具有胜任力，那么这种关系就不可能存在或不适合建立。

3）采购物品属于偶然发生或者只是一次性采购行为，那么对这类采购建立合作型关系就不具备成本效益，那么紧密合作与否对实现增值意义不大。

4）长期关系存在一定的风险，如由于关系稳定，可能存在供应商自大自满、停步不前或投机行为的风险；基于长久的紧密合作关系一旦建立，若有时候发现一些问题，也容易被锁定在这种关系中不能脱身；若这种合作的实力不是绝对互惠和均衡的，就会出现关系被强势力一方所主导，在均摊合作风险与回报方面发生分歧的情况。

（3）合作关系驱动要素。我们在介绍了以对抗性为主的交易型关系要素之后，再来讨论紧密的合作型关系有哪些驱动因素。

1）从供应链战略中不难发现，供应链管理带来的竞争优势是包含整个上下游的供应链网络，而不仅仅是单一企业在市场中的单打独斗。这就需要我们分析并建立有效的紧密的合作型关系。

2）更多的大量产品以快需消费的形式进入市场并很快过时，也就是说产品的生命周期在大幅度缩短，这就要求我们更加迅速地进行产品开发、更加频繁地推动产品更新换代，以快速响应性为特点的最佳供应链绩能够带来更多的定制化和客制化，所有这些都需要供应链的上下游加强沟通与合作。

3）企业越来越多地将非核心活动外包给外部承包商，使自己将精力集中于能显著增加价值的核心活动，这就需要紧密的合作关系，以便企业可以对输出的质量、客户满意和其他潜在损害声誉的问题保持密切的管控，从而使风险最小化。近年来，很多大型企业更加关注由于供应链上下游分工协作所带来的环境保护、职业道德和社会责任等问题。

4）互联网和信息技术的突飞猛进带来了前所未有的全球化，也推动了供应链各组织间网络的扩展，使分布在全球不同国家和不同地理位置的企业发展紧密协作关系成为可能。同时信息系统的一体化还可以简化交易流程。

5）随着社会经济和文化的发展，商业环境也变得越来越复杂并充满挑战，如果仅仅依靠松散的、投机性的交易关系，不能充分发挥供应链关系的竞争力和增值性。例如我们通过更加紧密的协作关系收集客户的反馈，有机会在产品改进或降低成本上进一步合作；还可以通过紧密的关系与其他领域的企业共享知识和最佳实践，以带动整个行业的发展。

6）在某些采购供应情况下，一味运用对抗性关系，可能导致投机行为的不可持续性，导致商业纠纷；还可能丧失由于信任产生的最优惠待遇，丧失可能的协同效应和改善机会。

7）"精益"理念认为更密切的关系和一体化有助于减少供应链中的各项"浪费"。合作伙伴可以协作识别各种冗余流程和活动，减少瓶颈、延迟和错误以及过多的库存。

8）供应链技术的最佳实践包括全面质量管理和及时制，降低了对供应过程中延迟和事物的承受度。这样也会增加企业对供应链网络的依赖性，而这种互相依赖性的提高体现在供应与需求的依存度方面，它反过来又对内外部供应商关系的加强以及人员、计划和系统更为紧密地整合等提出更高的要求。

9）从供应商自身的市场营销角度出发，目前企业与企业之间的关系型营销越来越受到重视，在开发新客户的同时，巩固和发展既有的客户关系。

5. 关系的生命周期

和任何有机体一样，也和一个组织、一件产品等一样，关系本身也经历从出生、成长、成熟、衰退到死亡这样一个全过程的生命周期。关系的生命周期的每个阶段，也都会给参与者带来挑战与机会。从其最基本的意义上讲，关系生命周期的建立，强调了供应商和客户都需要进行关系的管理。

（1）关系的发展阶段

1）关系的出生：选择合适的关系伙伴，将其吸引到关系中来是这个阶段的关键课题。就每一方在关系上的条件与期望进行谈判，建立起持续的共同活动与沟通系统。

2）关系的成长：通过增强紧密的联络、合作、信任，增加带给双方的收益，逐渐提升关系的强度，这包括增进沟通与一体化。管理新出现的问题与冲突，克服距离与障碍，对更紧密参与所导致的风险进行控制，不断检查共同目标的达成。

3）关系的衰退：逐渐使关系降温或淡出。任何一种关系都有自己的运行轨迹，当关系已经实现了某种预设的目标，或者变得陈旧和不适应当前的发展需要，或者不再盈利，关系就会遇到问题限制，从而出现不协调的问题，任何一方或者双方的需要和环境都可能会发生变化。随着供应关系走向衰退，我们不得不对各个角色重新定义，并对资源进行调配。一个企业必须有协调内外部利益相关者的能力，用来支持变革。

4）关系的结束和终止：这个阶段需要建设性地、积极地参与来完成使命，目的在于为未来的关系或进一步的业务奠定基础，为未来的关系管理积累知识并总结经验教训，避免关系终止过程中的冲突和信誉损害，如某一方的违约带来的法律诉讼或者由于某一方的业务缩减导致的裁员带来的社会责任的影响等。

> **Tips** **关系生命周期模型**
>
> 实际工作中，常用一个更有针对性的关系生命周期模型来分析行业或企业采购方及其供应商之间的关系发展阶段，我们用表格来呈现，见表2-2。

表2-2 关系发展阶段

关系前阶段	评估新的可能的供应商： 最初会存在惰性，因为对现有供应商较熟悉、寻找与评估新的供应商会引发成本，更换供应商会面临风险，与新供应商会有距离感 需要准备应对一系列基本问题： 1）成本与投资、收益和兼容性 2）双方从新的关系中想要得到什么 3）建立新关系要花费多少成本 4）需要双方的哪些变化 5）学习哪些新的知识和技能
探索阶段	双方均需要一定的时间来了解对方，拉近距离，但仍然未承诺对方，仍未建立起正式合作的模式 可以通过讨论和协商验证彼此协调性和兼容性的方式： 1）初试小规模订单 2）销售前期的咨询型服务 3）提供一套RFP（request for proposal）

(续)

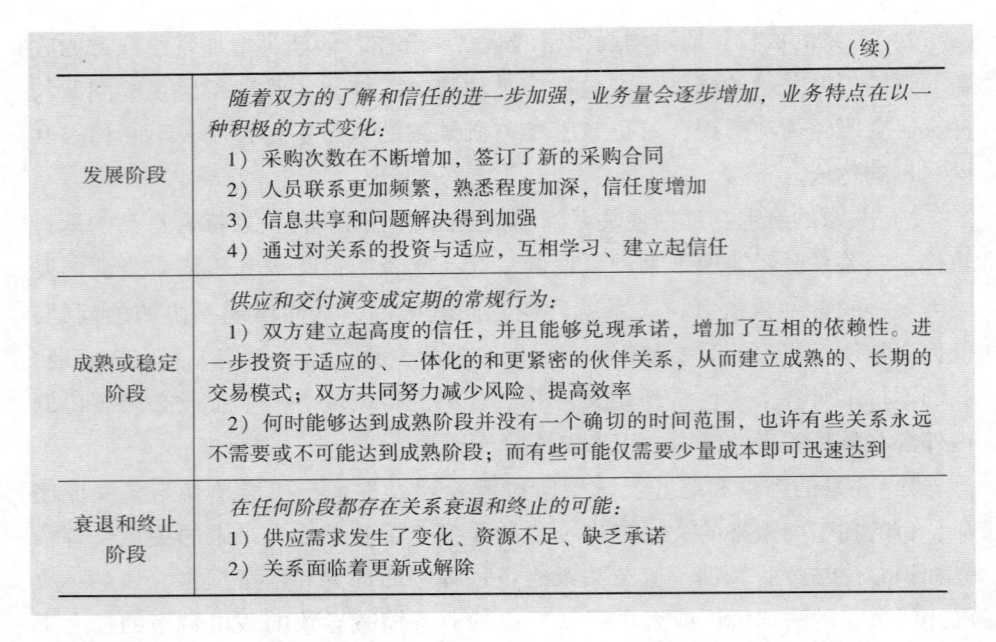

发展阶段	随着双方的了解和信任的进一步加强，业务量会逐步增加，业务特点在以一种积极的方式变化： 1）采购次数在不断增加，签订了新的采购合同 2）人员联系更加频繁，熟悉程度加深，信任度增加 3）信息共享和问题解决得到加强 4）通过对关系的投资与适应，互相学习、建立起信任
成熟或稳定阶段	供应和交付演变成定期的常规行为： 1）双方建立起高度的信任，并且能够兑现承诺，增加了互相的依赖性。进一步投资于适应的、一体化的和更紧密的伙伴关系，从而建立成熟的、长期的交易模式；双方共同努力减少风险、提高效率 2）何时能够达到成熟阶段并没有一个确切的时间范围，也许有些关系永远不需要或不可能达到成熟阶段；而有些可能仅需要少量成本即可迅速达到
衰退和终止阶段	在任何阶段都存在关系衰退和终止的可能： 1）供应需求发生了变化、资源不足、缺乏承诺 2）关系面临着更新或解除

（2）关系生命周期的模型运用。关系的生命周期模型给我们提供了另一种采购和供应类别管理的思路：

1）可以按照关系所处的不同阶段来对供应商进行划分。

2）针对不同的采购物资，由于其提供者和采购者所处的关系不同，管理模式也会有所不同；抑或是同样的采购物资，分别由所处的不同的关系供应商提供，管理模式也会存在差别。

3）在周期的每个阶段都有需要特别关注的问题，这才是关系周期管理的要点：

① 在探索发展阶段，采购方如何充分利用综合手段维持并推进关系的发展，使其向更紧密的成熟阶段迈进。例如采购方试验性地提出一些创新项目以提升吸引力、需求管理的模式透明化、明确的未来企业发展的动力、长期和短期的利益增长点。

② 在成熟阶段，观察双方是否可以提出更多的持续改进项目，同时注意双方是否存在不思进取的问题，创新性是否受阻。

③ 在衰退阶段，观察供应商是否有将价格推高的企图，是否会从关系最后的阶段压榨最后的一点高额利润。

④ 观察采购方是否做好了供应转移和新的供应商进入的前期准备工作。

⑤ 若关系衰退和不可避免的终止将发生在一直处于长期战略合作的供应商关系上面，需要提前制定哪些规则和应急预案进行风控？

4）在实践中，关系的紧密和信任程度可能会随着各方情况的变化而变化，需求、机会、目标达成与否、困难和障碍等都是影响因素。另外，我们之前也提到过，并非所有供应链关系都需要发展成长期合作关系，有些情况下，双方可能会满足于低强度关系水平下的收益，避免过度依赖和过高承诺，这也不失为一种建立关系的策略。

2.1.2 和你的通讯录一样——复杂的关系也需要组合与分类

1. 类别管理思维在企业中的发展

近年来类别管理（又称品类管理，category management）在企业的战略管理和运营管理中越来越受到重视，它是关于一个组织获取投资或资源投入的行为，和战略供应源搜寻类似，都是相对较新的企业管理思维模式。因为现代战略管理认为，采购与供应管理更重要的目的是利用外部的资源有效地对组织内部资源进行投入和补充。由于企业所管辖的运营过程需要针对不同的行业、不同的物料、不同的供应市场体系、不同的生产方式、不同的营销市场特点等，这就要求包括采购与供应在内的企业管理上升到类别管理的新高度。

2. 进行关系的组合与划分的原因

与供应商关系的组合与划分也是根据业务量、业务金额、利润率、供应风险等相关标准，将企业的供应和供应商分成不同的种类。某一类供应或供应商所属的划分，反映了那一个专属类别的采购资源、供应源搜寻方法和关系的类型分类。而这些分类管理的规则是制订供应源搜寻和关系建立计划的基础。

尽管单纯的唯成本论是不科学的管理思维，但是目前大多数企业的采购运营往往都面临着成本持续增长的压力，同时还要保持供应的质量和连续性。过往那种粗犷的庞杂而笼统的采购运营组织架构和管理体系已经不适用于当今供应链发展的生态环境，在这样的大背景下，采购职能的组合细分就应运而生了，它具有以下优势：

（1）它可以集中并有效利用可获得的资源，同时将已识别的供应和供应商风险因素最小化。

（2）在企业内部关于供应与供应商的组合管理，可以采用一套行之有效的标准化决策和行为规则框架。

（3）根据已经建立的标准化体系进行分析，可以论证供应与供应商组合管理决策的合理性。

> **Tips** **如何根据企业所处的行业不同对采购组合进行划分**
>
> 某化肥原料和成品生产、进口、分销集团公司根据企业主营业务的经营特点，首先按照事业部进行类别管理，分别为：钾肥事业部、氮肥事业部、复合肥事业部和农药事业部等。按照集团公司的职能类别管理的划分规则，在集团公司采购中心的管理下，各事业部分别设立自己的国际贸易和采购职能，在采购职能内部再划分国内采购和国际采购，同时还可以根据供应源原产地的不同再进行职能分割。另外，根据集团公司类别管理的规则，考虑到资源的稀缺性，针对国内的钾肥源头企业进行一系列的收购、参股控股活动，一方面争取更多地掌握国内上游资源，另一方面积极参与国际的采购联合谈判，争取年度价格和数量优势，有效地支撑了公司的经营战略目标。
>
> 某巧克力和糖果生产加工销售企业由于需要面对不断提升和变化的消费市场，以市场营销职能为龙头，每年都要进行大量的新产品创新和新市场开发。为了配合企业的运营战略，采购职能组织除了以往按照原料、辅料和包装材料三大类常规类别的分类管理，加上寻源、谈判与关系管理矩阵组织结构之外，还设立了新产品开发的供应与采购职能，专门与市场部门和研发部门配套，完成特定的、灵活高效的围绕新产品开发过程中的寻源、谈判与关系管理，同时又制定了在新产品中试完成之后移交到常规采购职能的业务规则，在保证了年度新产品复合增长率不低于20%的目标的同时，又与常规采购职能合理衔接起来。
>
> 某电子产品的生产企业，因为营销市场的特性，定位高端消费者的高毛利产品与普及型消费市场的低毛利产品长期并存。采购职能在按照事业部划分的前提下，再次进行了二维度品类分类，一组人员专门针对高毛利产品的寻源与采购，侧重点是质量、品牌、安全、长期合作伙伴关系的附加值的增值；另一组人员专门针对低毛利产品的寻源与采购，以全生命周期成本的优化为重点规划供应源与采购物料特性。该企业将供应商关系的战略纽带型和外包型重点应用于高毛利产品生产物料的采购；将交易型和战术型应用于低毛利产品生产物料的采购。这也是类别管理的具体应用。

2.2 充满风险的关系必须进行评估

所谓风险，其本质上是一种事物具有的不确定性的表现。这种不确定性来源于事物的易变性和模糊性。任何组织都会面临风险。良好的风险管理系统可以识别其活动中固有的风险，这些风险是指在采取任何降低风险的行动之前，特定事物本身所具有的风险，如全球化采购一定面临汇率结算的风险。残余风险是指已经采取了必要可行的措施管理风险之后，某些仍然会出现的风险。

在事物的发展过程中，即使是可测量的因素也存在一系列可能性的数值范围，而某一个数值又有可能演化和发展出很多可能的情形，恰好是这些情形导致了事物的易变性。进而关于某一个情形的信息还同时存在多种解释方法，所以又对含义的解释产生了模糊的不确定性。

风险在我们的生产生活当中是无处不在的。在组织运行和企业管理的各层级和各环节，都需要进行风险管理。

事实上，风险也是关系管理的投资中对供应产品和供应商安排优先顺序的一个关键因素。对于排序靠前的重要物资若出现供应中断、供应失效或者不合规的风险越大，采购方就越想对供应商和供应流程施加控制，以使风险最小化。而这种控制在采购方内部又会影响供应商管理的方法。

针对采购职能而言，能够有效地、科学地评估供应风险水平，就可以针对性地划分和排序，也就可以从风险等级的不同维度进行采购的供应商关系管理。事实上，我们希望在与供应商形成有效供应之前就做好风险分析和防范的准备，并且在引入供应商并与之建立关系的过程中能够正确规避或应对风险。

2.2.1 供采风险要素

在采购与供应层面，有四大关键风险类型需要详细分析，这是评估供采关系管理优先级的基础工作。

1. 供应风险

在一个组织的供应链上出现无法供应，或无法按时、按约定、按质量标

准供应的风险。

2. 供应商风险

这是与供应商不胜任或合作失败有关的风险。例如：

（1）采购方的供应商评估、选择和引入流程不恰当。

（2）供应商不具备某项生产能力。

（3）在供应过程中发生供应商破产、现金流出现极度短缺的问题或其他重要的通过财物指标反映出的财务困难。

（4）供应商由于雇员用工制度或劳资关系纠纷导致的动荡。

（5）供应商技术或IT系统崩溃。

（6）质量管理问题。

（7）交付过程延迟。

3. 环境供应风险

这是指由于供应市场和外部环境因素变化引起的供应中断或供应成本增加的风险。例如：

（1）由于像天气或疾病等自然风险导致的材料短缺。

（2）由于金融和市场等原因导致的商品价格波动。

（3）供应商的稀缺性或过高的博弈力带来的供应市场结构问题。

（4）某行业的供应链上游链态结构过于复杂或冗长，导致较大的供应脆弱性。

（5）运输仓储环节带来的货损和成本的风险以及前置期过长的风险。

（6）在全球化供应中还应当考虑汇率波动的风险。

（7）由于战争和冲突，或者由于不同国家的贸易壁垒带来的政治风险。

（8）关于供应链上各环节的道德贸易、用工制度和企业社会责任等的不良带来的信誉风险。

（9）由于技术陈旧、不兼容、安全性方面带来的技术风险。

4. 需求风险

主要是由于供应链各环节对需求的不确定性和波动性缺乏有效管理措施所带来的风险，它会导致各级客户服务水平的恶化、冗余和浪费，进而影响到企业经营和管理的效率和效力。

在供应与采购需要重点关注的风险之外，若希望从整体供应链网络与企业管理的角度出发，还需要关注更多方面的风险。

（1）战略风险：产生于组织的愿景和方向，以及组织在某一行业、市场或地理区域的定位。

（2）运营风险：产生于组织为达成战略目标时所依靠的职能、运营和行政管理的规则与流程。它们主要与组织的生产或服务交付的运营有关。

（3）财务风险：从内部来说，产生于企业财务结构；从外部来说，产生于与其他组织的财务交易。

（4）合规性风险：产生于遵守法律、法规和政策框架方面的情况，以及组织或其供应链的不合规或不合法活动曝光引起的可能损失，包括信誉的、运营的和财务的处罚。

（5）市场风险：产生于外部供应市场和营销市场中的因素或变化。

（6）技术风险：由于技术陈旧和系统或设备故障、数据谬误或被盗用、新技术的早期困难、系统的不兼容性（例如，当采购方与供应商系统需要整合的时候）等引起的战略风险和运营风险。

2.2.2 量化风险的概率与影响

通常利用风险事件要素发生的可能性（概率）和风险一旦发生所造成的负面影响（后果）的严重程度之间的关系来评估风险。

1. 风险的严重程度和风险水平的高低可以利用可能性和影响两个因素进行简单的计算

（1）计算公式：风险 = 可能性（概率）×影响（后果）

（2）可能性（概率）用风险事件发生的百分比来表示。

（3）风险影响推荐用 1~10 的数字表示，例如，1 表示较小的不利后果，10 表示灾难性的具有威胁到组织生存的后果。

> **Tips** 举例说明一个企业把某项技术工作进行采购外包时需要引入的风险评估。我们可以识别的一系列关键风险要素及风险水平见表 2-3。

表 2-3 风险识别要素与风险水平计算

风险要素	可能性（概率）	影响（后果）	风险水平
系统故障	20%	10	2
财务问题	30%	6	1.8
初期磨合问题	80%	5	4

从表 2-3 中的数值可以看出初期磨合问题包含了最大的风险，所以这应当是优先得到管理层重视的风险，管理层应当早期介入项目中去，特别要对项目实施的规划和实施过程进行严密监控，保证经验学习曲线⊖按照预期的进度降低到可接受的水平，尽早实现常态化生产。

我们可以把采购、供应商与供应市场当中的相关各项风险根据他们的计算所得到的总风险分数进行高、中、低级别的划分。对于风险发生的后果十分敏感的项目，也可以暂时忽略发生可能性的高低，而仅仅把影响后果评分单独进行统计，例如把凡是后果影响评分超过 6 的定义为高风险。因此在此案例中，系统故障就成为管理层优先采取行动的因素，例如做好应急预案和备份系统等。

计算之后，对于那些"可接受的"风险水平，无须采取过多的行动；对于"适中"的风险水平，需要进行风险管理；对于"不可接受的"风险水平，则要避免或根除风险。

2. 风险评估网格的应用

根据以上计算公式所得到的评估分值，可以将采购、供应商各方面的风险因素标绘在一个矩阵中，这样就可以进行简便的风险评估了，如图 2-3 所示。

假定我们针对某一个特定的供应市场进行了风险评估，主要集中在已识别的供应风险分类上，我们可以依次分析如下：

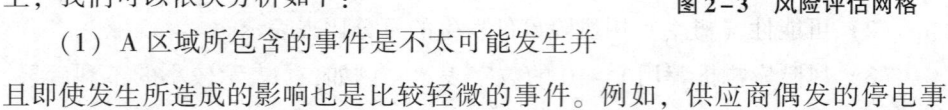

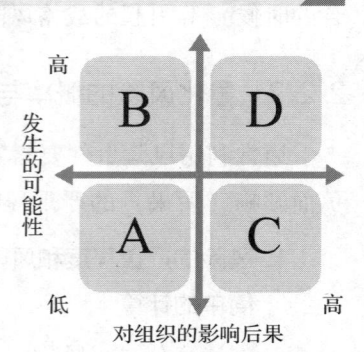

（1）A 区域所包含的事件是不太可能发生并且即使发生所造成的影响也是比较轻微的事件。例如，供应商偶发的停电事

图 2-3 风险评估网格

⊖ 经验曲线是一种表示生产单位时间与连续生产单位之间的关系曲线。学习曲线效应及与其密切相关的经验曲线效应表示了经验与效率之间的关系。当个体或组织在一项任务中习得更多的经验，他们的效率会变得更高。

故,由于其具备应急发电系统,这类偶发的停电不会造成太大的问题。针对这类风险等级,鉴于影响程度很低,不需要过高的管理层关注,可以把这一类风险划分为低优先级的因素而不用耗费过多的资源去处理,也不需要采取过多的控制措施。

(2) B区域包含的事件是可能发生的概率相对较高,但是一旦发生后造成的影响则比较轻微的事件。假定某企业在国际采购业务量不大的情况下,出现了较高发生概率的汇率的波动事件。针对这类风险等级,主要是对这类风险因素进行连续监控,合理制订库存计划,除了国际供应商,还应当储备一定的本地供应替代者,以防发生的变化超过预期而招致更大的损失。

(3) C区域所包含的事件属于不太可能发生,但是一旦发生后造成的影响十分严重。例如,关键的供应商倒闭。针对此类风险,应当制订应急计划使影响最小化,以防此类风险的发生。建立后备供应源并考虑相关的保险是合理有效应对此类事件的行动计划之一。

(4) D区域所包含的事件是极可能发生而且一旦发生所造成的影响又很严重的事件。例如,在当今创新变化很快以及产品的生命周期越来越短的情况下,某些新技术的突破可能会迅速改变供应市场的格局。合理的应对措施应当是对已察觉的威胁或机会做出快速响应,并且提升这类风险事件的管理层级,把它们当作重要的战略问题纳入到战略规划和分析当中。在采购工作中,需要优先发展紧密合作伙伴关系的供应商,充分利用信任、合作、互相承诺进一步将风险最小化。

2.2.3 易学易用的风险分析工具

本小节将介绍两套管理学大师开发的专业并简单易学的工具,帮助大家在实际工作中能够快速上手进行风险的定性与定量分析。

1. 定性风险分析工具

风险分析要尽可能详细。一个组织在最初应当投入一定的资源进行初步的风险分析。目的是进一步调查风险的严重程度。基特·塞德格洛夫(Kit Sadgrove)[一]开发了一种风险定位的方法,使用简便易懂,定性地对影响的严重

[一] 基特·塞德格洛夫,英国著名管理学专家,著有《商务风险管理完全指南》等著作。

程度和发生的概率进行了分类，如图2-4所示。

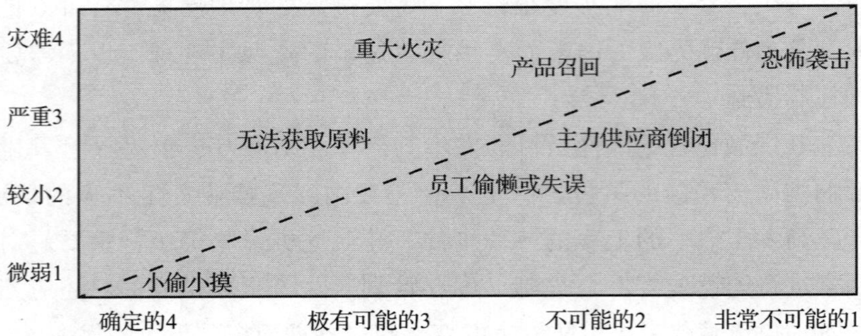

```
灾难4 │                重大火灾      产品召回              恐怖袭击
严重3 │                                                        ╱
      │          无法获取原料            主力供应商倒闭   ╱
较小2 │                           员工偷懒或失误      ╱
      │                                           ╱
微弱1 │        小偷小摸              ╱
      └─────────────────────────────────────────────
       确定的4          极有可能的3     不可能的2      非常不可能的1
```

图2-4　风险定性矩阵

图2-4中的虚斜线的左上部分表示该风险可被视为不可接受的范围，或者属于高优先级管理范畴，在此案例中，它包括产品召回、重大火灾和无法获取原料。右下部分可被视为可接受的范围，或者属于低优先级管理的范畴，它包括小偷小摸行为、员工偷懒或失误、主力供应商倒闭和恐怖袭击事件。

2. 定量风险分析工具

在定性分析之后，通常需要进行定量分析。风险定量分析的工具有很多种，这里介绍一种从财务的角度进行风险值计算的方法。麦克·布鲁克斯（Mike Brooks）在他的专著《会计学》中提出了对可能性和影响程度分配分值并计算的方法，见表2-4。

表2-4　可能性和影响定量评分表

可能性分值	影响分值
行业内从未发生过（1分）	没有可察觉的影响（1分）
行业内发生过，但在本集团内从未发生过（2分）	若发生，会耗费这一部门资产的10%（2分）
在本集团内发生过，但在本部门内从未发生过（3分）	若发生，会彻底摧毁这一部门（3分）
在本部门内发生过（4分）	若发生，会耗费集团净资产的10%（4分）
经常在本部门内发生（5分）	若发生，将彻底摧毁这一集团（5分）

在表2-4中，可能性分值与影响分值相乘，得分范围是1~25分。

风险值在6分及以下，表示风险程度较低，不需要采取措施，只需要考虑现有的控制措施是否有冗余，以确保措施投入与风险水平相当。

风险值在 8~12 分，表示风险程度中等，提醒我们应该审视现有的控制措施，并且可能需要执行额外的控制措施。在降低风险与其实现成本之间应有一个平衡，可继续利用成本收益分析对此进行深度评估。风险值应每年检查一次，以防止风险升级。

风险值在 15~20 分，表示风险程度较高，提醒我们应该检查现有的控制措施，并进行减轻风险的规划。应当考虑这类风险是否需要提交到更高的层级或企业内的风险管控委员会。风险值应该每个季度检查一次。

风险值超过 20 分以上，表示风险程度最高，我们应该优先进行较高层级的风险减轻和避免规划，而且需要不间断地进行连续检查。

以上简要介绍了风险管控在采购职能中的意义，推荐了几类定性定量进行风险评估的方法。总体而言，对于风险管控工作，很多大型企业都在组织结构中部署了风险管理的职能部门，专门负责规划风险管理战略、设计风险管理业务规则，指导各分支机构制定风险管理流程。通常风控部门在开展的各个项目中还扮演了重要的利益相关者角色。那些没有专职风控部门的企业，也都在战略企划部、法律事务部、财务部或者审计部门安排了相关的职能。

采购与供应职能由于其特殊性和专业性，应当在风险管控专业职能的指导与协助下，根据上游供应市场和供应商的特性并结合自身行业的采购特点，建立并完善组织的采购与供应的风险管理体系，有条件的还需要在 SRM 当中进行数字化和信息化管理。

2.3 核心工具：如何分析供应商对客户的"偏好"

到目前为止，我们围绕供应市场的分析、供应商的评估与引入以及与供应商建立的关系类型等方面进行了分析和讨论。但是我们考虑问题的出发点始终是以"我"为主的采购方的视角，这难免存在偏颇。从科学的供应链管理与运营的理论中不难发现，采购与供应这一对矛盾体是伴随着供应链网络链条的始终的，那么就应当跳出自己组织的范围，站在整体供应链的高度，以供应商看待客户（采购方）的视角全方位地进行分析和研究，只有这样管理的思维方式才能更加平衡。特别是通过供应链绩效改进，能够达到价值链当中客户价值增值目标的期望，深入分析和研究供应商群体对采购方组织的感受与关系尤为重要。

2.3.1 供应商对客户的感受是什么

要想深入理解供应商的感受,我们应该站在对方的角度考虑以下几点:

(1)供应商组织内的企业运营特别是市场营销活动是什么状况?他们的品牌、客户群、市占率、营业额以及利润特点和分布情况如何?

(2)采购方的需求是如何被表达以及反映到供应商的行动上的?如果你是供应商,会真正想与采购方开展业务关系吗?

(3)假设供应商由于某种原因缺乏与你的组织进行交易的热情,那么在你的组织中所谓保证供应的连续性就成了一句空谈。

深入思考采购方影响力强弱的问题,可以使我们全方位考察供应与采购的互动性特征。

(1)一个重要的因素是采购方作为客户对供应市场或特定供应商的价值如何。在一定程度上,供应与采购关系是否互利取决于供应商如何看待采购方组织。

(2)例如,在那种"竖起招军旗自有领粮人""需求加钞票供商自然来"等传统思维影响下,采购方往往认为他们反馈到供应市场上的需求、他们的所谓的"大额"的订单,似乎意味着供应市场或供应商会理所当然地认为他们很重要,但事实并非如此简单。

从商业角度看供应商的活动,表现在供应商永远渴望维持和发展对他们而言十分重要的客户(采购方),一旦与这类客户创建了足够成熟的关系,供应商会感受到他们在采购方心目中的供应力地位和话语权是强大的。同时,毫无疑问,任何供应商的市场营销职能都倾向于拥有不同类型的客户,这对于供应商的业务经营发展是有益处的。但是这将会影响供应商与采购方组织关系互动模式的优先级。

知己知彼,采购方应当竭尽全力调查供应商是如何管理客户的,以及采购方组织处于何种地位。这样可以帮助采购方了解供应商的感受。

(1)采购方是否很难在供应市场中搜寻到合适的供应商?

(2)在谈判中合同或者支付条款是否很难达成一致?

(3)对于供应商而言与采购组织做生意是否无利可图?

以上问题告诉我们，如果不了解供应商对于采购方的感受，采购组织乃至整个供应链都将处于风险之中。尤其是对于采购方而言在战略上依赖程度较高的那些供应商，同时如果这些供应商把我们看作失去继续合作意义的客户来管理，更是雪上加霜。

2.3.2 利用好供应商对客户的"偏好"

为了更好地分析和研究供应与采购的关系，站在供应市场和特定供应商的角度来看待采购方客户，Steele 和 Court 通过理论结合实践开发了一套分析工具，通常被称为供应商敏感度模型（或称供应商偏好模型、供应商供应动力模型）。

1. 供应商敏感度模型的形式

（1）该模型也采用了矩阵形式，表示的是特定供应商有多大的兴趣与特定的采购方进行交易，以及该采购方的业务对于供应商有多大的经济价值。这个模型的搭建取决于两个因素：采购方作为客户的固有吸引力以及采购方业务的价值。

（2）该模型的四象限矩阵图形表达方式如图 2-5 所示。

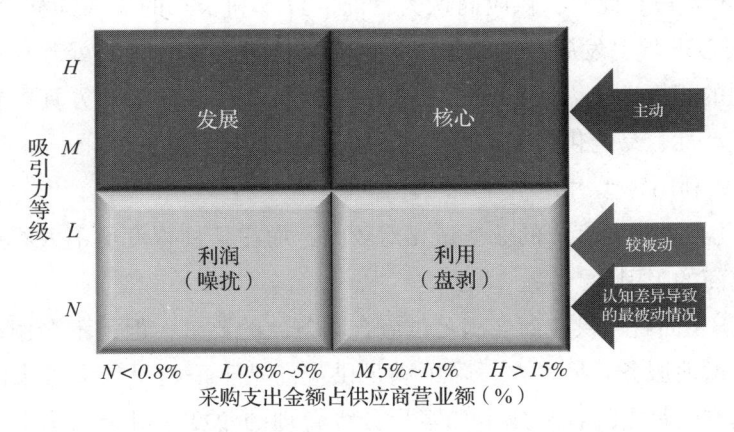

	发展	核心	← 主动
吸引力等级	利润（噪扰）	利用（盘剥）	← 较被动 ← 认知差异导致的最被动情况

N<0.8%　L 0.8%~5%　M 5%~15%　H>15%
采购支出金额占供应商营业额（%）

图 2-5　供应商偏好模型（供应商供应动力模型）

2. 每个象限的具体内容和含义

（1）"核心"型客户。

1）此类客户对于供应商而言是非常受欢迎的高价值客户群体。供应商希望能够与这类客户建立起长期互惠互利的战略合作关系，双方对彼此的依存

133

度和忠诚度都很高。

2）采购方对于供应商业务量的贡献很大，又在商务关系的处理上表现得很积极。因此会倍受供应商的关注，认为是非常值得进一步发展成为战略关系的客户。供应商会不惜一切代价来维护和培育这种关系，并给予持续性的照顾和关注。

3）若采购方被供应商定位在这个象限，那么采购方就会占据主动地位，双方共享博弈力。也很容易因势利导，形成更加紧密的战略协作伙伴关系。

（2）"发展"型客户。

1）这类客户也非常具有吸引力，尽管当前的交易水平还较低，但是供应商在这类客户身上看到了某些非常重要的值得开发的潜力要素。同时采购方也在处理商务关系上积极主动谋求，增加对供应商的吸引力。

2）供应商对这类交易会考虑在维持履行基本业务合同的同时，额外用某些优惠条件吸引客户，招揽更多的生意机会，以谋求这类客户有一个快速发展的前景，以稳定增加未来的业务量。

3）若双方都采取积极发展的态度，这类客户有很大的潜在机会转变为"核心"型客户。此时，供应商认为目前的订单和未来的关系同样具有价值。以上"核心"与"发展"两个象限，由于采购方都体现了其处理与供应商商务关系上的积极性，因此都属于高吸引力等级的象限。采购方具有较高的博弈力与主动性，易与供应商形成某种程度的紧密协作关系。

（3）"利用"型客户。

1）此类采购方客户的业务量相对较大，而在某种程度上不太看重商务关系对供应商的吸引力。

2）从表面看，供应商会满足供应合同条款的要求，但是不会额外提供其他过多的增值服务。换言之，除了满足供应商基于采购量较大带来的营收和利润的基本交易之外，从成本和客户分级管理的角度，对于采购方任何额外的要求很大可能都会另外收取费用。

3）供应商只是把这类关系看作一个获得业务增长的途径，采购方单方面想要开发和监控供应商绩效的任何企图，都可能会遇到抵制或者仅仅产生极为有限的效果。

4）若采购方落入这个象限，在供应商的客户优先级排名上也是十分靠

5）既然这个象限如此被动，那么采购方是否绝对不能落入该区间呢？事实并不是如此。若供应与采购双方都自我认知与意识到这类采购与供应的活动就定位在这个区间，例如，采购方把这类物资的供采关系定义为简单战术交易型，不需要过多地给予关注，也不需要额外提供吸引力，那么这种关系的状态是允许存在的。怕就怕双方对于这类供采关系不能形成统一的认知，那么采购方的行为往往就会扭曲，在商务关系的处理上十分消极，容易采用极端的处理方式。例如，在采购方自身不增加吸引力的情况下单方面要求供应商给予商务合同条款的不合理优惠，依仗自己的采购金额高、数量大，强行压价等，在这种情况下，供应商甚至会把采购方定义为"盘剥"者（Exploration）。这是采购方在处理商务关系时务必要注意的一点。

（4）"利润"型客户。

1）这是比较糟糕的一种局面。这类客户的业务对于供应商，既谈不上有吸引力也没有价值可言。

2）若在供应商企业中具有客户关系管理（CRM）体系，他们会经常性地分类管理和审查他们的客户群，减少或者停止为不能带来充足业务的客户提供服务，一旦出现"风吹草动"或遇到经营和交易上的麻烦，可能会随时放弃这类客户。

3）那些即使能够维持的交易关系，也仅仅关注从有限的交易量中通过标准报价形式获取固定的利润，对于单位价格的谈判通常表现较为刚性，"寸土不让"。又或者提高对客户的价格，谋求向"利用"型客户转化。由于没有太多的利益，采购方最多也就是得到了简单的交易服务而已。

4）处于这个象限的被动局面和"利用（盘剥）"象限一样，关键看采购方与供应商的认知是否一致。若双方对供采的交易和商务关系处理的认知是一致的，例如，双方都认为这是一些偶发的、一次性的采买行为，不需要形成紧密的协作关系，于是就设定为简单战术交易，那么采购方是可以允许自己落在这个区域的。若采购方的认知出现偏差，就会在商务关系处理上采取不恰当的方式。若行事风格比较极端，供应商会把这类客户定位为"噪扰（nuisance）"型客户。这是最糟糕的一种局面，采购方往往会被列入无价值拟淘汰客户清单。

综上所述，第一，不论处于哪个区间，采购方与供应商要能够做到及时沟通、坦诚交流，保持认知的一致性。第二，若采购方希望和供应商形成更加紧密的战略协作伙伴关系，那么无论采购金额的高低和数量的多少，请尽可能提升你们的吸引力等级。虽然形成关系是采购与供应双方互动的结果，但是从该模型中可以看出，采购方的主动性与主导性更强一些，吸引力等级的权重超过了采购金额的权重。

> **Tips** **如何定量确定横坐标参数**
>
> 在供应商敏感度模型的横坐标的含义表达上，有些国外的文献也有采用采购方（客户）的相对支出（relative spend）进行标注的，也就是采购方支出在供应商总营业收入中所占的比例。我们可以尝试简单定量化地确定采购业务的价值属于高、中、低、忽略不计四个等级。
>
> （1）根据相关的广义市场调查，当这一比例达到和超过15%时，则坐标值被认为落入右侧象限，属于"高"等级范畴。此时在供应商客户管理中被认定为绝对大客户。
>
> 欧美发达国家的一些相关统计，这一指标高达30%，反映了他们的行业市场集中程度相对较高这一事实；反观我国，大多数行业的市场集中程度较低，除非一些具有垄断倾向的行业。以食品的塑料包装行业为例，我国的相关企业年营收超过几亿元基本可以进入前十名的排行榜，而且市场分布呈现小散乱的特点，前十名加起来的市占率也不高；而同样类别的企业在美国年营收均超过几十亿美金，而且前三四名的企业市占率可以高达80%以上，说明这是一个进行了充分整合后的行业。
>
> （2）在5%~15%范围，属于"中"等级，可以落入横坐标的中部偏右侧。
>
> （3）在0.8%~5%范围，属于"低"等级，基本落入横坐标的左侧偏中部。
>
> （4）小于0.8%，属于忽略不计等级，完全落入左侧。

3. 横纵坐标分析

这个模型对于运营层次的供应商管理非常有效，因为它清楚地体现出，如果要引入合适的供应商，并且从供应商那里得到预期的结果，采购方要维持一个有吸引力的积极正面的客户形象。该吸引力可能从表面看是关于采购方支出的（基本可以认定为模型中的横坐标），但是还包括其他对于供应商的潜在吸引力，这也是该模型二维分析法的魅力所在。这些吸引力因素是多元化的（模型中的纵坐标）：

（1）采购方品牌形象好或知名度高，使得供应商愿意与这些组织合作以提升自己的声誉和对其他实际客户和潜在客户的吸引力。

（2）采购方良好的声誉和市场地位，包括在绿色环保或商业道德方面处于领先位置。

（3）采购方能够本着公平交易原则、依照商业道德和职业道德进行供应源搜寻以及贸易操作。例如及时按照约定账期进行支付结款，及时与供应商沟通信息，不过分运用较高的需求博弈力挤压供应商合理的利润空间。

（4）在投资于供应能力和绩效提升方面，采购方具有较强的协作意愿，通过双方的沟通、交叉互动培训和其他形式的交流，一起做降低成本、持续改进。

（5）采购方愿意与供应伙伴平等分担风险和成本，分享价值。双方追求互惠和双赢。而尽力避免采购方贪得无厌、过度使用强硬的谈判手段，反过来却不能回馈任何益处。

维持供应商积极的关系与地位可以获得收益，相反若采购方一旦有了负面的或没吸引力客户的名声则具有非常消极的一面。很多传统的企业管理者错误地认为，供应商的商业目标就是无条件地提供产品和服务并满足采购方（客户）的需求与期望。但是事实并非如此，对于任何一个商业企业而言，客户关系营销活动中很重要的一个方面就是对客户的优先等级排序；给那些忠诚的、有影响力的、可靠的、具有长期盈利能力的最富吸引力的客户提供最优先的服务水平和满意度，以此来与这类客户建立持久的战略纽带关系；对于那些不具备吸引力的客户则减少各项成本的投入，这也是供应商敏感度和供应动力的另一个侧面。

4. 需要采购方特别引起注意的事项

（1）经常性地延迟付款，或者在付款时带有非常不合理的苛刻条款。

（2）经常对订单的条款进行单方面的变更，出现打乱供应商排产计划的临时插单或紧急订单。

（3）采购方企业内部的规则和流程混乱、呆板，造成与供应商合作相关的各项审批延误。

（4）采购方人员行为举止不符合职业化要求，对供应商方面的销售和服务人员不尊重。

（5）采购人员在交易中存在不诚信和不遵守采购职业道德的行为，例如行贿受贿或串谋欺诈。

（6）采购方在道德交易、用工制度、客户服务或产品安全性等方面具有不良信誉，这种负面的影响会延伸到供应链网络中的各个方面。

（7）对于轻微的违反条款或损失，采购方通常不愿意协商解决，反而不断地提起诉讼，过分地偏好法律途径。

5．一个缺乏吸引力的采购方，可能会由于以上的行为和不良的关系管理而处于非常被动的局面

（1）潜在的优质供应商可能会拒绝投标，或者拒绝签署长期协议。

（2）若供应商找到了更具有吸引力的客户，供应可能会中断。而那个更具吸引力的客户很可能是采购方企业的竞争对手。

（3）表面看到更高的供应价格，或者更少的优惠和信用条件，背后的因素是供应商为了补偿因开展业务而增加的成本。更深层次的原因是由于较低的忠诚度、匮乏的商业信誉、失去建立长期关系的欲望，这样的做法也反映了供应商的投机心理和在现有状态下最大化利润的价值取向。

供应商敏感度模型有助于我们分析为什么供应商对不同的采购方持有不同的看法，并且评估改变这种敏感度的各种战略与运营方法。当然任何工具都有它的局限性，供应商敏感度模型也需要结合对供应商的行为进行评估以及探讨产生这些行为的深层次的原因。在现实工作中所形成的关系形态也许和利用该模型推导出的结论存在一定的差异，因此它需要和另外的采购定位模型（又称卡拉杰克模型）一起组合使用，这方面的知识将在第4章展开讨论。

2.4 供应市场：复杂而多变的竞争环境

自从进入21世纪以来，社会的宏观和微观环境已经发生了显著的变化，随之而来的是企业管理观念在三个层次上的变化。

首先，从以往认为市场竞争就是一个组织与另一个组织之间的竞争，转

变为认识到是供应链之间的竞争，也就是组织所在的整个供应链网络的表现极大地影响了商品与服务的质量、定价和可得性，以及各级客户和终端消费者的增值。

其次，有效的供应市场与供应商关系管理的重要目标，就是采购方所处的供应链网络获得相对于其竞争对手的优势，希望比竞争对手更有效率、更有效力地提升客户价值并满足他们的需求。

最后，供应市场中的各种竞争实力会影响供应的竞争力。供应商想要获得相对于其竞争对手的竞争优势，同时采购方也利用这一特点以追求最有利的交易和对合同执行的完美承诺，以及在与供应商合作期间不断改进绩效。

我们在研究供应商的供应动力和供应敏感度之前，就需要对组织自身所处的内外部宏观和微观环境进行正确的扫描、分析和判断。本节推荐几种环境分析工具，我们可以把它们组合在一起使用以期望得到正确的供应商敏感度评价结果。

2.4.1 既要管理"关系"也要管理"环境"

有这样一类案例，如，我们在实际的采购咨询工作中发现，某规模以上企业，在某大宗物资方面达到了几亿元的年度采购金额，企业就自认为应当顺理成章地与供应商建立起针对这类物资的战略合作关系，可是令采购企业困惑的是供应市场当中的主力供应商并不感兴趣，事实上甚至连战术型的交易关系都谈不上，因为该类物资属于全球化大宗物资，仅国内的内外贸交易额就高达上千亿元。这就造成了供应与采购双方的认识没有能够聚焦在同一个区域。归根结底是采购方没有能够对该类物资进行科学的宏观市场分析，同时又对自身所处的微观环境认知不足造成的。

1. 供应与采购既是一对市场中的矛盾体，又是供应链的链态的基本要素，它们共同受到三级环境因素的影响

（1）无论从供应商还是采购方的角度，它们都分别处于各自的组织环境内，而每个不同的组织由于所在的产业行业不同，企业的愿景、使命和目标不同，战略、规则、流程以及系统和技术不同，都会形成组织特定的风格或文化。

（2）每个组织对外部市场的运营构成了其自身的微观环境，这一层级的环境要素包括由运营直接影响的客户、供应商和竞争者。

（3）任何组织及其所处的微观环境又都包含在更广泛的宏观环境之中，它包括产业行业结构以及全球和国家的经济、法律、政治、文化、科学技术和自然环境资源。

供应与采购这对处于供应链中的矛盾体受到以上三级环境因素的影响非常大，从组织内部的市场分析、寻源和采购流程，到供应商关系的管理，再到全球化市场的影响和国家法律法规的约束。同时，供应与采购活动互相作用的合力也会影响或控制环境：

（1）通过管理物资在组织中的进向流入（inbound）过程和出向交付（outbound）过程以及内部的流动过程，以及制定相应的采购与其他运营规则和流程，进而能够影响到一个组织的内部环境。

（2）组织通过采购职能制定和实施一系列的包括供应市场分析、寻源、供应商引入、关系管理的流程，可以影响和控制微观环境下的供应市场中供应商的行为，目的是提高组织的竞争优势。

2. 对宏观环境的管理

（1）宏观环境一般不在组织的控制能力范围内，通常情况下，就组织的每个个体而言，其内部环境和微观环境也不会在短期内影响到宏观环境。但是值得注意的是，所有的产业行业供应链活动整合在一起所产生的作用力会对国家乃至全球的宏观环境产生影响。例如产业行业的变化对国家政策和法律法规的影响，经济的繁荣与金融危机的驱动力、全球化产业链布局的变化对自然资源和环境的影响等。

（2）虽然不能直接控制宏观环境，但是采购方还是可以投入资源对宏观环境进行分析，以预测、识别和管理所遇到的威胁和机遇，力争在这方面比竞争对手做得更加有效率和效力。

（3）在对宏观环境分析和管理的前提下，采购方借助对供应市场的分析活动，建立与市场中各要素的联系，扩展组织之间与环境之间的边界，做到对供采双方而言在微观环境和宏观环境方面的一致性认同。同样，作为供应商的市场营销职能也借助与外部市场客户（采购方组织）的联系，发挥类似的互动作用。

3．外部环境对组织及其供应链网络的影响

无论宏观还是微观环境，都属于一个组织运营的重要外部环境。之所以强调其重要性，首先是因为任何组织都需要依靠外部环境的正确资源输入，并将输出投放到外部的下游市场中。外部环境也是组织获取反馈信息来监测和调整绩效的重要途径。其次，是因为组织在获取输入、创造输出的过程中对环境也产生了影响。同时外部环境对组织及其供应链网络也施加着重要影响：

（1）外部环境是组织所需要的资源的供应源，它包括人力、材料、产品和服务、资金、信息等；外部环境也决定了为了确保供应采取的恰当战略决策，还决定了采购运营层面的五个"合适"（合适的供应商、合适的价格、合适的数量、合适的质量、合适的交货地点）。

（2）外部环境也包含了一个组织在市场活动当中的利益相关方。利益相关方的构成包括供应商和它所处的供应链网络、法律法规、监管机构、行业协会等。

（3）外部环境还会通过组织自身的优劣势反映到威胁或机遇当中去，它会影响组织在市场中的竞争力。同时，外部环境的威胁与机遇是形成供应链战略与规划的关键因素。

4．采购职能进行供应市场分析

在 1.2 节中我们讨论过建立供应市场分析职能的重要意义。因为采购职能为了实现供应链管理的战略目标，就有必要理解供应市场中存在的威胁、机遇和利益相关方。为了方便开展实际工作，我们把较为笼统的供应市场分析成如下四个方面，这样可以帮助企业建立自己的供应市场分析职能团队，分解任务和工作：

（1）环境分析。包括自身的优劣势和外部的威胁与机遇（SWOT 分析），关于这方面我们在下一个小节中详细论述。

（2）行业研究。对于采购职能而言，重点放在对所采购物资的上游的供应市场的结构、主要参与者、行业竞争的性质等方面。还需要深入研究市场价格、供应波动性和趋势。不仅仅是研究国内的行业市场，必要时还要聚焦全球市场。

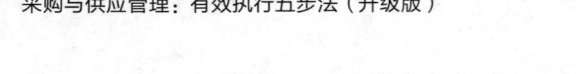

（3）竞争分析。采购方可以站在客户的角度，对上游供应商及其所处行业的竞争者、新进入者、替代品，乃至对供应商的供应商进行观察和分析。

（4）供应与需求和生产能力预测。采购职能通过对自身企业内部的产能和下游市场和客户需求信息的分析，预测未来的采购需求。

采购职能进行供应市场分析更重要的目的还在于，利用持续性的市场扫描与研究向组织提供信息，一旦供应环境发生变化甚至出现威胁，就能够提早准备资源和应对计划。在一个组织中，没有其他职能部门或者人员会比采购职能更熟悉和了解供应市场（组织的市场营销人员只对下游的市场客户进行研究和掌握），因此，采购职能还承担着尽早获悉供应市场上的创新的工作，以便让组织快速抓住机遇，保持竞争优势地位。

（1）围绕供应链决策的基础信息和数据都在供应市场分析与研究的范围内。

1）在自制还是购买决策、供应源搜寻范围、供应商基础优化、伙伴关系建立等战略决策方面提供支持。

2）有关供应商评估体系建设、供应商引入政策和方法、目标价格的确定、风险管理等方面提供策略性支持。

3）在商务谈判与招投标、合同管理、供应商关系与绩效管理等方面提供作业层面的支持。

（2）采购职能除了对供应市场分析之外，还能够对外部环境的动态变化采取有效的应对措施，帮助组织完成战略目标。

1）当供应市场出现新的机遇和威胁时，例如新的供应者的数量增加、供应物资的价格波动、竞争对手是否开发了更有优势的供应源，这些重要信息汇总后提交到组织管理层形成统一的对策。

2）采购职能还需要保持对全球新技术的敏感"嗅觉"，特别是互联网思维浪潮席卷世界的新形势下导致的供应市场的全球化，更显得十分重要。

3）要保持与组织的法务部门互动的实时性，及时对各国商业法律法规的修改增补、与采购相关的司法实践的变化等方面保持信息同步。

4）在全球化市场和对绿色环保要求越来越高的形势下，采购职能要主动履行公平交易、带动上游行业的发展、维护供应源搜寻的可持续性以及践行企业的社会责任。

2.4.2 利用 STEEPLE 更全面地分析外部环境

针对外部宏观环境分析，早期一直沿用 PEST（politics 政治、economic 经济、social 社会、technology 技术）工具，随后又拓展为 PESTLE，增加了 L（legal 法律）和 E（environment 环境）。

> **Tips 为什么称为 STEEPLE**
>
> 根据采购职能与企业宏观环境和供应市场要素的特点，我们推荐使用 STEEPLE 模型，它也是用首位字母组成的缩略词，包括社会文化、技术、经济、环境（或生态）、政治、法律和道德因素。又由于其缩写所构成的英文单词的含义是"塔尖"，所以很多资料列表中会用一个三角形的图案来表示。

1. 社会文化因素（social）

社会文化环境因素包含了组织在其中运营并从中获得供应商、客户、员工的社会、产品市场和供应市场的一个方面。

这些涉及社会和文化的因素包括：

（1）人口统计特征，如年龄、性别、地理分布、人口密度和流动性、教育和就业趋势等。

（2）文化行为、价值观和习俗；工作态度、工作与生活的平衡和消费支出。

（3）生活方式和时尚潮流、消费者购买偏好等。

这些因素反映了一个组织对目标市场的需要和期望，有助于组织预测产品和服务需求，并发现可以用来搭建具有竞争优势的市场细分。同时，这些因素也反映了不同利益相关者组群的影响力，例如，它也决定了与来自不同文化的供应商的关系形式，还决定了供应链中公平和道德交易的模式，也能够影响组织的用工标准以及人才的可获得性。

社会文化的相关信息来源包括：官方出版的社会学人口调查报告、媒体和专业的咨询公司的趋势分析、某个特定市场的研究报告、公共的或者企业主导的消费者反馈和喜好信息等。

2. 技术因素（technology）

技术环境包括组织所处的本土的或国际的供应市场的技术复杂程度，以

及与组织有关的相关领域的发展情况。由于工业化、信息化革命带来高效的创新和高速的发展，技术因素的影响变得十分重要。

（1）关注信息收集、处理和传输的速度与能力。这方面主要考虑自动化的采购交易和供采双方的数据共享能力。

（2）对于那些需要进行全球化运作的供应链网络，首先要考虑互联网和电信系统支持全球商业互动的全天候可靠性。

（3）对于目前依靠信息技术发展起来的互联网和电子商务方面的很多新兴业务，传统的供应链必须适应这些新的发展。

（4）由于需求市场的变化，很多产品的生命周期大幅度缩短，整个社会要求供应链能够提供更加灵活和快捷的服务支持。这又反过来迫使企业进行不断的创新，特别是技术领域，更是创新的原动力。

（5）突飞猛进的信息化技术使得全球化迅速扩张，这也给小规模的组织提供了打开全球市场的机会。在世界各个不同地区之间进行差异化的、定制化的小批量的产品或服务的供应与采购成为可能。同时这也激化了竞争，扩大了选择范围，提高了供应链的多样化水平。

（6）凭借信息化技术还可以建立虚拟化组织，共享信息和数据并展开合作。不管一个企业的地理位置如何，都可以不间断地进行供应源搜寻、与供应链网络中的各个方面互动。

此外，信息与通信技术在互联网、计算机辅助设计与制造、各类供应链软硬件等方面的应用，也强有力地支持了供应链中采购与供应的战略和运营管理。

获得技术环境信息的途径包括相关市场中代表性企业的技术调研、专业期刊、专业媒体的研究与分析报告、各类专项技术的展览会与研讨会、各专业技术领域的咨询与支持。

3. 经济因素（economic）

经济环境包括经济系统中的一系列活动的水平与增长，包括受到经济周期的影响，宏观经济的繁荣、衰退、复苏与增长，这些活动还与更微观的经济因素有关，例如政府的财政政策、货币政策、外汇汇率、利率、资金状况、通胀和社会总体价格指数、消费需求等。还要考虑社会的总体劳动力成本的变化与趋势、国际贸易特点等。对未来的经济趋势做出大胆且合理的判断和预测，对于供应与采购的商业战略规划是至关重要的。

一个组织是在上下游市场中运营的，对于采购职能而言，上游供应市场的行业分析研究应当包括：

（1）该特定行业的基本经济特征。如产业特性、行业所处的供应链位置、供需特点、发展方向等。

（2）行业集中程度与竞争水平。之前我们提到过的行业中排名靠前的龙头企业市占率的指标和相关数据可以较为精确地反映这一情况。

（3）该行业的市场营销与需求之间有何显著的关系或特征。

（4）由于宏观和微观经济的变化，在供应商开发与投资、需求预测管理、供应商财务稳定性和其他显著风险等方面有何应对措施。

经济信息的来源包括：政府在经济方面的工作报告和统计数字、专业媒体的分析与研究、行业报告、专业咨询公司的研究报告。

4．环境或生态因素（environment）

对于自然环境的影响包括：立法、国际共同承诺的义务、政府在保护环境和可持续发展方面的目标；消费者和环保组织对生态友好型产品与商业过程的诉求；污染和废弃物的管理、处置、再循环利用问题；对待不可再生资源的态度；保护生态多样性免受工业和城市化发展的影响；降低碳排放；各种自然灾害和气候类型对供应的影响。

以上这些因素综合在一起，都会对供应链产生影响，例如，为了保证不破坏环境，在材料规格和供应商选择方面、在物流规划与交通工具耗能和排放方面、回收与再利用项目等方面，就要充分考虑商业活动与环境的良性互动问题。不同的行业考虑绿色环保的着眼点是不同的，例如，汽车制造商要重点考虑钢铁材料供应链的冶炼加工过程中的环保问题、复合材料的替代性问题、发动机燃油消耗水平问题、排放指标问题；而一家食品加工企业，更多地关注上游农业种植的可持续性、天气气候对农业的影响、符合商业道德的公平交易以及农残药残所带来的食品安全问题。

5．政治因素（politics）

政治环境因素包括：政府或各种政治经济体（欧盟、东盟等）的经济与

社会目标；政府组织在社会各项活动中所扮演的角色；政府对行业的支持情况；民众对政府政策的影响；政治体制的稳定性与风险。

6. 法律因素（legal）

法律环境因素包括：法律与司法体系建设情况；法律的运用特别是与采购供应密切相关的对商业行为有约束力的法律法规和条款。例如，经济合同中对各方权利的约定；雇主与雇员的关系与义务；职业健康与安全保障问题；消费者保护；环境与信息保护等方面。

当今越来越多的组织高度重视并积极履行企业社会责任，一个组织在战略和运营当中遵守相关法律法规，是企业社会责任的展现，也是组织彰显品牌和信誉的绝佳机会。遵纪守法还可以有效避免不合规导致的惩罚和制裁。

通常情况下，法律法规和变更信息都是公开的。采购职能可以根据自身所在供应市场领域的特点关注最新的发展和动态。相关的行业协会也会定期发布这方面的信息，同时接受咨询。

7. 道德因素（ethics）

道德因素要求一个组织在商业环境中具有正确的行为方式。企业社会责任中的一些问题也体现在环境因素之中。除此之外，还包括与供应商的公平贸易和道德交易，对员工在性别、种族等方面的平等待遇，支持当地社区的投资和就业，扶植上游供应商所在行业的发展。

各个国家或地区的采购行业协会组织也都会发布一系列相关的职业道德准则，为这些行业领域提供指导原则。越来越多的企业把道德准则和职业准则列入了自身的企业社会责任中。媒体上关于各种道德标准和道德事件的讨论，也为我们提供了很好的学习和研究机会。在国际上包括国际劳工组织（ILO）、道德贸易联盟（ETI）等也在积极推动公平和道德贸易。

2.4.3 用好 SWOT 分析工具

与 STEEPLE 的外部环境分析不同，SWOT 具有典型的内外部相结合的分析特点，它从四大方面入手，即组织自身优势（strength）、自身劣势（weakness）、面临的机遇（opportunity）和所遭遇的威胁（threat），它也是一项战略规划技术,用以评估一个组织或职能的资源,对组织所处环境中的因素进行分析,从而将组织的战略和自身内部特征与外部环境有机地结合起来,找到突破口,力争扬长避短。

优势和劣势是一个组织的供应链竞争力、变革能力和生存发展特性的内部因素。优劣势评估建议包含以下几个方面:

(1) 物质和资金来源:设备与器材、原材料的可利用性、自有资产、收入潜力、利润率等。

(2) 产品和服务组合:体现其品牌定位和市场价值的竞争优势、具有可持续性的超越竞争对手的优势来源。

(3) 人力资源:管理和领导力专长、员工技能、用工制度的优越性等。

(4) 规则与流程:自身体系、规则和流程的建设情况,包括质量控制、库存管理、沟通渠道和信息处理等方面的效率和效果。

(5) 组织结构与团队:组织结构规划与团队建设所体现的适应性、高效、合作与沟通的有效性、团队协作精神、承诺与信任。

(6) 其他特殊的能力与资源:供应链上比其他竞争对手更能体现优势或者独特性的方面。

与 STEEPLE 相似的是机遇与威胁方面,它是外部环境中出现的对供应链产生影响的因素。分析它们给组织的竞争能力、盈利可能、信誉或其他价值来源带来的是提升发展的机会,还是削弱的威胁。结合采购职能,我们要重点思考供应市场上的机遇有哪些以及可能遇到的威胁有哪些。

通常为了方便展示和交流,可以把 SWOT 四个方面摘要性地汇总在一个四格图表中,表 2-5 是展开分析的内容建议。

表 2-5 SWOT 分析表

	积极因素	消极因素
内部	**优势** ☆ 产品优势、成本优势 ☆ 创新能力、特殊能力 ☆ 经验曲线优势、规模经济 ☆ 财务资源、竞争性 ☆ 团队与员工经验、市场领导地位 ☆ 品牌定位、战略导向	**劣势** ☆ 设备老化、战略方向不清晰 ☆ 竞争地位丧失、产品组合范围小 ☆ 研发滞后、关键能力和技术缺乏 ☆ 管理水平低、战略实施的历史背景不良 ☆ 利润低下且无清晰分析、缺乏资金 ☆ 综合成本高

(续)

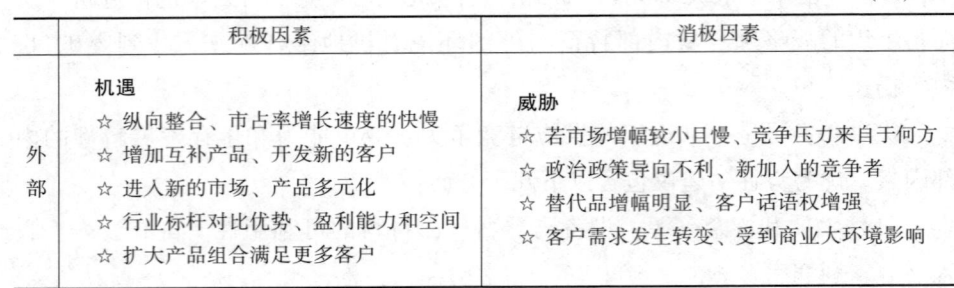

	积极因素	消极因素
外部	**机遇** ☆ 纵向整合、市占率增长速度的快慢 ☆ 增加互补产品、开发新的客户 ☆ 进入新的市场、产品多元化 ☆ 行业标杆对比优势、盈利能力和空间 ☆ 扩大产品组合满足更多客户	**威胁** ☆ 若市场增幅较小且慢、竞争压力来自于何方 ☆ 政治政策导向不利、新加入的竞争者 ☆ 替代品增幅明显、客户话语权增强 ☆ 客户需求发生转变、受到商业大环境影响

SWOT 可以用来识别需要采取战略应对措施的领域，以便组织或供应链能够维持或提高其在相关环境中的地位。

> **Tips**
>
> ### SWOT 分析的延伸——SO 和 WT 战略
>
> 在实战中还可以运用优势与机遇、劣势与威胁两两结合的方式，也就是通过所谓的 SO 和 WT 战略进行竞争优势分析。
>
> 为了有计划地建立和巩固优势并且使劣势最小化，以便能够利用、发现或创造机遇，并有效应对出现的威胁，我们可以形成 SO 战略（优势结合机遇的战略）找出"关键的可利用点"，从而运用自身的优势，最大化自己的机遇。
>
> 为了有计划地将威胁转化为机会，通过分析自身的劣势建立应对策略，以图谋比竞争者更为有效地应对威胁，并有准备地从中吸取经验，我们还可以形成 WT 战略（削弱或摒弃劣势、有效应对威胁的战略）找出"关键挑战领域"，并且希望具体形成削弱劣势的方案，力图将风险最小化。

2.5 案例与思考

豪华卫浴设备公司关于市场扩张过程中供应商关系的思考

1. 背景

豪华卫浴设备公司由现任总裁妮奥始创于 1987 年，公司经营得很成功，为众多企业和家庭客户提供浴室用品和装潢服务。除了提供设计、送货和安装服务外，公司还承担新住宅浴室安装以及豪华酒店和体育中心大型淋浴设施、卫生间的设计、安装和更换业务。

2. 企业声誉

妮奥曾经从事厨房安装工作，并因此赢得了诚实可靠、不惜力气的良好口碑。她经常受到客户的称赞，不仅仅因为她出色的手艺和工作质量，还因为她为人友善和对客户的坦诚。这个传统在豪华卫浴设备公司得以延续，是公司的职业道德准则，并被纳入企业社会责任的范畴。从公司外部看，这包括公司的供应商基础，通过广告语和销售促销口号作为典范例子——"己之所欲，人之所求"，体现了公司看待供应商关系价值的理念。

3. 关于供应商关系价值的声明

公司确信绝不在任何情况下妥协公司原则，包括：①绝不以企业声誉为代价获取短期利益或贪图自己方便。②把伙伴供应商视为公司的组成部分；以风险和支出为基础，公平合理地对待其他供应商。③确保公司的价值观为所有的供应商知晓，无论大小；保证沟通基于完善的合同管理。④视供应商基础为资源，只管理数量合理化基础上的优秀供应商，但通过这些供应商可以联系出现需求时能满足需求的更大范围的供应商。⑤认可客户和其他利益相关者的重要性，所有相关者都能得到恰当的考虑。

4. 未来市场扩张机遇

销售经理西蒙准备劝说妮奥采取一个大胆的成长计划："还有很多市场向我们敞开，这些市场对我们的竞争对手同样开放，如当地政府组织。我们公司完全有机会参与欧盟各国政府组织的大型招投标项目，这些项目每天都会出现在媒体中，我们所需要做的就是保证低成本国家的供应源，外加我们的技术水平，我们完全能够以最低的价格参与每次竞标。"

5. 市场开发的不确定因素

妮奥对未来市场的扩张机会不太肯定："我们是个中型企业，大家彼此都相互了解。"她说，"所以公司是盈利的，员工和供应商也理所当然地分享收获。在看到成长优势的同时，我也能看到一些主要弊端。我们的声誉是竞争优势的一部分。扩张，尤其是在不熟悉的领域，可能威胁到公司准则，公司的优势能力将受到局限。另外，我们与内部和外部利益相关者的关系也会发生变化，随着员工数量的增加、专业化进程的扩展分流，公司架构将变得更加分散，这会带来严峻的管理方面的挑战。"

6. 启发与思考

（1）该公司关于供应商关系价值的五个声明对于供应链网络的增值，进而把核心企业的优良品牌和积极的价值观向上游供应市场延伸，带动上游行业的发展起到了积极的推动作用。在我们组织的供应链管理中有哪些借鉴？若按照这五个声明实施供应商关系管理，在目前市场环境中还存在哪些障碍？

（2）在公司计划考虑新营销市场机会的同时，应该考虑通过一级供应商进一步扩大二级供应源的选择范围。为了在竞标中获取竞争优势，如何在保证质量与客户服务水平不变的前提下，获取更低成本的供应源？

第 3 章
盈利之基：
采购财务预算

预算不仅仅是计划，它还能巧妙地处理所有变量，从而帮助组织在未来达到某一有利地位

3.1 快速上手制订一份采购前期计划

从宏观供应链管理的角度看待采购全过程,在形成 P2P(purchase to payment,采购订单到支付货款)采购作业过程之前,均属于采购计划阶段。它包括在第 1 章中论述的关于供应源搜寻与供应商引入部分,还包括更前置的采购战略企划部分。

3.1.1 永恒的第一主题——自制还是外购决策

组织通过设计各项活动,以实现自身的目的和核心目标。随着时间的推移,这些都在不断地变化和发展,因为组织也在不断地成长,过程中又设定了新的方向和目标,并积极寻求差异化的竞争优势以巩固自己的核心竞争力。在这个发展过程中,组织所面临的挑战是无处不在的,首先包括:在不断推动市场化的过程中维持流程的有效性,因此供应链和价值链的分析是至关重要的,组织努力突出那些在实现价值的过程中对组织的客户及其成功意义最为重大的各种活动。

这个过程中很重要的一部分就是不断地检讨组织正在进行的所有活动的正确性。有哪些活动应该放弃?同时有益的活动是否应当更好地融入战略当中?这其中,往往被一些企业所忽略的就是在采购决策中对于组织所需要的物资,组织应该自制还是外购。这也是一个重要的战略议题,即组织如何有效地利用外部资源对组织内部缺乏的资源进行补充。

1. 外包

第 2 章在与供应商的关系形式中介绍了外包关系。本节再次从自制与外购的角度进一步加以分析。

以上一体化的理论分析,显然组织将其认为重要的活动纳入自己的控制体系内具有战略的意义,从原来的外购转变为自制方式或者与外部供应商形成更紧密的战略合作关系，进而可以通过并购或合资形成自制模式，获得竞争优势。但是将一些非关键领域的一般活动分包给外部第三方可能更具有效率。把支持性的服务进行充分外包是最常见的方式。

企业聚焦自身的核心竞争力，也就是"坚守本行"，是外包的决策基础。与其他活动一样，在组织获益很少的非核心活动中保持专业水准也是需要成本的，只需要简单的成本—效益计算，就可以有充分的理由从其他组织购买这些活动。如果通过第三方提供活动或服务比内部自己实现更具有成本—效益优势，那么外包就会成为最佳决策。

自己经营还是外包是需要二维决策来支持的，组织本身有没有能力自制是一个方面；另外一个考虑角度是该项活动是否构成企业核心竞争力的一部分。若答案为"是"，那么就要考虑自己建立自制的系统环境或并购与合资。若回答为"否"，而自身又不具备简单自制的能力，那么决策就会导向充分的外包。

外包也是有风险的，这些风险来自于活动失控、沟通不畅、安全性与保密性失当、与组织的文化契合度较低。外包作为一种与供应商形成的相对长期的关系，也需要考虑对外的长期依赖性问题以及投入成本进行管理管控的得失。

2. 自制还是外购决策

自制还是外购决策适用于所有潜在采购过程，无论是原材料、产品还是服务。这些决策会对组织的战略和业务产生深远影响。这一决策受很多不同因素的影响，并且势必需要参考采购战略；它还需要在某些与竞争力有关的决策上与企业战略保持一致，包括如何认识质量、成本控制、创新和供应链上的交付过程，并且该决策必须与更高层次的战略框架保持一致。

很多传统的大规模组织还一直是对"自制"持有好感。而在现代社会行业划分更细致、社会分工更明确和专业的前提下，"外购"具有以下吸引力：

（1）外购活动可以使组织更加"瘦身"，减少不必要的人员、场所、设施以及成本。

（2）可以有更多的资本投入到围绕增强组织核心竞争力的资源中去。

（3）利用外部供应商的专业知识、技术、资源和规模经济，与组织自己去实现那些非核心活动相比，外购可以用更低的成本增加更多的价值。

（4）可以通过合作的供应与采购关系实现协同效应。

同任何事物都具有两面性一样，外购也有它自身的弱点：

（1）或许会增加与外部供应商的关系管理和合同管理的成本。

（2）存在系统管理失控与较难维持服务标准的风险。

（3）一旦因外部供应商发生服务或商业道德问题，组织的声誉和信用会连带受损。

（4）由于依赖于外部供应商的资源与技术，组织内部缺乏知识与技能的储备。

（5）有失去重要机密信息或知识产权的风险。

（6）企业由原来的自制转向外包的过程中，会存在裁员或取消某些业务所导致的员工关系问题。

组织的采购战略框架是影响自制还是外购决策的主要因素。

（1）用量化的总购置成本的影响进行评估。

（2）决策在保证组织获利能力、风险等级和可预防性以及商业灵活性方面进行论证。

（3）组织自身内部能力和产能利用情况，对这部分能力的补充或产能的扩大有何其他职能方面的考虑，在未来3~5年乃至更长时间的组织战略是如何规划这部分能力或产能的。

（4）若外部缺乏合适的供应商，将会驱动组织选择自制方案。当然首先要论证什么是合适的供应商，这又需要通过权衡成本与质量进行考虑。

（5）是否需要通过自制过程在组织内保留知识的传承和技能的储备，以备将来应用的需要。

（6）从人力资源的角度考虑，决定外购是否会导致裁员和业务缩减；决定自制是否会导致人力成本和培训招聘成本的上升。

从基础运营到董事会，每个层面都会有自制还是外购的决策。

（1）战略决策发生在围绕垂直整合的问题上，这样做或许会导致整个业务单元都需要外购或外包。这些重大活动涉及使命、愿景、价值观、竞争力等根本问题。

（2）战略决策涉及采购设备、人员或其他必备资源。

（3）为了更好地汇总自制还是外购的决策信息，我们利用一张较为完整的表格来集中呈现自制还是外购所涉及的问题，见表3-1。

表3-1　自制还是外购决策可能涉及的问题

我们应该自制哪些目前属于外购的物资	我们应该外购哪些目前属于自制的物资
组织自己有这方面的实力吗？在整个战略规划周期内是否可用？例如3~5年规划	是否涉及保密与机密问题
必要的投入是否经济有效？在整个规划周期内是否一直保持经济性有效性	对于员工的影响是什么？是否需要对缩编和裁员进行管理和成本核算
是否有特殊设备的要求？成本、工作寿命、可用性和交付情况如何	如果需要特殊设备，我们目前的设备处于什么状态？能否租赁给供应商使用
我们是否满意目前的供应商？是否属于最经济有效的	若选择外购，我们自己的原有资产是否已充分得到利用
是否涉及知识产权以及相应的许可证或者某种特许费用	我们是否有自己正在开发的业务在考虑转为外购？这方面是否有机会与供应商合作
是否涉及任何税收费用	所涉及的业务数量是否能够吸引外部供应商
目前的供应商是否正在开发更好的产品或服务	我们是否已经精算过外购所导致的全生命周期成本或总购置成本
目前的供应商是否存在供应绩效问题？成本是否受到影响	当一个业务或流程外包后，其他业务与流程会有什么连带性后果
目前现有供应商的质量体系如何	在战略规划中的远期市场规划是什么
我们是否存在"过质量（over quality）"要求？我们能否以合理的成本得到或超过质量性能标准	我们的规范或工艺要求是否正确、完整或可用
若目前供应商的成本不断增加，我们是否能分析出增加的原因？若我们自制是否也会遇到同样问题	若采用外包，我们是否有机会转变成外部供应商的原料或零部件供应商
是否涉及国际贸易问题？若我们决定自制，这些国际贸易问题是会增加还是减少或者维持不变	潜在供应商是否有能力进行成本削减或其他方式的改进

3.1.2　需求分析：采购周期的真正起点

在制订采购计划之前，确定采购需求的数量和订购点是十分重要的。同时它也是采购研究的一部分。采购研究（purchasing research）就是出于确保当前和未来的需要，提升企业竞争地位的目的而系统地研究所有可能影响到商品或服务获取的相关因素。它包含前两章论述过的供应市场与供应商分析，还包含需求分析。

需求分析要求采用一系列标准化的分析方式以确保对高价值、高用量、高风险的材料给予特别的关注，准确预测其需求。目标是要提前预估出下一阶段可能的使用量。需求分析也是采购生命周期启动的第一阶段。为了达到给采购战略和运营预测提供依据的目的，采购职能要深入研究并回答：某类物品将来会有多高的需求水平和使用量？该物品的需求量与其他采购物品的需求量是否有关联？关联程度如何？这种基于供应链网络管理以及采购战略管理的需求分析，不应仅针对采购职能在组织中的直接内部客户而进行（例如采购职能只对内部的生产职能的需求负责），还应该扩大到整个供应链的范畴，从最终的消费者需求入手进行研究和分析，然后配合市场营销需求规划、生产制造职能的产能排产计划以及其他相关部门的需求计划等。只有确定了这些情况，最后制订出的采购需求计划才能做到有的放矢。采购需求确定的方法有预测、定性定量方法和相关辅助信息化工具 MRP（物料需求计划或资源需求计划）或 DRP（分销需求计划）等。

1. 采购预测

业务经营活动的预测就是在市场与客户调查研究的基础上，根据过去和现在的已知因素，运用已有的商业知识、经验和科学方法，来预计和推测商业业务今后可能的发展趋势，并对这种发展趋势做出定量化的估计和判断，以便调节组织的战略和运营方向，使组织的经营活动更加自觉地按照客观规律向既定目标前进。

采购预测是在供应市场与客户市场需求调查所取得的资料基础上，经过分析研究，并运用科学方法来测算未来一定时期内供应链上下游的供求变化趋势，从而为采购决策和制订采购计划提供依据。在采购活动中，需求预测居于十分重要的地位。在信息收集和市场调查后，把需求预测与供应市场研究分析结合起来，提出相应的建议报告，作为商品采购决策的依据，以寻求有利的采购机会。

在一个组织中，市场营销部门的一个关键职能就是预测客户和消费者的需求方向（想要什么）和需求数量（要多少）。这些信息对于采购职能而言也是很重要的，因为只有这样，采购职能才能通过了解并理解供应链下游的需求特性，与内部利益相关者一起合作，制订出符合组织发展目标需要的采购计划，高效而具有竞争力地保证组织满足客户需要。

为了消除对于市场预测定义的疑惑，需特别说明采购所关注的市场预测的范围：在供应链当中，采购的市场需求预测既包含上游供应市场的预测和分析，也包含来自于下游营销市场各级客户与终端消费者的需求信息。当然前者是采购职能供应源搜寻战略战术的重要组成部分；而后者更多的是要打通了解和获取这类客户市场的信息渠道，力争在第一时间掌握相关信息，这也是针对下游市场内外部利益相关者的关系管理，同时还是理解客户需求的重要基础。

预测在采购活动中的目的和作用。在生产社会化和市场经济条件下，组织的生产与经营活动都离不开各级市场，并受到市场的变化的影响。市场经济中的组织处于任何一个产业行业范围内，无论是制造加工型企业还是流通型企业，都需要从市场购进必需的各种物资物料，企业也需要掌握供应链所处的市场上下游的供应量和需求量的变化，从而进行采购经营活动，实现企业目标。

（1）为了参与产品设计而进行采购的市场预测。产品设计包括新产品开发和改进现有产品。科技的进步使新材料层出不穷；商品经济的不断发展，也使得市场和价格不断发生变化。采购职能通过供应市场分析与营销客户市场需求的信息，为产品设计提出采用新材料资源和降低成本的建议。

（2）为参与市场竞争而进行采购的市场预测。市场竞争既需要了解市场供求关系的变化，也需要了解竞争企业和影响市场环境的外部因素变化。采购职能通过市场预测，掌握市场变化，及时采取相应的采购措施，增强市场竞争力。

（3）为采购决策和制订采购计划而进行市场预测。如前文所述，上下游的供应市场与客户营销市场情况是采购战略决策和制订采购计划的前提和依据，只有对市场的供求变化做到心中有数，才能做出正确的决策，并对各种计划做出适当的安排，使企业的物资供应既能满足需要，又不会造成积压冗余，从而使企业的经营活动正常进行。

常用定量统计预测工具简介。

（1）简单移动平均法。

1）这一方法认为将来一个阶段内的需求会是一个"算术平均值"，是近

期几个阶段需求记录的算数平均数。表 3-2 是假设过去 1~6 月份的某产品的销售量（或需求量）。

表 3-2　统计预测定量分析案例数据表

	1 月	2 月	3 月	4 月	5 月	6 月	7 月
需求量	450	190	600	600	420	380	
权重	4.8%	9.5%	14.3%	19%	23.8%	28.6%	
预测							?

那么我们可以预测 7 月份的销售量（或需求量），应是前 6 个月的简单的移动算术平均值：（450 + 190 + 600 + 600 + 420 + 380）÷6 = 440 个单位。之所以称之为移动平均，是因为每个月我们都向后移动一步。假设我们的计算周期是 6 个月，那么要预测 8 月份的需求，我们就要取 2 月至 7 月的数据进行计算。以此类推。

2) 显然这不是一个十分精确方法，因为它没有考虑到平均数背后的波动性。此案例中，实际的月度需求量是在 190 ~ 600 个单位上下波动的。简单的移动平均对于具有较大幅度的波动性（或季节性）不能有效地体现出来。

(2) 加权平均法。

1) 这种方法承认较早期的（如从 7 月份看 1、2 月份）数据通常不像较近期的（如从 7 月份看 5、6 月份）数据那样可以更加可靠地指引未来的走势，所以在计算平均值的时候对较近期的数据赋予额外的权重数。这样使得结果更加贴近近期的走势，增加了复杂性的同时也提升了精准度，适用于由于各种环境因素导致的数据波动。

2) 加权平均在现实生活中我们也经常使用。假设一文科学校考试语文和数学两门课程；在计算同学的平均成绩时需要用到加权平均数。设定语文成绩的权重为 70%，数学成绩的权重为 30%。某同学语文考试成绩得分 95 分，数学成绩得分 80 分。若按照简单算术平均法，平均分为：（95 + 80）/2 = 87.5 分。而按照加权平均计算得分为：95 × 70% + 80 × 30% = 90.5 分。这样的加权模式对于反映一个文科学生的成绩则更加准确有效。

3) 继续使用之前的案例数据，我们仍然取前 6 个月的数据来预估 7 月份的需求，我们认为较近的月份具有较高的重要性，权重按照简单的分配方法，即 1 月的权重等于：1/（1+2+3+4+5+6）=1/21=4.8%；2 月份的权重等于：2/21=9.5%。以此类推，具体权重数参考表 3-4 中的权重一行。或者按照你认为的符合某种趋势的权重进行分配，只要总权重加起来是 100% 即可。

4）按照权重分配后的计算，7 月份的预测销售量为：450×4.8% + 190×9.5% + 600×14.3% + 600×19% + 420×23.8% + 380×28.6% = 448 个单位。这种方法适用于需求模式呈现某种趋势时。

(3) 指数平滑分析法。

1）它是进行短期预测的较为流行的方法，可以使用历史数据的加权平均作为预测的基础。假设未来需求与最近历史表现相关，并对历史数据由近到远赋予由重到轻的权重。

2）它可以有效地建立在仅对上一个周期的实际值与预测值的数据基础上，利用给定的平滑系数进行计算。假设 7 月份结束之后得到了实际运营的结果是 456 个单位销售量，之前利用加权平均的办法得出的预测值是 448 个单位，则对于 8 月份的新预测值可以采用如下计算方法：

8 月份预测值 = α × 最近的实际值 + (1 - α) × 最近预测值。α 就是平滑系数，α 值在 0~1，经验表明通常对于库存方面的统计预测，α 选取 0.1~0.3，对于零售行业选择 0.15~0.2。总之这个值越大，表明对近期历史数据赋予的权重越大。

设定选取 α = 0.2，8 月份的预测值为：0.2×456 + (1-0.2)×448 = 450 个单位。

(4) 各种定量的预测模式都是利用数学原理希望前瞻性地得出更加贴近业务现实的数据并寻求规律性。在实际工作中很多企业已经采用了不同类型的企业管理软件进行各项业务预测，无论采取什么样的预测模式，其背后的原理是相通的。还有很多更加复杂的计算方法，如考虑趋势的加权平均、多元多次的指数平滑、回归分析等，在此不做赘述。

定量结合定性预测。定量统计方法很难把所有能够招致需求波动的环境因素全部考虑进去，基于专业采购职能、供应商、顾问或其他利益相关者的知识、经验和判断，还存在一些主观定性的分析方法结合定量法同时使用。

(1) 市场研究和消费者研究。市场和消费者研究可以确定潜在的兴趣和

需求，特别是对于新产品，从而帮助确定销售趋势和顾客的购买偏好以及背后的原因。这通常是市场部门的重要职责。之前我们提到过关于此类分析信息，采购职能需要在内外部通过与利益相关者的关系及时有效地获取信息。

（2）专家意见。专家意见就是要收集公认的在相关业务范围、市场以及各项领域内具有独到知识和经验的专家的判断和看法。

（3）德尔菲方法论（Delphi method）㊀。德尔菲是以雅典古神庙的名字命名的，德尔菲方法论又称专家意见法或专家函询调查法。这一方法使专家提出意见和建议的过程更加客观，经过几轮征询，使专家小组的预测意见趋于集中，最后得出符合市场未来发展趋势的预测结论。这种方法要求采用独立问卷的背对背形式，避免过早地在被咨询的人群之间被彼此的看法影响而导致偏见、扭曲或从众观点的问题。最终经过几次反复征询和反馈，专家组成员的意见逐步趋于集中，获得具有很高准确率的集体判断结果。

2. 需求分析

（1）理解客户需求。

1）客户群（customer group）。

① 每一个组织通常都有一个直接客户群和多个间接客户群。无论是直接客户还是间接客户，都属于重要的利益相关者。对于一个组织，平衡不同客户的需求是非常困难的，而且会造成组织内部的紧张与冲突，因为除了外部客户之外，也需要识别出内部客户的需求。同外部供应链相似，组织内部也存在内部供应链，各职能部门向他们的内部对应部门提供服务。

② 采购职能在客户群的分类与服务问题方面要注意，客户与供应商在考虑问题的出发点上存在差异。供应商通常聚焦在商品或服务交付的效率和结果上；而客户则更关注被交付的商品即服务的效果和质量。效率问题的不同观点涉及如何看待成本的价值观，若不能让利益相关方都客观地站在总购置

㊀ 德尔菲方法论是决策学中的一种方法。在20世纪40年代由O.赫尔姆和N.达尔克首创，经过T.J.戈尔登和兰德公司进一步发展而成。德尔菲这一名称起源于古希腊有关太阳神阿波罗的神话。传说中阿波罗具有预见未来的能力。因此，这种预测方法被命名为德尔菲方法论。1946年，兰德公司首次用这种方法进行预测，后来该方法被迅速广泛采用。

成本或全生命周期成本的制高点上进行成本分析和管控，就很容易引发利益上的冲突。

③ 采购职能部门面对的潜在内部客户有可能是所有组织内的职能部门和成员。例如：负责直接采购物料管理的内部客户可能是生产制造职能、市场营销职能等；负责间接采购物料管理的内部客户可能是售后服务职能、行政部门、所有使用办公用品的员工、IT职能、服务采购的内部客户等。针对不同的客户，也可以按照类别管理模式进行分组管理。

2）客户反馈。"客户反馈是一份大礼"。即使大多数情况下反馈本身有可能是提出问题甚至是尖锐的批评，但是它的重大意义在于认真倾听"客户的声音（VOC，voice of customer）"，能够给组织的运营提供一个有价值的视角。很难想象，一个企业只生产产品或提供服务，但是却不知道客户的真实需求是什么，这样带来的运营风险会很高。

对于一个组织，积极地搜集客户对组织以及产品或服务的反馈信息是非常重要的，作为客户关系管理的一项内容，一家公司需要建立起系统有效的方法，积极进行客户反馈之后的信息搜集、整理、分析和整改工作。

作为客户关系管理的一个关键有效组成部分，需要建立相关的客户反馈的体系，它可以包括：

① 主动的市场研究调查。可以自行设计或者委托专业调查机构对有效客户群体进行关于组织以及产品和服务的感性和理性认识。这种调查反馈是广泛的，包括所有潜在客户在内。

② 售后客户反馈及投诉意见收集与调查。组织可以自行安排或者委托专业机构用问卷、信函、电子邮件、电话或其他电子通信手段从客户处获取反馈。这种反馈调查方式针对性较强，只局限于购买了产品或服务的客户，因此这一类反馈内容更能反映实际的情况。

③ 客户关系管理数据库。近年来随着电子信息技术的发展，很多企业都引入了客户关系管理系统，前面谈到的VOC也是一类集成在客户关系管理中的功能模块。伴随电子数据采集与交互的普及（EDI电子数据交换、EPOS电子销售时点），消费者甚至潜在客户的需求信息都可以很便捷地进行收集、分析。特别是电商借助互联网技术的飞速进步，快速消费品行业、零售百货业都在积极有效地应用这些信息所具有的优势。

④ 其他的客户反馈形式还包括重点客户群体访谈（focus group）、市场测试（trial and market testing）等。

3）采购与组织的外部客户。采购部门除了把注意力集中在外部的供应商和内部客户的需求之外，还应当通过有效的市场整合营销活动，关注组织的外部客户。采购部门在以下几个方面会对组织的客户产生直接影响：

① 采购职能购买产品进行再销售。例如零售业，这些产品不需要再加工就可以直接提供给消费者。

② 采购职能搜寻产品与配套服务，以便向客户提供增值服务。这就要考虑配套产品和服务于主要产品的兼容性与贴合性。客户购买核心产品时，附属一系列额外的辅助产品和服务。常见的有信用卡和某类的会员卡等。

③ 采购职能从专业的服务供应商处采购产品的保险或技术服务。例如机电产品的保修与售后服务。

此外，采购职能还会间接地影响客户。例如：采购职能通过供应商质量控制以保证外部客户的满意；在包装、物流、IT 等方面与其他部门合作，对客户产生影响；采购部门努力减少成本和风险，使组织可以给客户提供更低价格和更好质量的产品；采购职能还会主动或应邀加入供应商的创新和新产品的开发活动中，使组织可以不断增加产品种类，保持竞争优势。

（2）需求模式的类别管理。采购职能对组织所需要的产品和服务的理解，是从组织投入资源的背景、运营需求的方向、各级市场的信息，以及组织内外部的活动所产生的影响中建立起来的。

需求因素绝不仅仅是简单的数量方面的要求，它还包括一个需求品项在组织中的用途和市场定位。这会影响该品项的供应源搜寻、供应商的引入与管理和降低成本方面的安排，对于采购职能的运营与管理具有重要意义。

（3）采购职能协调业务需求。一个组织在做战略规划的过程中，必须检视和了解自己的业务需求。这些业务需求战略在向下转化为具体运营计划时，要求组织明确产品或服务、规格规范、质量、所需要的前置时间、交货要求、目标价格等。业务需求来自于组织内部的各个职能部门或功能，这些需求应与组织的整体战略方向保持一致。为了保持这种高度的一致性，不让各个职能由于自身的特性而违背组织战略目标和发展方向，使用一套商业组织需求统筹的管理工具是很有必要的。下面讲到的 RAQSCI 工具可以把业务需求统筹转化为流程化的分解和分析过程，保证采购职能可以主动出击，有效协调业务需求，这也是在组织内部提升采购地位和作用的有效手段。

1）监管需求（regulatory requirements）：要求关注法律法规制定和实施方面的问题；要达到监管需求的目的，就要建立一套业务规则，保证组织及其供应链遵守相关的法律和法规。

2）供应保障需求（assurance of supply requirements）：在组织需要的时候，保证产品和服务的可用性、有效性和可达性。要想达到这个目的，就需要在供应商评估过程、风险、产能、交付和企业社会责任等方面进行一系列的规则和制度的建设。

3）质量需求（quality requirements）：采购职能应协调各方面在质量方面的需要，力求产品或服务以一致性和适用性为目的保证质量与成本的统一。需要在研发设计、符合规范、可靠性、质量管理体系等方面，在供应链上下游协调质量问题。

4）服务需求（service requirements）：要求采购职能通过改进产品和服务的提供方式，完善自身的服务体系建设，增强服务意识。要求保持和改善的重点领域包括：库存管理、前置期和响应时间的灵活性、作业流程改善、内外部客户管理、信息沟通与交流、专业技术培训等方面。

5）成本需求（cost requirements）：采购职能要利用自身的专业特点，开发一套成本价格管理体系，例如，针对供应商供应物料在生产过程中的成本加成，并进行分析和利用；全生命周期成本和目标；合同条款和商务条件的谈判优势建立；对供应商付款的支付账期管理等。

6）创新需求（innovation requirements）：关注并参与组织的持续改进（continue improvement）和快速突破（breakthrough）的项目管理能够带来的成本优化；参与增加客户附加价值、创造竞争优势的创新活动；利用采购职能供应市场分析的优势，对供应商的新兴技术、新开辟的市场动向进行分析和汇总；积极采取供应商早期参与或采购方早期参与的模式，有条件地导入价值工程和供应商质量一体化工程，充分体现与供应商的共享和协作。

了解 RAQSCI 方法提供的六个主题和其覆盖的工作范围，便于我们对业务的需求进行定义和分类，逐条审视在采购职能内或组织内是否已经建立了完整的规则、信息收集、分析和报告系统，暂时空缺的需要及时填补，有缺

陷的需要整改和完善。

总之明确和分析业务需求，并使采购职能在协调业务需要方面发挥不可替代的作用，是整个类别管理在战略供应与采购过程中的核心内容之一。这方面的内容若能有序安排、有效执行，将能积极地影响到整个采购战略的企划与落地，并影响采购运营循环周期内的各个步骤。

（4）独立需求与相关需求。在采购运营层面需要决定采购需求量大小和需求特征时，有一系列相关的因素需要考虑：

1）最终产品所需要的材料和部件的需求量：这些被称为"相关需求"，因为这些输入的需求量直接取决于产出的产成品的计划数量。例如，轿车的总装车间在一个生产周期内计划生产1000辆轿车，那么为了配合总装的生产，采购职能就要计划买入5000条轮胎（按照1部轿车配备4条轮胎加1条备胎计算），所以在相关需求品的需求计划中，关键数据就是最终产品的计划销售量（或生产量）。

2）外购产成品的需求：如办公设备、计算机软硬件或者维护服务。这些被称为"独立需求"。因为这些物料的需求量与生产量没有直接的联系。这些采购计划就必须基于过往的信息以及平均使用量和补货频率而制订。例如：办公室平均每个月使用60包打印纸，那么采购职能按照每个月计划采购大致相当于这个数量的打印纸即可。

3）所需的服务水平：需要对物料分类后进行详细的统计与计算。例如：某个物料十分关键，必须保证随时有充足的供应量，即不允许在任何情况下发生缺货，还是在90%~95%的情况下保证供应即可。

4）供应市场状况：它会影响到供应的价格和安全性，从而决定了是否有必要保有一定量的库存以保证供应的连续性，或者趁着"低价促销"投机性地多买进一些，还是随用随采。

5）供应方面的因素：是否需要与供应商确定最低订货量和订购额，或者利用批量折扣进行优惠采购。

（5）物料需求计划与制造资源计划。

1）实践证明传统的订货方法会存在盲目性、高库存与低服务水平并存的情况，而且由于需求与供应周期的不确定性（需求与供应的波动是必然的）等方面的问题，使得开发出一套系统化、信息化的综合解决方案的呼声高涨。

物料需求计划就是 20 世纪 60 年代应运而生，根据企业的需要发展起来的一种计算物料需求数量和需求时间的系统。

2）物料需求计划。它是基于计算机的信息系统，通过该系统可以将产品生产进度安排向供应链的上游（采购、各级供应商）转化为对各相关物料的需求，利用生产提前期以及其他相关信息，可以计算并决定这些所需的相关物料的数量与时间安排。以此为依据，可以自动化地将最终产品的需求转化为不同计划周期内对向下各层级物料的需求（例如 1 部轿车需要 5 条轮胎、4 套刹车管路、1 台发动机、2 个前大灯等），使得基本的生产运营过程以及相关的辅助性服务性过程都能按确定的时间、数量进行统一的安排、协调，从而及时完成最终产品，满足市场营销需要，并使库存保持在合理的水平上。

3）制造资源计划。它是在原有的 MRP 的基础上将物料的需求上升到资源需求层面，它覆盖了企业生产活动的所有领域，可以帮助制造企业分析和获取资源、统筹管理资源、合理分配和利用资源。它是有效利用资源的生产管理思想和方法的人—机应用系统。从整体最优的角度出发，运用科学的方法，对企业的各种制造资源和企业生产经营各环节实行合理有效的计划、组织、控制和协调，达到既能连续均衡生产，又能最大限度地降低各种物品的库存量，进而提高企业经济效益的管理方法。

此外围绕企业资源管理系统，还有分销需求计划、融合了 JIT 模式的 MRPⅢ、精益生产、敏捷制造等管理思想和计算机化系统。很多企业引进采纳并吸收了这些系统，有机地整合在企业（特别是生产制造企业）中，在降低库存投资、降低采购成本、提高运营效率、提高客户服务水平、增加利润等方面，发挥着重要作用。限于篇幅和针对不同行业的情况，在此不赘述。

3．规格确定

规格可以简单地定义为对所提供产品或服务必须达到的要求进行说明，它将商业需求转化为合同的具体要求；规格也是为了需求的具体描述而形成的有形依据。在进行了需求的宏观定性与微观定量分析之后，就要利用规格的制定把最初始的需求转变为一个形式化的技术档案。

它可以涉及一系列的技术质量标准、数量清单、零件与材料的详细目录。供应商使用规格对需求产品或服务定价；规格也用于检查供应商的供应是否

符合正确的技术要求。采购部门通过提供关键的供应市场信息，为某种制定的需求提供成本建议，为制定规格发挥重要作用。

（1）规格的两种表达方法。

1）性能规格。性能规格是对目的、作用、应用的一个清楚表示。双方对供应原料或服务的期望性能进行沟通，且允许或鼓励供应商提供适当的产品。细节规格掌握在供应商手中。

关于性能规格，买方试图说明所购商品应该实现哪些功能、达到什么程度的性能水平，或者交付哪些输出的结果。然后，供应满足这些要求的产品则是供应商的责任。也就是说，买方规定了"终点"，关于到达"终点"所需要的"手段"例如材料、设计和工艺，则由供应商负责制定和实施。所以性能规格又称为"输出规格"或"结果规格"。

一旦使用性能规格就会需要更广泛的供应商竞争，从而促使供应商提出新的或者改进的方法来满足需要。当某些服务被需求或被购买时，往往规定一种一致性规格是不可能的，因为只有服务提供者知道怎样处理需要做的工作，而买方只能够传达希望达到的结果。

性能规格或基于结果的规格对采购的可持续性更有帮助。因为专注于性能和功能，有助于确保消除产品相对于实际要求而言设计过高或规格过高的弊端。同时它也保证了产品是适用的，而且足够耐用，将替换和修理成本降至最低。专注于性能和功能，可以防止经营过程中以不必要的设计特性或外观为理由，对更具有可持续性的产品进行抵制或歧视（例如可回收材料的制成品）。

2）一致性规格。

① 买方提出清晰明确的且必须达到的要求。买方需要详细说明所购商品的特性或成分。其形式包括工程图纸、化学公式或成分配方，甚至品牌名称、型号、市场等级、样品等。所以很多资料中又把这种规格分解成技术规格、设计规格、成分规格等多种。

② 因为若应用这种规格，就要求买方必须主导规格说明与制定的过程，明确详尽且量化地说明所购产品的具体特性和特征，那么就有可能导致供应商不积极主动地去了解该产品在买方的工艺流程中发挥什么作用，或希望输出什么样的结果。供应商的任务只是被动地去供应符合买方提供的说明的产

品或服务即可。

③ 一致性规格可能会限制潜在的供应商基础。过于严苛的规格，只有少数供应商才能胜任，这就变相压制了其他供应商的供应能力。这对于保护和扶持中小微企业发展、制造充分竞争性是极其不利的。

④ 一致性规格的特点还可能限制创新，它会缩小问题解决方案的范围。而采取性能规格，供应商可以充分利用他们的全部专长以及可利用的技术和创新能力，提出可持续性的解决方案。

（2）制定规格。

1）谁来主导制定规格。在制造业，通常是研发、设计或工程部门负责产品的规格；在服务业，则是使用部门制定规格；在流通行业，向下游销售购买的商品而不是自己生产的产品，因此在购买和销售方面，选择供应商规定规格的货物，并将其转化为满足买方所要求规格的货物。

同时，采购职能人员也可能是采购领域的技术专家，并承担了规格方面的一部分职责。在某些采购情况下，采购人员在采购商务过程中会扮演双重角色：首先，收集并说明企业的要求，为顺利制定规格打下基础；其次，考察市场，谈判达成协议。在这样的模式中，制定和执行规格的技术角色并不是采购的商业角色延伸，它是由一个职能担任的不同角色。

在多数情况下，产品或服务的用户在制定规格中发挥主导作用。因为他们对要求最熟悉，在技术层面对所要求达到的结果最清楚。但是，当今越来越鼓励在制定规格时需要跨职能的各方面的利益相关者参与，这样组织才能平衡考虑技术因素、经济因素和可持续性因素。

采购职能人员由于所处的有利条件，可以给组织带来四个方面的利益：供应市场信息的利益、供应商关系利益、可持续性采购的利益、采购科学的发展与研究的利益。

2）规格制定的要素。现代采购管理理论认为，规格制定既是技术行为过程，又是商业行为过程。因为除了定量化的技术参数指标之外，还需要考虑为了减少种类，通用产品的可利用性；可替代供应商的方案；市场价格和供应市场的风险；供应商的早期参与；遵守相关的法律法规和环保条例。

制定规格的要素还包括：重新审视可满足要求的多种供应方法以及使用这些方法和所得到结果之间的权衡。还要考虑价格与总购置成本关系的因素。

因为生产方式的选择受到生产能力和技术发展程度的约束，所以还要考虑生产方式的因素。

一致性规格本身是否存在制定者为了保险起见而制定过高的规格，例如将公差设定得过于严格。

规格最简单的实施行为就是指定品牌。如果只有唯一品牌，指定的过程很容易做到。但是如果同时还存在其他品牌也符合测试要求，就需要相对宽泛地指定为某品牌或等同效果的其他品牌。采用品牌作为规格需要关注的是，供应商有时会变换规格却不改变品牌名称。

3）标准化。我们将制定并采用标准的系统过程称之为标准化。标准化通常伴有多种益处：减少库存 SKU 和数量；可供选择的供应商增多，谈判余地增大；获得大订单且价格有望降低；设计和采购的作业层面的工作可以简化成一些简单的例行工作；减少了订货和调拨活动；简化了手续和其他文件。

> **Tips　　　　标准化就是最低的价格、最差的质量吗**
>
> 标准化并不等同于最低价格，它是为了选择能满足需求的最合适的质量。只有使用者相信它的价值，标准化过程才会取得成功。例如，设计者出于某种因素设计了一款非标准化的链接螺栓，但在测试过程中发现这种非标准化的必要性很小或完全没有，那么就会把它改进为标准化零件。这样采购"寻源之门"就会开放得更大，从原来的较少的供应商操作的具有垄断色彩的供应，转变为充分竞争的买方市场行为，在保证质量不变的前提下，降低采购成本，进一步提升买方博弈力。

世界上许多国家都有国家级的标准化机构。例如，国际标准化组织（ISO）承担全球范围的标准化体系的建设，并且与其他各国的标准协会联系起来，致力于共同推动标准化。各国的协会包括我国的标准化协会（CAS）、英国标准协会（BSI）以及欧洲标准委员会（CEN）等。

ISO9000 这一系列的前身是英国标准 BS5750，ISO 国际组织于 1987 年首次颁布。随着国际标准化的深入，ISO 组织开发了一系列的国际标准。ISO9000 代表了获得认证的公司能够不断地提供符合质量标准的产品和服务。它由多个部分组成，还包括三个可评定的质量认证标准：ISO9001 侧重于包含设计在内的开发、生产、安装和服务方面的质量认证标准；ISO9002 是关于生产、安装和服务方面的质量认证标准；ISO9003是关于最终检验和测试方面的。采购职能在选择供应商时都会对ISO9000系列标准以及其他国家标准感兴趣，因为这一系列的认证标志着企业在重视质量的前提下具有良好有序的组织和管理企业的能力。

3.1.3 完美的采购计划层次

采购需求确定之后，就需要编制采购计划。采购职能当中供应市场分析与寻源任务的岗位主要承担采购计划的预先可行方案的制定，在此之前需要充分了解和掌握内外部三方面内容：供应市场的供需情况、企业生产制造或客户营销活动过程、基本物料消耗规律。然后在此基础上对计划期内物料采购管理活动做出预见性的安排和部署。

1. 在采购财务预算完成之前，是否可以制订采购计划

从制作完成预算的时间序列考虑，广义采购计划可以在采购财务数字预算之前完成。因为数字预算的上下游承接关系，组织为下一个财政年度制定财务预算会按照先市场营销，后生产制造，再物流和采购这样的时间顺序来安排，往往最后留给采购职能制作预算的时间并不充裕，这就要求采购职能务必提前安排广义采购计划的制订。有些资料称广义采购计划为"采购前期计划"。

采购计划也要区分战略与运营两个层面，战略采购计划重点聚焦供应市场供需矛盾、关注竞争对手采购模式、了解组织市场营销的战略方向，从采购职能专业出发，对上游资源管控模式、竞争对手采购与供应特征、组织内部需求转化分解等方面，在第一时间提出建议和方案。

2. 采购计划在组织当中作为资源管理的一个重要组成部分

（1）制订采购计划是组织中供应链计划工作的第一步。

1）广义采购计划是组织为了生存和发展而制定的资源战略纲要，要利用组织外部资源有效整合到内部，它包括以下几方面：

① 组织对于供应资源的投资活动的建议与评估。

② 资源战略的组合方式。

③ 资源市场的表现。

④ 获取资源的渠道。

2）在微观采购运营计划中，为了维持组织正常的生产与营销活动，承接生产制造计划或营销计划的数字预算后，制订出在某一个确定时期内，确定应在何时购入何种物料的计划。有些资料称为采购过程控制计划。

（2）融入供应链计划的采购计划还承担着一系列重要作用，具体表现为：

1）采购计划还具有有效规避风险、减少损失的作用。因为计划本身就是面向未来的，组织在编制采购计划时，已经对未来因素进行了深入的分析与预测，做到有备无患，既输入了组织正常经营所需要的资源，又保证了连续供应能力，还能降低库存水平，从而降低了风险。

2）采购计划的制订还为组织提供了采购职能的管理依据。采购计划具体规划了物料采购的过程及内容，组织管理者照此组织安排采购，并且利用计划中的详细内容进行监控与反馈。

3）采购计划还有利于资源的合理配置，以取得最佳经济效益。采购计划选择了最优化的采购决策与实施方案，对未来资源走向、市场动态与物料的供应情况进行了科学的筹划，有利于合理利用资本，最大限度地发挥各种资源的作用，以保证组织获得最佳经营成果。

（3）作为重要的计划链的重要一环，微观采购计划也具有明确的目的性。

1）根据生产与营销计划，对采购物料的时间与数量进行预测，防止供应中断，影响产销活动。

2）配合组织的生产或市场营销计划及与资金的合理使用。

3）避免物料储存过多、积压资金以及占用存储空间。

4）使采购职能预先筹备，在一定时间周期内，从容选择有利时机迎接供应市场的挑战。

5）与相关职能配合，预先确定物料消耗标准，以便管理物料的总购置成本。

3．风险管控在采购计划中的应用

之前已介绍相关的风险管理话题，再次值得一提的是无论哪个层级的采购计划，都需要特别考虑建立有效的风险管控体系。很多案例表明，以风险分析、风险规避以及风险缓解策略为核心的风险战略，在一些企业中往往被推迟建立或者边缘化，忽略它的其中一个原因就是对短期的工作和项目看不到明显的推进作用。通常都是在困难与灾难出现时，一个组织由于没有成熟的风险应对措施来解决或者减轻这些困难，导致即使很小的问题也可能酿成重大危机。

（1）通常一个组织导入的风险管理系统（risk management system）与其他例如营销体系、生产体系、采购体系相比，并不能体现出直接的增值，但是它可以防止价值遭到破坏。这就需要做出成本—效益决策，对某些费用的发生与潜在的损失进行权衡。

（2）风险缓解（risk mitigation）可以降低风险发生的概率或影响。它也存在成本—效益决策，不同的缓解计划降低的风险量是不同的。风险管理和缓解需要进行风险评估（risk assessment）分类，将重点针对那些影响最大的风险；不太重要的风险应该得到适当的关注与投入。

（3）风险管理具有一个共同的阈值（thresholds）特征，超过该阈值将被认定是难以接受的。阈值可以通过许多不同的方式进行定量设置，如延迟天数、零件缺陷程度、生命濒危等级、财产损失数额等。超出这些阈值时，风险缓解或应急计划将开始发挥作用。风险水平（risk levels）通常是通过观察发生的概率和风险可能造成的影响来进行测量。

（4）大部分企业的非采购职能管理者对采购与供应会发生的风险往往知之甚少，通常仅仅了解"断货"风险。因此，采购职能还担负着这项重要任务，就是有责任向利益相关方明确地解释采购与供应过程中将会发生哪些风险以及风险一旦发生后果如何。因此之前谈到过的风险分类系统可以作为一个有用的信息，通过它可以快速沟通风险和分配优先级别。

（5）风险管理是一项专业技能。采购职能的从业者需要熟悉它，但可能不足以做到像风险专家那样进行风险分析。同时一个成熟的组织还希望在风险评估过程中多一些怀疑精神和独立性要素。采购职能要做的是配合风险专业部门建立并完善采购与供应风险体系建设，在风险发生之前及早做出正确的判断与反应，从而使风险总是能得到及时有效的规避和减弱。

（6）应急计划（contingency plans，有些资料也称为应急预案）的内容包含了一个组织在风险突发情况下应该做哪些事。顾名思义，它不能降低风险发生的机会，因为该计划只有发生风险时才能得到使用。但是它能减少风险

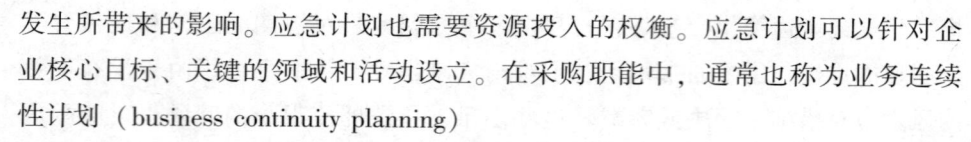

发生所带来的影响。应急计划也需要资源投入的权衡。应急计划可以针对企业核心目标、关键的领域和活动设立。在采购职能中，通常也称为业务连续性计划（business continuity planning）。

（7）接受风险（take risk）。显然有些风险是可以接受的，它或许是微小和罕见的，由于权衡的决策，可能没有办法对所有风险都做出缓解计划或应急计划，因此接受风险也是一种风险管理决策。但是这类小微风险一旦发生，也还是可能遭到利益相关者的质询与挑战，所以采购职能应当对这类风险之前的决策过程进行证明和记录。风险监控对于组织识别风险临界点非常重要，通过对各项活动不断的检查与复核，以有效改变风险发生的性质、可能性和严重性。

> **Tips** 采购计划在不同企业中的形式
>
> 有些组织在实际运营当中并不单独提出采购计划的要求，而是把它作为一种企划案明确区分两个层级，对于更高层级，体现出为了组织的整体战略决策而制定采购与供应战略，它包含了供应链采购增值战略、客户需求战略、供应市场战略、资源战略、供应源寻源战略、供应商关系战略以及总体供应风险管控战略，通常以3~5年的中长期规划为主；对于运营层面的计划，更多地表现为利用生产与营销预算数据以"六个合适"为基础的采购财务预算，通常配合组织的年度运营计划。

3.2 预算管理是采购职能的必修课

CIMA（The Chartered Institute of Management Accountants，英国皇家管理会计师公会）从财会的角度把预算定义为："在一个特定时间段之前准备和批准的，并以货币形式量化的计划。它通常显示该时间段内预计产生的收入和发生的开支，以及为实现既定目标而需要启用的资本。预算控制是指按预算规定的需要，将预算分解到由各级主管负责，并不断对比预算与实际结果之间的差距，或以个别活动来实现该预算的目标，或为修改预算提供依据。"

采购预算宏观上分为两大类。在本节中我们重点讨论采购物资预算。对于采购职能部门为了维持业务运作所需要的费用预算（包括薪酬、培训、差旅、通信、办公开支等），不做展开论述。

3.2.1 什么是采购预算

1. 从供应链管理的角度定义采购预算

所谓采购预算就是一种用数字来表示的计划，是将企业未来一定时期内经营决策的目标通过有关数据系统地反映出来，是经营决策具体化、定量化的表现形式。采购预算的时间范围应与企业的计划周期以及企业上下游的各节点保持一致。

采购预算的定量定价方法：

（1）采购预算的编制是将本期内订购数量乘以各种物料的采购单价，或者按照物料需求计划的请购数量乘以标准成本。

（2）为了使预算对供应链网络以及实际的资金调度更具有意义，很多采购预算要求根据对供应商的付款金额进行编制，而不是根据采购金额来编制。这一点需要采购职能特别注意。因为一些企业常常出现采购部门自己掌握的采购预算完成情况与财务部门的数据口径不一致，很多都是因为采购金额与实际对供应商付款的金额不同导致的。除此之外，还有一些差异是因为支付时间的差异造成的。

（3）由于受到客观条件的限制，企业从供应链中所能获得的可供分配的绝对资源和资金总是有限度的，因而企业管理者必须通过有效地分配有限的资源来提高效率以获得最大的收益。一个良好的企业不仅要赚取合理的利润，还要保证企业有良好的资金流。通过之前讨论的财务三大报表也可以看出，采购职能的运营对于企业财务的损益（采购成本对净利润的影响）、资产负债（库存对资金周转与回报的影响）与现金流（付款账期的影响）都会产生影响。因此良好的采购预算既要注重实际，又要强调财务业绩。

（4）与其他职能的预算相同，采购预算会影响资源的分配，并且在事实上它正是一种在互相竞争的需求中分配资源的工具，由于这种特性，它常常会造成职能部门预算的失真。主要原因有两方面：

1）一方面，某些部门为了提高其在企业内的地位，获得更多的资源和人员，常常会夸大其词，将预算不切实际地做放大处理，以期借此掌控更多的人力、财力和物力，以显示自己的地位，但同时忘记了供应链网络当中的均衡理论。

2）另一方面，由于预算考虑的是不确定的未来，每个职能部门的管理者都很清楚那些不在其控制之内的外在因素，例如环境的变化、各级客户的需求波动、消费者的偏好变化等，这些因素常常会影响甚至决定预算的成败，而预算与实际运营数据的比较又常常成为管理者比较、评定职能部门或者员工个人业绩的依据。在这种情况下，保守或者悲观的管理者往往会提交一份保守的预算，而不是一份充满挑战性又切实可行的预算报告，而最终应该得到人、财、物支持的职能部门反而没能获得与之相匹配的资源。

（5）预算的另一层意义就是一个协调与综合的过程，它要求企业内各部门、各层级的管理者根据自己的专业知识和以往的经验，由上至下，层层累进，共同制定出一个总的预算。如果由于内在竞争或者是保守思维严重而使得预算失真，那么每一个层级的失真相叠加将会使总预算与实际情况严重偏离，从而严重影响资源的合理配置，进而影响企业的经营绩效。

（6）为了确保采购预算能够规划出与企业的供应链目标相一致的最佳实践，并且具有可实现性，就必须寻找一种科学的行为方法来缓解这种不良竞争与悲观的倾向，采购职能部门要求就目标在利益相关者中展开积极的沟通，了解他们的要求和期望，制订合理的需求计划。各级管理者务必把主要精力放在应对供应不确定性情况的出现上，而不是展开"战备竞争"造成的内耗上。另外，因为全球化市场具有波动性，采购预算应该具有一定的灵活性和适应性，以应对意外发生的不可控事件。在预算过程中应该尽量采取合理的预算形式，建立供应市场内供需的趋势分析模型，以减少因预算失误带来的损失。

2. 采购预算对组织供应链战略和运营的有效推动作用

在了解了采购预算的重要性之后，就需要发挥采购预算对于供应链战略和运营的积极推动作用。

（1）保证企业战略计划和运营计划的执行，确保企业的目标与供应链目标的一致性。通过编制采购预算，企业采购部门和其他职能部门在计划周期内的工作目标被分别制定，也明确了部门与个人的责权利，使个人的利益与企业的，乃至整个供应链的经济效益相连接，促使企业采购职能努力完成采购目标，从而保证企业战略计划和运营计划的实现。

（2）协调企业各部门之间、企业与供应链中上下游各节点企业之间的合作共赢。采购预算使各部门的工作与供应链中的利益相关者有机地结合在一起，通过执行预算，明确各自所处的地位和作用，协调各自工作节奏，从供应链全局出发，争取供应链整体的竞争优势最大化。

（3）采购是企业内除了市场营销之外的另一个对外部供应链的开放职能，采购还肩负着在供应链中合理安排有限的资源，保证资源分配的效率性的责任。每个企业的资源都是有限的，通过采购预算，能够充分考虑客户的资源需求，利用内外部资源的整合，保证资源的可得性，充分利用供应链上的资源，以取得尽可能多的经济效益。

（4）对企业采购成本进行控制和监督。预算是分析、控制各项经济活动的尺度，在编制切实可行的预算基础上，力争管理和监控供应链上的各项经济活动，可以有效避免不必要的开支，降低采购成本，保证预定目标的完成。

3．采购预算编制原则

（1）基于事实的预算编制过程应该本着实事求是的原则，一般以企业确定的经营目标为前提，切不能因为对把握供应市场有困难而盲目提升采购目标的单价，也不能为了贪图所谓"低价"而不顾实际情况扩大采购量，造成库存积压的风险。

1）在很多情况下，一般认为应该首先拟定市场营销预算，原因是需要采购的物料数量以及需要使用的设备与劳动力数量都将取决于销售量。不过也有一些情况是例外的，有些企业由于财务的客观原因不符合预算需要，所以至少在短期内必须根据财务的限制来进行预算。在某些物料短缺情况下，只能以物料的数量来决定产品的生产量和销售量。

2）如果首先拟定市场营销预算，那么营销职能将对相关期间内可取的销售额进行预估。可以根据产品组合来细分，并需要说明市场潜力。有关市场潜力的信息还可以用在中长期的规划中，例如，可以根据市场信息来实施扩展计划，并改变产品范围；还可以提供诸如是否考虑从某些市场退出、缩减产品范围或者采用更经济的商品化手段。

3）若是生产制造型企业，在市场营销预算完成之后，生产职能将根据这些销售预算对生产厂和生产资源进行审核。生产预算将评估达到预期生产水

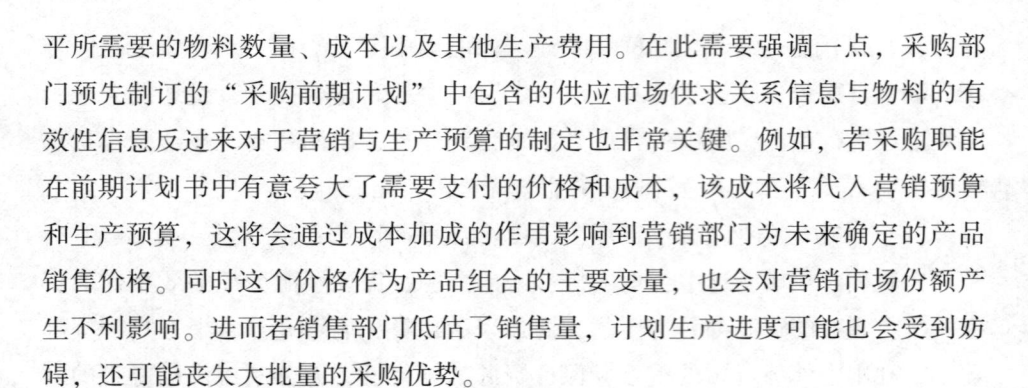

平所需要的物料数量、成本以及其他生产费用。在此需要强调一点，采购部门预先制订的"采购前期计划"中包含的供应市场供求关系信息与物料的有效性信息反过来对于营销与生产预算的制定也非常关键。例如，若采购职能在前期计划书中有意夸大了需要支付的价格和成本，该成本将代入营销预算和生产预算，这将会通过成本加成的作用影响到营销部门为未来确定的产品销售价格。同时这个价格作为产品组合的主要变量，也会对营销市场份额产生不利影响。进而若销售部门低估了销售量，计划生产进度可能也会受到妨碍，还可能丧失大批量的采购优势。

（2）按照"积极稳妥，留有余地"的原则进行采购预算编制过程。

1）"积极稳妥"是指不因对供应市场波动的恐慌而盲目抬高采购目标的定价，也不要消极地或者在压力下降低价格指标。既要保证采购预算指标的精准性、进取心，又要保证采购预算指标的可操作性，充分发挥采购预算指标的指导和控制作用。另外为了适应市场的变化，采购预算应该留有一定的余地，具有一定的弹性空间，以免发生意外时处于被动地位，影响企业的正常经营。

2）显然，对于供应市场行情进行预测的难度很大，但所有与预算有关的职能都应该努力使预算结果更准确。一个企业在具有良好的管理环境下，都不会允许虚报预算。因为虚报的标准无法正确评估绩效，无法促进绩效的改善；虚报的预算标准也无法用于管理管控。

（3）基于"六个合适"原则的编制过程。

1）在编制采购预算时，应通过供应市场分析职能广泛收集物料的数量、价格等市场信息，掌握主要物料采购信息的变化，要根据市场信息对比质量和价格，确定所要采购的物料。

2）对于已经确定并且形成有效供应的供应商，应当及时掌握其质量、价格、信誉等方面的变化情况，以便及时做出调整。

4．采购预算编制的六步法

（1）审视组织以及采购职能的战略目标。

1）预算的最终目的是保证组织目标的实现，在编制采购预算前首先要审视本职能部门和组织的目标，确保它们之间的互相协调。

2）在着手预算前，与利益相关者进行充分沟通，目的在于对组织的愿景进行分解，对组织的使命和价值观进行深入理解。通过愿景分解，可以从宏观上确立采购职能运营计划中的几个战略议题，并由战略议题分解出关键任务，再由关键任务分解制定运营绩效及考核方法。这个方法可以让职能部门在进行财务预算工作的同时，把职能的运营计划框架搭建起来，一举两得。

（2）制订明确的工作计划。

1）作为采购职能部门的管理者，必须带领团队进行运营计划框架的搭建，进一步了解采购职能的关键业务活动，明确它的特性和范围，围绕关键活动和任务制订出详细的工作计划，从而确定部门实施这些活动所带来的产出和收益。

2）运营计划框架搭建过程可划分为三个层级：战略议题、关键活动和任务、具体工作计划。例如：某企业的愿景中包含"在某某领域奠定领导地位"的表述，那么就可以向下进行分解活动：

① 采购职能进行愿景分解，就要考虑为了体现供应链的竞争地位，获取上游的稀缺资源这样的战略议题。

② 这一战略议题又可以分解为进行上游资源垂直整合的投资规划、形成更紧密的上游供应商的战略合作纽带关系、利用研发和科技手段与供应商一起抬升供应门槛等关键任务。

③ 这些关键任务向下又可以分解出很多可实施的工作计划，进而针对每个工作计划的运营绩效和考核评估体系就顺理成章地搭建起来了。

（3）确定所需的资源。有了详细的工作计划，采购职能可以对成本和支出做出切合实际的判断，从而确定为了实现目标所需要的人力、物力和财力资源。

1）那些采购职能已经融入战略层面的企业，除了采购的预算与运营计划，还需要帮助企业做出外部资源投资企划案。

2）预算与工作计划做得比较扎实的企业，甚至可以根据工作计划，微观地推导出人员需求、差旅费、通信费等基本业务管理费用，这也是在运营管理中全面实行利润中心和成本中心的基础。

（4）提出准确的预算数字。职能部门提出的预算或预测数字与信息应当保证最大的可能性。之前的章节已经详细地用安全库存的案例论述了关于需

求与预测的分析，在此不再赘述。总之，精准的预算与预测是建立在严谨的需求分析结合数学统计学工具进行科学计算的基础上的。

（5）汇总并沙盘推演预算。采购职能需要在预算的最后阶段收集汇总各分支部门、各分模块的预算。汇总之后，必须召集各部门一起进行数据与信息的整合，并且需要代入模拟运营数据，进行沙盘推演。沙盘模拟过程中，首先以 100% 的需求量代入测算，再以关键重点物料的 120% 和 80% 的需求量对未来的需求波动进行模拟演练。在确保资源平衡匹配的前提下，防范波动带来的风险。沙盘推演的产出还应当包含对以下问题的解决方案的审核：

1）战略议题的分解情况与关键任务、详细工作计划之间的关系是否契合？

2）关键重点物料的供应市场情况如何？关键事件或时间节点和风险在哪里？

3）供应源寻源职能应当如何获取上游稀缺资源？

4）未来计划周期内应当考察哪些供应源？确定哪几家入围供应商基础？

5）现有供应商的关系如何发展？

6）哪些关键重要物料需要进行哪些活动以增加何种收益或有何突破？

7）带入的模拟运营需求数据通过计算后存在哪些问题？是否需要与市场营销或生产、研发沟通协调？

8）哪些供应商列入拟淘汰名单？如何安排供应商更替？

9）采购职能部门自身的运营资源保障如何？

在确保以上沙盘推演过程万无一失之后，才能汇总形成第一版的职能预算与运营计划，准备提交。

（6）正式向公司提交预算。

1）预算是关于预计运营指标的动态模型，它反映的是未来的事情，由于外部环境总是处于不断变化之中，因此必须根据实际情况的变化不断进行修订，以确保预算最大限度地接近现实。

2）采购预算也不例外，由于预算总是与实际存在一定的差距，因此我们有必要选定一个偏差容许范围，例如前面的沙盘推演表述了需要预先演练在需求出现正负 20% 的偏差情况下的过程与结果，这个偏差范围需要根据企业实际情况并结合行业特点来决定。例如，通常意义上，相对稳定的电子电气行业的偏差容许范围就会比波动性很强的零售快消品行业要小很多。再有，企业管理者的主观意识也很重要，悲观的管理者与乐观的管理者所能容许的差异范围会相差很大。

3）设定了偏差范围后，管理者应当比较实际和预算预测的差距，以便控制业务的进展。若预测值的差异超过了容许范围，就有必要对具体的预算做出建议或必要性的修订。采购职能部门有责任密切监控其他相关职能在经营过程中的"预实差"以确保整体组织在外部资源获取方面不超出预算范围。

3.2.2 如何编制采购预算

1. 弹性预算

弹性预算也称为变动预算，它是根据计划期间可能发生的多种业务量，分别确定与各种业务量水平相适应的费用预算数额，从而形成适用于不同生产经营活动水平的一种费用预算。

由于弹性预算是以多种业务量水平为基础而编制的一种预算，因此它比只依赖一种业务量水平为基础编织的预算具有更大的适应性和实用性。即使企业在计划期内的实际业务量发生了一定的波动，也能找出与实际业务量相适应的预算数据，使预算与实际工作业务可以进行比较，从而有利于对有关费用的支出进行有效的控制。

弹性预算的弹性区间和范围确定。首先要确定在计划期内业务量的可能变化范围，在具体编制工作中，对一般企业，其变化范围可以确定在企业正常生产能力的70%~110%，按照5%或10%的间隔进行计算，也可以取计划期内预测的最低业务量和最高业务量为其下限和上限。

要根据成本形态，将计划期内的费用划分为变动费用和固定费用。在编制弹性预算时，对变动费用部分，要按不同的业务量水平分别进行计算，而固定费用部分在相关范围内不随业务量的变动而变动，因而不需要按业务量的变动来进行调整。

我们用物料采购单价带有数量折扣的形式简单举例。假设某企业需要采购A物料，又通过采购职能与供应商的交易关系得知该物料的单价会根据采购量的不同而带有数量折扣，针对A物料的弹性预算见表3-3。

表 3-3　A 物料采购成本弹性预算

费用项目	A 物料采购数量折扣范围（件）		
	小于 10000	10001～12000	12001～15000
带数量折扣的单价（元）	1000.00	900.00	800.00
生产需求量阶梯（件）	9000	11000	13000
变动费用（百万元）	9.0	9.9	10.4
固定费用（元）	10000.00	10000.00	10000.00
A 物料采购成本（百万元）	9.01	9.91	10.41

弹性预算一般用于编制弹性成本预算和弹性利润预算。弹性利润预算是对计划期内各种可能的销售收入所能实现的利润所做的预算，它以弹性成本预算为基础。采购过程中由于物料的成本随采购量的变化而变化的情况较常见，所以采购职能也是企业弹性成本预算的重要参与者。任何随着业务量的变化而变化的预算项目都可以采用这种预算方法为其编制预算。

还有一类预算方法是概率预算，在编制过程中，设计的变量较多，如业务量、价格、成本等，管理者不可能十分精确地预见这些因素在未来的变化，只能大体上预估出它们发生变化的可能性，即发生的概率。在很多资料中也把概率预算列入弹性预算的范畴。

2. 零基预算

零基预算对于所有预算项目均以零为起点，它不考虑以往的实际情况，而完全根据未来一定期间生产经营活动的需要和每项业务的轻重缓急，从根本上研究、分析每项预算是否有支出的必要和支出数额的大小。

传统的预算编制方法，是在上一期的预算执行结果基础上，考虑到计划期的实际情况，加以适当调整，从而确定出它们在计划期内应增减的数额。这种预算往往使原来不合理的费用开支继续存在下去，造成预算的浪费或不足。而零基的预算编制方法与传统的方法截然不同。在这种方法下，确定任何一项预算，完全不考虑前期的实际水平，只考虑该项目本身在计划期内的重要程度，其具体数字的确定始终以零为起点。

零基预算的编制过程分以下三步：

（1）提出预算目标。企业内职能单位根据本企业计划期内的总体目标和本职能应完成的重点工作任务，提出必须安排的预算项目，以及以零为基础的具体费用数据。

(2) 开展成本—效益分析。采购职能要参与到以企业主要负责人、财务总监或总会计师等人组成的预算委员会中，负责对本职能以及其他职能提出的方案进行成本—效益分析。主要是对所提出的每一个预算项目所需要的资源和所能获得收益，进行量化计算和对比，以其计算对比的结果来衡量和评价各预算项目的经济效益，列出所有项目的先后次序和轻重缓急。

(3) 分配资金，落实预算。按照以上步骤所确定的预算项目的先后次序与轻重缓急，结合计划期内可动用的资源来分配资金，落实预算。

零基预算不受现行预算框架的限制，以零为基础来观察和分析一切成本项目。确定预算金额，能充分调动企业各级管理人员的积极性和创新性，把有限的资源切实用到真正需要的地方，以保证整个企业的良性循环，提高整体的经济效益。但是该预算的编制方法因工作量较大，而且一个企业也很难把庞大的隶属于不同性质的各项业务排出一张皆大欢喜的次序表，其中难免带有一些主观性。因此在实际的预算工作中，可以考虑隔若干年度进行一次零基预算，在后几年当中略做适当调整，这样既简化了预算编制的工作量，又能控制成本与开支的合理性。

3. 滚动预算

以上的预算办法是以固定的一年为时间单位执行的，在实际运用中存在一些缺陷。

(1) 由于对预算年度中靠后月份（如在 1 月预测第 3、第 4 季度）的经营活动无法准确预测，企业在编制预算时只能对其进行大致的估计和推测，这就使越远期的预算数字的精准度越差，越不符合实际情况。

(2) 以年度为固定期限的预算，在执行一段时间后，往往会使管理人员只考虑剩余月份的经营活动，因而缺乏长期战略的思维。滚动预算就是为了解决上述问题而出现的。

滚动预算（rolling budget）又称连续预算或永续预算，其主要特点是预算期随着时间的推移而自行延伸，始终保持一定的期限。当年度预算中某一个季度（或月度）预算执行完毕后，就根据新的情况调整和修订后几个季度（或月度）的预算，并在原有的预算期末补充下一个季度（或月度）的预算，以此往复，不断滚动，使年度或跨年度的预算一直含有 12 个月的预算。其中前几个月的预算详尽完整，后几个月的预算可以笼统概括一些。

由于滚动预算的预算起点不是固定的,而是连续不断的,这种预算方法符合企业的持续经营的假设,使预算具有连续性和完整性,帮助管理者通过动态的预算过程对企业的未来较长一段时间的经营活动做出详细而全面的考虑。此外,滚动预算也符合人们对事物的认识过程,允许对预算做出调整和修订以适应变化了的实际情况,从而提高预算的科学性和有效性,如图 3-1 所示。

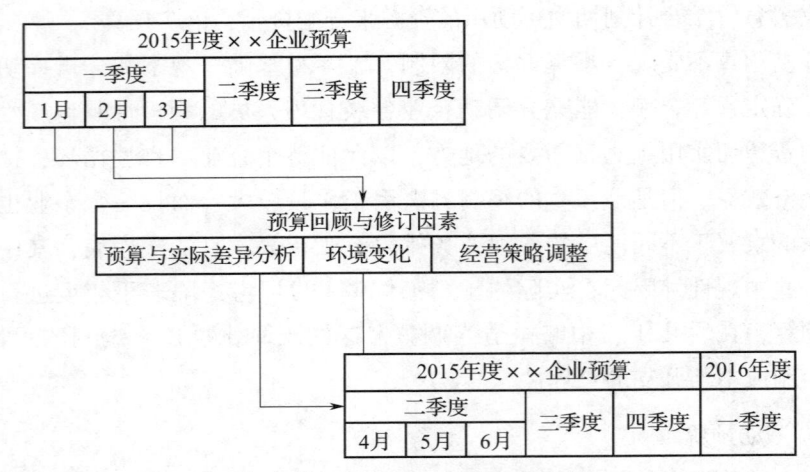

2015年度××企业预算					
一季度			二季度	三季度	四季度
1月	2月	3月			

预算回顾与修订因素		
预算与实际差异分析	环境变化	经营策略调整

2015年度××企业预算					2016年度
二季度			三季度	四季度	一季度
4月	5月	6月			

图 3-1 以季度为单位的滚动预算示意图

3.3 核心工具:帕累托法则在采购预算中的应用

3.3.1 理解帕累托法则[一]

为了更直观地认识帕累托法则,举日常生活中的例子加以说明。

一个家庭一年当中会购买很多不同的商品,其中可能会包括需要添置的

[一] 维弗雷多·帕累托(Vilfredo Pareto,1848 年 7 月 15 日—1923 年 8 月 19 日),意大利经济学家、社会学家,洛桑学派的主要代表之一。生于巴黎,曾就读于意大利都灵大学,后来任瑞士洛桑大学教授。帕累托因对意大利 20% 的人口拥有 80% 的财产的观察而著名,后来被约瑟夫·朱兰和其他人概括为帕累托法则,后来进一步概括为帕累托分布的概念。同时,帕累托还首创了帕累托最优与帕累托改进等经济学理念。

大型耐用消费品和食品，这些费用会占到家庭购买支出的很大一部分。因此，这个家庭就有必要去值得信赖的商店去购买，这些商家的信息往往需要通过市场的媒介渠道和亲身考察获得，并需要详细对比各家的优劣。这类商品对于一个家庭来说，就是关键且重要的支出金额较大的品类。而另外一些商品，如水龙头内需要更换的常规垫圈或者窗户的简易插栓，由于属于偶然产生需求的消耗品，且价格在几元到十几元之间，花费大量的时间和精力去比较各个商店的价格就显得没有多大的意义了。这类商品对于一个家庭来说，就属于次要且低值的非重点关注对象。

帕累托法则又称80/20法则，是由意大利经济学家和社会学家帕累托发现的，最初只限定于经济学领域，后来这一法则也被推广到社会生活的各个领域，且深为人们所认同。

帕累托法则应用于任何大系统时，约80%的结果是由该系统中约20%的变量产生的。社会当中存在很多这样的范例：

（1）在企业中，通常80%的利润来自于20%的项目或重要客户；20%的供应商可能占据了80%的采购支出；80%的投诉来自于20%的客户。

（2）经济学家认为，20%的人掌握着80%的财富。

（3）心理学家认为，20%的人身上集中了80%的智慧。

（4）具体到时间管理领域，是指大约20%的重要项目能带来整个工作成果的80%，并且在很多情况下，工作的前20%的时间会带来所有效益的80%。

> **Tips** 　　　　　帕累托法则对企业管理工作的启示
>
> 　　荀子曰："大巧在所不为，大智在所不虑。"工作中应避免将时间花在琐碎的多数问题上，因为就算你花了80%的时间，你也只能取得20%的成效，所谓"出色地完成无关紧要的工作"反而是最浪费时间的。你应该将时间花在"关键的少数"问题上，因为掌握了这些重要的少数问题，你只花20%的时间，即可取得80%的成效。工作中我们要学会"抓大放小"，而不是胡子眉毛一把抓。

帕累托法则与ABC法则。

（1）帕累托法则在近一个世纪以来，被不断发展并应用于管理的各个方面。管理学家们将其应用于库存管理以及质量问题分析管理当中，命名为

ABC 法则。管理学大师彼得·德鲁克（P. F. Drucker）在 1963 年，更是将这一法则推广到全部社会现象，使 ABC 法则成为企业提高效益的普遍应用的管理方法。可以说帕累托法则形成了 ABC 分析的基础。

（2）ABC 分析体现了对于工作的分类、分层级管理办法，它也是类别管理（category management）的一个重要表现形式。

以对采购物料的支出为例，图 3-2 显示了 20% 的支出品项（A 类）是如何占据了 80% 的价值的；10% 的支出品项（B 类）占据了另外 10% 的价值；以及其余 70% 的支出品项（C 类）占据了剩余的 10% 价值。

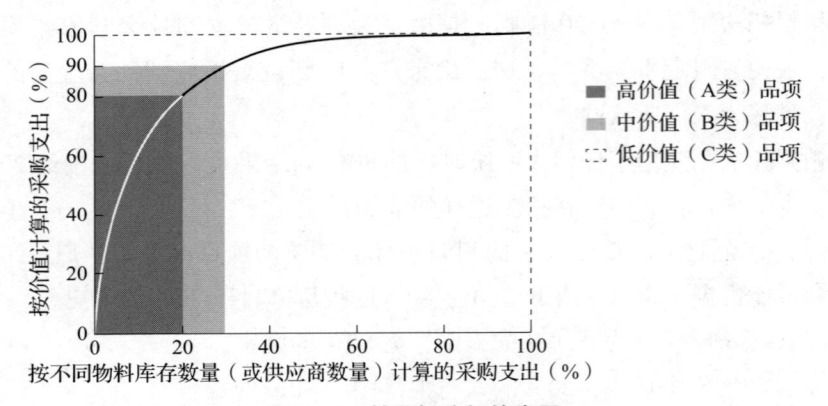

图 3-2 帕累托分析的应用

上图直观地告诉我们，应当给予 A 类物料更多的关注。由于案例中采购物料具有的特性，也构成了建立一个类别和优先等级管理系统的基础。

一般意义上，企业的物料种类繁多，价格不等，数量不均。由于企业资源有限，对于不同的品类应该给予不同的重视程度。为了使有限的时间、空间、资金、人力、物力等得到合理而有效的利用，首先应该根据 80/20 法则对物料进行分类管理和控制。

（3）以帕累托法则为基础的 ABC 分析法则需要注意与作业成本法（ABC, Activities Based Cost）相区别。

ABC 成本法又称作业成本分析法、作业成本计算法、作业成本核算法。作业成本法的指导思想是："成本对象消耗作业，作业消耗资源。"作业成本法把直接成本和间接成本（包括期间费用）作为产品（服务）消耗作业的成本同等对待，拓宽了成本的计算范围，使计算出来的产品（服务）成本更准确真实。

此 ABC 非彼 ABC。这是两个领域针对不同问题的分析方法。除此，还有一些管理学或各领域的规则和法则都利用了同样的 ABC 英文缩写，初学者要注意区分，切莫混淆。

3.3.2 采购预算的分解

具有集中采购职能的大型组织总部，需要负责对下属各个分支机构的采购业务进行管理管控。之前的章节讨论过的采购集中与分散理论已经表明，在实际运营中，既没有纯粹的集中，也没有完全的分散。因此无论采购职能集散的组织形式如何、集中程度如何，都需要总部机制对所管辖范围内分支机构的采购活动进行管理、监控与反馈，它分为：由上至下，按照放权授权（empowerment）原则对采购战略进行分解、制定采购规则并要求达到绩效标准；由下至上，按照责任问责制（accountability）原则，各分支机构属于"业务单元或分支预算持有人"，它们需要根据战略目标结合本单位实际，向总部汇报提交采购预算与计划，实施具体采购活动，并要求采购活动过程可视化，使其具有连续性和可监控性，保证采购结果和绩效的达成。

若是业务单元多元化的集团型组织，还需要对下设的业务单元或分支机构的采购职能进行合理分类的类别管理（category management）。例如，一家全国范围内经营的大型综合房地产集团公司，按照它的职能和业务的相近性可划分为：房地产开发与建设、商品房销售公司、提供综合售后服务的物业公司等。一家多元化的生产制造企业也有类似的分类模式：分布于全国的所有生产加工制造基地、具有市场营销职能的各区域销售公司、综合物流配送服务公司等。

即使那些不具备总部制与分支结构的中小型组织，由于采购所具备的直接与间接特性，那些分散在采购部门之外的采购职能也需要汇总进行统一管理。例如，通常归属于行政部门的车辆及办公用品采购、生产单位的 MRO 采购、市场营销部门的广宣品与促销品采购等。

综上所述，无论何种组织结构与形式，针对采购的预算与计划管理，都需要体现分散、分解与集中、统一、汇总的管理过程。

1. 采购职能承接物料（或产品）需求计划

（1）物料需求的独立性与相关性。

1）之前的内容涉及过物料需求属性分为独立性与相关性两类。独立需求的物料，其需求量由需求单位或客户市场决定，与其他物料不存在直接的对应关系。

2）而相关性需求的物料的需求量与其他物料有直接的匹配关系，当其他某种物料的需求确定后，就可以通过相关关系把该物料的需求量推算出来。例如，计划每天生产汽车的数量与所要用于组装汽车的轮胎数量是匹配的，通常是1辆车配5条轮胎，因此知道了汽车的需求量，轮胎的需求量也就确定了。

绝大部分通过生产制造的产品需求都具有相关性，而且具有相关层级复杂的特点，一件产成品可以向下分解成若干层级：若干原材料可以组成零件或组件，零件与组件可以组成大的单元或模块，各单元与模块最终组成产成品（finished products）。

在MRP中可以利用物料清单BOM（bill of material）工具对物料的需求进行有效分解。BOM提供了生产每件最终产品所需要的所有的各层级的物资材料、零部件、组件的信息资料。对于流通贸易型的非生产加工企业，通常采用的是配送分销需求规划（DRP，distribution requirement planning），它是一种将MRP原则运用于面向营销市场客户的信息系统。它也被看作是在一个多级阶梯环境中进行库存补充的先进方法。按照市场营销库存节点的形态可分为：大型分拨中心、区域市场营销中心、配送零售中心等层级。在DRP多级结构中，除了直接服务于客户的配送零售中心那一级，其他阶梯层级上的需求都属于相关需求。

（2）采购计划中物料需求的品类和数量的确定。通常由生产型组织的生产规划与主生产计划，或流通型组织的分销计划，制定并推算出年度需求物料的品类和数量计划，再进一步向下分解为各厂别（或业务单元别）、月度别（或周度别）的物料需求清单。该清单通常需要企业的预算委员会或财务部门审核无误后，作为制订采购年度计划的基础数据提交到采购职能。

在预算管理的章节中我们讨论过滚动预算编制方法，在针对市场波动性较大、客户需求不稳定且后市表现不清晰的领域中，滚动预算尤为有效。但是滚动预算并不意味着只看短期的运营模式，与其他相对固定的预算模式相比较，它更要求企业运营站在供应链的宏观角度看待运营，需要供应链计划链串联起客户市场营销与交付、生产制造与供应采购活动，必须运用销售与运营一体化的系统进行管理。当今越来越多的企业投入使用"产销协同"或"销售与运营计划系统（S&OP，sales & operation planning）"，期望达到抑制波动性、提升供应链绩效、改善客户服务的目的。

> **Tips** 什么是冻结期（frozen period）
>
> 滚动预算在年度预算与计划的基础上，通常采用季度滚动模式，即在年度之初要清晰化、具体化第一季度的运营预算，对第二、第三和第四季度的运营数字可以相对宽泛些；在第一季度末除了要对过往的前三个月进行总结、纠偏、补缺之外，还要对第二季度的运营数字清晰化。在一些相对波动性较小的行业领域，可以同时采取对未来一个季度的需求进行锁定"冻结"，即未来三个月的前端需求一旦确定，不能有大幅度的变化，保证整个供应链的稳定与可持续性，消除"牛鞭效应"。例如，某大型跨国电气企业，对于终端客户需求，均采用季度冻结期的管理模式。而在国内对于波动性较大的如快消品行业，由于存在行业渠道与终端零售管理成熟度较差等情况，再加上该行业下游供应链较长等弱点，反馈到企业的生产制造计划方面，能保证有效实行月度或双周锁定的冻结期，已经难能可贵了。

2. 采购物料的单价制定

采购职能在接收到物料品项与数量的需求清单之后，还需要针对每一类物料进行采购单价定价，才可以完成具体的采购财务预算。首先需要明确的是，除非是来自需求方的新开发的物料，否则，物料的定价并不是在收到生产或销售物料需求计划之后才开始的，它应当是"前采购"供应市场与供应源分析职能的常态工作。

（1）采购价格与价值。价格是影响采购的一个重要因素。在商品经济条件下，价格是实现再生产过程的重要因素之一。任何商品交易都要有价格。市场环境的复杂多变使得商品的价格问题变得复杂而微妙。采购职能要学会把握合理价格，为采购预算与实现企业运营目标打下基础，为采购乃至企业的运营决策提供准确的信息。

1）采购价格是供应与采购双方所接受的，并通过某种方式与供应商确定的，来自于供应商的以标准货币单位为尺度的商品或服务的价值。

经济学理论表明，价格可以影响和制衡供需关系。均衡价格即表明在该点位的供应和需求正好是一致的。所以可以说，价格是供应商和采购方之间相互妥协的结果。供应商若想卖出更多的商品，必然不能给出过高的价格，否则就卖不出太多的商品；采购方若想采购足够多的商品，也不能支付太低的价格，否则供应商就不愿意供货。

在特殊情况下，由于某些不确定的因素影响，市场价格可能暂时与均衡价格分离。当这些因素稳定后，价格即会回到均衡状态。这表明了价格具有"弹性"，或者说供应或需求对价格变化的反应程度会影响需求曲线的状态。当轻微的价格变化就可以导致需求的大幅度变化时，我们称该商品需求为弹性需求；反之，当价格的巨大变化只引起需求的轻微变化时，该商品需求是缺乏弹性的。

通过宏观市场研究表明，在弹性需求的条件下，供应商降低较少的价格便会吸引更大比例的买者，从而带来销售利润的增加，但价格要高于商品本身的成本，因为这是其经营的基本保证。如果缺乏弹性需求，则增大比例的价格仅仅引起较小比例销售量的减少，这样提高价格会引起利润的增加，供应商一般会采取高价措施。例如像食盐、食用油、汽油等很多基本生产生活用品属于非弹性需求（也就是倾向于刚性需求），它们的价格被抬高后，不会影响销售。这也是为何政府部门需要对一些保证国计民生类的产品进行市场干预，保证价格的相对稳定的原因。但是许多消费品的销售额都是对价格的改变具有敏感性的。对工业产品的需求一般是刚性程度较高，在很广泛的领域内，工业品的销量对产品的价格是不敏感的。

2）采购价格的种类。首先采购方要明确，依据不同的交易条件，采购价格会存在不同的种类。采购价格一般由成本、需求、交易条件决定，一般有送达价、出厂价、现金价、远期交易价、净价与毛价、现货价、合约价等。

> **Tips**
>
> **价格与价值**
>
> 价格是价值的市场交易的表现形式。价值＝功能/成本。因此可以通过以更低的成本提供同样的功能，或以同样的成本提供更好的功能来提高价值。

第 3 章 盈利之基：采购财务预算

> 价值一般从"使用价值"（use value）和"品位价值"（又称为体验价值，esteem value）两个层面来具体体现。使用价值是关于取得特定的结果的。品位价值是关于拥有一个物品的愿望的。例如，同样具有书写功能的两支笔，一支是简单的塑料笔，可能价值5元钱；而另一支名贵品牌的笔，可能价值5000元。价格差别的原因在于一支没有品位价值，而另一支具有极大的品位价值。品位价值对于流通领域转售后消费者的时尚或奢侈品采购具有重要性，但是假如为普通汽车发动机的装配采购组件，品位价值就不太重要了，此时的侧重点在于使用价值。
>
> 理解并确定价格和价值的关系，有助于组织把有限的采购资源用在最有价值的地方。这些技巧包括：进行价值分析取消那些不重要的特性；合并采购需求获得较高的折扣；主动激励多次重复合作的供应商以确保竞争优势；鼓励和推动标准化等。

（2）采购的价格高低受到以下因素的影响：

1）供应商成本的高低是影响采购价格的最根本、最直接的因素。我们需要从长期经营、可持续性的角度来看待采购价格，采购价格应当高于供应商成本，两者的差异即为供应商的利润。一些思维传统的采购人员认为，采购价格的高低全凭双方谈判的结果，可以随心所欲地定价，这是一种完全错误的观点。供应商的成本是采购价格的底线。尽管经过谈判，供应商可能存在大幅降低价格的情况，但这也是因为：第一，供应商的前期报价中水分太多的缘故；第二，采购方对于供应市场的供需特点等信息把握不足。

2）规格与品质。采购方对采购物料的规格要求越严格，采购价格就越高。价格的高低与采购物料的质量也有很大关系。采购方应首先确保采购物料能够满足需要，质量要满足产品的基本设计要求，既不要超过质量规格进行物料采购，也不要贪图价格最低而忽略质量。

3）采购物料的供需关系。各种组织在市场条件下销售它们的产品或服务，这些市场条件会以买方垄断、完全竞争、寡头垄断到完全垄断的形式存在。采购方应当综合使用各种工具和模型，对供应市场的供需矛盾和竞争关系进行准确的分析与评估，同时对采购方自身所处的位置要清晰明确，同时充分利用供应的过盈或需求的变化，使自己占得先机，处于主动地位，才可能得到最合适的价格。

4）生产规划周期与采购时机。若采购方由于生产本身或产销平衡问题，使得物料需求出现紧急状况，或许只能被动接受更高的采购价格。避免这种

情况最好的办法是提前制订出完善的生产计划与产销协同计划，并制订出合理的采购计划和风险应对计划。

5）采购数量、交货条件和付款条件。若采购数量较大或合并需求，采购方可能会享受到供应商的数量折扣。另外，以运输方式和交期紧急程度为主要因素的交货条件也会影响价格。再有，包括付款条件、账期长短与稳定等因素都会对价格产生影响。

（3）采购定价方法。在采购过程中，采购价格对供采双方都有着十分重要的意义。以往传统的定价方法一般由供应商的市场营销活动主导。而现在又出现了生命周期定价法、目标成本法等一些新的定价方法。掌握这些定价模式有助于采购方更好地做出采购决策。

1）成本加成定价法。成本加成定价法并不是新的定价机制，在传统上是由供应商的营销职能主导的定价的模式，但是在供应与采购融入全面供应链管理之后，成了双方公开成本账目的表现形式，同时也是采购方要求供应商成本透明的一个有力手段。

供应商成本透明并不意味着丧失利润。供采双方应本着可持续性经营和发展的理念进行交易，它包括的最重要的一点就是采购方所代表组织的企业社会责任向上游的延伸，即通过采购活动，维持上游供应市场的活跃程度，带动并扶植供应商所在行业的发展。因此供采双方应当在成本账目公开透明的基础上，保证供应商合理的利润。

如图 3-3 所示，采购方应当针对供应成本和销售价格与供应商进行沟通，为相关采购物料分别制定成本加成模版。

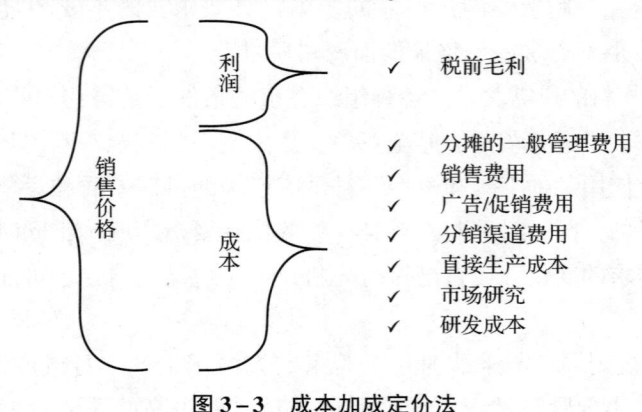

图 3-3 成本加成定价法

一方面，当供应市场环境发生变化、市场机制和竞争格局有所改变，或双方对于成本和价格有不同观点时，双方在进行谈判或再议价时有共同的公开、公正的成本模版可以参照，简化了价格谈判流程，提高了采购效率。

很多实际的企业案例表明，对于供应市场波动性较强的物料，采购职能需要按照单位时间周期（月度、季度或年度定价模式）进行价格磋商或再议价，均会考虑建立成本加成模版。例如原油类及其下游炼化衍生产品或制成品、大宗农矿产品等，属于上下游市场供应链联动紧密、价格体系对于市场波动较敏感且传递较快的物资。原油市场的波动，在三个月内会传递到石油炼化行业的最下游，导致塑料基材切片或颗粒价格变动，从而影响以塑料基材为原料的各行各业；某些民用电子产品的中央处理器芯片也会由于市场的影响，甚至每周的价格波动超过 10%，这对于整机组装企业的供应链也是极大的考验。

另一方面，及时更新的成本加成模版的建立，有助于采购电子信息化，将成本模版录入供应链管理或采购管理的相关系统内，可以在利益相关者范围内实现信息透明共享。

成本加成模版形成的关于供应商成本与采购价格的标准记录文档，有助于内外部审计活动的开展。

成本加成模版的推广，使之成为采购职能部门的标准化信息数据文档之一，有利于采购职能对员工的培养、培训和轮岗。

2）产品生命周期成本法。如我们所熟知，所有产品都要经过五个阶段的发展周期：引进期、成长期、开发期、饱和期和衰退期。定价政策会因为产品生命周期阶段的不同而发生很大变化。

在产品生命周期早期，通常可以采用差异化价格。因为初期产量有限，所以作为供应商的销售职能可能会安排在悠闲的时期内采用高价策略，当产量有所增长或其他供应商提供相似产品的时候，它们可以慢慢采用较低的渗透定价策略来增加市场份额。这样采购方可以注意到产品价格在整个生命周期中表现出的巨大差异。

我们除了要理解供应商在产品生命周期不同阶段的定价策略，作为采购方还要充分理解主动管理产品生命周期成本的意义，力求以最低的成本，在生命周期内使具体的物理资产获得最佳利用。

生命周期成本就是那些涉及购置、使用、保养和报废物理资产的成本构

成，包括可行性研究、调研、开发、设计、生产、维护、更新和报废等成本，以及在资产拥有期间相关的支持、培训和运营成本。

在产品的生命周期日益缩短的今天，从供应商的角度看，飞速的科技变革意味着销售利润可能小于初期设计和开发的投资；而从采购方的角度看，投资的产品在投入资金获得回报之前已经或多或少地"过时"了。

生命周期成本法的重要意义在于：它并不仅仅从初期采购价格的角度来衡量采购成本，而是把成本的衡量纳入到整个生命周期中来进行。这一点特别在采购职能面临电子和高科技产品时表现得尤为突出。例如：有两家高科技产品的供应商分别供应功能类似但是不同品牌的产品，一家的价格比另一家要高一些，那么是否便宜的产品一定实惠呢？此时，可以把这个问题纳入到生命周期成本管理中进行考虑，发现生命周期中的售后维修保养费用远大于购置费用，而那家价格高的产品维修保养费用要低很多，以至于这个数值比当初产品本身的价格差价还要大，这样看来，购买价格贵的产品要更具有成本—效益的经济性。

3）目标成本法。目标成本法是源于市场竞争价格推导出的产品成本估算，它被用来不断改进和更新技术及生产程序，以降低成本。

采购方首先根据市场供需情况预测产品的市场价格，然后扣除自己计划得到的收益，即确定了产品的目标成本。由于最终产品的市场价格是动态的，会随着市场供求情况的变化而变化，因此目标成本法并不是一成不变的，而是动态的。

一旦目标成本确定下来，采购职能就要承担起通过与供应商的协调来实现这个目标价格的责任。假设企业的某件最终产成品将以 1 万元的单价价格出售，同时经过财务职能的测算认定，采购成本应占销售收入的 60%，那么采购职能就要对 6000 元的采购单位成本负责。若同时采购职能通过启动成本降低项目，将采购单价有效降低 10%，即目标采购成本变成 5400 元，这就意味着商品成本中的材料采购成本不能超过 5400 元。另一个侧面也代表了采购职能对企业的净利润做到了提高 600 元的单位目标。

目标成本法可以在整个组织的范围内促使成本进一步降低。除了采购成本之外，还包括研发设计部门的设计成本、生产部门的制造成本等。

目标成本法实施的条件：采购方对于供应链有一定的影响；在采供双方

之间存在战略联盟的忠诚纽带关系；供应商也应当能够从成本降低中有所收益，保证供应的可持续性。

（4）价格分析与成本分析。在考虑供应商报价时，往往会采用某种形式的价格分析。但是若想支撑基于成本的定价方法，会倾向于使用更加复杂的成本分析技术。

价格分析不需要深入探究成本细节就可以判定提供的价格是否合理。进行价格分析时仅需要与其他价格做对比，与以往的支付价格相比较，或与替代品价格相比。

采购方会经常收到和处理供应商的报价，有些会高于平均价格，有些则会低于平均价格。对于任何低于标准的价格都应该仔细检查。低价可以由很多情况造成，例如：在销售超过盈亏平衡点之后，供应商可以用其他收入来平衡掉一般管理费用和利润的分摊部分，这样为了某种短期的利益，供应商会以相对较低的价格出售产品。但是这种价格不一定是持久的；也可能是为了得到新客户而做出较低的报价。因此采购方应当充分了解"低价"背后的玄机。

> **Tips** 　　　　如何处理供应商"报错价格"的问题
>
> 特别需要指出的是，欧美等发达国家在招投标和报价问题上，有很多"特例"值得学习与深思，如因为供应商的某种失误或无可奈何导致的报价过低。在公平交易的前提下，采购方应当去主动发现供应商的报价，若高于或低于正常变化范围过多（如低于平均报价的25%以上），则允许供应商改正错误或者取消他们的价格。因为坚持在合同上使用所报的低价会导致供应商破产或完不成计划目标，并最终导致高成本而两败俱伤。这也是近些年倡导的企业要坚持供应链发展的可持续性在供应商关系管理中的具体体现。

成本分析考察价格的方式与价格分析截然不同。成本分析更加关注价格背后的成因。经常运用的总成本理念包括：全生命周期成本、总购置成本和总所有权成本。这是同一个问题折射在不同的职能管理层面上的不同反映。

在成本分析时，我们要打破"价格—成本冰山"，在采购活动的初期就要充分挖掘隐藏在价格背后的所有显性和隐性的成本问题，切忌陷入"唯价格论"的泥潭。之前已经介绍过成本加成定价法的话题，特别在供应市场缺乏竞争时，适时运用成本加成分析是采购人员应当具备的实用技能。

毕竟成本分析是财务职能的一项专业技术，若成本分析内容过于专业和复杂，采购职能应当聘请财务方面专职的成本分析师进行分析工作，这样得出的结论更具有权威性。

在进行价格与成本调查收集数据与信息方面，有一套较常用的检查清单模版，见表3-4。

表3-4 价格—成本分析调查工具

1. 价格变动	依据以往价格增减记录
2. 竞争价格	依据投标书、报价单进行投标分析
3. 产品成本分解	
→ 人工成本占比	
→ 原材料占比	根据变量核查增减情况
→ 一般管理费用占比	
→ 利润占比	
4. 盈亏平衡分析	业务目标经营量越大，潜在谈判地位就越高
5. 学习曲线	当劳动力成本较高时，需要进行量化分析
6. 价值分析	成本计算的基础
7. 标准化	缩小物料范围
8. 支付条件	考察是否有变化和改进的余地
9. 采购方与供应商的交易情况	按照供应商敏感度模型考察，采购对供应商的业务占比
10. 谈判技巧	在上述各项中同时使用

3.3.3 采购物料的重中之重

1．采购物料宏观品类分解

（1）采购物料类别分类。我们在工作实践中不难发现，采购物料的SKU数量往往非常巨大，即使对于中小规模的企业而言，采购物料超过1000多个品种也很常见。通常按照类别管理的方法，我们会把众多的物料进行宏观的类别分类。

图3-4是某加工制造企业的采购物料类别分类情况，我们从图中看出该企业把物料分成七大类别，分别是：电子组件类、能源类、机械组件类、原材料类、工程机械类、包装材料类、MRO类。

该分类方式没有严格的标准规定，一般都是按照所在产业、行业的传统习惯结合企业自身的特点进行分类管理。图3-4所示为一般机电电气与机械生产制造行业的分类模式；汽车总装企业可能会将采购物料分为：发动机系统、底盘、变速器、电子电路、内饰和外观件等；食品快消品企业可能会按照原料、辅料、包装材料等方式进行分类；流通零售商超企业会按照包装食品、冷冻食品、蔬菜、肉蛋、海鲜、日用文具、服装鞋帽等进行分类。

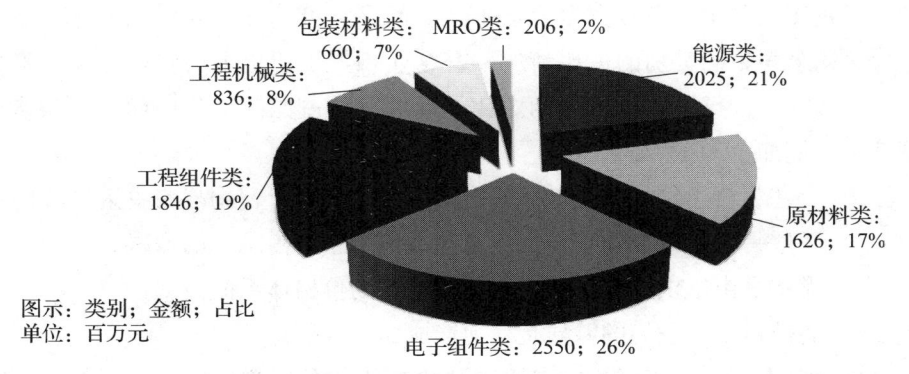

包装材料类：660；7%
MRO类：206；2%
能源类：2025；21%
工程机械类：836；8%
工程组件类：1846；19%
原材料类：1626；17%
电子组件类：2550；26%

图示：类别；金额；占比
单位：百万元

图3-4 某企业采购物料类别—成本—占比汇总

（2）按照采购预算金额分析类别占比。各分支结构的采购依据详细的营销或生产计划中所包含的物料需求量清单，按照类别、物料别、时间别等分类管理办法，再按照以上章节中论述的采购定价原则，制定出每件物料的年度预测单价，代入物料需求清单，从而完成采购预算的编制。集团或总部采购职能在进行了各分支机构有关采购的详细数字预算汇总后，即可按照宏观类别进行数字汇总与分析。假设该企业集团公司下设八个生产制造分厂，某年度预算数据统计见表3-5。

表3-5 各分支机构采购预算表 （单位：百万元）

月度\分厂	1月	2月	3月	4月	5月	6月	7月	8月	9月	10月	11月	12月	小计
制造1	111	56	164	98	118	90	112	110	97	107	112	120	1 295
制造2	232	101	220	167	143	189	215	172	157	139	159	176	2 070
制造3	42	8	56	47	21	23	27	23	35	27	26	31	366
制造4	102	18	117	101	92	97	87	76	102	99	87	122	1 100
制造5	158	67	202	178	165	198	137	136	167	201	168	167	1 944
制造6	177	150	138	133	123	139	125	138	142	223	215	37	1 740
制造7	40	33	34	35	32	33	31	35	40	47	43	7	410
制造8	69	69	67	59	69	66	70	67	71	97	110	10	824
总计	931	502	998	818	763	835	804	757	811	940	920	670	9 749

结合表3-5可以看出，该企业集团公司下设八个生产加工企业，未来年度的总采购预算是97.49亿元。其中电子组件类占总采购预算的26%，为第

一大采购类别,预算金额达到了 25.5 亿元;紧随其后的是能源类,占比 21%,预算金额也超过了 20 亿元。

通过图表展示的微观数据虽然不多,但是它可以帮助我们从宏观上看到企业集团公司采购类别的占比情况,若企业积累了历史上历年的数据和竞争对手的数据,进行纵向与横向的对比,则可以从占比的变化中解读出很多宏观信息。例如:

1)哪些物料类别的占比增减是由于企业产品组合营销战略决策的影响。
2)哪些是由于研发创新与生产工艺改善带来的需求量的增减。
3)哪些是由于供应市场的供求关系导致的价格体系的波动。
4)竞争对手与我们的差异是如何造成的,等等。

该分析方法除了按照金额占比(从价)进行分解之外,还可以按照需求数量(从量)占比计算。即使这种较粗犷的分类分解方式,也可以进行宏观类别的帕累托分析。从价分析可以得出:七大类别物料中,电子组件、能源、机械组件和原材料在金额占比中达到了 80% 以上,而从采购的绝对数量值来统计,这四大类的从量占比则较小,也符合帕累托法则。

2. 采购物料在各分支机构的分解与汇总

(1)采购预算按照时间别(月度)进行汇总。由预算数据可以得到企业完整的按照月度分列的采购金额分解。例如,甚至可以详细到预先分析利用哪些淡季时间段,要求供应商在保证供应的基础上压缩产能,进行设备的检修和维护保养。

1)展示了该企业集团公司(沿用以上案例企业数字)总体在一年当中各月度的物料需求金额和算术平均值(图3-5)。

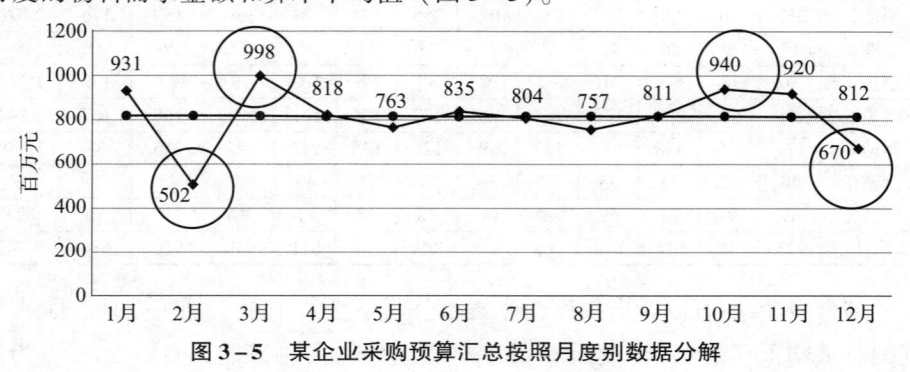

图3-5 某企业采购预算汇总按照月度别数据分解

2）从该图中可以分析得出：采购的月平均金额为 8.12 亿元，其中最高值发生在 3 月、10 月和 11 月；最低值发生在 2 月和 12 月。经计算得出各月度金额标准差为 1.35 亿元，波动率为 17%。

> **Tips** 年度采购预算汇总如何帮助财务的准备金和预提管理
>
> 图 3-5 还反映了采购未来的支出情况。为了改善现金流，企业通常会努力设定支付账期。若针对部分物料与供应商谈判后锁定了一定的延迟付款账期，假设有 60% 的物料付款时间为到货验收入库开始两个月后支付，另外 40% 的物料为到货即付或需要预付款的，那么采购就需要在每个月末与财务沟通进行资金的准备和预提（provision）。例如在 2 月底就要对 3 月份的支付行为进行安排管理，需要预先通知财务，在 3 月份会支付 1 月份已到账期的 5.59 亿元，同时需要支付当月的 3.99 亿元现货现款，合并 3 月的采购支出总 9.58 亿元。
>
> 由于采购成本是企业的成本的最大项目，通过统计测算，可以帮助企业预先了解到哪些是集中支付的高峰时间段，具体的支付金额预估是多少，以便企业和财务提前做好资金的协调和准备。
>
> 若按照在月度金额别的基础上再增加需求数量别，并结合生产与营销的活动计划，还可以综合分析出哪些时间段是需求的旺季，哪些是淡季，可以进一步与供应商沟通，做好供应服务的准备或抵抗风险的预案。

（2）采购物料金额按照厂别、月度别分解。假设该集团企业下辖八个生产制造工厂，前五家工厂坐落在国内，后三家工厂是近年来在海外收购的企业。如图 3-6 所示，制造 1 至制造 5 为国内企业，制造 6 至制造 8 为海外工厂。它们根据自身的生产与营销计划，分别制定了采购预算。

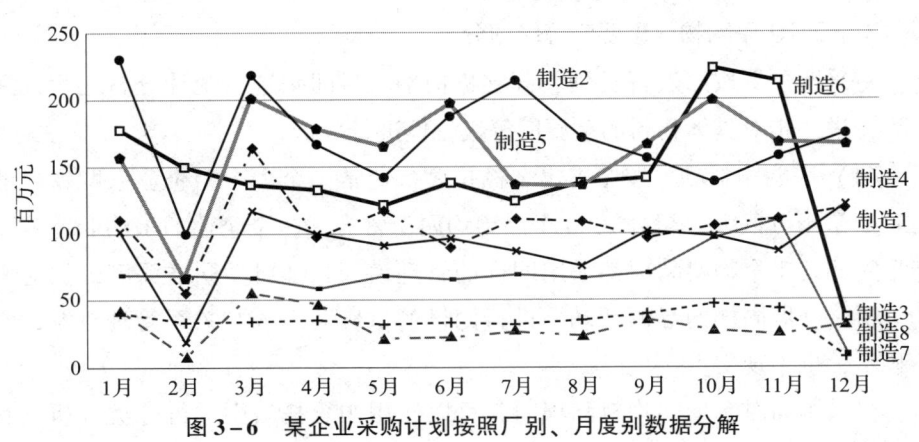

图 3-6 某企业采购计划按照厂别、月度别数据分解

从图中可以看出，国内的几家工厂由于春节假期在 2 月份，因此形成需求低谷；而海外的 3 家工厂则在 12 月圣诞节期间把产能压缩到了最小。

在由于假期而导致的需求低谷之前的两个月与假期结束后开工的一个月均形成了短期的需求高峰。假日之前的需求高峰是为了传统年节的终端客户需求旺季的到来而备货；开工之后的需求高峰是为了常规的春季或夏季旺季而备货。

从另外一方面，总部的采购职能可以利用这样的分支机构预算分解数据，还可以进行采购的内部客户服务的准备工作。首先按照采购金额分析客户层级。通过以上的各图表可以得出：制造 2、制造 5、制造 6 这三个分厂占据了总采购额的 60% 以上，形成了采购的关键内部客户领域。可以通俗地评价，这三家是采购的"金牌 VIP"客户。其中制造 6 分厂还是海外的分支机构，更需要按照它们的特点关注其需求满足情况和服务水平。这样论述，并不意味着其余的分支机构就不重要，而是要求采购职能按照帕累托法则，认清主要矛盾和次要矛盾的关系，科学地对外部采购、内部供应和客户服务进行有针对性的管理。

图 3-6 还包含着更多的解读内容，包括：重点关注不同分支机构在时间维度上的需求特点和不同的供应商基础；各分厂如何整合需求形成批量经济规模；面对海外市场如何进行全球供应源搜寻；库存水平如何能够更经济地按照时间节奏与规律进行管控；配合各分厂的财务基本状况，按照合同进行支付。

3. 80/20 采购物料重要度等级划分

对采购预算按照宏观类别、分支机构别、时间别进行统计分析之后，还应当再进一步对具体物料的重要度等级特性进行分析。

（1）采购物料品项按照支出金额排序。通常一个大中型企业采购物料的 SKU 数量十分巨大，超过 1000 个品项均属于常态。一个企业的采购职能若要把采购的几千个物料品项都采用同样的管理模式，都启动同样深度的供应市场分析、开展同样的寻源活动、进行同样的供应商引入与关系管理机制，既不科学，也不现实。

当采购面对海量的物料品项时，可以使用帕累托法则进行分类分析。利用采购预算分解到每一个物料的详细数据，对于每项物料的年度采购金额按照从大到小进行排序，如图3-7所示，该案例中的企业采购物料品项SKU达到了1700个。按照从大到小排序，发现金额排行前13个物料品项加合在一起，已经达到了总金额的80%。而其余的1600多个品项只占了20%的金额。其中A、B、C、D四大物料品项，年度预估支出50.19亿元，达到总金额的50%以上，占据了绝对的采购物料支出的"第一组团"。

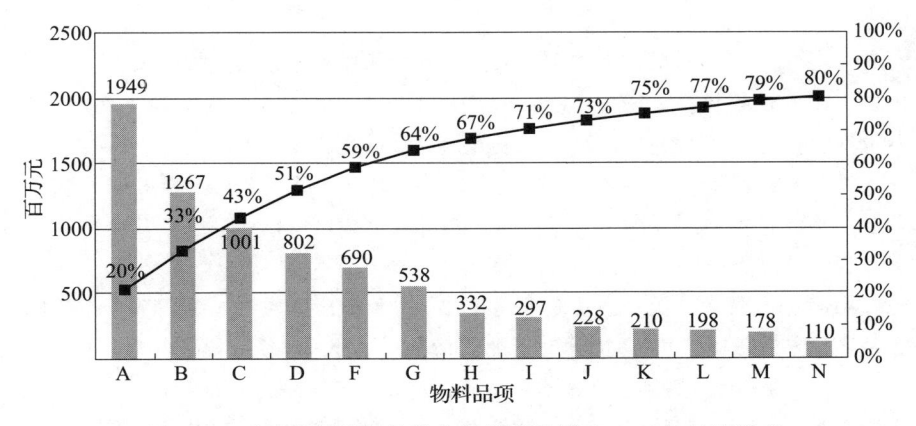

图3-7 采购物料按照品类金额的帕累托（80/20）法则排序

（2）采购物料品项80/20分类。通过以上的物料分类分解，采购职能可以形成对A至N的13大物料的重点管理系统，构成企业的A类采购物料，通常称为80物料管理。有了这样的80/20分类，就可以进行具有很强逻辑性的采购规划制定，它既可以帮助采购战略层面的分析与决策，也可以释放到采购运营与作业层面，对具体每一件80物料进行微观管理。

对于分析得出的80物料，必须施加最完整的采购战略与战术的管理方法，按照采购循环周期的节点次序，无论是需求确定、供应市场分析、战略寻源，还是供应商引入与合同管理，再到供应商战略协作关系与绩效管理，均要求采购职能予以最高的重视等级。通常企业会把80物料的战略层级提升到最高经营管理层，例如董事会或企业的CEO、CFO代表投资方给予重点关注且在需要时做出相关决策。同时采购职能还要求配合企业战略目标，对这些物料做出中长期的发展规划，特别在未来资源掌控和获取方面更是重中之重。

在实际工作中，采购职能应当具备需求分析的能力、采购预算制定的能

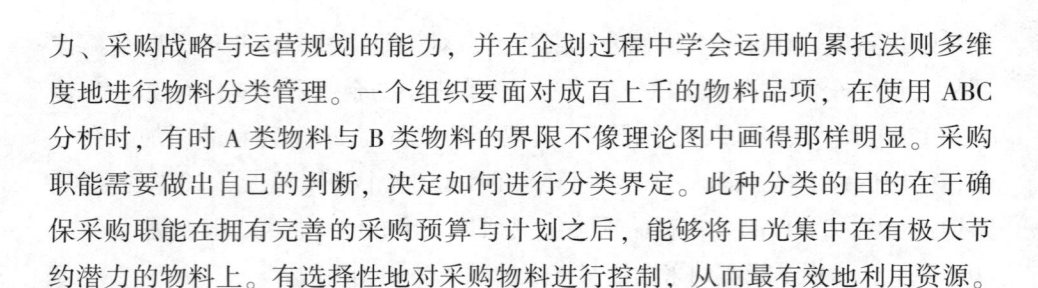

力、采购战略与运营规划的能力,并在企划过程中学会运用帕累托法则多维度地进行物料分类管理。一个组织要面对成百上千的物料品项,在使用 ABC 分析时,有时 A 类物料与 B 类物料的界限不像理论图中画得那样明显。采购职能需要做出自己的判断,决定如何进行分类界定。此种分类的目的在于确保采购职能在拥有完善的采购预算与计划之后,能够将目光集中在有极大节约潜力的物料上。有选择性地对采购物料进行控制,从而最有效地利用资源。

> **Tips** **帕累托法则在采购物料分析中的不足**
>
> 在采购运营管理过程中运用 ABC 法则可以识别对企业总成本影响最大的物料或项目。对于 A 类物料建立一个长期的管理系统,改进预测方法,详细分析订货数量和时间决策,将会极大地提高总成本的管理绩效;而对于 B 类或 C 类物料,即使按照同样的模式做,也收效甚微。ABC 法则的侧重点只是成本方面,因此 ABC 法则仅是改善采购管理的第一步。
>
> ABC 分析法有助于将企业管理的重心集中于十分重要的方面,即采购成本。但是这种方法只是根据一种标准进行物料的类别划分,明显忽视了其他重要的标准。因为这是一个单一维度的成本分析法,有时会产生一定的误导性。例如,在上述案例中,整个集团公司年度花费了超过 5 亿元用于购买生产制造所需要的高温蒸汽和工业用水,超过 6 亿元购买通用的包装材料;而只花费了 10 万元购买专用的稀有金属材料钽。热电厂供应的蒸汽、工业用水与包装材料显然比稀有的金属材料更容易获得,但是在简易的帕累托 ABC 法则中,蒸汽、水和包装材料很容易被划归到 A 类物料,钽被划归到 C 类,从而导致了不科学的结论。
>
> 同样还存在一个问题,根据 ABC 法则我们只能了解某物料或服务对财务状况的相对重要性,而面对供应市场环境和激烈竞争的供应商时,若单独依靠 ABC 法则来制定供应与采购的战略战术,就显得不够完整。

综合以上各项论述,尽管以帕累托法则为基础的 ABC 法则在采购管理中的意义非常重大,但是仅仅查看物料采购的总成本与分类成本和数量的对比,并不能全面满足采购与供应商管理的需要。似乎很有必要结合供应市场与供应源的特点来进一步找到答案。我们可以把 ABC 法则得出的结果作为二维分析中的一个维度,并将它们与其他一些同样具有重要意义的因素进行权衡。其中一个最为常用的二维分析就是我们在第 4 章重点介绍的彼得·卡拉杰克模型(供应与采购定位模型)。

3.4 案例与思考

"BM 家化"公司采购预算管理体系变革的思考

1. 企业背景

BM 公司是一家以生产和销售家庭日化产品为主营业务的企业，经过在行业内 20 多年的发展，上一个财年营业额达到了 200 亿元。由于上游供应市场的波动，同时行业和下游渠道竞争激烈，尽管品牌具有一定的知名度，但是企业毛利率和净利率表现均不理想。近年来直接采购的成本率约为 60%（采购金额占营业额的比率）。配合营销区域的扩张，目前生产制造厂已从原来的 2 家增加到了 10 家，分布在全国重点市场地区。

目前企业的经营预算模式是以市场销售为龙头，按照各营销区域进行事业部别、产品别、客户别制定年度销售预算与运营计划。财务部门会把分解到各月的年度销售预算提交给生产单位作为生产计划的准备基础，而生产计划中包含了生产性原材料的物料需求计划。集中采购部门按照这份年度的物料需求计划，制定未来各采购物料的价格和采购与供应的策略。

2. 经营状况

目前令企业管理者头疼的是：以区域销售为代表的业务单位经常对生产部门提出缺货的投诉。而生产部门一方面抱怨销售计划的变化过大，导致生产的产品不是爆仓就是缺货。另一方面也抱怨集中采购部门供应的连续性和到货质量绩效都在恶化；采购部门则频频接到供应商关于自身产能的瓶颈和 BM 公司计划不准确导致的库存积压或断供的抱怨，有些供应商甚至决定未来考虑退出供应；而市场营销层面也需要面对需求波动性越来越大的渠道经销商和终端零售客户的失销所带来的经营风险。更何况近年来经营利润也呈现下滑的危险态势。

3. 企业的变革

在本财年的最后一个季度，企业召开了一次包括经营高管团队在内的战略会议，公司希望改变预算模式，加强运营计划的执行力，降低库存水平，提升周转率。会议上很多职能部门都提出了各种改善的建议。其中供应链的

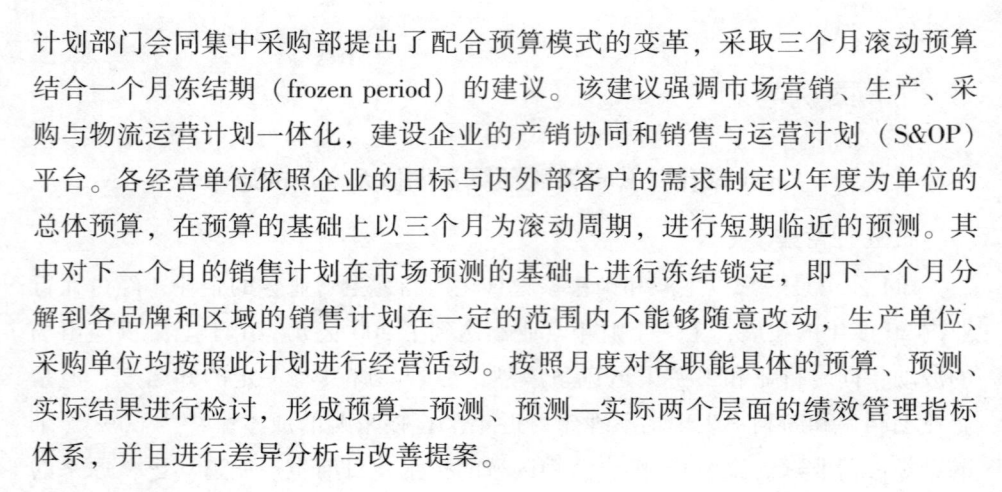

计划部门会同集中采购部提出了配合预算模式的变革，采取三个月滚动预算结合一个月冻结期（frozen period）的建议。该建议强调市场营销、生产、采购与物流运营计划一体化，建设企业的产销协同和销售与运营计划（S&OP）平台。各经营单位依照企业的目标与内外部客户的需求制定以年度为单位的总体预算，在预算的基础上以三个月为滚动周期，进行短期临近的预测。其中对下一个月的销售计划在市场预测的基础上进行冻结锁定，即下一个月分解到各品牌和区域的销售计划在一定的范围内不能够随意改动，生产单位、采购单位均按照此计划进行经营活动。按照月度对各职能具体的预算、预测、实际结果进行检讨，形成预算—预测、预测—实际两个层面的绩效管理指标体系，并且进行差异分析与改善提案。

4．思考与启发

（1）你所处的行业和企业适合于使用滚动加冻结期的运营模式吗？按照行业与客户的特点，冻结期的长短选择有什么样的考虑？

（2）若按照三个月滚动一个月冻结的产销模式，集中采购部门面对10家生产工厂的原物料需求，在制定采购预算与计划时会遇到哪些问题？

（3）滚动预算与冻结期的设定，如何与供应商的产销节奏进行匹配？

第 4 章
运筹帷幄：
供应与采购的博弈

在供应市场中，供应力与需求力交叉的两条轴线，完美地勾画了采购战略的版图上一章论述了结合采购预算过程，如何利用帕累托法则对采购物料进行 ABC 分析。该方法是以采购职能与供应商交易的业务金额以及业务量为基础的。但是这并非采购与供应链职能在划分采购物料与供应商时所要考虑的唯一因素。我们可以把 ABC 分析的结果与其他供应与采购中有意义的因素进行权衡。其中最为有效的就是以供应与采购定位矩阵为基础，由它演变和发展出的一系列战略模型与管理工具。

4.1 核心工具：供应与采购定位模型

采购职能在思考不同物料采购支出的同时，还应该更多地思考如何把这种支出的形式与供应市场的复杂性与波动性结合之后，进行二维矩阵式分析。

4.1.1 理解卡拉杰克矩阵

在此我们必须提到对采购领域的战略思维做出杰出贡献的彼得·卡拉杰克教授。他目前是麦肯锡的顾问委员会成员；在 2002 年之前他一直担任麦肯锡管理咨询公司的高级管理职务，领导麦肯锡的运营。同时他也是欧洲采购管理研究院（EIPM，Europe Institute of Purchasing Management）的荣誉教授。

卡拉杰克教授于 1983 年发表在《哈佛商业评论》上的《采购必须纳入供应管理》（*Purchasing must become Supply Management*）一文，率先突破性地将金融投资组合的概念引入采购领域，形成卡拉杰克组合矩阵（Kraljic portfolio matrix），因为它突出了在企业管理中采购与供应的战略价值，被认为是全球范围内采购领域的划时代之作。该方法论已经在过去的 30 年中帮助世界各地的组织建立了自己的采购基础模型和工具。它有利于企业对供应与采购的关系进行科学的分析，有效地管理总购置成本，并通过建立战略决策思维，最大限度地提升采购职能对供应链获利能力的价值。

1. 卡拉杰克组合矩阵原版模型

卡拉杰克矩阵是从它最初的投资组合矩阵中转化而来的，在实际使用当中还有很多简化版和变体版，如 O'Brien 版本和 Massin 版本等；在有些资料中也经常被称为"供应采购定位模型""供应细分分析法""采购组合分析模型"等。

卡拉杰克矩阵主要分析两大因素：

（1）所采购物料对于组织的重要程度。这与组织对该物料的年度支出额、该物料通过创收或成本节约而带来利润的潜力等因素相关。

（2）所购物料的供应市场复杂程度。这与物料供应源搜寻的难度、采购方对供应失效的脆弱性、采购方与供应商在市场中的相对势力等因素相关。

卡拉杰克组合矩阵原版模型如图 4-1 所示。

	供应市场的复杂程度 低 → 高			
物料的重要性 高	**采购的焦点** 杠杆型物料 **关键绩效标准** 成本/价格和物料流动管理 **典型来源** 很多供应商，主要在当地	**时间** 变化的，一般12~24个月 **所采购的物料** 各类商品和特定的物料 **供应** 丰富	**采购的焦点** 战略型物料 **关键绩效标准** 长期的可用性 **典型来源** 已有的全球性供应商	**时间** 可长达10年，受制于长期战略影响（风险与合同组合） **所采购的物料** 稀缺的和（或）高价值的 **供应** 天然稀缺性
物料的重要性 低	**采购的焦点** 日常型物料 **关键绩效标准** 职能部门的效率 **典型来源** 已有的当地供应商	**时间** 有限的，一般小于等于12个月 **所采购的物料** 各初级商品，一些特定的物料 **供应** 丰富	**采购的焦点** 瓶颈型物料 **关键绩效标准** 成本管理与可靠的短期供应源搜寻 **典型来源** 全球性的、主要是具有新技术的新的供应商	**时间** 变化的，依赖可用性与短期灵活性之间的权衡 **所采购的物料** 主要是指定规格的物料 **供应** 基于生产的稀缺性

图 4-1　卡拉杰克组合矩阵

该矩阵按照供应市场供需矛盾的两大主要因素分成横纵两个坐标轴：

（1）横轴为供应市场的复杂程度由低至高，也可以代表供应的风险与不确定性。

（2）纵轴为物料的重要性由低至高，同时也代表物料的成本、价值或对企业盈利性的影响。

由横纵坐标分隔成四个象限，把物料种类分为：战略型物料、瓶颈型物料、杠杆型物料和非关键物料（或称日常型物料）。

在四个象限中，按照各类物料的时间特性、绩效特性、物品特性、供应源特性分别进行描述。

按照物料供需矛盾特征进行类别管理，是对帕累托法则 ABC 分析的有效补充。换言之，有些物料在卡拉杰克矩阵当中恰好处于瓶颈或杠杆区间，若仅仅使用 ABC 分析，这些物料有可能被划定为 C、B 类而忽略其重要性。C 类物料虽然价值较低，但有可能是市场短缺物资或关键生产原料。所以新型的物料类别分析方法是：ABC 分析与物料重要性和供应能力相结合。

2. 卡拉杰克组合矩阵的简化版模型及其分析基础

在卡拉杰克组合矩阵提出后，经历了 30 余年的发展和变化，在很多采购专业资料中为了更好地适应大部分人的习惯性读图模式，互换了模型的横纵坐标位置和高低次序，图 4-2 是常见的表现形式。

	采购物料的重要性（成本、价值、获利性）	
供应市场复杂程度 高	瓶颈型物料	战略型物料
低	日常型物料	杠杆型物料
	低　　　　　　　　　　　　　　　　　　高	

图 4-2　供应—采购定位模型

接下来我们进行采购物料支出分析。

（1）企业在建立供应采购定位分析之前，根据采购预算或实际采购活动的发生，需要分析所有采购物料或服务的支出情况。采购预算或实际发生的总金额应该是把每个职能部门、每个战略业务单元（SBU，strategic business unit）或分支机构，对每项产品或服务的采购支出进行汇总的结果。无论为了制订采购预算与计划还是评估采购实际运营结果，采购物料的支出分析都是一项非常重要的工作，它是供应采购定位模型分析的基础。

（2）采购物料支出分析的关键步骤是在图4-2中标出每个物料品项（SKU）或服务类别的坐标位置。横坐标轴一般以企业每年对它的支出总额来衡量采购物料或服务的重要性。实际工作中会有一些因素无法通过量化成本确切地标示出来，如潜在影响盈利性、采购过程中的责任、运输和保管费用等，可以根据实际情况将成本/价值适当进行加权调整。在某种程度上，我们可以认为成本/价值描述了所采购物料对企业的利润影响程度。

（3）每个企业必须根据自身的情况和需求来确定供应市场的风险程度。一般来说该模型的纵坐标所代表的供应市场的复杂程度可以有以下衡量因素：

1）采购物料获得的难易程度。

2）供应商数量。

3）竞争的需要。

4）自制还是外购的可能性比例。

5）库存积压的风险。

6）替代品的可能性比例。

7）技术因素与环境因素。

（4）在四象限坐标系模型中定位之后，接下来我们就可以按照四大类别对具体物料进行战略分类讨论了。

> **Tips**
>
> **关键物料还是辅助物料**
>
> 采购物料的支出分析，在拥有多元化或多个分支机构的大型组织中，因为不同的业务单元会对某些物料、商品或服务的相对重要性的风险程度有不同的看法。此时采购职能务必按照利益相关者的法则去处理问题，且需要按照具体问题具体分析的办法，必要时可以将同一种类的物料根据使用单位的不同情况按不同类型的物料来区别对待。例如，某一物料对其中一个业务单元为生产制造不可或缺的核心重要原材料，而在另外的业务单元，可能仅仅属于辅助性材料。

4.1.2 简洁而不简单的四大类别

当完成最初的采购物料支出分析之后，就要通过观察物料的具体坐标落入哪一个象限区间，对其供应与采购的战略和运营特点进行描述。

1. 战略型物料

（1）从模型图中可以发现，战略型物料代表高成本与高价值，对企业的

利润影响突出，且高供应风险的产品或服务。战略型物料能够保证企业输出商品在客户营销市场中的竞争力和竞争优势。它在带来风险的同时也具有很大的成本或价值。这类物料的采购战略决策通常需要由企业高层做出，针对这类物料，采购职能需要关注以下一些战略议题：

1）精确的需求分析与预测。
2）详细的供应市场调查与研究。
3）瞄准长期的供应关系的开发。
4）务必进行充分的自制与外购的战略决策。
5）高等级的供应风险分析与风控方案。
6）制定风险一旦发生的应急预案（contingency plan）。
7）严格的物流、库存与对供应商的控制与管理。

（2）对于战略型物料，物料与物料之间可能存在相互的依赖性和共同的投资特性，例如：汽车制造企业购买的发动机或变速器总成；计算机制造商购买的中央处理器等核心集成电路等。所以关注的焦点应当为供应的总成本、安全性和竞争力。可以以此形成运营层面的计划方案：

1）运营行动计划：开发长期的、以信任为基础的、互惠互利的战略性合作关系管理原则（如战略供应商开发的6T法则）；协作规划；数据与信息的共享；系统的集成和一体化。

2）抗风险策略：由于其风险程度高，对利润的影响巨大，对于企业来说是非常"脆弱"的，需要有条件地在供应商关系中引入共同命运的元素。供应商关系需要发展为更加长远、更具有战略性前景的特性，如持续改进、供应商早期参与、创新、相互总成本降低、质量一体化以及可持续性。

3）战略型供应商往往处于帕累托法则ABC分析的顶端，即占80%企业成本的20%的供应商。一个组织需要花费相当大比重的时间和精力来发展这些供应商。

4）与供应商所产生的关系越深，越需要与每个类别中越少的供应商打交道，或许对某类别的物料达到单一供应源的程度。但是这种紧密关系，通常也会导致很高的供应商转换障碍与成本。

2. 瓶颈型物料

（1）瓶颈型物料代表成本或价值较低，对企业的成本或利润影响不突出，但是供应风险很大的采购类型。该类物料的成本较低，但是或许由于供应商的数量少、市场价格波动性大、到货周期长甚至无法交付货物等原因可能导致采购额超支或无法精确预估。该象限的物料对于企业来讲风险较高，而最终消费者还很有可能从所使用的产品中看不到企业为这种物料所付出的代价。作为高风险的"卡脖子"物料的采购决策，一般也需要由企业高层或采购职能的较高级别管理者做出。采购职能需要关注以下战略议题：

1）如何在谈判余地不大，且对供应商依赖程度较高方面有所突破。
2）建立较高级别的风险管控机制。
3）建立供货保证体系。
4）精确核算并保有安全库存。
5）制定备选方案。

（2）瓶颈型物料通常可能为专有的零配件或专业的某种服务，如果出现这类物料的短缺，可能会造成运营的延迟甚至停顿，因此采购职能应当首先确保供应的连续性和安全性。因此可能的运营方案如下：

1）为保证供应安全性可以采取的运营层面的行动计划：
① 需要倾注较大量的人、财、物成本进行供应商的评估与遴选。
② 应当尽可能与供应商签订中长期的合同。
③ 持续开发备选与备用供应源。
④ 在合同中有条件地使用激励和惩罚条款。
⑤ 为保证交货的可靠性，对交付过程要进行严密监控并制定跟催流程。

> **Tips　　　　　　　　保证供应！**
> 瓶颈型物料按照所在象限分析，会严重影响组织交付其产品的能力。因此，组织在某种情况下会花费一定的代价进行"保供"。在供应过程中为了"保供"而带来的额外成本或溢价，实质上也是为确保组织的正常经营。那么由于"保供"所带来的总成本的上升，也包含了向客户供应失败所导致的成本，因而需要引起高度重视。

2）需求转变与替代品的驱动力。瓶颈型物料往往会耗费与其自身价值相比过多的时间和精力。它们的供应市场是复杂而多变的，找到合适供应商的机会较少，或很难与其打交道。企业通常希望简化这些物料的采购，在任何可能的前提下，企业应当将这些物料的需求转化为矩阵中其他象限的物料。

3）创造联合采购的机会。若企业发现自己受困于瓶颈型物料且短期内无法摆脱，可以采取与存在同样问题的组织一起加入采购联盟，尝试联合采购，力图改变自己的困境。

3. 杠杆型物料

（1）杠杆型物料代表成本价值高，对企业的利润影响突出，但是供应风险较小的采购类型。该类物料属于一些基本采购类型，需要支出较多的资金，像生产型企业中常用的包装物料、基本的制造用物品、常规涂料等都属于此类产品或服务。由于该类物料的竞争中品牌之间的差异很小，供应商通常试图通过提供相关的增值服务来获得采购方的青睐。这类物料的采购决策通常由采购职能的运营层面管理者直接做出。企业在战略层面需要关注以下几方面：

1）充分开发采购能力。
2）认真选择供应商。
3）目标价格策略。
4）竞争性招投标与谈判。
5）合同采购与小批量采购并用。
6）订单进行合并、经济批量优化。

（2）对于杠杆型物料，采购者首先应当利用自己在市场中的优势地位与话语权来保证最好的价格和供货条款。运营计划可以包括：

1）为增强采购方势力，具体行动计划包括：

① 采购方较强的博弈力会使可供选择的供应源较多，因此在该类采购中，可实施多供应源策略。

② 利用包括竞争性招投标、反向拍卖在内的竞争性定价策略。

③ 尽可能将规格标准化，进一步扩大供应源选择范围。

④ 必要时使用合并订单以增强采购方势力，保证经济规模。

> **Tips** 杠杆型物料在西方的采购文献中常常用"日常或大宗的商品（commodity）"一词替代，这也说明了有许多供应商可以提供几乎一样的产品或服务，并且企业的使用量较大。因此，企业有很大的机会利用这样的购买力和市场的竞争性之间的"杠杆"力量来获得一个最佳的交易模式。

2）该象限之所以用"杠杆"的名称来命名，还存在另外一个层面，即采购物料的成本作为财务杠杆的含义。因为其采购数量与金额均较大，且采购方供应市场博弈力较高，因此在这类物料中可以相对容易地通过采购活动获得成本的节省，而采购成本节约的每分钱都将转化为企业的净利润。

3）企业希望通过管理杠杆型物料的支出以使其避免购买若干种大量却类似的产品，这类物料是最能体现集中采购中央统筹的优越性的。在这方面的管理中，对采购过程和供应商管理实行信息化、规范化和标准化是非常有价值的。采购职能需要与需求部门紧密合作。

4）企业购买能力的增长将更加巩固其采购地位。由于企业面临与多家供应商合作，且可能发生供应商更换的机会较其他采购类别要多，因此对于供应商合同期限的确定也要十分谨慎。

4. 日常型物料

（1）日常型物料代表成本与价值均较低，对企业的利润影响不突出，并且供应风险较小的采购类别。该类物料属于常规型项目，不直接（或极为有限地）增加客户产品的附加价值，成本一般较低，且一旦供应有中断或困难，给企业造成的潜在威胁也不大。日常型物料一般都是标准化的商品或服务，供应充足，可选择供应商的数量也很多。这类商品或服务的采购一般都是按照事先制定好的规则和流程交由采购作业人员进行处理，企业在这类物料的采购管理方面应当着重以下几点：

1）尽量使产品或服务标准化。

2）做好订单的检测与优化。

3）对库存做好"去库存化"或优化管理。

4）注意这类物料对采购职能资源的占用比例不宜过高。

（2）对于日常型物料，如常规办公用品、MRO等，关注的焦点应当是保持较低的日常维护工作费用以降低采购成本。运营计划包括：

1）行动方案：

① 可采用正常交易关系如总括订单，即与供应商签订协议进行按需分批发货的采购模式。

② 增加电子采购的实施（例如利用电子商务平台进行网购等），提升标

准化程度，进一步节省过程与人工成本。

③ 日常型物料也往往隶属于间接采购物料，也是企业内部较大量实行非专职采购职能的兼职采购物料（例如行政部门负责办公用品、IT部门负责计算机、生产厂负责MRO物料采购）的分类。

④ 根据从供应商、终端用户收到的定期报告，对费用与支出情况进行监控。

2）组织需要高效地对这类物料进行供应商选择。所涉及的物料相对重要性较低，它们的市场竞争非常激烈，有许多的供应商以及较低的更换障碍。

> **Tips　日常型物料可否采用招投标模式进行采购？**
>
> 在考虑供应商引入与合同授予模式时，要关注成本—效益的分析。例如若要启动招投标或较复杂的商务谈判，过程成本与目标结果相比较是否"划算"。

3）企业需要支付最具竞争力的价格，同时保证交付和质量标准。

4）供应商关系属于公平买卖和战术交易性质。

4.1.3　四大类物料的分类与聚焦

依据卡拉杰克矩阵，可以把采购物料进行合理分类。四个象限的采购物料二维分类特性就构成了战略重点，在采购战略企划的实践经验中推导出一系列的关键任务、所需要的数据信息支持以及决策层级，形成汇总表格，以便对比、参考，见表4-1。

表4-1　采购战略关键任务汇总表

采购的重点	关键任务	所需数据与信息	决策层级（建议）
战略型物料 （对利润影响大，高供应风险）	• 精确的需求预测 • 详细的市场调查研究 • 长期供应关系的开发 • 自产还是采购的决策 • 风险分析 • 应变、应急计划的制订 • 物流、库存和对供应商的控制管理	• 极具体的市场行情数据 • 远期的供求趋势信息 • 正确的竞争情况情报 • 行业成本曲线	最高层 （如CEO、主管采购的副总裁、CPO）

（续）

采购的重点	关键任务	所需数据与信息	决策层级（建议）
瓶颈型物料 （对利润影响小， 高供应风险）	• 货量保障 • 供应商控制管理 • 安全库存量 • 备用计划的制订	• 具体的市场行情数据 • 中期供需预测 • 准确的市场信息 • 库存成本 • 维护计划	较高层 （如采购部门主管）
杠杆型物料 （对利润影响大， 低供应风险）	• 充分开发采购能力 • 供应商的选择 • 产品的替代 • 目标价格策略 • 招标与谈判	• 较具体的市场行情数据 • 中短期的需求计划 • 精确的供应商数据 • 价格/运输费率预测	中高层 （如采购部门主管）
日常型物料 （对利润影响小， 低供应风险）	• 产品标准化 • 订单量的监测/优化 • 有效处理 • 库存量的优化	• 简单分析的市场前景 • 短期的需求预测 • 经济订单数量 • 库存水平	基层 （如采购作业层级）

4.2 采购定位与供应动力测评相结合

在第2章中我曾经举例说明，有些物料在企业的采购品类中，无论投入资金还是需求数量均较大，采购方很容易把其划归为战略关键物料或杠杆型物料，且对企业本身的成本与盈利性影响很大。但是进一步对该类物料的供应市场进行分析，就会发现，当把这类物料放在整个产业与行业当中进行对比时，可能投资金额与需求数量就不占优势了。此时若采购职能盲目地认为这类物料具有战略属性或杠杆属性，则会陷入采购物料品类管理的"悖论"，导致供应采购定位理论（针对企业内部）与现实（企业外部环境）发生冲突。

4.2.1 理解采购定位模型的缺陷

将卡拉杰克矩阵直接应用到某一个特定的物料需求环境中，可以为构建采购战略企划、制订行动计划提供有效的通用型框架。但是就像所有理论一样，它也存在局限性。

(1) 这种分析很大程度上忽视了一个事实,即并非所有的供应风险都产生于采购方与供应商关系的内部,或者都能够通过发展并管理这种关系来减轻风险。外部环境和竞争性因素也可以产生很大的影响。

(2) 在利用卡拉杰克矩阵进行分析时,请务必厘清一个关键问题,那就是该模型只适用于供应与采购的物料本身,而不是供应商。例如:日常型物料的供应商也可能提供战略型物料,如果仅仅根据其某些业务范围就把这样一个供应商视为"非关键"角色,那显然是不科学的。

(3) 另外,在关于业务重要度等级、相互的关系形式以及各方的相对势力等方面,采购方与供应商的认知也会存在差异和不对称。某一类物料对采购方而言可能属于战略或杠杆性质(作为组合分析中高风险或高开支的物料),但是对于一个拥有许多其他客户的大型供应商,或供应市场中较大型的供应基础而言,这或许并不代表高额的营业收入或重要的客户资源。此时,采购方若仅采用卡拉杰克矩阵中的战略或杠杆管理方法可能是无效的。

因此,把偏重物料视角的"卡拉杰克矩阵"与偏重供应商视角的"供应商偏好模型"结合起来,才是一种更加全面和科学的管理手段。

4.2.2 各个击破采购管理的难点

1. 卡拉杰克矩阵对于物料战略和战术属性的划分

(1) 卡拉杰克矩阵处于供应市场复杂程度高区位的两个象限,战略型物料与瓶颈型物料,由于其特性均隶属于战略区间;位于市场复杂程度低区位的其余两个象限,杠杆型物料与日常型物料属于战术区间。这样的区分,有利于管理层级的设定,分门别类管理的针对性较强,更有利于利益相关者群体的沟通。

1) 该划分模式重点关注三个方面:物料的类别管理模式、采购任务的风险等级以及不同利益相关者的互动。

2) 按照战略与战术区间划分,也构成了两个联动的标准体系:采购组织的相对成本、组织在供应市场中的脆弱性。

(2) 如图4-3左侧图形所示,四类物料的侧重点各有不同。

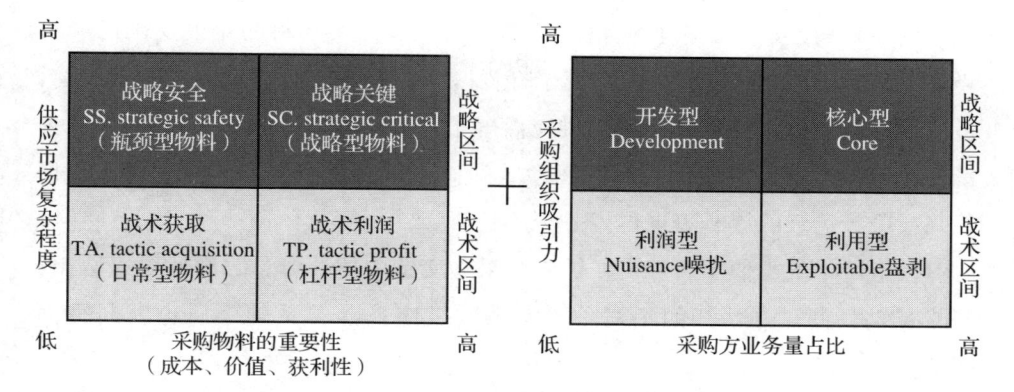

图 4-3 卡拉杰克矩阵与供应商偏好模型相结合

1）战略区间：

① 对于战略型物料，重点从战略角度关注其在企业中扮演上游资源的"关键先生"的地位。故有战略关键（SC, strategic critical）之称。

② 对于瓶颈型物料，更多的是从战略角度保障供应的安全性，所以称之为战略安全（SS, strategic safety）。

以上两类适用于供应商关系中的紧密战略关系层级，从低至高包括：外包、战略联盟、伙伴关系、共命运关系。

2）战术区间：

① 对于杠杆型物料，由于组织所在的供应市场脆弱性较低，采购主动权较大，且组织投入成本较高，对提升利润的影响程度也较大，故称为战术利润（TP, tactic profit）。

② 对于日常型物料，由于在矩阵中两个标准影响均为"双低"，所以又称为战术获取（TA, tactic acquisition）。

以上两类适用于供应商关系中的松散型战术层级，从低至高包括：对立关系、一般交易关系、紧密战术关系。

2. 采购物料定位与供应商偏好相结合

（1）"定位与偏好"相结合是"物（物料）与人（供应商）"相结合分析的基础。

很多供应与采购之间的矛盾，其本质是由于采购方对于物料的定位与供应商对客户的定位发生分歧与差异造成的。

例如采购方认为从本企业角度衡量，用于购买某物料的年度支出已经相当高了，对于该物料的管控应当属于杠杆区间，有必要启动谈判或者招投标，进一步降低成本；可是该物料的供应商（们）却认为客户仅仅处于销售业务量占比不高，吸引力也较低的利润型区间，不作为重点客户看待，对于价格谈判或服务等级的提升表现得"寸土不让"。

以上所举的类似矛盾冲突在供应与采购实践中比比皆是。由此可以看出，若能有效解决双方认知的不对称，大多数供应采购关系的矛盾也就迎刃而解了。

另外，在同一个集团企业内部不同的分支机构，也会对同一款物料有不同的认定。某一单位认定的战略型物料，可能在另外的单位则被看作是瓶颈型物料。因此这也体现了为何集中与分散采购需要有机地协调管理。

（2）"定位与偏好"双结合的工具。之前我们分层级论述了卡拉杰克矩阵在物料分类管理中的重要性与优势，同时也描述了其在供应市场与供应商管理中的缺陷性。在思考对物料管理的同时如何增加一个对供应商管理的维度，使之更加有针对性地解决采购与供应中的矛盾。鉴于这方面的内容很少有资料记载，因此特别提供一个"定位与偏好"双结合的工具。通常采购与供应商发生认知分歧会集中在以下几个方面，如图4-3右侧图形所示：

1）战术利润（TP）—噪扰（Nuisance）：采购方认定某物料处于杠杆区间，希望进行战术利润管理，但是供应商却视其为噪扰。由于双方认知差异较大，所以风险等级较高。针对该情况的发生，必须迅速响应做出处理。

首先由于双方存在的分歧点差异很大，采购方按照杠杆型物料安排招投标或商务谈判，以期压缩更多的成本空间以提升利润、更大幅度地提升服务水平和获得更多的增值。但是供应商反而认为该客户既谈不上有吸引力，也没有商业价值可言。特别当采购方一味做出降低成本的动作时，还有可能减少或者停止不能带来利润的客户服务。因此该分歧成为战术关系中风险等级较高的一类。采购方有两套方案可以转变不利局面：

第一，因为此战术区间的供应竞争较强，供应商数量较多，可考虑适时更换供应商或储备更多的供应源。

第二，尽可能提升自身的吸引力，与供应商充分沟通，摒弃那些第 2 章中列举的采购方缺乏吸引力的表现，在可能的情况下，通过扩大需求的经济规模，力争提升到供应商偏好的发展型或核心型客户地位，进而从战术层面演进成彼此更加紧密的战略型关系。

2）战术利润（TP）—盘剥（Exploitable）：同上，采购方希望按照杠杆型物料进行管理，供应商认为该客户有一定的业务量，从而在一定程度上弥补了吸引力不足的缺点，但是除了正常履行合同之外，不会额外提供任何其他服务，换言之，供应商会对于采购方任何额外的要求都会转换成费用形式，而另外加收费用。针对这个问题，采购方除了改变自身的缺点提升吸引力、更换供应商之外，还可以采取以下措施：

① 寻求多供应商模式，进行短期关系的组合。

② 由于这一对矛盾与"利润—噪扰"相比较具有较大程度的稳定性，采购方也可以在充分分析利弊的基础上，接受并认可它。但需要注意的是，采购方务必在组织内部的利益相关者层面进行说明并达成共识。

> **Tips　采购方与供应商存在战略区间与战术区间的分歧**
>
> 例如：在采购方认为物料属于战略关键，而供应商视为盘剥或噪扰的情况下，说明双方存在重大分歧，通常首先需要检讨采购方的供应市场分析功能没有得到充分有效的开展，或在竞争力与环境分析中失当。需要立即启动包括与供应商充分沟通在内的，对于"前采购"管理系统的检查，对供应市场与供应源再次进行调研与分析。对于进一步运用更加科学有效的工具进行优化与管理，规避风险、理顺关系、提升战略地位等问题，将在 4.4 中详细论述。

3）在双方认同的战略关系中应当明确一点，采购方与供应商组织从协作中所能获取的利益，比起让关系停留在战术层面双方各自所能获得的利益之总和还要大得多。而战略关系与其说是双方的选择，不如说是随着时间发展而来的。

4）此外，任何两两相对的关系组合分析中，无论哪一种差异，只要出现采购方被认定在盘剥区间特别是噪扰区间的情况，就要求采购方给予特别的关注，在充分分析与研究的基础上，必须及时有效地给予解决。

4.3 深度技能：采购战略与运营框架的构建

首先我们先简单对比一下采购战略与采购策略的差异。采购战略是企业对于供应与采购方向性的把握，是对全局性、高层次的重大供应与采购问题的筹划和指导；而采购策略则是用来描述采购明确而具体的业务活动范围的，要求善于灵活运用适当的采购职能方式和方法。与所有泛称的战略与策略的关系相同，采购策略是从属于采购战略的，没有采购战略指导的采购具体业务活动不会有太大的价值；而反过来，采购战略也需要各种采购策略的支持。采购战略必须服从于企业战略、愿景和使命。没有精准的"谋定而后动"，采购战略只能是空谈。

采购战略和采购策略最重要的区别就是战略要瞄准方向，策略要把握时机。另外，战略和策略的区别还在于：战略需要做减法，而策略需要做加法。战略的目的是要在众多的可能性中选对一件（或几件），然后坚定地执行下去；而策略则是面对具体的目标，考虑应该有几套进攻方案，最终发动攻击，占领目标。再有，战略是长远而简单的；策略是相对短期而复杂的，所以才能更精准地把握时机，完善而周密的方案是取胜的保障。

现代的采购战略更多地融入了组织战略中关于"获取战略性资源的决策过程"，是采购职能通过战略性供应资源的管控过程，帮助组织获得高额投资回报、提升竞争优势地位以及维持可持续性（sustainability）的经营发展。

采购战略需要与组织的战略保持高度的一致，因此它也具有组织战略制定过程的复杂特性。通常组织战略的选择是建立在组织愿景、使命陈述与价值观的基础之上的，并且通过"关键结果领域"（KRA，key result areas）⊖的

⊖ KRA（key result areas）意为关键结果领域，它是为实现企业整体目标、不可或缺的、必须取得满意结果的领域，是企业关键成功要素的聚集地。它是对组织使命、愿景与战略目标的实现起着至关重要的影响和直接贡献的领域，是关键要素的集合。彼得·德鲁克认为企业应当关注八个关键结果领域：市场地位、创新、生产率、实物及金融资产、利润、管理者的表现和培养、员工的表现和态度、公共责任感。当然，对于具体企业来说，应根据自己的行业特点、发展阶段、内部状况等因素来合理确定自己的KRA。

表现来实现战略目标的达成。

> **Tips　　　　　　　　　战略落地！**
>
> 　　阅读大量中外有关采购研究资料后我发现，关于采购战略的具体描述以及策略和执行方案的分解很少涉及，通常都是援引一些企业实践案例阐述组织战略与采购战略制定的复杂性和不确定性。为此，本章专门针对采购职能与企业经营管理者在战略与运营方案制定方面的需求，提供一套详尽的采购战略制定方向以及采购策略与采购运营方案的选择，并且突出了战略、策略、运营方案之间的逻辑关联性。在方便采购职能或企业经营管理者使用的同时，也促进了采购与组织战略的紧密联系。

4.3.1　采购四大永恒战略议题从何而来

彼得·卡拉杰克曾经指出："一个公司对供应战略与策略的需求取决于：第一，采购在战略意义上的重要性，这是根据产品的增值和采购物料占总成本的百分比等因素而定的；第二，供应市场的复杂程度，是以供应短缺程度、技术或替代品的调整程度、进口限制、物流成本和复杂性，以及行业垄断或供求失衡等状况来衡量的。按照以上两个变量，企业高级管理层和高级采购主管可以决定企业供应战略与策略的类型，针对主要供应商开发它们的供应能力，并将风险降低到可以接受的程度。"

包括本章在内，我已经多次提出现有的帕累托法则、卡拉杰克矩阵、供应商偏好矩阵等模型工具不易解决的问题，那就是需求量与供应量分别形成的势力，在供应与采购市场当中发生的认知失衡，进而产生了采购方与供应商由于认知失衡导致的矛盾激化。例如，对于一家使用某类矿业产品作为原材料的中型企业采购而言，年度几亿元的采购额足以使采购组织把该物料定位在战略区间或杠杆区间，并认为理应得到供应商的青睐。但是即使是这样规模的需求量，在经营全球性大宗矿物产品的供应商看来，仍然是个小数目，因而把该客户企业放在非重要的位置上，从而导致了供采关系矛盾的加剧。

建立一套行之有效的尽可能涵盖不同行业领域的供应与采购战略分析模型，并且可以借此对采购策略与行动方案进行有内在联系的分解，是本章的

重中之重。采购战略模型的核心要素有哪些？我们可以借助经济学大师保罗·萨缪尔森（Paul Samuelson）⊖的名言来寻找答案："你甚至可以使一只鹦鹉变成一个训练有素的经济学家，因为它必须学习的只有两个词，那就是'供给'和'需求'"显然，回归供应市场的本质，使我们预见到供应与需求这对市场矛盾体之间的作用力，即供应力与需求力是采购领域内供应关系分类的基础。

1. 在卡拉杰克矩阵基础之上建立采购活动领域模型

通过4.2节的内容，我们了解到为了更加全面地对供应与采购的势态进行有效分析，必须将卡拉杰克矩阵与供应商偏好模型结合起来。结合后的产物本质上是供应市场中供应力与需求力互相作用的过程。这一过程我们可以用采购活动领域来描述，建模如图4-4所示。

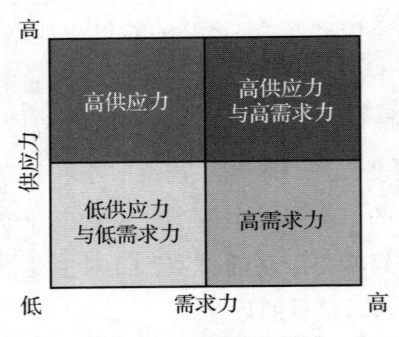

图4-4 采购活动领域

从图4-4中可以看出"定位"与"偏好"矩阵结合后，横坐标由原来的采购成本或客户业绩占比绝对值转换成了采购方在供应市场中的需求力；纵坐标由原来的市场波动性与采购方吸引力转换成了市场中供应商的供应力。换言之，考察供应力与需求力的互相作用，要比"定位"与"偏好"矩阵的结论更具有客观性和战略与实践的指导意义。

⊖ 保罗·萨缪尔森（1915—2009）是美国经济学的主要代表人物。他的研究涉及经济理论的诸多领域，例如一般均衡论、福利经济学、国际贸易理论等。萨缪尔森的经典著作《经济学》以四十多种语言在全球销售超过四百万册，成为全世界最畅销的经济学教科书之一，影响了一代又一代人。1970年，55岁的萨缪尔森成为第一个获得诺贝尔经济学奖的美国人。

2. 采购活动领域形成的战略组合说明

我们用不同的采购物料实例进行简述。

（1）高供应力与高需求力。一家全球化大型机电设备制造商在设备制造与组装工艺中要求采购 ABB 步进电机（stepping motor）配套总成。ABB 在许多工业产品领域拥有相当高的供应市场话语权；同时，ABB 与大型机电制造企业之间也是互相依赖的。在此情况下，确保长期的协作优势无疑有利于双方的共同利益。

（2）高供应力。即使是大型机电制造企业拥有较高的需求力，也有其自身的局限性，尤其在垄断或寡头垄断市场占优势的情况下更是如此。稀缺型或枯竭型能源类采购就是一个很好的例子。例如：石油产品和天然气，尽管大型机电制造企业的能源类物资需求量很大，采购支出和对供应商的业务量占比都较高，可是在很大程度上仍然受制于全球的能源市场体系的波动，仍然依赖于世界上有限的生产和分销渠道。那些面临高供应压力的企业一贯致力于从根本上改变需求的特性，以期摆脱供应商的控制。

（3）高需求力。若以上机电设备制造企业采购普通金属结构件，在世界众多大型金属件供应商中，至少有几十家企业能够满足其质量、性能和数量需求。在此情况下，采购方对于金属结构件供应商来说具有压倒性的力量，并能在供应商之间的竞争中谋求利益。

（4）低供应力与低需求力。在全球范围内一个明显的案例就是远程航空商务旅行和高端商务酒店行业悄然向大众化消费转型。由于跨国企业在本土化、差旅费用控制、践行 CSR 环保绿色低碳理念以及通信产业的发展带来的电话会议与视频会议的便捷性，导致越来越多的跨国企业在大幅度缩减高端商务旅行。在此情况下，该市场的供需显得更加平衡与稳定。与此同时，采购方也可以控制自身差旅需求的发生。

3. 四大采购战略议题——协助采购职能与组织最高管理层之间进行基本战略的沟通

上述供应力与需求力组合形成的采购活动领域可以细分至四象限方格中，从而建立起采购战略议题的基础。采购战略选择框架四大永恒议题，如图 4-5 所示。

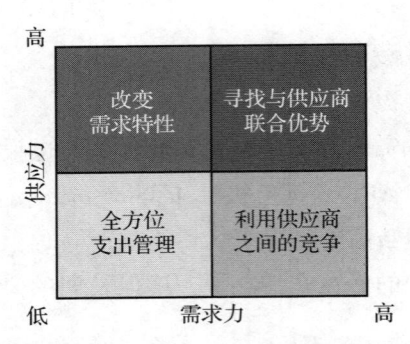

图 4–5　采购战略选择框架四大议题

（1）寻找与供应商的联合优势。在供应与采购双方博弈能力都比较强的市场格局下，第一大采购战略议题是与供应商建立联合优势。这个基本战略的不同方案取决于合作伙伴关系的范围与强度。合作范围包括基于价值的需求协调、一体化的质量协同和产能规划，进而完成价值链上的增值。合作强度由低到高可以从基于项目的目标成本分担，到双方运营目标和结果的共享与风险的分担。

该战略议题的分解可以包含：整合运营企划、共同价值链管理、成本合作以及价值合作伙伴模式。

（2）改变需求特性。在供应商占据市场主导地位的市场格局下，第二大基本战略议题是改变需求的特性。基于独特的技术优势或市场独家特性，某些供应商成功地建立了垄断或寡头垄断的地位，此时必然会造成供应商占据主导地位的市场格局。

通常来看，这类市场垄断现象并非不可避免。而且通过深入研究发现，无论采购方是有意还是无意的行为，实际上绝大多数卖方垄断是由采购方本企业造成的。

CIPS 在全球范围做过一次调研，有超过 2/3 的单一供应是采购方企业自己造成的。例如，常见的一些采购企业内部的行为：过于严苛的无效规格，超出合理范围的技术参数，过质量冗余的要求，不合理的指定品牌或指定供应商，等等，都会导致该物资（或服务）陷入瓶颈区间，进而导致供应的不顺畅甚至断供。汇总该象限的所有表述，结合实战，在此给大家介绍一套"三阶段加自营自制"的解决方案：

1）在 3~6 个月的短期内，如你刚刚上手梳理瓶颈类物资，不可能一蹴而就。这类物资的采购就要以"保供"为主,甚至要用一定的代价换来连续与合格的供应。在这个阶段,压倒一切的是不要断供或出现供应方面的风吹草动。

2) 在未来一年内也就是 6~12 个月的中期内,企业首先应当具备一套管理的机制,即采购有责任和权力牵头,会同企业内外部利益相关方针对瓶颈物资(或服务)开展需求规格技术参数调整、标准化的实施、替代品开发的研讨项目。在此并不是说一经研讨就一定能解决问题。但是有些企业没有这样的机制或者抱残守缺地错误地认为"这类工作不归采购负责",某些职能在需求、规格与技术参数上"一言堂"或者多年不去进行再开发与再研究,"躺在功劳簿上睡觉",那就是不尊重科学的态度。这类企业亟须再造管理规则与流程,扭转错误的管理思维。

3) 若短期和中期经过若干轮次的研究与开发,在职能层面均无解决方案,采购职能应当有责任向企业提出"后向垂直一体化(Backward Vertical Integration)"的方案。如图 4-6 所示。也就是要考虑在商务、法律、资金允许的条件下,对该类稀缺资源进行收购、参股控股或合资合作,打破壁垒。

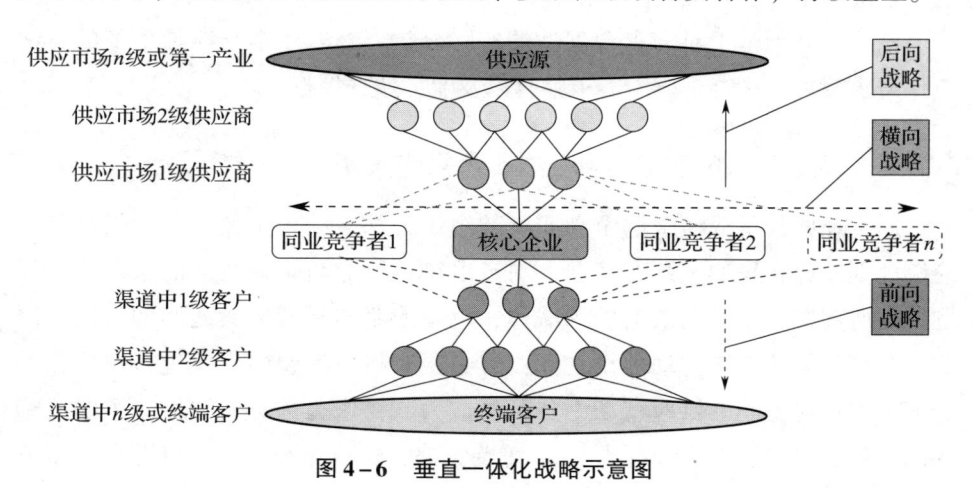

图 4-6 垂直一体化战略示意图

4) 若短期、中期的管控措施在几个循环后都不奏效,长期垂直整合战略又受限于商务、法律、资金等条件不能实施,那么对于该类物资(或服务)就强烈建议企业采取基础理论研发,谋求底层技术开发与突破,自己经营或制造。经典的案例如华为对华为海思的投资与经营。

5) 在此特别强调,对于供应链"左手边"瓶颈物资(或服务)的突破,

对于稀缺资源的管控与获取或占有，就像"右手边"客户营销市场的经营是市场营销与销售的责任一样，采购职能必须在企业中力促建立相关立足于供应市场瞄准稀缺资源的管理的机制，并行使相关的责任和权力。

该战略议题包括：风险管理、创新突破、技术数据分析以及规格调整。

（3）利用供应商之间的竞争。在高需求力市场中，第三大可选择的战略议题是利用供应商之间的竞争，使采购方获得潜在盈利。这种战略可表现为：通过适当的方式激化供应市场的竞争，或者通过专业工具进行分析，利用分析结果影响供应商定价。

该战略议题包括：寻源范围全球化、招投标管理、目标定价法以及供应商定价评估。

（4）全方位支出管理。在低供应力与低需求力的案例中，支出管理首先需要掌握开支与费用的明细，例如：哪个职能或部门向哪个（哪类）供应商采购什么产品或服务。在此基础上，再考虑是否有可能通过企业内部或跨企业领域的需求整合来提高采购博弈力。

该议题必须基于对需求合理性的实际分析。缩减成本与增加价值的方法包括需求管理、联合采购、需求整合以及业务数据挖掘。

4.3.2 从四大战略议题分解出 16 套采购策略

通常那些具备战略采购企划职能的组织，都会结合企业中长期战略与供应链计划，并在采购预算的基础上制定出符合行业与企业特点的采购战略议题。众所周知，策略是战略的承载体，也是战略与运营方案之间的桥梁。因此在制订具体的采购行动计划之前，有必要对战略议题的内容进行逻辑化的分解。通过对不同的供应市场中各种供应力与需求力的分析研究，采购战略的四大议题可以进一步分解成 16 套采购策略，也就是每个战略议题可以再分成四套策略，逻辑分解示意图如图 4-7 所示。

1. 寻找与供应商的联合优势战略议题之内的四套采购策略

（1）价值合作策略。价值合作伙伴的目标在于优化价值增长，同时共担业务风险，成功的关键是创建一个真正双赢的局面。该策略模式包括：基于项目的合作、利益共享模式构建、基于价值的采购、战略联盟。

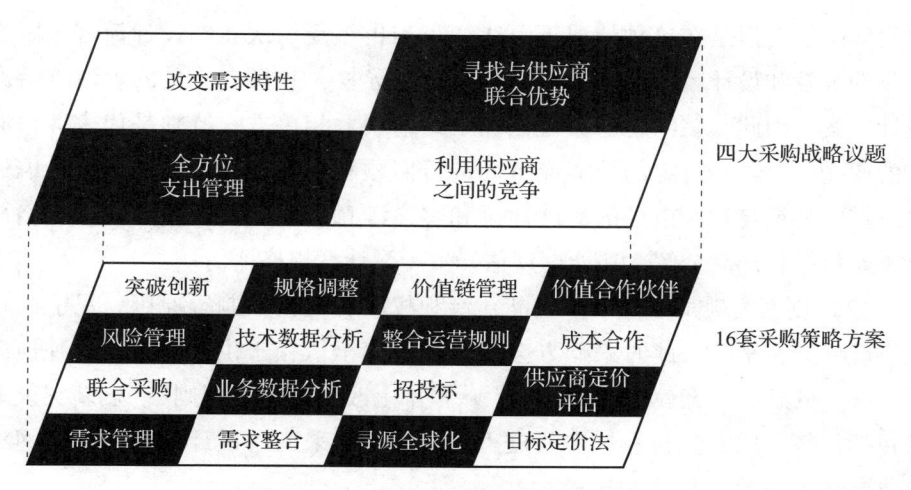

第4章 运筹帷幄：供应与采购的博弈

```
┌─────────────────┬─────────────────┐
│  改变需求特性    │  寻找与供应商    │
│                 │   联合优势       │
├─────────────────┼─────────────────┤   四大采购战略议题
│  全方位         │  利用供应商      │
│  支出管理       │  之间的竞争      │
└─────────────────┴─────────────────┘

┌────────┬────────┬────────┬────────────┐
│突破创新│规格调整│价值链管理│价值合作伙伴│
├────────┼────────┼────────┼────────────┤
│风险管理│技术数据分析│整合运营规则│成本合作│   16套采购策略方案
├────────┼────────┼────────┼────────────┤
│联合采购│业务数据分析│招投标│供应商定价评估│
├────────┼────────┼────────┼────────────┤
│需求管理│需求整合│寻源全球化│目标定价法│
└────────┴────────┴────────┴────────────┘
```

图 4-7　采购战略议题向采购策略分解

（2）价值链管理策略。本策略重点在于系统地优化价值链相关价值的生成单元。可信赖的企业数据信息处理，包括营销收入、所处的价值阶段、供应商采购成本等，是成功实施价值链管理改善与增值的基本要求。该策略包含：供应商分层级管理、价值链重组、可持续性管理、收入共享。

（3）成本合作策略。本策略旨在通过合作伙伴之间的协作进行成本优化。其中成功的关键是关注小部分重点供应商，真正实现大量成本的节约。成本合作策略包括：供应商开发、全生命周期成本理念、供应商精益化供应改进、成本降低协作。

（4）整合运营策略。整合运营策略并非直接降低采购物料的单位价格，而是通过降低库存以及更可靠的需求与交付预测来实现减少库存，最终改善产能与需求平衡。供应商与客户本着信任的精神进行合作，运用互联网技术交流信息。这是一种在运营级别上非常透明的信息交流的合作伙伴关系。这个方案不仅用于缩减成本，也用于增加价值。由于避免了产能的瓶颈，从而提升了业绩。该策略包括：可视化流程组织、产能协调管理、供应商管理库存（VMI）、虚拟库存管理。

2. 改变需求特性战略议题之内的四套采购策略

（1）规格调整策略。围绕一件产品的各项成本早在其开发初期就应该确定下来。若不能在现有规格范围内削减成本，那么唯一能做的就是：重新回

到设计阶段。但是在这种情况下，往往很难再重复一次新的设计流程。因为产品的开发和设计者在这个方面通常占据主导权，并且有充足的理由维持原设计方案。因此，该问题的关键点在于约请利益相关方，特别是代表客户群体的职能，对产品特定的功能或特征进行回顾和审查，并且需要充分考虑这些特定的特征与营销市场的品牌建设和客户满意之间的关联度如何。规格调整策略包括：产品分解、功能性评估、生产设计、规格评估。

（2）创新突破策略。由于垄断、专利权或者规格限制等原因，只能向单一供应商进行采购，此时采购方会发现自己完全依赖于供应商。在这种情况下，唯一的解决方案就是创新突破，从根本上改变"游戏规则"。创新突破策略包括：核心成本分析、按需要进行创新、基于采购的设计、利用创新网格（innovation grid）。

（3）技术数据分析策略。由于市场与产品的差异化增大、产品生命周期缩短以及需求多样化增加，使采购变得日趋复杂。由此造成的直接后果是，产品需求整合与规模采购都很难开展。针对这种情况，首先要用合适的工具来改变混乱的状况。通过比较分析，可以看到潜在的改进机会，并通过研发、市场与生产部门之间的共同努力来实现。技术数据分析策略包括：产品比较、成分比较、降低复杂度、流程对标（process benchmarking）。

（4）风险管理策略。风险管理策略是指所采用的防范措施的集成，以确保客户收到货物，且企业财务绩效仍然具有可规划性。风险管理策略包括：瓶颈管理、垂直整合、政策框架管理、优化合同框架。

3．利用供应商之间竞争战略议题之内的四套采购策略

（1）供应商定价评估策略。通常现有供应商的价格并非是基于"成本加成"逻辑进行系统计算的。开发和过程成本常常不一致，这种混合成本使定价缺乏透明度。供应商定价评估引入统一的定价标准。该策略包括：价格标杆、总成本概念、非绑定的价格、利用市场失衡。

（2）招投标策略。招投标策略可能是买方市场条件下最常用的。招标可以非常有效地从供应市场中获得头名的价格。成功招标需要具备招标流程各阶段的专业知识，包括确定潜在供应商、准备与递送竞标文件、投标分析以及适当的供应商谈判。该策略包括：供应市场分析情报、信息征询（RFI）和询价（RFQ）流程、逆向拍卖、允许附加条件的竞标。

（3）目标定价法策略。由于仅一小部分供应商愿意主动透露其成本结构，因而采购方使用目标定价杠杆，在得不到详细成本构成的情况下，利用其他成本因素确定成本结构。某些定价法还需要具备专业的统计知识。该策略包括：基于成本的价格模型、成本回归分析、线性绩效定价、因素成本分析。

（4）全球化策略。全球化不仅为市场营销，也为采购方创造了更多的机会。随着国际上新兴市场的梯次开放，近半个世纪以来，全球市场新增了超过10亿个劳动力人口。特别是近10年，新兴市场的劳动力也具备了越来越高的技术水平。因此，使用全球化杠杆并不仅仅意味着利用低成本国家，也包括利用全球供应商市场。全球化策略包括：全球采购、自制还是外购、低成本国家采购、最优化业务外包。

4．全方位支出管理战略议题之内的四套采购策略

（1）业务数据分析策略。在企业运营多年之后，很多庞杂的业务数据沉积在企业资源管理系统以及各种管理信息化模块中。这些商业数据蕴含着巨大的机会。借助于针对性的分类和智能分析，采购职能可以通过标准化的方法创建透明度、确定潜在节约的领域，并且快速实现成本削减。商业数据分析策略包括：基础数据管理、成本数据挖掘、支出透明化以及标准化。

（2）联合采购策略。当某个企业在某些特定供应市场上因为没有显著的购买力而受损时，可以采用联合采购的策略。企业可以汇集各采购类别或与其他企业合作。可以使用的方法包括：采购外包、采购联盟、大型供应商全面合作、联合采购。

（3）需求整合策略。需求整合策略是一项较为传统的采购策略，即通过实现供应商规模经济效益获得节省。这种方法已经众所周知，而且通过这种方法使供应商让步的例子有很多。特别是对于高固定成本或者需求较长启动时间的产品，潜在规模效益十分可观。若固定成本占30%，采购量增加一倍，潜在的降价可能性会达到15%。该策略包括：跨产品线整合、供应商整合、跨单位整合、跨产品代际整合。

（4）需求管理策略。需求管理通过减少企业对所选供应商的采购量，同时优化合同从而减少成本。需求管理策略包括：需求削减、合规性管理、合同管理、全方位支出管理。

4.3.3 更好地融入组织战略

1. 16 套采购策略综合应用

在使用四大采购战略向策略层面分解时，应根据企业的实际情况和当务之急所面临的"痛点"，针对 16 套策略进行汇总分析，然后选择策略组合使用。并非让采购职能按照顺序把 16 套方案照搬照抄。根据一般企业的运营特点，本书重点推荐以下六种策略组合方案。

（1）需求量整合的快速突破举措。之前我们讨论过在供应源搜寻职能当中，管理供应商基础的重要目标就是在合理化的基础上减少供应商数量，制造需求量的集中。

在大中型企业的运营中，特别是那些多元化的事业部制的集团公司，各业务单元的运营相对独立，这就要求总部战略集中采购职能必须考虑通过建立采购业务规则，把跨业务单元的物料需求整合在一起，从而形成较为集中的需求量。

定期重新审视现有供应商的配额，在有必要的情况下再次合理分配配额。关于配额方面的业务规则和流程将在第 5 章重点展开讨论。

配合减少供应商数量的动作，同时还需要与供应商形成联盟或深化合作纽带关系。这部分内容涉及战略供应商开发与发展的议题。

围绕核心产品（或零部件）的生产，提请研发或市场职能，共同致力于将周边配套产品或零件进行规格合理化与标准化，这方面的突破最好与核心产品规格改进的项目一起进行，才能达到快速突破的效果。

（2）综合运用供应商定价评估的策略达到最优价格的目标。在第 3 章讨论过供应市场分析职能管理供应商成本要素的内容。应首先把供应商成本进行拆分，使成本加成模版标准化并做到信息共享。

充分进行信息收集与挖掘，形成内外部的价格标杆管理体系，利用该基准对目标价格进行衡量。

在利用供应商竞争战略中，可以适度运用"退出威胁"姿态，以便开启优化价格为目标的商务谈判。在这个过程中，为了达到供应链的可持续性，要小心使用采购方的博弈力，做到切勿滥用权力。

进行竞争性的招投标项目也是获得最优价格的传统而重要的方法。

与供应商建立长期交易合约,以便获得更多的价格优势。

对于市场波动较大的大宗商品,企业自身同时具有很强的供应市场分析职能以及专业负责期货的职能,还可以进行部分期货交易。目的不在于到期使用那些现货,而是利用"套期保值⊖"作用,进一步降低价格风险。

(3) 产品规格调整与改进策略的实施要点。标准化过程是在保证产品独特的功能和品牌附加值,满足客户对质量要求的同时,考虑尽可能地使产品和配套件标准化。

在产品设计之初,就要不间断地寻找替代供应源与替代产品。这不仅仅是瓶颈型物料的采购需要,也是在杠杆区间,为了更好地制造供应商竞争的必备条件。

在产品生命周期管理过程中,应用价值分析与价值工程(VA/VE)理论。特别在设计研发阶段实施价值工程与供应商早期介入项目,是避免过程成本、快速降低学习曲线、缩短试运行周期的有效手段。

(4) 联合程序改进与业务流程再造项目的突破。若采购方所在企业启动业务流程再造项目,采购职能务必充当重要利益相关者,抓住项目机会,打通与上游供应商的业务接口并改善流程能力。

除了供应商早期介入之外,还可以按照企业战略目标,与企业内相关职能一起优选项目,与战略合作供应商联合开发产品,并且可以进一步考虑利益共享模式的建设。

在业务流程梳理再造的同时,也不能忽略双方的物流的整合及优化管理。往往经过重新设计的物流系统及高效率的运营是双方的"第三利润源泉"。

(5) 重整与供应商的合作关系。利用自营还是外包的二维分析法,结合企业核心能力与价值,充分论证自制还是外购决策。

在高供应力的区间,作为企业总体获取资源战略的重要组成部分,考虑"后向一体化"纵向整合的可能性以及深度广度,适时配合收购、合并或合资等资本项目的运作。

⊖ 在买进或卖出实货的同时,在期货市场上卖出或买进同等数量的期货,经过一段时间,当价格变动使现货买卖上出现盈亏时,可由期货交易上的盈亏得到抵消或弥补。从而在"现"与"期"之间、近期和远期之间建立起一种对冲机制,以使价格风险降低到最低限度。

在高需求博弈力与高供应博弈力区间，力求开发和发展战略联盟与伙伴关系供应商，从而扩大资源获取的机会与稳定性，在行业内供应链上游的竞争中把握胜算。

（6）全球采购。全球采购的话题起始于20世纪中期，当时伴随着市场的全球化（globalization）与一体化进程，新兴国家与地区的经济水平得到了突飞猛进的发展，同时也释放了大量的劳动力人口。处于经济发达和技术领先地位的国家，先后进入了后工业化时代，第三产业全面超过了第一、第二产业。因此，低附加值的加工制造业逐步迁移到发展中国家和地区，这就造就了超过50年的新兴市场国家的高速发展时期（例如当年的亚洲四小龙和后期的中国大陆与印度等，直到目前又向东南亚的后发国家转移）。与此同时，这些新兴市场国家与地区自然成为大批量的商品加工与供应基地。

另外，由于存在"比较优势（comparative advantage）"成本原则，典型的代表就是越来越多的西方发达国家开展离岸贸易，向低成本的发展中国家购买物料和商品。比较优势国家的特征包括：

1）更廉价的劳动力。
2）更熟练的技术工人。
3）更有效率的基础设施。
4）更便捷的特定原料市场。

> **Tips　　　　　互联网对全球采购的贡献**
>
> 　　在互联网与电子商务迅猛发展的今天，全球采购不仅仅瞄准低成本劳动力国家的供应，而且还是拓展供应源数量与类别、增加采购方选择机会的有利方式，也是企业开展国际业务的基础。例如，美国企业的呼叫中心（call center）可以安排在印度，日本的税务处理也可以转移到中国的大连，同样，原来偏安一隅的欧美本土的中小型企业也有机会开拓国际市场、扩大规模，把它们的优质产品销往各地。

全球采购需要特别关注的是：

汇率波动风险、法律法规的不同、地缘政局的动荡、海关单证贸易壁垒、语言文化差异等问题。

针对欠发达地区的环境保护、公平贸易、劳动者人权保证以及可持续性问题。

2. 采购战略企划过程模型

(1) 论述采购战略企划过程之前，需要先了解战略型采购的目标和原则。

1) 战略型采购的目标就是：通过严谨而系统性的工作程序，在维持或改善品质、服务与技术水平的同时减少外购物资与服务的整体成本。

2) 战略型采购的四原则：

① 确定供应商与本企业合作关系的整体价值。

② 根据对供应市场与供应商业务活动的了解来制定解决方案。

③ 使用不同的采购策略来调整与供应商的关系。

④ 对组织结构做出必要的改变，使得本企业的采购职能与供应商能不断改进供求关系。

(2) 战略型采购的基本要素：

1) 采购必须在企业职能、管理过程、供应链的各环节设定自己的战略目标。

2) 采购的战略战术必须结合企业战略对未来进行计划同时通过组织得以实施。

3) 采购计划应当明确地融入整体企业供应链战略当中。

4) 采购在企业内部要作为一门科学被给予相应的重视，并将其作为一种职业进行组织结构的研究。

5) 采购战略企划应当与研发战略、制造战略、分销战略、市场销售战略、物流战略的地位相平齐。上承企业经营总体战略，下达采购运营策略与战术。

6) 要能够运用采购战略分解工具，对采购战略、策略与行动方案进行分解。

(3) 采购战略分解到策略层面的过程模型。采购职能应当汇总采购过程的各项业务活动，形成采购战略类别定位的有效输入内容。

通过分析采购类别定位四大战略议题的侧重点，然后依据16套采购策略设计并选择策略组合，支撑采购战略议题。战略分解过程示意图如图4-8所示。

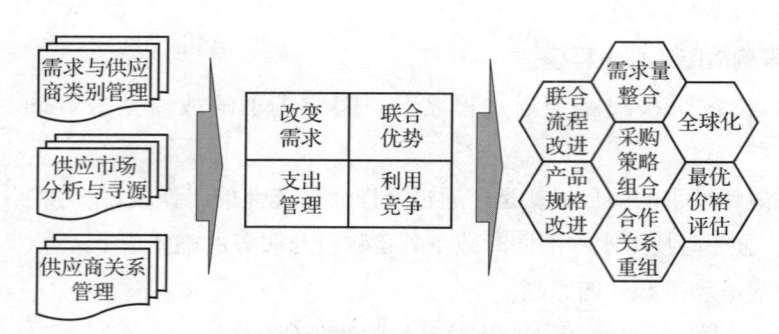

图 4-8 采购战略—策略组合分解过程

在企业供应与采购的实际运营中，上述四大采购战略议题通常均会涉及，只是需要根据企业采购的投入和供应市场的竞争状况找到侧重点，进行战略议题重要程度的排序。而 16 套采购策略提供的是可能性的方案，采购职能需要结合实际进行分组筛选，并再次汇总组合使用。以上的六种组合策略是推荐的常用方案（包含但不限于这六种，16 套策略均可以单独或组合使用）。

4.4 三层级分解完成采购战略落地

为了更好地配合执行企业战略，采购职能由于其自身的专业性质，需要设计一套采购战略用来与企业最高经营管理层进行沟通。根据四大战略议题结构化分解的 16 套采购策略在跨领域的协调中起到了关键作用，也是对战略的有力支撑。

在 4.3 节中我重点阐述了战略型采购的目标与要素，对如何形成四大采购战略议题以及 16 套策略方案组合进行了详细描述。但是仅有战略议题与策略举措还不足以涵盖采购职能的运营管理。作为承上启下的采购策略还需要进一步向运营与作业层面分解。

4.4.1 形成精准的采购运营计划与行动方案

1. 三层级采购战略—策略—行动

我们可以沿用战略向策略逻辑性分解的方法，进一步分解成采购运营行动计划。构成供应与采购博弈力三层级模型。三大层次的分解如图 4-9 所示。

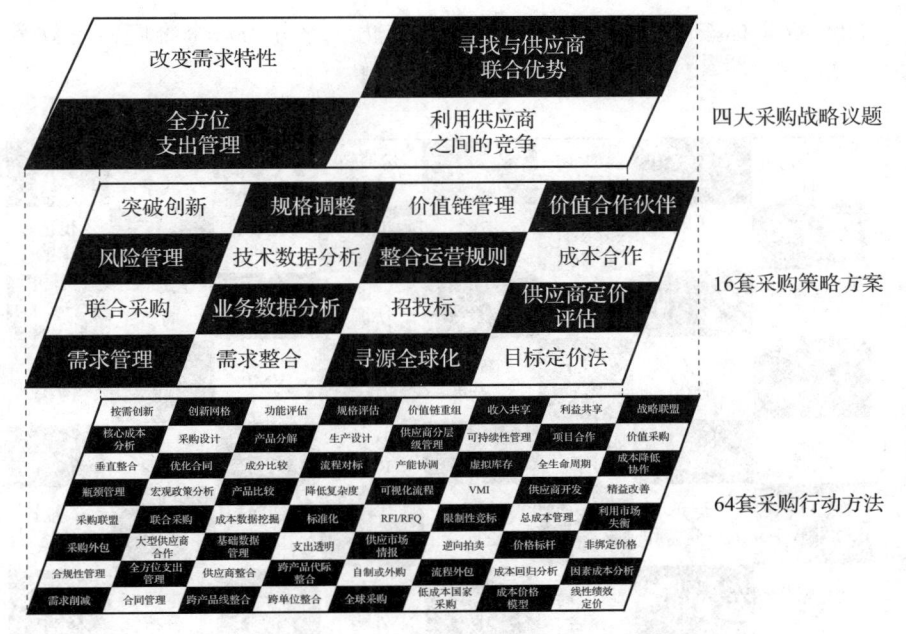

图 4-9　三层级采购战略—策略—行动计划分解

2. 64 套采购运营行动计划

根据以往的经验，采购职能的战略落地分解所形成的运营计划相对比较简单，通常围绕竞争性招标、需求整合形成规模经济效益、长期合同等几项经典内容，而且主要聚焦在成本降低方面。近年来，一些采购职能较完善的企业开始思考在缩减成本的同时如何提升采购的战略价值。

本章提供的这套战略落地分解方法论，通过 4-16-64 的结构化与逻辑性分解，不仅可以帮助采购职能或企业的管理者组织战略型采购团队、建立采购战略与策略企划系统，更重要的是提供了 64 种科学的采购运营管理计划方案，便于使用者选择与实践。

64 套采购运营计划的持续可视化特性将确保采购战略与策略中所包含的各个方面能够被充分应用。采购博弈力模型围绕四个大组分成 64 种方法，将在后续各小节中详细描述。图 4-10 为该模型的模板（随后章节中凡是涉及该模型的内容，均参考下图）：

（1）横坐标按照博弈力矩阵定义为供应力，分为八个维度，用英文字母顺序标示。

（2）纵坐标按照博弈力矩阵定义为供应力，也分为八个维度，用数字从低至高标示。

供应商博弈力	A	B	C	D	E	F	G	H
8	按需创新	创新网格	功能评估	规格评估	价值链重组	收入共享	利益共享	战略联盟
7	核心成本分析	采购设计	产品分解	生产设计	供应商分层级管理	可持续性管理	项目合作	价值采购
6	垂直整合	优化合同	成分比较	流程对标	产能协调	虚拟库存	全生命周期	成本降低协作
5	瓶颈管理	宏观政策分析	产品比较	降低复杂度	可视化流程	VMI	供应商开发	精益改善
4	采购联盟	联合采购	成本数据挖掘	标准化	RFI/RFQ	限制性竞标	总成本管理	利用市场失衡
3	采购外包	大型供应商合作	基础数据管理	支出透明	供应市场情报	逆向拍卖	价格标杆	非绑定价格
2	合规性管理	全方位支出管理	供应商整合	跨产品代际整合	自制或外购	流程外包	成本回归分析	因素成本分析
1	需求削减	合同管理	跨产品线整合	跨单位整合	全球采购	低成本国家采购	成本价格模型	线性绩效定价

图 4-10 采购博弈力运营计划矩阵

3. 如何在博弈力矩阵模型中定位采购物料

首先需要统一命名定位的方法，以便大家在对供需博弈力矩阵的学习与实践中形成"共语（common language）、共识（common understanding）"。

（1）使用该博弈力矩阵定位物料特性，因位于平面直角坐标系中，统一按照双位标识法（double digits）在64格当中进行唯一性定位。

（2）用需求力横坐标的英文字母作为首位标识；用供应力纵坐标的数字作为第二位标识。例如：物料中心点定位在"供应商开发"网格，则该位置定义为G5；定位在"合规性管理"，则定义为A2。其余依此类推。

（1）需求博弈力轴线定位：

1）沿着需求博弈力轴线定位采购物料，应考虑以下因素：

① 采购方在相关供应市场中拥有多少采购量份额？

② 采购方是否与供应商制定了共同发展的方向？

③ 采购方为供应商提供了哪些能力提升的机会？

④ 供应商是否可以通过为采购方提供供应服务以提升自身品牌价值和市场形象？

2）如果采购方是某种特定产品的最大买家，且当前增长态势强劲，能够定期与供应商进行创新合作，拥有良好的声誉，那么该采购方将拥有较高的需求博弈力。

3）按照采购物料的类别对业务的重要性或成本影响程度，推荐一份关于需求力的补充检查清单，可以配合定性定量分析使用，如图4-11所示。

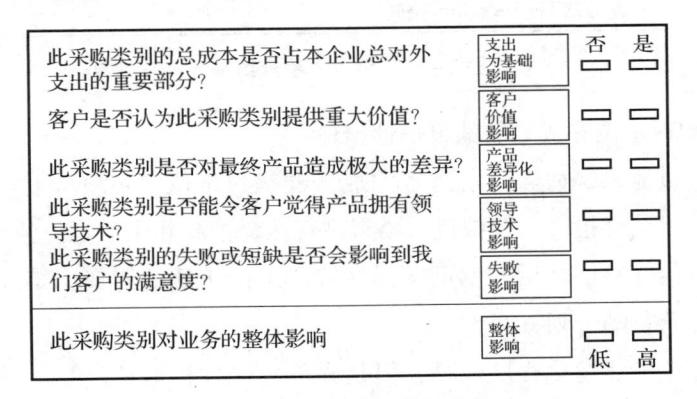

		否	是
此采购类别的总成本是否占本企业总对外支出的重要部分？	支出为基础影响	□	□
客户是否认为此采购类别提供重大价值？	客户价值影响	□	□
此采购类别是否对最终产品造成极大的差异？	产品差异化影响	□	□
此采购类别是否能令客户觉得产品拥有领导技术？	领导技术影响	□	□
此采购类别的失败或短缺是否会影响到我们客户的满意度？	失败影响	□	□
此采购类别对业务的整体影响	整体影响	低	高

图4-11 需求力检查清单

（2）供应博弈力轴线定位：

1）沿着需求博弈力轴线定位采购物料，应考虑以下因素：

① 供应市场中有多少可靠的供应商？

② 供应商分别占有多少市场份额？

③ 供应市场中的整合、收购与兼并的情况如何？

④ 新供应商进入市场的难易程度如何？

⑤ 更换供应商的难易程度如何？

⑥ 替代品的可获得性如何？

⑦ 将原来的物料更换为替代品的难易程度如何？

⑧ 产品的可得性如何？未来有无任何瓶颈的迹象？

2）如果供应商能够垄断整个市场，其产品受专利或知识产权的保护，新产品和替代品进入市场有较高的门槛，而且物料供不应求，那么此时供应商具有较高的供应博弈力。

3）按照物料类别在供应市场中的波动性和复杂程度，推荐一份关于供应力的补充检查清单，可以配合定性定量分析使用，如图4-12所示。

```
                            低 ←──────────→ 高
                            ┌─────────────────┐
                            │  供应市场复杂度  │
                            └─────────────────┘
 ① 评估供应商间的竞争态势    高度竞争      单一来源

 ② 找出本企业的限制          限制少        限制多

 ③ 决定本企业的谈判筹码
    （谈判筹码较多=复杂度较低） 谈判筹码多    谈判筹码少
```

图4-12 供应力检查清单

（3）物料定位完成之后的可信性验证。

一旦在供应采购博弈力矩阵上完成采购物料定位，必须马上与利益相关者一起进行可信性检查，模拟代入物料进行沙盘推演并完成定位的最终决策。

完成可信性验证之后，就可以开始按照定位所处的博弈力矩阵上的具体位置确定运营行动计划方案。

物料定位虽然量化程度较高，但是并不建议呆板地锁定某一种方法，与战略向策略分解类似，它是提示可以采用一组相邻的或相关的方案。图4-13为采购运营行动计划筛选的过程模型。

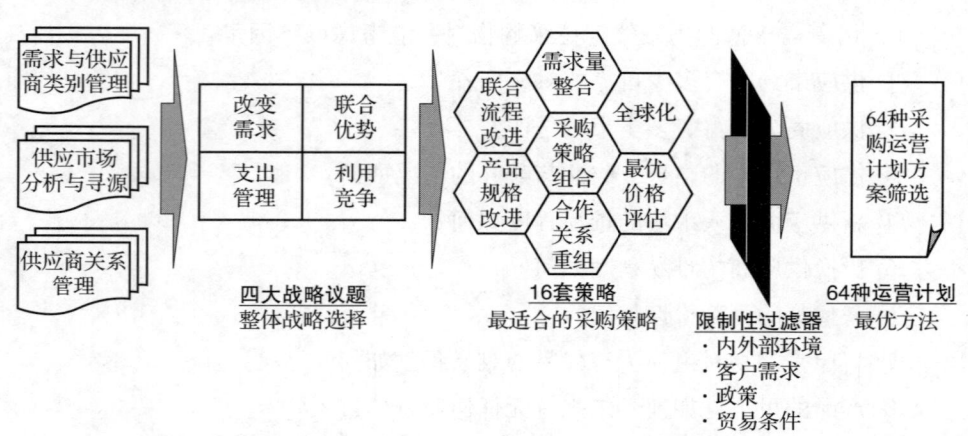

图4-13 四大战略—16套策略—64种方案推衍及优化过程模型

4. 不同企业的采购物料在博弈力矩阵中的定位形态各不相同

正如世界上没有两片完全相同的树叶一样，处于不同行业的企业，在采购物料组合中应用博弈力矩阵所得到的定位结果也大相径庭，各具特色。以下使用六个企业的采购物料定位案例进行说明，在每个案例中，圆形代表了物料的各个种类，各品项的采购金额按比例用圆圈的直径标示。例如，年度支出为 10 个亿的品类是年支出为 5 个亿的品类直径的 2 倍。按照这种方法在采购博弈力矩阵中为每种物料品类定位。如图 4-14 所示。

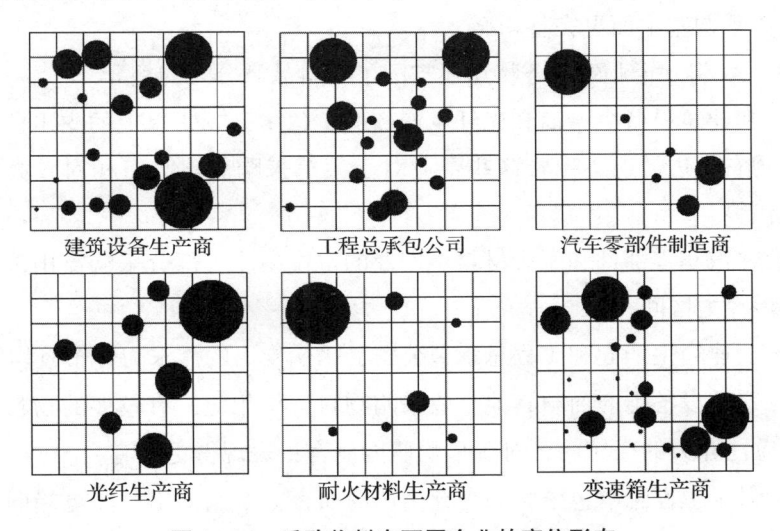

图 4-14　采购物料在不同企业的定位形态

（1）行业特性与企业经营业务范围的不同导致采购物料品类数量不同。汽车零部件制造商只有六个品类，而变速箱生产商却有 20 多个品类。这主要因为它们各自的业务性质不同。

例如，汽车零部件供应商是生产冲压件的制造厂，根据此业务特点，采购物料仅表现为有限的几个品类。而建筑设备生产商却可以提供给客户更广泛的产品组合，从小型作业机械到大型液压挖掘机，所以它们的生产物料需求品类就会较多。

（2）公司的业务性质决定了分类权重。在图 4-14 中六个定位模型，另一个明显的特性是可以观察到不同的分类权重，分类权重也取决于公司的业务性质。

1）钢材占比较大的汽车零部件制造商，其钢材类物料的采购支出占比大约在70%。因此钢材是该企业的主导采购物料。同样，对于耐火材料生产商而言，基础性的原材料是占主导地位的采购品类。

2）对于光纤生产商而言，虽然直接的原材料是最大的实际采购品类，但是不同于汽车零部件制造企业的案例，它并不属于主导采购品类。

3）对于建筑设备生产商、工程总承包公司以及变速箱生产商来说，它们都拥有许多数量较大的采购物料品类，也包括一些数量相对较少的品类，可以使整体采购基本面更完整均衡。

（3）采购方企业的业务特点还支配了物料品类分布的差异。

1）在建筑设备生产商和光纤生产商的定位中，50%以上的支出位于博弈力矩阵的右半边。这意味着这些企业对于大笔采购支出具有相对较高的需求博弈力优势。

2）在汽车零部件和耐火材料生产商的定位中，大部分采购支出位于较低的需求博弈力区间。

3）变速箱生产商和工程总承包公司，采购支出的需求力分布较均匀。

4）建筑设备生产商与其他企业采购物料定位相比，有较多的物料品类处于低供应博弈力的区域内，对于采购职能而言，表现得更为有利。

5）对于工程总承包公司和光纤生产商而言，采购支出可能更趋向于在高供应力与高需求力并存的范围内。

6）而汽车零部件与耐火材料制造企业的主要采购支出位于单纯的高供应力区间，因此这两类公司所处的供应与采购的形势对其发展特别不利。

（4）由于采购物料的定位不同导致的供需作用力侧重点不同，就需要区别对待物料的战略与策略安排。

1）在汽车零部件生产商和耐火材料生产商的案例中，这些企业的采购重点是确保大批量采购与供应的安全，同时缓解市场波动。当供应商具有很高的供应博弈力，而采购方处于较低的需求力时，供应商往往希望利用其自身的地位，按利润最大化原则分配生产力。在此情况下，价格高涨的供应力瓶颈已成定局。

2）而对于建筑设备生产商、工程总承包公司和光纤生产商的企业而言，情况就大不相同。虽然这三类生产商有一些处于不利区间的采购物料,但是它们在大多数的采购品类中拥有较高的需求力,同时也处于高供应力的区间。在这些企业中,采购职能应当努力与供应商谋求联合的优势,形成双赢的局面。

3)在变速箱生产商的采购物料品类中,有一部分处于较低的需求力同时高供应力的区间,可同时发现仍然有一大部分物料具有高需求力和低供应力的特征,因此,采购职能仍然可以成功地利用供应商之间的竞争,包括较为传统的压价策略,以进一步降低成本。

4.4.2 供应采购博弈力矩阵应用实例

以某物流装备生产商为例来说明如何在具体的实践中使用采购博弈力矩阵。这个案例分析可以延伸到任何行业的组织当中。首先来具体完善案例商业背景说明。物流装备生产商的产品系列以物流自动搬运机械为主,包括从小型的液压叉车到大型的集装箱装载机均有涉及,在欧洲和中国拥有几家生产基地,年营收超过 40 亿欧元。

物流装备生产商的外购物料与服务构成了其价值链的很大一部分,这部分成本支出占总产值的 60% 以上。该企业将采购物料按照类别管理分成 18 大品类,如图 4-15 所示。

在过去的两年中,该物流装备生产企业开展了集中采购项目,旨在提升采购战略地位、发挥采购职能在价值链中的增值作用。在项目启动之前,企业内部的不同部门和生产加工厂针对自身的物料与服务的需求分别进行分散型采购,跨部门与区域的采购合作很少发生。在集中采购项目过程中,项目团队决定导入供应与需求博弈力矩阵,帮助企业实现大幅度减少物料成本,通过在集团范围内建立集中采购组织,向战略型采购升级并保持发展的可持续性。

我们将采购物料按照战略区间分成四大类逐一进行描述。

1. 需求力与供应力均较强的物料(战略型倾向)

在 18 个品项中的三类产品中,在供应商具有相对强大的供应博弈力的同时,物流装备生产商也具备强大的需求博弈力。这三个品类是:液压装置、变速箱与电子电路零部件。

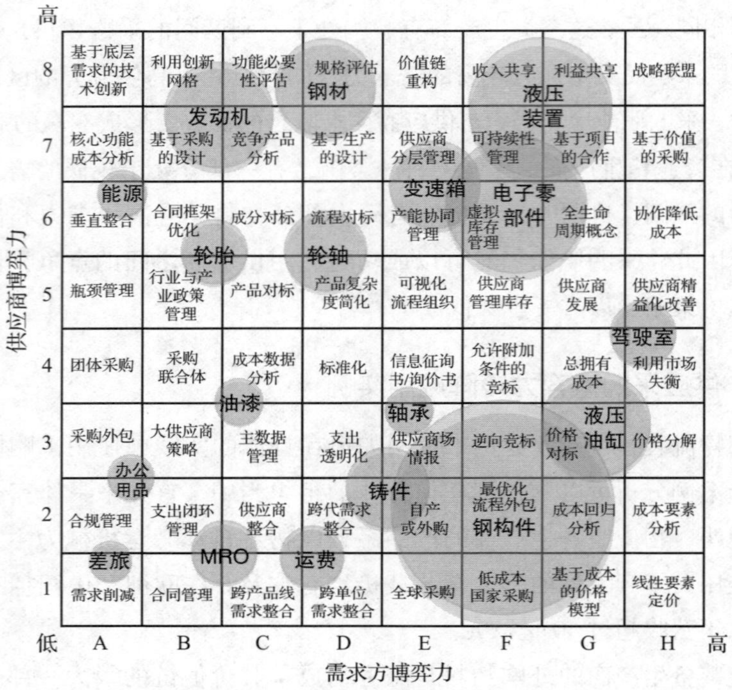

供应商博弈力 \ 需求方博弈力	A (低)	B	C	D	E	F	G	H (高)
8	基于底层需求的技术创新	利用创新网格	功能必要性评估	规格评估 钢材	价值链重构	收入共享	利益共享 液压装置	战略联盟
7	核心功能成本分析	基于采购的设计 发动机	竞争产品分析	基于生产的设计	供应商分层管理 变速箱	可持续性管理	基于项目的合作 电子零部件	基于价值的采购
6	能源 垂直整合	合同框架优化	成分对标	流程对标	产能协同管理	虚拟库存管理	全生命周期概念	协作降低成本
5	瓶颈管理	行业与产业政策管理 轮胎	产品对标	产品复杂度简化 轮轴	可视化流程组织	供应商管理库存	供应商发展	供应商精益化改善
4	团体采购	采购联合体	成本数据分析	标准化	信息征询书/询价书	允许附加条件的竞标	总拥有成本 驾驶室	利用市场失衡
3	采购外包	大供应商策略	主数据管理 油漆	支出透明化	供应商市场情报 轴承	逆向竞标	价格对标 液压油缸	价格分解
2	办公用品 合规管理	支出闭环管理	供应商整合	跨代需求整合	自产或外包 铸件 钢构件	最优化流程外包	成本回归分析	成本要素分析
1	差旅 需求削减	合同管理 MRO	跨产品线需求整合 运费	跨单位需求整合	全球采购	低成本国家采购	基于成本的价格模型	线性要素定义

图 4-15 某物流装备生产商在采购博弈矩阵中的物料定位模型

（1）液压装置。液压装置通常包括液压泵、阀门、制动装置和连接软管。液压系统在物流搬运设备中较为常见，这类机械设备中的很大一部分专业技术与液压有关。特别是一些领先的物流装备生产商具有较高的需求博弈力。当前，只有一小部分供应商具备生产特种需求的配套液压系统的集成能力。因此，如果物流装备生产商非常依赖于这部分供应商的液压专业技术与生产能力，则会导致供应商的供应博弈力的提升。

鉴于该类产品的供需特点，采购方可以推行基于项目合作和战略联盟的方法，最终实现与液压集成系统供应商的双赢。

另外，若想更进一步发挥采购战略企划的功能，在该类物资的采购项目中，可以建议物流搬运设备生产商战略性地投资于具有全球领先的液压技术研发中心与生产基地，凭借其自身的力量建造全套的液压系统，从采购整套液压系统总成转变为只采购液压配套组件与零件。这样就摆脱了对液压系统集成供应商的依赖。在掌握核心技术的同时提升在同行业中的竞争力。

（2）变速箱。用于驱动各种物流搬运设备的移动结构的变速箱，不同于商用车辆或者一般机械减速类的变速箱。由于只有少数供应商能够满足物流搬运设备的特殊要求，因而提供该类变速箱的供应商具有相当高的供应力。同时，物流装备生产行业的需求力也相当大，它们是采购此类变速箱的主要客户群。

在以往的市场中，新进入的供应商数量很少。但目前注意到一个市场的新动向，就是在亚洲地区的新兴市场国家，该类变速箱的产能在迅速增长。因此，在变速箱的案例中，主要采用的是产能协调管理和基于项目的合作两种方法。

（3）电子零部件。对于控制自动化物流搬运设备所使用的电子电路以及工业用计算机产品，均属于定制开发并且相对价值较高的产品，因此具有比较高的供应博弈力。与此同时，在物流装备的专用市场领域，伴随着日益高涨的终端用户的需求，这部分的采购量也迅速提高且需求较稳定，这一变化显著提升了需求博弈力。

近年来，由于微电子与集成电路技术的发展，导致中央处理器等集成电路零配件与组件的更新换代加快，产品折旧幅度较大，在市场波动最剧烈的时期，主要电子芯片每周跌价超过10%。这就要求供应与采购双方着眼于虚拟库存管理，并且在新产品开发的早期采用 ESI 或 EBI 与主要供应商协同进行产品的生命周期管理，在合作与联盟的基础上在库存方面挖潜力、要效益。

2. 供应力较高而需求力较弱的物料（瓶颈型倾向）

在18个采购物料品类中的另外五个品类，对比供应商较高的供应力，采购方的需求力较弱。

（1）发动机。物流装备生产商对于发动机的采购只具备极弱的需求力，而对于汽车总装企业则具有较高的需求力。同时由于供应力很强，物流装备生产企业较难采购到所需要的发动机。而且发动机也是规格与质量等性能方面要求极其严格的采购品类，新的排放控制法规要求在一定时间内必须全部替换能满足更加严苛的环保要求的发动机。但是大多数物流搬运设备是以发动机的性能为核心指标来设计生产的，在同一代的设备中更换发动机几乎是不可能完成的任务。

适用于此案例的一种方法就是针对新一代的产品，进行基于采购的设计。但是这种方法的前提条件是必须确保任何发动机都处于有效的供应状态。采购方通过详细的评估产品功能减少各种特殊的发动机部件，以便使发动机生产商进行生产。各项所需的特殊功能可以转变为由物流装备制造企业自行研

发并添加到装备中。

（2）钢材。首先应当区分高强度钢材与标准钢材。对于高强度钢材，物流装备生产商将直接与国防军工产业竞争。后者具有较低的价格敏感度，又由于高强度钢材冶炼的工艺特殊性，其巨大的需求量经常给供应商的金属材料热处理生产流程造成产能瓶颈。

最有效的方法包括规格分析以确定哪些特性是必备的，以便尽可能规避瓶颈。还可采取供应商分层级管理，在与钢材经销商交易的同时，关注钢铁行业上游的市场动态。

由于之前各制造厂的分散采购，导致每个工厂的钢材采购量不高，而若经过整合后的采购批量并不比一家中型汽车制造企业小很多，此时在组建集中采购经济批量整合职能的基础上，与大型的钢铁生产企业进行高级经营管理层面的讨论，建立紧密程度较高的合作关系。而此时，可以适当引入我们在之前章节论述的风险管理机制，力图改善钢材的定价机制。

（3）轮轴。由于物流装备生产商购买的轮轴数量明显少于商用车生产商，因此其需求力一般。轮轴是按照底盘规格进行设计的，因此属于批量生产之外的定制化与客制化产品。由于市场上存在数量较多的独立（非汽车品牌配套企业）轮轴生产商，以至于轮轴供应商的供应力也处于一般水平。

由于相关工业领域和新兴市场国家的高速发展，使得中国和印度等国轮轴生产商的产能和竞争力已经得到充分的开发。在此情况下，使用的主要方法是降低产品的复杂程度和进行流程改进。

（4）轮胎。与发动机类似，轮胎采购也会遭遇瓶颈问题。轮胎供应商大多数不愿意为物流装备类和农用设备类产品生产特殊规格的轮胎，所以造成轮胎的供应紧张，甚至出现因为轮胎缺货造成生产停滞，不能按时交货的状况。

因此，与轮胎供应商签订轮胎供应服务水平协议（SLA）时，要求轮胎供应商按时提供所需要的轮胎是最重要的内容。同时，必须全力搜寻新的供应源，为企业提供更多的选择。

一种有效的方法是，在拥有一定的资金量的前提下，进行后向一体化垂直整合。综合投资供应商生产线或进行合资经营，以确保供应的安全以及同行业中的竞争优势。

另一种方法是以竞争对手为基准，分析确定是否可以使用其他类型的轮胎。例如：用各类实心轮胎替代充气轮胎。总之为了应对瓶颈问题，采购方可以组合使用瓶颈物料的管理方法。

（5）能源。由于能源市场的供应链上游链条属于大宗资源类别，具有较强的垄断特性，采购方在该领域没有太多的办法。例如对用工业用电类，一种可能的方法是在工厂现场采取恰当的措施，以避开需求高峰，从而可以略微降低用电开支。

另外对于工业用水、蒸汽、燃油等资源类物料，与此相关的另一种方法是在最佳的市场时机，或许可以有机会签订优化的长期框架合同。同时密切关注上游供应市场的行情，做到提前发现风险临界点，例如政治局势或局部战争对原油市场的影响。

3. 需求力较强而供应力较低的物料（杠杆型倾向）

在18个采购品类中有另外的五个品项，与供应商较温和的供应力相比，物流装备生产商则具有较高的需求力。

（1）钢构件。物流搬运设备从结构设计角度看主要是由钢材构成的。除了特殊的塑形工艺和高强度钢焊接之外，大部分不需要太多特殊工艺的设备主体钢结构常年外包给供应商进行加工生产。该物流搬运设备生产商在这方面的外包型采购，是普通钢结构件加工行业中采购量较大、评价较高的企业，对承包加工的供应商具有较强的吸引力，因而需求博弈力很高。

全球范围有很多供应商有能力为物流装备生产商提供钢结构件。选择符合标准的新供应商相对较容易，而且质量检测也不需要太多复杂的技术手段和专用设备。所以更换供应商相对容易，这就导致供应商的整体供应博弈力很低。

采购方在该物料的采购过程中采用本土化供应模式较为突出，欧洲的公司主要使用西欧与东欧的供应商；亚洲公司主要使用亚洲的供应商。按照该物料在博弈力矩阵中定位的位置，建议的主要方法是利用最优化流程外包和低成本国家采购。成本回归分析对于确定高利润目标与重点战略突破具有非常关键的作用。

由于进行了充分的"成本比较优势"计算，即使货物来自于运距很长的低成本国家的供应商，总购置成本也处于较低的水平。而且新的运输作业安排也能确保交货的及时性。

（2）铸件。铸件与钢构件的供需情况类似。主要不同点在于铸件的采购费用开支明显低于钢构件。同时物流装备产业也与其他产业为争夺铸造件而

进行激烈的竞争,竞争激烈程度超过钢构件。因此,物流装备生产商的需求博弈力为中等水平。

尽管全球范围也有很多铸造件供应商,但是由于许多供应商的产品规格、工艺水平与质量管控标准达不到采购方的要求,像类似缩松、塌陷和缩孔等铸造缺陷,在铸造件的后期加工装配过程中才会被发现,因此供应源搜寻的可得性较低。也正因为如此,一旦形成有效供应后,更换供应商也并不容易。

在此类物料的采购过程中,通常采用跨单位需求整合与 RFI/FRQ 资质征询或价格征询书流程,将铸造件整合成更有吸引力的采购需求,以期提高采购方需求博弈力。

（3）液压油缸。液压油缸是物流搬运设备顺利运作的关键组成部分。液压油缸在机械结构每次对于重载货物的举升和移动中,其承担的负荷强度非常高。由于其工艺特殊、规格与性能和普通液压油缸有很大不同,因此成为高度专业化的市场领域。这个市场中供应商往往只有建筑设备生产商和物流装备生产商等少数几类客户,因而少数主导型的特种液压油缸供应商具有极高的供应博弈力。

普通常规液压油缸一般表现为较低的供应力与较高的需求力,采购方可以较为简单地采取杠杆物料的操作方法进行成本控制与供应商关系管理。但是对于这类特种需求的重载长行程的物流举升装备所使用的液压油缸而言,在该产品所处的供应市场中,供应商处于寡头垄断地位。

针对该产品的采购,可行的方法是:价格基准、价格分解以及成本回归分析。将液压油缸分解成各组成部件,包括缸体、液压油管路、连杆、阀门等,从而创建透明的标准成本模板,可以从现有的供应商中直接实现成本节省。随后,为了继续扩大成本节省的优势,还可以进行一次全球供应源搜寻,重点考察来自低成本市场的供应商。

（4）驾驶室。驾驶室总成应用于搬运设备内。与之相似,农用机械设备与其他工程类机械设备也有类似驾驶室总成的采购需求。对于制造驾驶室的企业,物流装备行业的需求不容小视,具备相应发展潜力且高速发展的大型物流搬运设备生产商则更具有吸引力,因此需求力很高。

驾驶室连接着设备的所有操作终端与机械电子的控制系统,同时驾驶人员的操作体验与舒适程度,更决定了客户特别是终端操作者的满意程度,进而对于商品的市场表现力和品牌价值的提升有决定性的影响。因此,物流装备生产商不会随意更换供应商。

作为采购的重要品类之一，采用总拥有成本的方法可以确定驾驶室的类型与配置的成本最小化，从而获得市场营销的最大收益。此外，对于供应商的深度开发与供应商精益化还可以帮助供应商再造或优化生产流程。在完成精益项目后，使得供需双方都能共享成本节省带来的利益。

（5）轴承。轴承的种类很多，由于类型不同而导致供应与需求的博弈力平衡也存在天壤之别。按照标准化的方法，尽管我们可以从很多低成本国家采购作为标准件的小型滚珠轴承，这是采购全球化的基础。但是专用的大回转半径支撑轴承的采购却会遭遇瓶颈问题，或者要承受较长且不稳定的交货周期。在此案例中，最主要的改进方法是首先对哪个品类进行自制，哪些进行外购进行决策。例如，为了寻求突破并且转化为永久的竞争力，对关键的回转支撑轴承重点技术攻关，投资生产线，进行内部生产。

4．需求力与供应力均较弱的物料（日常型倾向）

其中在该企业18项采购品类中的五项具有相对较弱的需求力，同时供应商的供应力也较低。这五个品类分别是货运服务、MRO、油漆、办公用品和差旅。

（1）货运服务。从全球范围看，该企业在货运方面只有较低的需求力。同时竞争激烈的货运和物流市场供应力也非常低。唯一的方法是在优化价格的同时优化货运航线，这也是最大的绩效杠杆。

最有效的方法是跨单位需求整合采购和竞标，若物流供应商可以同时服务于若干单位的不同航线进行线路与货量的整合，则有可能进一步降低单位运费成本。

（2）MRO。这类采购包括了许多不同的生产设备与系统的维修、维护与保养运行的零配件与服务。通常生产制造企业本身在此领域只有较低的需求力，同时市场供应力也不高。

最有效的方法是供应商整合与需求削减。此时应当按照大的区域范围，例如生产加工厂所在的国家或区域（省、市等），把这类需求整合后找到MRO集成供应商。

对于中小量需求的零配件或简单的维修保养，可以采取"采购卡"的模式，要求各工厂的采购职能集中在MRO供应商的大型零售商超进行购买。这种单独的购买、记录和财务报销的形式，可以做到专人专款专用，防止这类

"低值易耗品"被其他费用占用或挪用，从这方面削减非必要需求的发生。

对于重点设备与系统或大型的维修与零配件，可以采用与专业厂家或MRO供应商签订年度服务合同的方式，以保障关键生产设备的正常运转。

（3）油漆。油漆与涂料属于关键产品，因为它们必须符合一系列的标准和要求，特别是耐久性或暴露在极端天气条件中的性能指标。尽管需求量并不算小，但是物流装备生产商对于油漆供应商的需求博弈力，与家用及商用车辆生产商的需求相比，也处于弱势。但是由于油漆涂料行业有相当多的供应商，可以形成有效供应，因此供应商也缺乏供应博弈力。淘汰与更换供应商最大的障碍来自于需要耗费大量的测试时间与成本。

在此情况下，最佳的方法是使用 RFI/RFQ 进行资质询盘与价格询盘两段式引入供应商，以及采用更加具有通用性的标准化产品。

（4）办公用品。在这一类物料中，供应商几乎没有供应力。许多企业可以提供标准化的办公用品，所以存在激烈的竞争。与此同时，通常这类物料的采购方需求力也不会很高。

最恰当的方法是分析企业的需求，创建透明化制度，整合需求，在互联网发达的今天，完全可以通过电商实现自动化的采购流程，同时也提高了订单与账单的便捷性。跨单位需求的整合成为首选，例如，办公用计算机，可以在同一国家或区域甚至是全球范围内使用同一个供应商。

（5）差旅。由于互联网的普及以及各中小型旅行服务机构和大型的全球运营商之间的激烈竞争，以商务旅行为主业的供应商供应力较低。航空公司、酒店旅馆、汽车租赁等企业之间也存在充分的竞争。由于装备生产商的性质，频繁地往返于全球各地的旅行需求并不算高。所以，全球差旅需求的整合与分析带来的成本节省较为有限。

此时最佳的方法是创建差旅费用开支的透明化，例如使用公司信用卡，公司集中签订酒店协议价格，与航空公司合作机票的预订等，都可以帮助企业进行需求削减，实施合规性管控。

此外，还可以与大型的差旅服务公司合作，把包括差旅需求与支出分析在内的所有与旅行和出差相关的管理工作充分外包出去。

总之，通过对供应与采购博弈力矩阵的理论学习和亲身实践，采购职能可以逻辑性地对采购物料进行分类管理，在博弈力矩阵中甚至可以细化到利用每个采购物料的 SKU 来进行定位。特别是在供应市场不利于采购发挥主导职能的场合，或在价格普遍上涨的市场环境下，通过定位后矩阵模型推荐的具体采购运营方法，寻找在供需矛盾中的突破口。即使是那些处于绝对卖方市场的物料，供应采购博弈力矩阵的应用也将会给采购方企业带来效益。同时，它还为综合成本的削减、采购职能的战略地位的提升、突出采购对企业运营的核心价值等方面，奠定了扎实的基础。

4.5 卡拉杰克矩阵的精准定量定位

本章前几节重点介绍了卡拉杰克矩阵，让我们了解到该模型首先是定位四大类采购物资（或服务）的属性的，再结合供应商偏好（供应动力）模型，形成了采购物资（或服务）与供应商之间关系的内在逻辑的排列组合以及适用条件。同时，又让我们了解到开发于1983年的原始卡拉杰克矩阵是存在一定局限性的，那就是关于采购方的坐标系最初的定义是采购物资的关键重要程度或者采购支出金额的高低又或者带给采购方企业的利润的高低，对这个坐标的定义首先不够清晰，其次仅仅站在采购方的角度来看问题难免过于"自以为是"。例如，采购方认为某类物资（或服务）很重要，但是供应商并不认为采购方是重要客户或者在供应商销售的产品系列当中并不是其重要的产品；又或者采购方自认为某类物资（或服务）采购支出金额很"大"，但是放到供应市场当中去衡量也许采购金额属于很低的范畴，或者市场份额的占比微乎其微。这也算原始卡拉杰克矩阵的一个瑕疵，若按照它进行定位，很有可能出现背离现实的差错。

在此基础上，在过往的30多年中，不断有采购与供应链领域的专家学者与研究机构对卡拉杰克矩阵进行修订，其中在当今公认的最权威的修订版是AT科尔尼管理咨询公司⊖历经10多年时间，集合了众多咨询顾问对全球各行业的典型企业进行调研之后形成的一套组合工具，并凝结成专著《棋盘博弈

⊖ 科尔尼管理咨询公司（A. T. Kearney）于1926年在芝加哥成立，已发展为一家全球领先的高增值管理咨询公司，在所有主要行业都拥有广泛的能力、专门知识和经验，并且提供全方位的管理咨询服务，包括战略、组织、运营、商业技术解决方案和企业服务转型。科尔尼管理咨询公司在全球38个国家和地区、55个商业中心设有分支机构，在全球拥有超过2000名咨询顾问。

采购法》(*The Purchasing Chessboard*)。在本章 4.3 节和 4.4 节已经有摘要性介绍这套组合工具解决了原始卡拉杰克矩阵的坐标定义的瑕疵问题,把横纵坐标转化成采购博弈力与供应博弈力,而采购博弈力是个综合要素的集成,不再仅仅是采购物资的关键程度或支出金额的高低。不仅如此,这套组合工具还从定性的四大类物资推导出战略、策略与战术工具,分解形成了 16 套采购策略与更加精细化的 64 格战术定位,从此开创了卡拉杰克矩阵定量分析的先河,每个精细化定位都形成了一套解决方案。本节的重点在于介绍与深入讨论如何在修订后的卡拉杰克矩阵中精准地定量定位并结合采购品类管理进行多层级层层穿透的终极解决方案。

4.5.1 由卡拉杰克四大象限的定性定位过渡到精准的定量定位

1. 卡拉杰克矩阵的多要素加权定量定位

前几节介绍了 AT 科尔尼对卡拉杰克矩阵的横纵坐标的宏观的多要素加权的定位理论。但是企业所处的行业领域不同,企业内部的业务单元也不同,事实上并没有一套放之四海而皆准的固定定位要素。必须结合行业企业或具体业务进行定制化的开发。在此之前,这个矩阵的理论一直停留在战略定性层面,鲜见能够利用精准战术定量落地的。

(1) 在之前的章节中我们论述过,采购职能在做任何的机制(如制度、规则、流程)变革与改善时,应当采用项目制思维保证多利益相关方的充分参与,避免"闭门造车"。同样的道理,我们在计划设定卡拉杰克矩阵多要素加权定量分析模板时,也要在做好充分的利益相关方分析与研判之后,召集必须参与的各利益相关方代表组成项目小组。

(2) 针对多要素加权的设定,在实践中宜采取德尔菲法。在此对德尔菲法的定义与发展进行简介:

1) 之前章节已经有所介绍,德尔菲法也称专家调查法,于 1946 年由美国兰德公司创始实行,其本质上是一种反馈匿名函询法,其大致流程是在对所要预测的问题征得专家的意见之后,进行整理、归纳、统计,再匿名反馈给各专家,再次征求意见,再集中,再反馈,直至得到一致的意见。

2) 后期该方法广泛用于多成员项目小组对定性转定量问题的评估分析过程中。也不一定严格进行"背靠背"打分与评定,还可以采取更加宽泛的头脑风暴，群策群力推导出最终结论。

（3）在多要素加权定量设定卡拉杰克横纵坐标的过程中，没有一套"放之四海而皆准"的固定要素或固定公式可以适用于不同行业不同企业，因此模板必须采取定制化，也就是要求以基础理论为前提结合行业与企业的具体情况进行设定。在此，不可能采用穷举法，只能展示具体企业的具体案例，抛砖引玉，引起大家的共鸣与思考，在企业实践中加以参考模仿与因地制宜的应用。以下用我近几年的真实企业咨询案例做参考，加以说明：

1）国内某大型机电产品生产制造企业按照产成品的分类一共有四个业务单元，其中一个业务单元开展了卡拉杰克矩阵多要素加权定量定位的工作坊项目。首先由我牵头，针对其业务单元内生产性采购物资的特点，启发性地提出了横纵坐标也就是采购与供应的博弈力若干要素的可能性。交由项目组进行最终的研判，看哪些适合本业务单元的特性，哪些不适合，或者受到启发提出自己的要素建议，并进行最终的要素条目与定量权重的设定。在此要注意，进行头脑风暴时可以多提出若干建设性要素，但最终整合成不超过 5 个加权要素为宜。这并不是必须遵循的数字，而是结合了企业最佳实践的产物。

2）我作为咨询顾问启发性地提出了采购博弈力即横坐标的若干要素的可能性：

①该类别的采购金额占总采购成本的百分比。

②该类别采购金额占供应商营收的百分比（一料多供按照加权平均计算）。

③采购方对该类别在供应市场当中"买方市场"的特征强度。

④该类别对采购方企业向客户交付的产品增值的重要度或战略核心价值。

⑤该类别的综合质量表现对客户的满意度的影响程度。

⑥该类别所组成的产成品在采购方企业的市场范围内的份额大小。

3）启发性地提出了供应博弈力即纵坐标的若干要素的可能性：

①该类别的供应市场中供应商数量多与少。

②目前对采购方企业形成有效供应的供应商市场份额的占比。

③该类别供应市场供应的波动性高低。

④沿着该类别向产业链上游延伸的各级市场波动性高低。

⑤供应市场当中该类别的供应商资本并购整合的事态如何。

⑥该类别技术复杂程度高低。

⑦新加入供应商进入这一领域的难易程度如何。

⑧一旦有需要,更换供应商的难度如何。

⑨该类别的潜在替代品是否普遍存在。

⑩更换为替代品的阻力高低。

⑪采购方企业的谈判筹码多与少。

4)企业形成的由采购牵头的多利益相关方项目团队经过规范化的讨论与研判后,得出采购与供应(横纵坐标 X、Y 轴)博弈力的最终结果如下:

①采购博弈力(横坐标 X 轴)一共有三大要素,包括:

a)某品类采购金额占总采购金额的百分比,该要素权重设定为 30%,定量评分规则为满分 10 分(满分设定 100 分、10 分均可,但不宜满分数值过小,如 5 分制就不容易拉开各品类的分差)。大于 20% 得 10 分满分;10%~20% 得 7 分;5%~10% 得 5 分;小于 5% 得 2 分。

b)某品类采购金额占营业收入百分比,该要素权重设定为 30%。大于 20% 得 10 分;10%~20% 得 7 分;5%~10% 得 5 分;小于 5% 得 2 分。

c)某品类的质量影响程度,该要素权重设定为 40%。按照企业业务单元的产品特性,分为 A、B、C、D 四个级别。A 类得 10 分;B 类得 7.5 分;C 类得 5 分;D 类得 2.5 分。

②供应博弈力(纵坐标 Y 轴)共有四大要素,包括:

a)某品类物资的供应商在供应市场中的数量,该要素权重设定为 30%。少于 5 家得 10 分;多于 5 家得 5 分。

b)宏观政策影响性,该要素权重设定 15%。受政策影响大的得 10 分,受政策影响小的得 5 分。

c)原材料大宗商品市场影响性,该要素权重设定 15%。受原材料大宗商品市场影响大的得 10 分;受原材料大宗商品市场影响小的得 5 分。

d)新供应商进入该领域的难易程度,该要素权重设定为 40%。需要客户现场试用的得 10 分;需要批量试用的得 5 分;需要第三方实验报告的得 2 分。

③由以上多要素加权评分规则代入具体的采购品类的相关数据,得出采购与供应博弈力的量化坐标值(X 轴与 Y 轴的分值),并依照此数值就可以完成在卡拉杰克矩阵中的精准定位。企业真实案例的表节选如表 4-2 所示。

第 4 章　运筹帷幄：供应与采购的博弈

表4-2　采购与供应博弈力（X轴与Y轴横纵坐标）多要素加权定量定位

采购金额占总金额百分比	该品类物资采购金额占采购总金额百分比（20%以上得10分,10%~20%得7分,5%~10%得5分,5%以下得2分）30%	加权得分X	采购金额占营业百分比	采购金额占营业收入百分数百分比（20%以上得10分,10%~20%得7分,5%~10%得5分,5%以下得2分）30%	加权得分X	材料类别	质量影响程度（A类材料为10分,B类为7.5分,C类为5分,D类为2.5分）40%	加权得分X	供方市场数量（小于5家为10分,大于5家为5分）30%	加权得分Y	受宏观政策影响程度（影响大的10分,影响中等得7.5分,影响小得5分）15%	加权得分Y	供应市场波动性（受原材料市场商品波动影响大的10分,影响中等得7.5分,影响小得5分）15%	加权得分Y	新供方进入这一领域的难易程度（新供方试用得10分,需要试用得5分,需要第三方试验报告的得2分）40%	加权得分Y	加权X	加权Y
0.05%	2	0.6	3.53%	2	0.6	A	10	4	5	1.5	10	1.5	7.5	1.125	10	4	5.2	8.13
0.01%	2	0.6	8.00%	5	1.5	A	10	4	5	1.5	10	1.5	5	0.75	10	4	6.1	7.75
6.74%	5	1.5	1.34%	2	0.6	A	10	4	5	1.5	10	1.5	7.5	1.125	10	4	6.1	8.13
0.10%	2	0.6	10.51%	7	2.1	A	10	4	5	1.5	10	1.5	10	1.5	10	4	6.7	8.5
1.76%	2	0.6	6.71%	5	1.5	B	7.5	3	5	1.5	10	1.5	10	1.5	10	4	5.1	8.5
11.73%	7	2.1	1.45%	2	0.6	A	10	4	5	1.5	10	1.5	10	1.5	10	4	6.7	10
0.04%	2	0.6	0.08%	2	0.6	A	10	4	10	3	10	1.5	5	0.75	10	4	5.2	9.25
1.71%	2	0.6	2.55%	2	0.6	A	10	4	5	1.5	10	1.5	7.5	1.125	10	4	5.2	8.13
0.05%	2	0.6	10.47%	7	2.1	B	7.5	3	10	3	7.5	1.125	10	1.5	10	4	6.7	10
0.48%	2	0.6	89.18%	10	3	A	10	4	5	1.5	7.5	1.125	10	1.5	5	2	6.6	6.13
0.30%	2	0.6	6.62%	5	1.5	B	7.5	3	5	1.5	7.5	1.125	10	1.5	10	4	6.1	8.13
0.01%	2	0.6	7.68%	5	1.5	B	7.5	3	5	1.5	7.5	1.125	5	0.75	5	2	5.1	5.38
0.31%	2	0.6	5.72%	5	1.5	A	10	4	5	1.5	7.5	1.125	5	0.75	10	4	6.1	7.38
0.02%	2	0.6	19.98%	10	3	B	7.5	3	5	1.5	7.5	1.125	5	0.75	5	2	6.6	5.38
0.00%	2	0.6	1.78%	2	0.6	B	7.5	3	5	1.5	7.5	1.125	10	1.5	5	2	4.2	5.75
0.00%	2	0.6	1.88%	2	0.6	B	7.5	3	5	1.5	7.5	1.125	10	1.5	10	4	4.2	6.13
0.02%	2	0.6	2.33%	2	0.6	A	10	4	5	1.5	7.5	1.125	10	1.5	10	4	5.2	9.63
0.37%	2	0.6	8.77%	5	1.5	A	10	4	5	1.5	7.5	1.125	7.5	1.125	10	4	6.1	7.75
0.11%	2	0.6	15.21%	7	2.1	A	10	4	10	3	7.5	1.125	7.5	2.25	10	4	6.7	10.4

2. 精准定量定位之后的棋盘博弈64格的应用

卡拉杰克矩阵的定量定位是为了有效解决采购物资（或服务）背后困局的必要过程。定量分析了各个采购物资（或服务）之后，我们就要把它们代入并定位到AT科尔尼开发的棋盘博弈64格矩阵当中，观察其居于哪个具体的区间。

（1）假设某物料按照10分制打分得分为：采购博弈力（X轴）4.5分，供应博弈力（Y轴）7.5分，定位如图4-16所示。

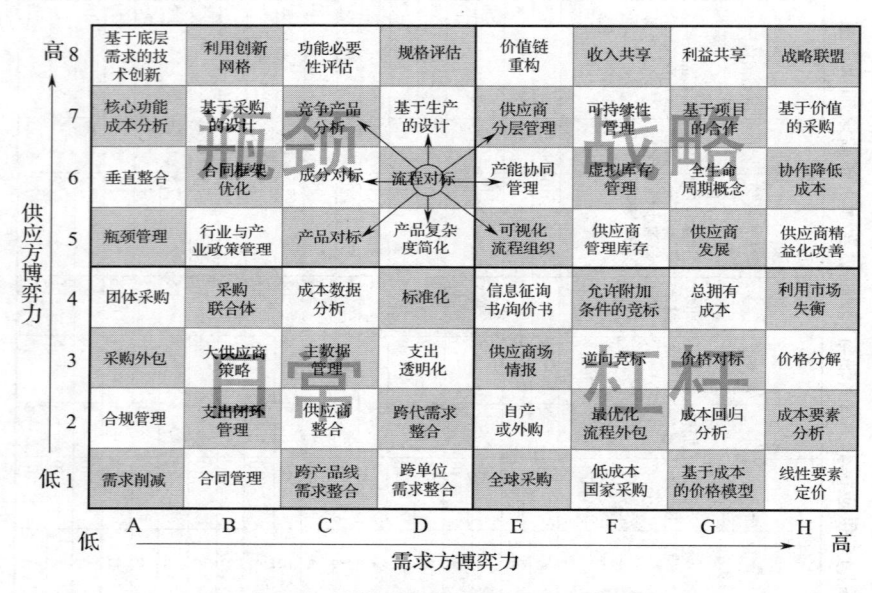

供应方博弈力	A	B	C	D	E	F	G	H
高 8	基于底层需求的技术创新	利用创新网格	功能必要性评估	规格评估	价值链重构	收入共享	利益共享	战略联盟
7	核心功能成本分析	基于采购的设计	竞争产品分析	基于生产的设计	供应商分层管理	可持续性合作	基于项目的合作	基于价值的采购
6	垂直整合	合同框架优化	成分对标	流程对标	产能协同管理	虚拟库存管理	全生命周期概念	协作降低成本
5	瓶颈管理	行业与产业政策分析	产品对标	产品复杂度简化	可视化流程组织	供应商管理库存	供应商发展	供应商精益化改善
4	团体采购	采购联合体	成本数据分析	标准化	信息征询书/询价书	允许附加条件的竞标	总拥有成本	利用市场失衡
3	采购外包	大供应商策略	主数据管理	支出透明化	供应商商情报	逆向竞标	价格对标	价格分解
2	合规管理	支出闭环管理	供应商整合	跨代需求整合	自产或外购	最优化流程外包	成本回归分析	成本要素分析
低 1	需求削减	合同管理	跨产品线需求整合	跨单位需求整合	全球采购	低成本国家的价格模型	基于成本的价格模型	线性要素定价

低 ← 需求方博弈力 → 高

图4-16 采购供应棋盘博弈64格定位示意图

从该定位可以观察到，物资（或服务）定位于弱瓶颈象限，属于D6"流程对标"区域。按照《棋盘博弈采购法》书中的论述，定位之后并不是要求大家机械教条地仅仅采用该定位所提示的解决方案，而是应该围绕该定位周边的几个解决方案一起加以思考，打出一套行之有效的"组合拳"，从根本上解决该物资（或服务）采购过程中所遇到的问题。具体到这个案例中，采购管理者应当首先研究如何进行流程对标，然后再思考周边的若干区域，包括产品对标、成分对标、竞品分析、基于生产的设计、供应商分层级管理、可视化流程组织、产品复杂度简化这几个区域的解决方案是否可行。

（2）AT 科尔尼公司的这本专著在谈到具体物料定位后的管理办法时，首先，针对 64 个定位区域详细描述了该类物资（或服务）遇到问题的解决办法；其次，如果该类物资（或服务）暂时不存在突出问题，则提供了成本进一步优化或采购与供应双方互动增值的改善建议；最后，提供了在相关问题下世界级企业中的若干解决案例。（涉及 64 格的每一个详细解决方案，请参阅与学习该专著的具体内容，在此不做赘述。）

由此可以得出本部分的小结，企业在深化与细化采购与供应管理的过程中，绝对不能再沿用原始卡拉杰克矩阵只进行粗放的大而化之的简单定性分析，而应当与时俱进地利用更加科学的改良后的采购与供应博弈力模型，并结合企业自身采购物资（或服务）的特点进行多要素加权的解决办法，进行精准的定量定位。然后将各品类的采购物资（或服务）坐标定位于 AT 科尔尼的 64 格的模型中，并依据棋盘博弈法则所提供的具体解决方案各个击破，对存在问题的采购物资（或服务）加以科学有效地解决。利用世界级的最佳实践所形成的科学权威专著来解决企业中采购的疑难杂症，是我们的制胜法宝。因此，这本《棋盘博弈采购法》专著，是我们各级采购与供应链管理的从业者必备的案头读物与解决问题的指南。

特别需要说明的一点是，AT 科尔尼的《棋盘博弈采购法》对卡拉杰克的修订与四象限分解，给我们提供了一味采购品类管理的"速效药"，可以快速地精准定位并利用其介绍的管理办法形成快速突破，它有助于我们日常的采购管理工作，也更适合于下沉到基层操作层面去推进。如果要面对企业复杂、系统性的战略采购品类管理问题，则还是需要利用随后介绍的乔纳森·欧布莱恩开发的采购品类项目管理的 5i 模型与方法论。

4.5.2 分类分级设定是采购品类管理的第一课

采购品类管理是战略采购的基础，而采购物资（或服务）的分类分级又是品类管理的前提。在此我们需要借助世界级的采购品类管理理论开发与设定物资（或服务）的分类别与分层级的机制。首先我们要明确"品类"这个词汇的来源。采购品类管理是从英文 Procurement Category Management 翻译过来的，有的译成类别管理，有的则译成分类管理。

1. 销售产品组合的分类与生产加工制造的物资物料分级

（1）一个组织一定会把对下游各级客户交付的物资（或服务）进行分类，这是一个组织的客户市场营销的产品组合。例如，一个饮品饮料灌装企业会把产品初步分为碳酸饮料、纯净水饮料、纯果汁饮料、功能运动型饮料等；又或者一个乘用车品牌商的主机厂会把总装下线的车辆分为家用轿车、商务车、四轮驱动越野车等；一个商业银行会把服务总体分为对公业务和对私业务，等等。当然沿着这些大的类别，还会向下一层层地展开细分。

（2）一个具有生产加工制造功能的企业，其生产中心会根据不同的制造工艺利用物料清单（BOM，Bill of Material）把产品分解成最多 7 个层级，包括产品、总成、组件、零件、原物料等。这些都是一个企业的交付活动的产品组合分类管理或者转化（生产加工制造）活动的分级分类管理模式。

（3）而在过往相当长的企业管理的历史中，对采购物资（或服务）的分类并不像市场营销或生产管理那样精准并层层分解施加有针对性的管理，即使有些初步的分类，也是流于形式，管理目标也不明确。

2. 采购品类管理的发生与发展基础

（1）在过往的几十年中，由于全球化与资本化的扩张，加上各个国家和地区经济的增长，民用消费品特别是快消品（FMCG，Fast Moving Consumer Goods）企业得到了高速发展，在世界范围内整合了海量的产品品牌，如联合利华曾经有多达 2000 多个品牌。这就要求企业必须从供应链的"右手边"客户市场营销入手，借助产品组合的分类，进行科学有效的管理，因此瞄准销售产品组合的品类管理应运而生，并且将其推高到了企业战略的地位。这类全球化的快消品企业的战略产品品类管理岗位一度炙手可热。近 15 年以来，伴随着采购与供应活动的持续深化管理，品类管理的思维传递到了供应链的"左手边"。当然采购的品类管理和市场营销的产品组合分类与生产工艺的 BOM 分级一样，它的管理目标绝对不仅仅是把采购物资（或服务）分分类、定定位那么简单，而是要通过分类与分级，结合组织的战略目标，利用项目管理机制进行流程再造、全交期缩短、综合成本优化。

（2）近些年主流的采购品类管理的方法论包括：AT 科尔尼的品类七步法、CIPS 四阶段六步法、乔纳森·欧布莱恩（Jonathan O'Brien）的 5i 模型。

其中 5i 模型以及乔纳森·欧布莱恩的品类管理已经形成理论结合实践的专著。其品类战略理念与相关的实用性非常强的组合工具被全球很多企业广泛采用，并形成了最佳实践的案例。我也更偏向于使用该组合工具。自 2020 年以来，我在不同类型的行业企业都开展了授课与咨询工作，特别在品类项目管理落地和综合成本优化方面效果显著。在随后的内容中我再简述乔纳森·欧布莱恩的品类项目过程管理方法论的精要。

3. 采购品类的"树形"多层级分解框架

法国知名管理学者、企业管理实践者马森（Jean-Phillipe Massin）首先提出了采购品类资源化组别（PCSG，Procurement Category Souring Group）的概念。其理论基础也是卡拉杰克矩阵，马森将不同的采购物资（或服务）依据不同的特性进行四个组别的宏观分类：战略关键资源组、通用商品资源组、瓶颈资源组、标准化资源组。分类的标准来自于以下六个方面：

（1）物资（或服务）来自于类似的供应市场与类似的供应商。
（2）物资（或服务）具有类似的生产或转化流程。
（3）物资（或服务）具有类似的用途或目的。
（4）物资（或服务）是利用类似的材料或服务组成的。
（5）物资（或服务）具有类似的特性与规格。
（6）物资（或服务）采用了类似的技术路线。

根据以上六个方面，再结合供应市场特征、供应商特征、采购方特征、物资（或服务）特征、与供应商的关系特征等几个维度，形成多层级品类树。（通常以四个层级分解为标准，有些企业品类相对简单，可以分解为三个层级；有些复杂，可以增加一两个层级，通常以不超过七个层级为宜。）综合以上信息，品类树的形成一定是根据不同的行业企业自身的特点，结合理论基础进行差异化与定制化的自主开发，量体裁衣定制而成的。不可能有唯——一种分类分级的模板可以广泛套用在任何行业企业中。图 4-17、图 4-18 分别用生产性直接采购物资和服务类间接采购的案例对分类分级进一步说明。

无论是分成四个层级还是更多层级，在生产加工制造企业的直接采购管理中，最底层的品类分类要保持与生产的 BOM 最底层的 SKU 物料编码和名称一致（如案例中生产加工企业的第四层物料编码与名称）。在间接采购管理中，最低层级要保证和企业的最微观不可拆分的活动（或过程）编码和名称相一致（如下图案例中的间接采购的第五层级的服务类活动）。在当今企业的采购管理活动中，还要求利用专业化的 SRM（Supplier Relationship Management Systems）供应商关系管理系统模块与 ERP 或 MRP Ⅱ 进行信息化对接，对这类复杂信息进行数据化处理。

一级品类编码	品类名称	二级品类编码	品类名称	三级品类编码	品类名称	四级品类编码（SKU 料号）	品类名称（SKU 名称）
10	有色金属及制品	1003	铝材	100302	铝箔	"略"	"略"
		1005	铜材	100502	铜箔	"略"	"略"
				100505	铜杆	"略"	"略"
				100509	铜排	"略"	"略"
				100511	铜绞线	"略"	"略"
11	黑色金属及制品	1106	电工用钢	110601	取向硅钢	"略"	"略"
				110604	非晶合金铁芯	"略"	"略"
				110606	硅钢型材	"略"	"略"
				110607	超微晶合金	"略"	"略"
12	塑化品	1201	层压板	120101	酚醛布板	"略"	"略"
				120103	酚醛树脂层压板	"略"	"略"
				120104	聚酯板	"略"	"略"
				120105	层压硅胶	"略"	"略"
		1202	绝缘成型件	120201	绝缘筒	"略"	"略"
				120203	绝缘油道	"略"	"略"

图 4-17　某生产加工企业的直接采购物资多层级分解树图示意图（节选）

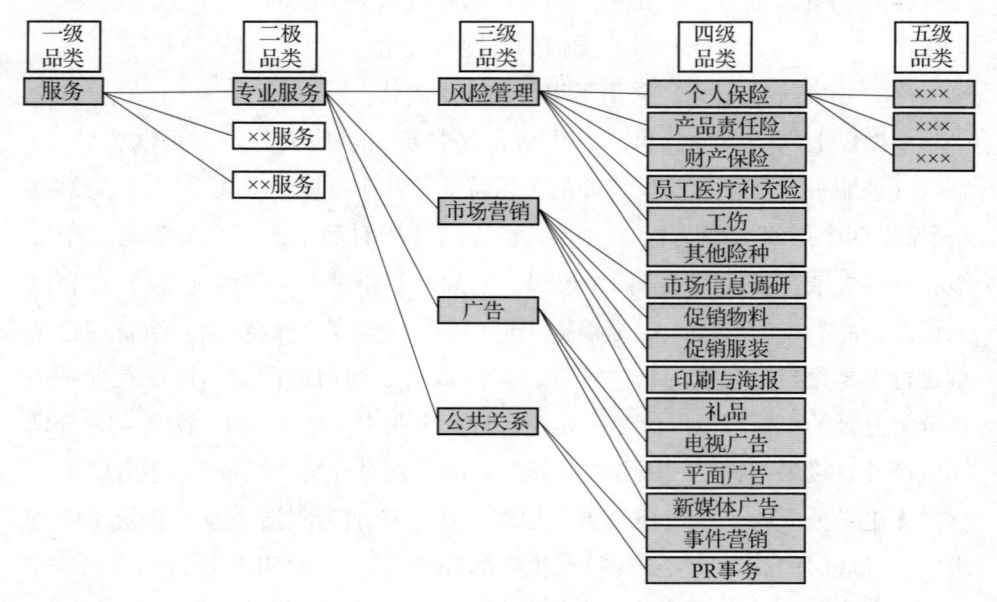

```
一级品类         二级品类         三级品类         四级品类         五级品类
服务 ── 专业服务 ── 风险管理 ── 个人保险 ── ×××
        ××服务                   产品责任险 ── ×××
        ××服务                   财产保险 ── ×××
                   市场营销 ── 员工医疗补充险
                              工伤
                              其他险种
                              市场信息调研
                   广告 ── 促销物料
                          促销服装
                          印刷与海报
                          礼品
                   公共关系 ── 电视广告
                              平面广告
                              新媒体广告
                              事件营销
                              PR 事务
```

图 4-18　某企业间接采购五层级分解树图示意图（节选）

从以上论述和案例中可以看出，假设一个企业仅仅采用一个单一的层级进行管理，面对最底层的采购物资（或服务）是海量的数据信息。例如，很多生产加工制造企业最底层的 SKU 可能会超过十万甚至几十万个，若不能科学有效地向上汇总归类，恐怕会面临"胡子眉毛一把抓"的窘境。向上汇总归类后，再利用采购专业工具可以看清供应链"左手边"供应市场的趋势和方向，与企业一起制定更加具有说服力的经营与供应资源战略；向下分解细分到 SKU 层级，可以针对某个具体物料或服务展开微观的采购技战术的基层管理工作。按照世界级的理论与最佳实践，对采购物资（或服务）进行科学有效的分类与分层级，也是层层穿透结合精准定位后对物资（或服务）背后的问题进行"对症施治、各个击破"的基础。

4. 根据采购品类多层级分解后的层层穿透的精准定位与解决方案

（1）再次思考卡拉杰克矩阵宽泛定性分析的弱点。众所周知，以管理学家彼得·卡拉杰克命名的卡拉杰克矩阵是采购与供应管理最重要的工具，它是以采购物资（或服务）定位为基础，并通过其定位锚定与供应商关系发展方向的矩阵模型。开发于 1983 年的卡拉杰克矩阵虽然经过了几十年的升级修订与更新，仍然没有摆脱比较宽泛的仅仅具有定性分析的弱点。近年来，无论是采购与供应链管理的理论专家学者还是企业第一线的实践工作者，都对卡拉杰克矩阵定量精准定位有很高的呼声。我在前文已经介绍了综合多要素加权定量定位的管理办法以及定位后利用 AT 科尔尼的 64 格棋盘博弈法对采购物资（或服务）进行精细化管理的方法论。

（2）在多层级品类分解体系中不同层级的定量定位会存在差异。我们在讨论过采购品类管理的分类与分级后，就会面临一个重大的疑问：我们到底该用哪个层级的物资（或服务）来进行定位并进行管理呢？例如，前文案例图表中生产加工所需的直接采购物料，用一级品类编码为 10 的有色金属和制品来进行定位会显得过于宽泛，因为有色金属包含了很多二级品类；即使是单独拿出某一个二级品类，如编码为 1005 的铜材，还是过于宽泛；一直分解到三级品类编码为 100502 的铜箔，仍然涵盖了众多的最底层的四级品类的 SKU。而它们都处于同一个位置吗？

（3）要多维度多层级地分析与研究每个品类层级的具体定位。假设其中一个最底层的物料 SKU 料号编码为 10050216492，名称为压延退火紫铜箔 18μm。也许从一级品类观察，有色金属及制品总体隶属于杠杆物资的某个具体定位；但是分解到二级铜材层级，经分析它可能定位在战略区间；再沿着分级树图向下分解，三级品类的铜箔总体上处于杠杆区间；最终，可能锁定四级的具体 SKU 物料 10050216492 压延退火紫铜箔 18μm 为瓶颈区间的定位。当然也有一种可能，就是进行了多层级品类分解之后，经过研究发现，不论哪个层级都定位在同一个位置，那么所有层级都按照同一个管理办法进行管控即可。我在具体实践中发现有这样的特例，但是概率不大。因此我们务必要做大量深入、细致的工作，层层分解与研究。

（4）卡拉杰克矩阵精准定位结合采购物资（或服务）品类多层级层层分解穿透。从以上的讨论我们不难发现，按照多层级分解的采购物资（或服务）品类，必须具象化地固定在某个层级进行有针对性的定量定位研究，绝不能泛泛而论。当然这样的一个完整体系的搭建，是需要假以时日的，不可能一蹴而就，同时也需要耗费大量的资源去做严谨、深入的工作。利用这一系列相关的模型互相的组合应用，并经过多年的企业实践，我建议广大的采购管理者利用三大工具并组合使用，这样才能发挥其应有的价值，三大工具的组合使用顺序如下：

1）首先利用卡拉杰克矩阵进行多要素加权定量模版的设定。

2）随后利用采购品类管理工具对采购物资（或服务）进行多层级的品类层层分级分解。

3）定量定位与品类分解分级的意义在于最终将具体定位落实在 AT 科尔尼的 64 格棋盘博弈法中施行有针对性的管控，进而达到改进流程、缩短交期、综合成本优化的增值目的。关于采购品类在卡拉杰克矩阵中层层分解穿透的理念见图 4-19，假设有一级品类的战略物资 A，向下层层分解穿透直到 SKU 层级进行分析。

通常这样分析的意义和作用有三个显著的方面：

①作为采购职能或者更高层级的采购活动管理者（活动是一系列职能的集成，如 CPO 或主管采购的副总等职位就是管理采购活动的），在进行年度

或未来中长期运营发展规划时,或向更高层级进行汇报时,可以把采购品类的层级提得高一些。我们还用之前的案例举例说明,在进行采购战略规划时,可以采用一级品类有色金属及制品或者向下分解到二级品类铜材和铝材进行采购战略说明,包括但不限于利用内外部相结合的扬长避短战略 SWOT 分析、外部宏观环境扫描 STEEPLE 工具、迈克尔·波特的五力分析等,把供应市场的现状、潜在供应源的寻源漏斗和竞争情况,现有供应商的关系维护与发展、垂直领域产业链上各重要市场节点的供需矛盾进行科学定量的分析,甚至延伸到第一产业市场的基本情况研究。

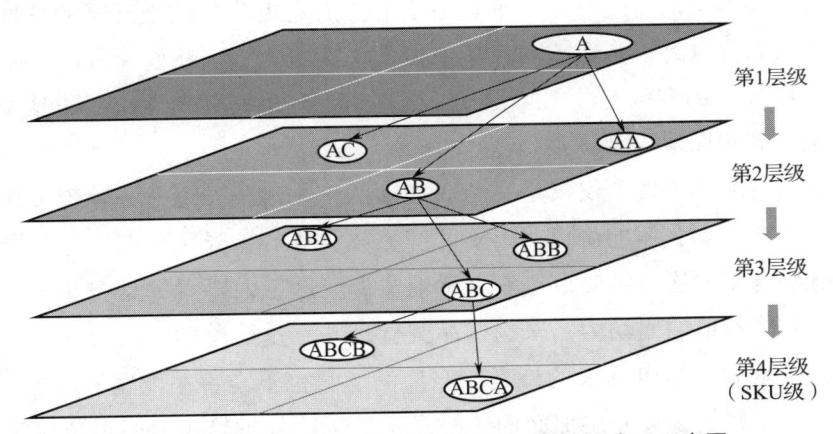

图 4-19 采购品类结合卡拉杰克矩阵层层分解穿透示意图

②当采购职能(或品类)的管理者需要对自己的职能(或所负责的品类)进行运营管理时,就要利用已经和企业制定完成的采购战略承上启下,沿着品类层级分解再继续下沉,和团队一起对每个具体物资(或服务)层层穿透,再结合 AT 科尔尼的 64 格棋盘博弈法所提出的具体管理措施的建议,施加有效的管控,提升竞争优势,以便获得在该物资(或服务)上的价值最大化。

③作为采购基层管理者或普通员工,会根据以上的定位与分级所得到的结论对自己的工作范围与具体内容有更深入的了解与更精准的管控措施。明确自己"要做正确的事情,而不是仅仅把事情做对"。这些需要澄清与明确的工作包括:需求管理、物资(或服务)属性、供应市场分析与寻源、供应商引入过程、谈判、供应商关系的维护以及供应商绩效与供应能力的开发等。从而能够进一步提升工作效率,提高管理绩效。

4.6 采购品类管理：方法论与实施项目过程

4.6.1 乔纳森·欧布莱恩的采购品类管理基础

在第 1 章中，通过详细论述战略采购的定义，让我们了解到：要想实施战略采购，首先要以采购的品类管理为基础。早期的卡拉杰克矩阵的开发也是试图将采购的物资（或服务）进行科学的分类并推导出与该类物资（或服务）属性相匹配的管理办法。正是由于卡拉杰克矩阵横纵坐标系的特性，因此品类的划分也离不开采购与供应的博弈。换言之，当我们深入研究采购物资（或服务）的定位与分类问题时，也就离不开采购管理学当中的品类管理这一重要的知识与技能。

采购的品类管理不仅仅是一个职能性的工作过程，也是一种管理理念和哲学。当今谈到企业的价值，离不开产品或服务的差异化、创造企业资源的竞争优势与采购通过供应市场获取稀缺资源。这三大要素都是企业构建价值体系与获得价值的原动力。采购的品类管理并不是简单的字面含义，它是战略采购的基础，引申出来的外延相当广泛。它也不是将采购物资（或服务）定定位、归归类、分分层那么简单。真正的采购品类管理将颠覆传统采购的游戏规则，并且需要用项目过程管理进行赋能与支持，也需要高质量的实施与持续改进，更需要整个组织能够形成共识并制定配套的采购品类管理的制度、规则与流程。

前文已经简述过世界范围内有三大主流的采购品类管理理论与最佳实践，包括 CIPS 四阶段六步模型、AT 科尔尼的 7 步骤模型和乔纳森·欧布莱恩的 5i 模型。乔纳森·欧布莱恩的 5i 模型之所以在全球接受度最高，不仅仅是因为他开创了持续改进项目管理模式的 5i 采购品类模型，更主要的是他利用企业围绕采购运营中针对品类的三大事项以及包含其中的六个要素进行定量加权，独辟蹊径，得出综合总成本优化的机会排序（不仅仅是采购金额高就一定应该降本这样不科学的单极思维），进而向企业呈现哪些是重要紧急且相对易攻克的品类，然后按照战略采购的三阶段十一步骤进行优化与改善。随后的几个小节就着重论述这一系列组合工具和模型，帮助大家建立更加科学的供应链上总购置成本（或全生命周期成本）优化的思维。打破过往企业在采购成本管控中不严谨的管理模式，或单纯依靠财务采购支出金额导向形成的所谓"降本"驱动因素。进而利用采购品类管理的专业系列组合工具，通过严密的逻辑分析过程与计算，推导出各采购品类的综合成本优化的机遇，进行品类管理的优先次序定量分析并匹配相关资源。

在这个问题上，我们需要进一步举例说明。例如，财务的成本会计或你的上级在进行年度降本分析时，可能会拿出一份按照年度采购品类金额的80/20图表，并指出前几大金额的采购物资（或服务）占总采购支出的80%，因此应当降本多少金额或百分比，这样才能达到全年的成本或利润指标；或许生产中心工艺部的同事又从另一个角度提出了哪些需要全力保证质量，不要优先考虑成本问题；市场营销、研发部门或品质管理部门都从各自的角度谈了成本、质量、产品表现等问题。此时，作为采购管理者，你应该如何应对呢？你可能会觉得各个职能部门说的都有道理，但是你却无所适从。同时你又觉得占总金额比例并不靠前的采购品类可以有绩效改进的机会，可是财务部或其他职能部门以各种理由并不同意你的观点。而你又拿不出扎实的定量分析说明和理由。你只好硬着头皮按照他们所要求的品类进行降本或做其他采购管理工作，你会发现事倍功半，甚至根本没有头绪。因此，我们亟须一套世界级的采购品类管理结合综合成本优化的组合工具，与利益相关方紧密配合，帮助企业实现价值最大化。

1. 品类管理的前世今生

从供应链运营参考模型（SCOR）中可以了解到，供应链"右手边"的品类管理隶属于市场营销的管辖范围，这方面的品类管理实践大约从20世纪80年代就出现了萌芽。在进入21世纪后，由于整合与竞争的加剧、市场营销的深耕、产品组合与品牌日益增多，特别在消费品与快消品行业得到迅猛发展并很快拓展到各个行业领域。它的主要内容是把所经营与交付给各级客户的产品分为不同的类别，并把每一类产品作为企业经营战略的基本运营单位进行管理的一系列相关活动。它通过强调向客户提供超值的产品或服务来提高企业的运营效果。它是隶属于市场营销与销售管理范畴的活动，和我们所谈的采购品类管理大相径庭。

2. 采购的品类管理

从供应链"左手边"也就是采购与供应资源管理角度出发的品类管理：是一种采购管理的实战，将企业采购的物资（或服务）按照不同的功能、依据不同的技术路线或物资属性、对应不同的供应市场、划分为不同的采购大类并区分出多个层级（马森的采购品类分类六要素）；同时企业中跨职能部门对不同的采购品类进行多维度的综合分析，并对各类别产品与服务的使用、供应市场和供应商进行管理；它也是采购方企业与供应市场的深度合作，将采购品类视为战略性事业单元（SBU，Strategic Business Unit）来经营的过程；最终通过供应市场资源化过程创造客户价值来得到更佳的经营绩效。

3. 采购品类管理"大厦"的三大基石和四大支柱（图4-20）

这是企业开展战略采购和采购品类管理的前提条件，同时也是必须具备的基础设施与结构框架。若在一个组织内尚未取得共识，就像修造房屋一样，地基不牢，钢结构还未搭建，那么品类管理也就成了空中楼阁，不可能取得预想的成果。

（1）三大基石。

1）基石之一：战略采购。我们通过第1章的学习已经充分了解到，在企业中要建立战略采购的管理理念与思维方式。就像供应链的"右手边"面向各级客户的交付活动要包含市场营销、销售与售后服务一样，采购

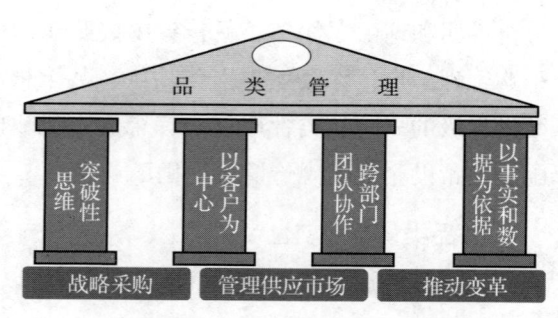

图4-20 采购品类管理的三大基石和四大支柱

活动也要坚持"前、中、后"的划分并各司其职，完善供应市场资源化管理，建立清晰明确的供应商引入与合同管理机制，提升采购执行履约的价值。同时，要将其形成对采购组织架构建设、人员岗位编制梳理、制度规则流程再造的指导。这是采购品类管理不可或缺的基础。

2）基石之二：管理供应市场。面对供应市场，我们绝不能仅仅管理到对我们形成有效供应的一级供应商为止，而应该在搭建"一供"潜在供应源寻源漏斗的基础之上继续向供应链"左手边"寻求价值的突破，要沿着垂直领

域产业链向上游对各个重要市场节点的供需进行科学定量的分析，有必要进入第一产业的供应市场。目的就是实现积极主动的管理，获取并力争占有稀缺资源，提升企业供应链的竞争力，成为行业规则的引领者。从供应资源的稀缺性与竞争方面看，今天乃至未来供应链的"左手边"甚至比内部供应链以及"右手边"更重要。

3）基石之三：推动变革。

①变革管理的起源。思想大师斯宾塞·约翰逊（Spencer Johnson）说过："未来唯一不变的就是变化（Change is the only constant）。"采购品类管理是对传统交易型采购的一种颠覆，如果我们的企业内部的利益相关方不能理解变革、接受变革并拥抱变革，就不可能完成采购品类管理体系的建设与持续改进。变革管理本身是一门专业化的管理科学。世界公认的变革管理的开创者是约瑟夫·朱兰（Joseph M. Juran），他不仅仅是卓越的质量管理专家和统计学家，还是变革管理先驱之一。随后，约翰·科特（John P. Kotter）等专家又把领导力与变革管理相结合，使得变革管理进一步升华。

②变革与转变（蜕变）。深入研究就会发现和变革相关的两个词汇，一个是"变革"对应的英文是 Change，它通常在变革管理学上被描述成客观的、外部强加的、疾风暴雨式的、命令式的、按照结果来定义的、变化可以在一瞬间完成的；而转变（有些专著也称蜕变）对应的英文是 Transformation，它来自于主观的、内心接受的、自我醒悟的、以体验经历为基础的、按照过程来定义的、需要一定时间的。

③理性阻力与感性阻力。人类面对变革存在两种由思维本能产生的阻力：一类是理性阻力，例如对某种知识、管理或流程，不理解、不懂得、不掌握，或者没有参与其中，信息量不足，有不同的观点尚未表达，这类理性阻力只要加强沟通交流并赋能使其参与其中即可克服；还有一类是感性阻力，它和某种感觉感受有关，例如，感到失去权力或者控制力，感到失掉了自认为的某种优势局面，又或者感到无能为力，感到孤立无援或者感觉被放弃或被边缘化。这类感性阻力是最难以克服的，需要加强对激励、动机与需求层次的研究和管理。总之，人们通常都会对变革产生最初的抵触和阻挡的反应，采购品类管理者作为项目经理的角色的任务之一就是要帮助多利益相关方团队

尽快通过他们的转变（蜕变）过程，同时自身也需要对面临的变革和转变进行管理。在此强烈建议采购管理者应当继续深入学习项目管理和变革管理的知识，在实践中掌握与熟练运用相关的技能。

（2）四大支柱。

1）突破性思维。毫无疑问，企业中的各个活动与职能都希望在管理效益与价值上有所突破。所谓突破，首先就是在绩效上取得提升。突破不会自动发生，它往往隐藏在当前的很多管理盲点和惯性之中。突破性思维就是要打破这种惯性，将我们常挂在嘴边的"这个不能做、那个不能改"或者"我们一直是这样做的也没出现大的问题"等转变成我们面对现状可以做什么以及可以改变什么，由消极的、抱残守缺的断然否决转变成积极的、建设性的建议。这就需要企业内的各级管理者率先开放头脑，创造一个可以交换不同意见、提出建设性建议的平台。

2）以客户为中心。

①要科学地分析利益相关方，与内部客户建立需求管理机制。做品类管理项目时要建立客户观念，我们所有的管理工作的目标就是要让内外部客户满意。首先要求我们要进行翔实的利益相关方分析，根据分析矩阵推导出哪些中流砥柱是我们需要紧紧依靠的对象，哪些是按需要参与进来的有生力量，哪些利益相关方处于高阻力区间。我们的目的就是团结一切可以团结的力量，克服理性阻力特别是要管理好感性阻力，完成品类变革目标。因此，我们必须建立起一套了解内部客户需求的机制，让他们参与到采购品类变革当中来，利用机制体现制衡关系（如采用前文所谈及的都拉沙希教授的八项制约与平衡要素进行内部客户需求管理的落实），以确保战略方案的实施。

②了解供应链"右手边"的市场营销与外部客户。我们要以企业的市场营销与销售职能为接口，了解外部客户市场、竞争对手与客户的情况，了解未来的企业战略、业务战略以及营销战略。可以说不了解供应链的"右手边"，就不会做好"左手边"。例如，一个企业在全球化过程中采取了事业单元的瘦身战略，把不增值的业务缩减或剥离，同时换取现金，整合全球的增值资源并打造未来的增长热点和布局，此时保留下来的高增长的事业单元的营销组合与产品组合也发生了重大变革，利用"现金牛"全力支撑全新市场领域打造全新的明星产品。针对这一系列"右手边"的战略意图与规划，若

采购管理职能不了解或不理解，就无法配合企业完成战略实施，甚至可能背道而驰。

3）跨部门团队协作。

①跨部门团队协作是贯穿在战略采购过程的始终的，特别是采购职能切忌单打独斗或闭门造车。前文所谈及的利益相关方分析与高感性阻力的管控，都是为跨部门团队协作打基础的。同时战略采购也要求我们要早期参与，目的是通过并行工程实行价值分析与价值工程（VA/VE）。

②形成跨部门团队协作，还要依靠企业当中对于项目制的组织结构的建设，例如，PMO（Project Management Office）项目管理办公室机制——产品经理横向贯穿的矩阵式组织结构，又或者采用已经导入的六西格玛管理模式——在各部门培养绿带与黑带，从而形成跨部门团队协作的硬件基础。按照项目制的管理模式，品类管理要设定由更高的管理层充当项目发起人（Project Sponsor）角色，他们是品类管理推进的坚强后盾与高层的协调者，我们必须全方位谋求他们的支持与帮助。同时我们还要在采购品类认知不完全的企业内积极地推广与沟通，建立广泛的群众基础。在此，我们借用乔纳森·欧布莱恩建立的采购品类管理的 5P 治理框架来做指导。它包括：成熟的项目管理能力、清晰明确的回报（不仅仅是财务收益）、团队对于相关技能的娴熟掌握、内外部的沟通推广，最后事在人为，我们要有恰当的参与者管理机制。见图 4-21。

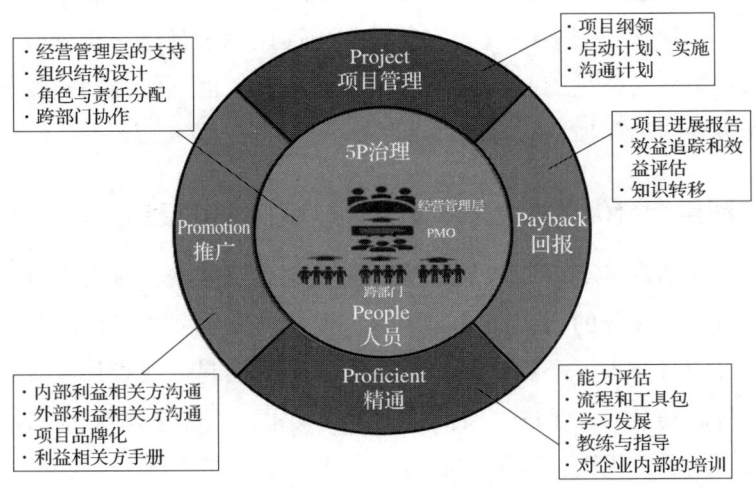

图 4-21　采购品类管理 5P 治理框架

4）以事实和数据为依据。

①从基础运营角度出发，管理就恒等于量化。工业革命已经超过两百年，现代企业管理也已步入百年，几乎任何管理学意义上的事物都可以被量化。若你发现你所管辖的业务还有不能被量化的角落，不要质疑，那一定是你还没有掌握量化管理的技能与技巧。

②减少决策风险。依据良好的事实与量化的数据信息是减少决策风险最有效的办法。没有翔实的分析报告，没有精准的量化数据信息，没有风险管控措施，企业就无法对品类的变革方案进行审批。试想某采购品类关于一个技术参数与规格的变更，如果没有充分的事实分析与数据量化，上级如何知道得失成败？如何进行决策？一旦出现问题，风险应对机制如何建立？又或者一份品类规划报告建议采用重新寻源引入新的供应商，如果生产中心的总监贸然批准了这个报告，随后出现供应中断或者生产线停产的情况，最先受到压力或指责的是生产团队，而不是采购。

③为变革提供令人信服的证据。面对错综复杂的管理环境和理性或感性阻力，最好的"药方"就是一份扎实的事实分析与量化的数据信息，它可以提供无可争辩的基础，用来支持变革。事实与数据的重要意义还来自于收集数据与形成事实分析报告的过程。品类项目组成员与内部各职能部门紧密合作调研与收集数据的过程，也是让各利益相关方理解品类管理的目的、赢得支持的过程。基于一份有说服力的数据信息呈现，远比基于预感、猜测或直觉的观点更令人信服。这也是克服各种阻力的有效工具。也顺便为利益相关方提供了一个积极参与品类项目的理由。

4.6.2 利用综合优化机会排序的五大过程打好开展品类项目的基础

在使用乔纳森·欧布莱恩 5i 品类工具启动项目之前，要再次强调品类项目需要通过高层领导的自上而下的同意、授权与支持，并且可支配的跨职能资源要能够随时介入。采购职能作为品类项目的发起方或责任经理，不要匆忙召开项目启动会或急于进入项目的整改方案中，而应该谋定而后动。在此，需要灵活应用项目规则，以采购职能的骨干为核心带领多利益相关方的项目组成员充分进行初始化分析，用事实与数据进行项目重点整改内容的呈现，保证项目计划、目的、过程与结果的一致性与扎实性，确保项目的推进不会被动摇、被延误，高效率地完成项目过程管控，达成目标。这也是通用项目管理的基础"黄金三角"：质量、成本、时间（或效率）的协同。

1. 过程之一

该过程包括初始化分析（乔纳森·欧布莱恩给出的原文是 Day-one Analysis，有的资料也翻译成基准分析）与速赢（Quick Win or Breakthrough，或翻译为快速突破）的宏观机会分析。

（1）初始化分析。在着手品类项目管理的最初期，我们应当对于企业内部的需求有更深入的理解，预先对采购与供应的博弈力有一个宏观的扫描与判断。例如，内外部客户的期望，支出的情况，商务合同的背景，特别是供应市场所形成的外部影响，等等。欧布莱恩对这个问题的贡献就是初始化分析，之所以原文称之为"第一天分析"（Day-one Analysis），也就是在品类管理过程之初就要奠定一个正确审视采购物资（或服务）的基础。将企业所负责的采购品类定位在四象限矩阵中，并反映出四大类型的采购与供应的关系特征。如图 4-22 所示。

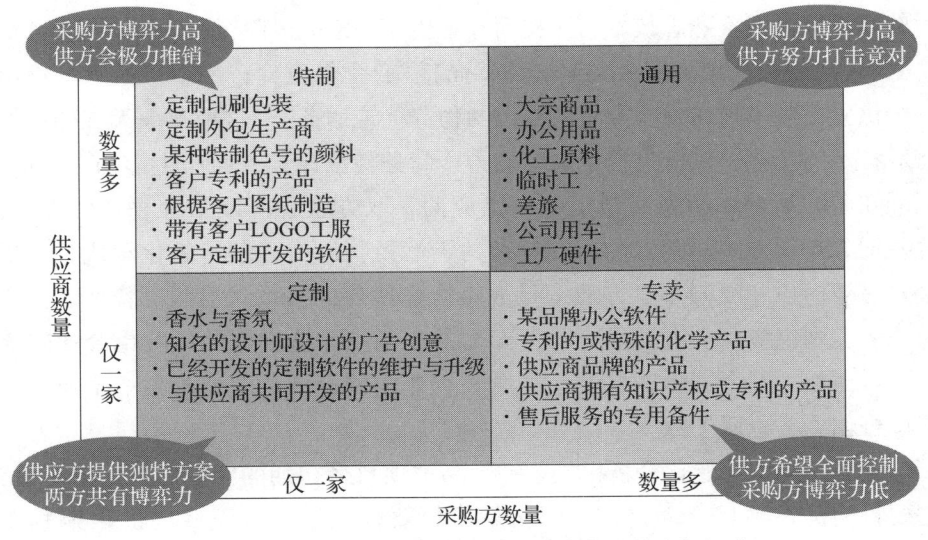

	特制	通用
采购方博弈力高 供方会极力推销	·定制印刷包装 ·定制外包生产商 ·某种特制色号的颜料 ·客户专利的产品 ·根据客户图纸制造 ·带有客户LOGO工服 ·客户定制开发的软件	·大宗商品 ·办公用品 ·化工原料 ·临时工 ·差旅 ·公司用车 ·工厂硬件	采购方博弈力高 供方努力打击竞对
	定制	专卖
供应方提供独特方案 两方共有博弈力	·香水与香氛 ·知名的设计师设计的广告创意 ·已经开发的定制软件的维护与升级 ·与供应商共同开发的产品	·某品牌办公软件 ·专利的或特殊的化学产品 ·供应商品牌的产品 ·供应商拥有知识产权或专利的产品 ·售后服务的专用备件	供方希望全面控制 采购方博弈力低

（纵轴：供应商数量，上"数量多"下"仅一家"；横轴：采购方数量，左"仅一家"右"数量多"）

图 4-22　乔纳森·欧布莱恩采购品类初始化分析矩阵

1）通用类（Generic）：多供应商，多买方。市场中存在相当普遍的物资（或服务），有众多的客户与供应商。在此象限，采购方有最大的选择机会和更换供应商的能力。供应商由于处于超级竞争的市场领域，总会想办法打击竞争对手，期望获得采购方的青睐。

2）专卖类（或专有类）（Proprietary）：一个供应商，多买方。供应商在某一类别中供应的物资（或服务）已经获得了某种保护性或独特性的地位。这也是供应商最希望出现的局面。若不施加干预，往往供应商会在专门的设计中突出独特性和唯一性。或者把通用品类增加某种差异化来"包装"成专有产品。例如，常见的某种日化洗涤产品，商家宣称添加了某些成分，使它更有利于去污且不伤皮肤，更加有利于环保，等等，这些卖点一旦通过营销组合的媒介的宣传与促销，就会达到令人信服的目的。又或者是工业产品中某个专有的品牌才能达到某种效果，一旦形成了采购方内外部客户的共识，就会落入专卖类区间。

3）特制类（Tailored）：多供应商，一个采购方。为采购方特别制作的采购品类，可能有众多供应商但只有一个采购方。例如，采用采购方的设计或图纸进行加工，或者贴采购方企业品牌的OEM、ODM都处于这个区间。采购方将对供应商所供应物资（或服务）的过程或能力产生影响且具有博弈力，理论上更换供应商获得最佳价值的可能性非常大，但是和通用类相比，更换后的新供应商因不熟悉技术与流程而导致供应失败的风险会更大。

4）定制类（或自定义类）（Custom）：一个供应商，一个采购方。仅由一个供应商为单独的采购方专门提供的物资（或服务）。这种独一无二的特性将对特定的产能、供应过程、供应能力、商务与法律等方面产生影响。例如，国际知名的某香水品牌商锁定一家供应商，双方联合开发某种香味的香水，这些配方是双方协同配置的，有复杂的天然植物原料和独特的化学成分，不会轻易被模仿和复制。双方通常是战略协作伙伴的关系。当然，若采购方势力趋弱，则供应商会占据优势与博弈力的制高点，这方面的风险也会比较突出。再比如，某个国际知名设计师给某企业定制设计的企业形象、企业标识或广告创意，也属于此类。

欧布莱恩的初始化分析提供了一个品类项目最初期的宏观定性分析工具，主要目的是在项目启动之前，团队就要概要性地思考一下我们的采购物资（或服务）为何居于此位置？此位置背后隐藏了哪些价值或风险？若处于不利地位，我们要怎么做才能改变被动局面？我们可以改变坐标的位置区间吗？若可以改变，需要哪些配合？若不能改变，如何发挥它在此区间的最大价值？

(2) 速赢的宏观机会分析。

1) 在完成了前述的多层级采购品类细分的分类分级工作之后，我们就要从此基础出发开启寻找综合优化的机会之旅。到这里，会出现一个疑问，那就是我们到底用哪个层级的品类去进行分析？例如，某企业的一级为原料的二级分类中有一类名称为"大宗化工塑料粒子"的品类，再向下细分有三级和四级甚至直到具体 SKU 的五级品类。在实践中类似于该案例，通常我们先选择广义的二级品类"大宗化工塑料粒子"以及和它平级的二级品类，在这个品类级别层面进行分析，辨别出哪个品类是组织应该优先考虑的事项。当然，由于采购管理者的层级不同，每次的品类管理项目的定位也不同，有些采购品类的基层管理者把他所负责的某个最底层的品类包含的各具体 SKU 拿出来进行分析与改善，都是可行的，道理也是相通的。同时，要说明的是，在更高层利用某个高层级品类（如二级品类）进行了机会的定量分析之后，根据顺序找出更具优先级别的二级品类，还是要再下沉到下一个或者直接到最底层的 SKU 进行管理，这个过程在企业内是分层级并且要求重复、反复持续进行的。（大家可以把这个过程想象成类似在玩耍若干组俄罗斯套娃，在每个套娃层级，找出各组别套娃的优缺点。）

2) 在这个初始化阶段，先拿出高层级别的品类（如二级品类）在"采购品类优先级别与速赢机会分析矩阵"中定位，进行宏观速赢机会分析。见图 4-23。

① 其中一个维度是一旦在该品类上有所突破，给企业带来的潜在效益高还是低。当然潜在效益问题可以是宏观的多重因素，它可以是以价格和成本降低形式表现出来的成本节约，也可以是提高效率、质量、服务降低风险所带来的附加价值的提升。我们要厘清效益问题，大原则上要与企业的总体战略目标一致。

图 4-23 采购品类优先级别与速赢机会分析矩阵

② 另一个维度是执行与实施的难易程度或为实现该品类优化所付出努力程度的高低。

3）利用该矩阵我们可以显而易见地发现若某一个品类极容易执行与实施，一旦有所突破，则潜在效益非常高，那么该品类当然是最优先级别要做的事情。但是在一个企业内，这类容易做、做完效益又高的品类会存在很多吗？也许在之前早已经被先行者完成了；对于那些有一定的困难或者要付出比较高的代价才能完成，一旦完成效益也很高的品类，我们会把它放在第二位，值得做但是可能要暂缓。欧布莱恩特别指出，对于那些易执行和实施但是完成后效益不见得很显著的品类一定不能掉以轻心，或者认为各方面收益都不大而放弃。反之，它是我们重要的抓手，特别在企业中困难重重的品类开发与管理的早期，这样的机会更是显得尤为珍贵，速赢或快速突破区间的概念正是来自于此。它同时也符合管理学中的"果园"理论。见图 4-24。

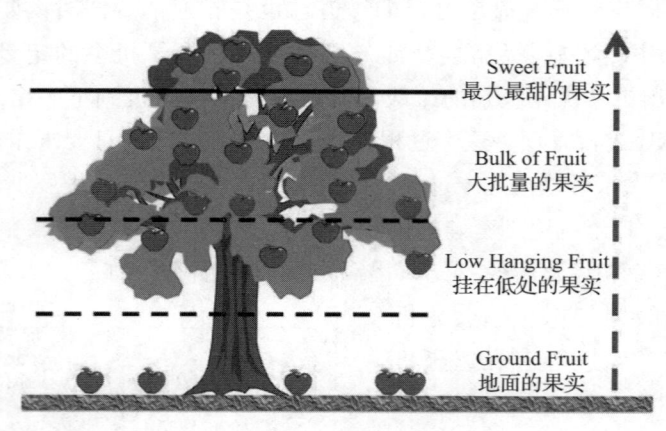

图 4-24 "果园"理论示意图

试想，当我们进入一个果园，面对地面的俯拾皆是的但是品质不理想的果实、挂在低处的品质一般的果实、挂在中间的常规果实以及挂在最高处的又大又甜的果实，我们如何采取行动？是首先花费很长的时间组织专业的登高设备与专业的采摘工具去获取最高处的果实，还是反过来首先捡拾地面的果实？答案是我们应当首先捡拾地面的果实。地面的果实品质好吗？毫无疑问不好。但是它们是果实吗？是。捡拾起来容易吗？容易。这就是我们务必重视速赢与快速突破区间品类的答案。该理论比喻的是果园里的采摘逻辑，但是引起我们思考与共鸣的是企业当中的管理思路，任何具有一定过程的工作与项目管理都符合该思维。我们尽可以组织大量的人财物的资源，花费很长的时间去"采摘最顶端的又大又红的果实",但是时效性与风险的隐患导致可行性很低。例如,在某些工作安排和推进的初期,你的上级或其他利益相关方甚至你的团队成员还存在很大的质疑,都不可能等你花费巨资和很漫长的时间来交付一个充满不确定的结果。反之,我们瞄准地面的果实进行速赢和快速突破,短期内按照里程碑一步步地拿出一定的成绩与积极的结果,这样你的上级、利益相关方、你的团队成员都会受到鼓舞,从而可以建立信任,形成正反馈的管理氛围,保证采购各项管理工作可以更加高效地推进。

2. 过程之二:采购与供应易执行程度权重的定量分析

(1) 上述的两个模型工具给我们带来的是初步的宏观分析,让我们概要性地了解到哪些品类处于何种状态并对该状态进行启发性思考;哪些品类具有较高的处理优先级别;哪些品类不要忽视了其短期快速突破的效应。但是要想精准地进行定量分析,采购品类优先级别与速赢机会分析矩阵就有局限性了,横坐标易执行程度比较笼统和模糊。因为所谓"易执行程度"包含了因为供应市场自身的特性导致的困难与否,以及采购方组织内部障碍与阻力的高低导致的困难与否。假设外部供应市场阻力和障碍较高,但是采购方组织的影响力和博弈力也很高,这或许也是我们改变现状的一个重要机会和有利的抓手;反之,就算外部供应市场没什么障碍也很容易改变,可是我们采购方组织内的阻力很大、障碍很高,变革的争议也很多,那么短时间内恐怕很难有所改变,或是改变的成本很高。另外,这个矩阵还无法表达出每个品类的年度支出金额,不能使我们很直观地评估背后的逻辑,同时也无法量化。

(2) 对执行的难易程度的两个维度的进一步说明。

1) 采购方内部的易执行程度。衡量组织内发生变革是否容易。如果这个变革可以快速推广,内部的利益相关方和客户没有抵制或很少有阻力,那么,这个品类项目的推动就相对容易,反之则困难和障碍就大。在实际工作中,不要轻视阻力和障碍,前文我们也论述了采购的各级管理者要具备变革管理与阻力管理的技能。

2) 供应市场的易执行程度。也称供应市场的障碍困难程度,是指在供应市场中寻源的难易程度。从一个角度举例:若某种物资(或服务)供应商的供应绩效欠佳,你是否可以很容易地更换供应商?有些品类就会很容易,供应市场有众多供应商且处于超级竞争势态,是典型的买方市场,所提供的产品已经被市场充分规范和标准化,供应商也有积极的供应意愿与采购方配合;在有些情况下则十分困难,你可能很难寻源,供应市场处于垄断或寡头垄断地位,采购的物资(或服务)处于瓶颈区间。这就是供应市场存在难度且不易执行。

(3)在此,我们采用更直观的矩阵图形进行各品类的展示,期望可以定量地进行定位与分析。首先把采购与供应的博弈力决定的易执行程度拆解为两个维度的横纵坐标,推荐使用百分制来定义坐标轴分值(因十分制或五分制在定量分析时难免过于宽泛,会导致很多品类的得分趋同),分值高意味着容易执行,分值低意味着难度高不易执行。同时用各品类气泡直径的大小代表年度支出金额的比例。我们用一个模拟案例加以说明:某企业采购部选择了二级品类进行定量分析,得出的定位结果如图4-25所示。

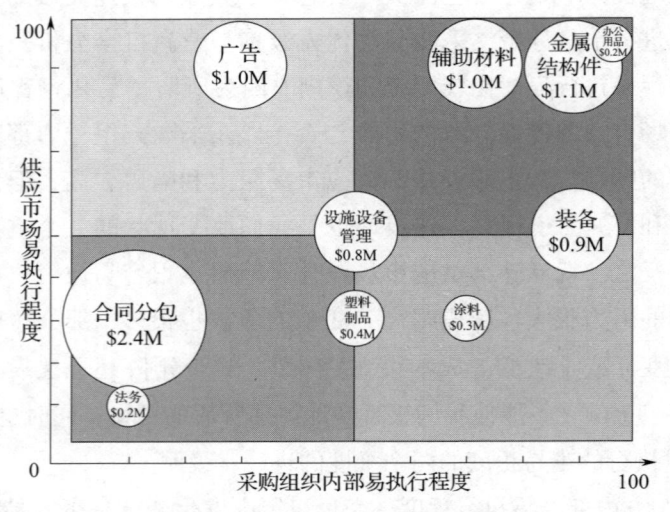

图4-25 采购与供应易执行程度矩阵

(4)在根据这张定位图进行分析之前,我们需要先解决另外一个问题,如何才能将各品类定量地定位在采购与供应易执行程度矩阵的坐标系中呢?例如,谁来决定以及如何决定案例中的金属结构件这个品类的坐标定位得分是 x=90,y=90?这里还是要使用定性转定量的德尔菲法分析工具。我们在前文论述多要素加权定量定位卡拉杰克矩阵时已经介绍过。该方法的前提是要组织多利益相关方,对定性问题群策群力共同决策推导出定量的定位。

（5）如此，过程之二，就可以通过"采购与供应易执行程度矩阵"横纵坐标的定量数值相乘得出第一个需要加权的项目。该项目中包含两个要素。例如，金属结构件的定位是 x = 90，y = 90，该品类在采购与供应易执行程度的加权得分为 8100 分；合同分包的定位是 x = 10，y = 30，该品类的加权得分为 300 分。以此类推，把全部品类都一一计算完成。

（6）若单独用这个矩阵模型进行分析，会得出截然不同的意见。例如，有项目组成员说，由于办公用品和金属结构件得分最高，说明内外部的阻力和障碍都很小，我们应该针对这两类物资进行综合管理，降低成本提高效益；但同时又有其他成员表示反对，理由是虽然办公用品和金属结构件容易管理，但是年度支出金额不算最大，我们应该"擒贼先擒王"，对年度支出成本最大的也就是合同分包这个品类进行降本增效的管控，才能事半功倍。而另一方的反驳意见是虽然合同分包的年度支出总金额大，但是不容易施加管理，内外部的阻力和障碍都很大。

（7）首先根据采购与供应易执行程度的定量加权数据是有意义的，但面对这样的意见分歧，说明单凭这一组数据还远远不够。这就要引出下面的另外一个需要加权考虑的项目，也就是综合成本优化效益规模权重。

3. 过程之三：价格灵活度与品类成熟度权重的定量分析

欧布莱恩给我们提供了一个更独特而宽广的视角，我们除了要分析采购品类支出金额的高低，内外部采购与供应易执行程度，还应该透过外在影响去观察品类本身的特性，它包括价格灵活度与品类成熟度两大要素。乔纳森·欧布莱恩所领导的 PPL（Positive Purchasing Ltd.）咨询公司基于在全球范围内的调研与统计的结果，给出了这样的结论：品类成熟度越低，价格灵活度越高，节约效益的规模就越大；品类成熟度越高，价格灵活度越低，节约效益的规模就越小。我们进一步详细解释这两个要素。

（1）**价格灵活度**：也就是确保可能降价的范围。如果该品类中含有许多额外的附加值元素或功能选项，采购方可以从中加以选择；或者市场竞争不是太激烈而导致供应商利润空间比较大，这样会给采购方带来利用谈判设定供应商合理利润的可能性；又或者供应市场是几乎完全自由竞争的，那么价格就成了供需平衡下决定的产物。在这些情况下，价格就会具有较高的灵活度。灵活度越高，价格弹性就越大，成本降低的机会就越大。反之则机会渺茫。

（2）品类成熟度：也就是该品类被开发和管理的深度、广度和时间。开发的程度越深，早已形成了固定的模式，产品的成熟度越高，采购方可以利用的潜在控制该品类的机会也就越少，在成本上管控的可能性也就越小。例如，标准化的紧固件螺钉螺母，这类产品超级固化，品类成熟度已经非常高。相比较而言，新能源车的电池组品类成熟度还不算很高。

（3）继续使用定性转定量的德尔菲法分析工具。项目小组得出各个品类在价格灵活度与品类成熟度矩阵中的定量定位。案例如图4-26所示。

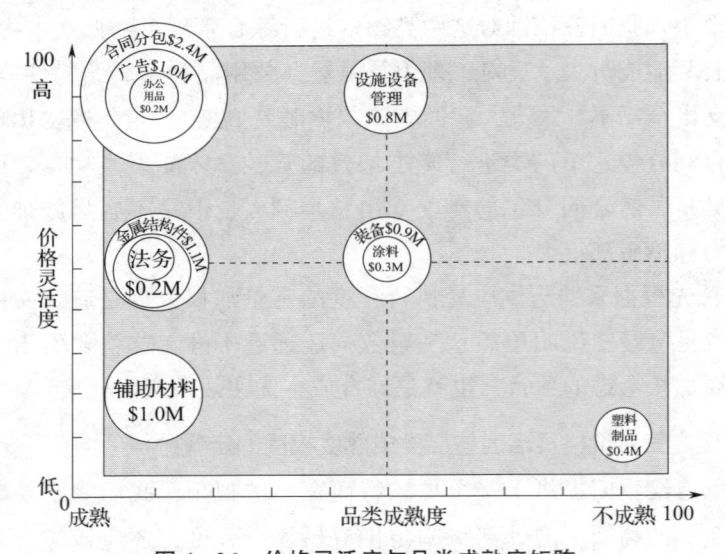

图4-26 价格灵活度与品类成熟度矩阵

（4）同样，过程之三就是要求我们将定量的结果进行加权计算。通过"价格灵活度与品类成熟度矩阵"横纵坐标的定量数值相乘得出第二个需要加权的项目。该项目中包含两个要素。例如，金属结构件的定位是品类成熟度 $x = 10$，价格灵活度 $y = 50$，该品类在综合成本优化效益规模的加权得分为 500 分；合同分包的定位是 $x = 10$，$y = 90$，该品类的加权得分为 900 分。以此类推，把全部品类都一一计算完成。

4. 过程之四：年度成本优化的可能性定量分析

（1）过程之四是乔纳森·欧布莱恩以及他率领的 PPL 咨询公司团队经过多年以来的研究与实践，针对综合成本优化机会排序的最重要的一部分知识点与易用的工具。它给我们各级采购管理者带来了基础的模板与量化的信息，它也是我们在企业内部实行品类项目管理的指南。为了精准地表述和强调其权威性，我们不妨援引欧布莱恩在《采购品类管理》一书中的原文加以说明："……显示了不同成本降低的百分比。这个模型能够让我们通过思考价格灵活度以及品类的高、中、低的成熟度来发现潜在降低成本的机会。这里友情提醒，确定潜在收益的规模不是一门精确的科学，而是基于经验的评估。在这里我（指欧布莱恩本人）并不能就这些潜在的降本效益的百分比提出参考的见解，因为这些并不是任何实验室研究出来的，而是基于数年的实践以及在这两个可变因素的存在下采购品类管理项目的可能潜力。我（指欧布莱恩本人）将这个模型改进并使用了数年，它看起来就像一个相当可靠并能预知一切可能的预言家……"换言之，欧布莱恩的潜台词就是：相信他，别质疑！也强烈建议大家用这套具有世界级理论与最佳实践的知识体系在你们的企业里做推广，让大家都接受并应用起来。

（2）这个年度采购成本降本可能性的百分比模板沿用了价格灵活度与品类成熟度相结合的综合成本优化效益规模矩阵，在同一个矩阵里定义出了不同区域对应的降本百分比的可能性。它就像双页折叠的带有半透明蒙版的小册子，当我们在价格灵活度与品类成熟度定量坐标系里完成定位后，覆盖那页带有区域百分比的蒙版，答案就立刻呈现。详细情况见图4-27。

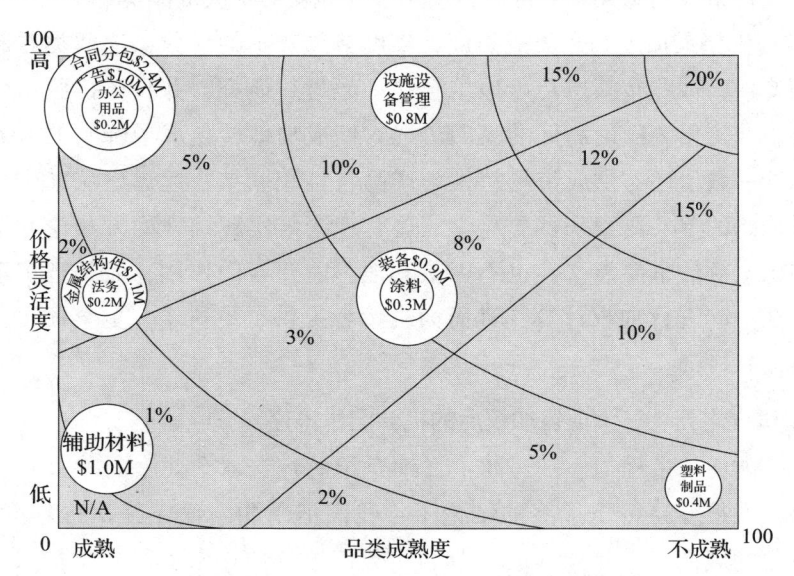

图4-27　潜在节约降本的百分比可能性

这个计算过程不难。例如，年度采购支出金额为 110 万美元的金属结构件的品类成熟度 x = 10（比较成熟），价格灵活度 y = 50（具有中等灵活度），它恰好处于欧布莱恩的降本百分比是 2% 的建议区域，那么通过计算 110 万美元乘以 2%，得到年度降本的可能性金额为 2.2 万美元；合同分包的年度采购支出金额为 240 万美元，它的定位数据是 x = 10，y = 90，它处于欧布莱恩的降本百分比是 5% 的建议区域，那么通过计算 240 万美元乘以 5%，得到年度降本的可能性金额为 12 万美元。以此类推，把各项品类一一计算完成。

（3）到目前为止，综合以上的理论和计算，大家可能还会惊叹于这些具体的百分比数据并且还会有一个疑问：若我们在本年度按照这个逻辑已经做过一次品类管理结合综合成本优化了，那么明年还会是这个数字吗？作为持续改进的品类项目管理，在下一个阶段重复循环进行持续改进时，一定会对你们所管理的品类再次定位，那些在上一期项目已经得到有效整改的品类，在再次定位时一定和之前是不同的。例如，某品类定位在 8% 的区域，经过一轮的综合成本优化与品类再造项目后，再次定位，它可能已经定位在 1% 的区域。有的甚至定位在 N/A（无效 Not Available）区域，这就表明短期内已经不具备再进行整改的意义了，可以转而瞄准其他机会更大的品类。

（4）价格灵活度与品类成熟度，年度节约降本的百分比这两类看起来不相干的要素，被欧布莱恩巧妙地结合在一起进行研究，并且还摆脱了仅仅依据年度采购支出金额论高低的窠臼，把它们成功地转化成了降本的百分比数值，而这一数值还与供应市场特性与产品特性相联结，远远比从某个狭义的职能看采购的单一要素来得更科学。这套理论与实践结合的方法论并不否认采购支出金额的重要意义，也不否认其他影响要素的作用，而是把多重的要素结合在一起进行加权计算，进而为决策者提供了更科学、更全面、更扎实的数据信息。

5. 过程之五：三大项目加权后的机会定量排序

有了前面的过程二、三、四中详细介绍的包含六个要素的三大项目的计算结果，就很容易得出最终的结论了。我们把采购与供应易执行程度权重、节约效益的规模权重和预计成本节约的数值这三项连乘，得到总权重。具体计算汇总，见表 4-3。

第4章 运筹帷幄：供应与采购的博弈

表 4-3 三项目六要素加权综合成优化机会排序计算表

类别	成本（万美元）	采购易执行程度（100）	供应易执行程度（100）	供采易执行度权重	价格灵活度（100）	品类成熟度（100）	节约效益规模权重	成本节约（%）	预计成本节约（万美元）	总加权得分	权重占比	最终排序
金属结构件	110	90	90	8100	50	10	500	2	22	891	4.05%	
办公用品	20	95	95	9025	90	10	900	5	1	812	3.70%	
辅助材料	100	70	90	6300	20	10	200	1	1	126	0.57%	
装备	90	90	50	4500	50	50	2500	8	7.2	8100	36.81%	2
设施设备管理	80	50	50	2500	90	50	4500	10	8	9000	40.91%	1
塑料制品	40	50	30	1500	10	90	900	5	2	270	1.23%	
涂料	30	70	30	2100	50	50	2500	8	24	1260	5.73%	3
广告	100	30	90	2700	90	10	900	5	5	1215	5.52%	
合同分包	240	10	30	300	90	10	900	5	12	324	1.47%	
法务	20	10	10	100	50	10	500	2	0.4	2	0.01%	
总计										22000	100%	83.45%

（1）再次把计算公式展示给大家：

采供易执行度权重＝采购组织内部易执行度×供应市场易执行度

节约效益规模权重＝品类成熟度×价格灵活度

预计成本节约＝年度采购支出金额×降本可能性的百分比

总加权得分＝采供困难度权重×节约效益规模权重×预计成本节约

以上连乘计算若感觉总权重数值过大不方便观察，还可以除以一个系数如10000，使得数字位数更少些，便于观察和管理。表4-3中的总权重数字就是除以10000后的结果。

（2）由计算可以看出，若仅仅从采购支出金额的角度去管理，或者从某些职能的本位主义去考虑，这个结果可能会令其大跌眼镜。之前从感性认识里并不看好的设施设备管理品类综合成本优化的机会最大，装备品类紧随其后占据第二位，连貌似不起眼的涂料竟然也排名第三位。而之前我们关注的

年度采购支出金额最大的品类合同分包由于其采购与供应易执行度很低，价格灵活度与品类成熟度均得分较低，反而仅排在了倒数第四位，说明该品类的综合成本优化的机会不大。这就是采购品类管理科学的力量。

（3）若在项目中管理的品类较多，会导致工作量过于繁重，因此不可能一次把所有品类都做一次整改，那么可以按照帕累托法则计算，首先针对权重占比达到80%的品类进行改善，其余的占比20%的品类可以留到项目的下一期进行。在以表4-3中，我们继续计算了各品类分项权重占总权重的百分比，从第一名品类一直累加，累加到第三名已经占总权重的80%，在这个案例中，就可以决定率先对这三个品类启动整改项目。

（4）品类综合成本优化的机会甄别过程推进至此，最后还要解决大家的一个疑问，那就是这一系列三项加权寻找综合成本优化机会的组合工具是瞄准了一级或二级相对高层级的品类进行的。还是引用上述的案例，按照之前论述的品类树形分解分层逻辑，例如，或许我们发现排序第二的"装备"品类再向第三、第四层级的树形分解下沉，直到最底层的层级，还会有很多SKU，包括具体某功能某规格的分析仪器类、某型号的工程机械类、某类型自动化生产线、某大型仓储自动化设施等。面对这样的情况，欧布莱恩在他的专著中明确指出："各级的品类责任经理要不断地重复机会分析的步骤"，在每个高层级广义品类的下面都会有出现若干下层级的品类。又比如"轴承"相对而言是个广义高层级品类，向下会按照功能或者特征分解出向心轴承和推力轴承，而向心轴承再向下分解可能会有球轴承、滚针轴承、滚柱轴承等，再拆解到滚针轴承项下，最后会落到具体的每个滚针轴承的SKU料号上。假设该企业中有"机械类运动件"采购品类经理岗位，那么该经理就要主导对所有滚针轴承进行机会的定量分析。先从更高的品类层级（如二级）入手，得到一个优先级别的排序，抓住排序靠前的大品类再继续深入分解并采取相应的管理措施，从而解决该品类的问题。而对于排序靠后的品类，原则上就不要在这个品类耗费过多的精力了。（当然有些优先级别低的品类可能也值得尝试，但要推迟到具备了适合该品类的管理环境之后再开展工作。）在日常工作和项目上抓大放小，集中精力克服主要矛盾，谋求快速突破与速赢，是这一系列三项加权确定综合成本优化机会排序的精髓。

由以上五个循序渐进的管理过程可以看出，根据乔纳森·欧布莱恩的品类定量综合成本优化机会分析方法论所得到的量化品类排序，是基于世界级的权威专家小组的理论基础的研究成果，并结合了全球企业的最佳实践的检验。这样的一份科学的、扎实的、以事实和数据为基础的品类项目计划书，在企业当中是举足轻重且具有说服力的，同时也彰显了采购的专业管理能力。

4.6.3　乔纳森·欧布莱恩5i采购品类项目管理模型

（1）我们按照马森理论完成品类分级分层的树形结构的搭建，利用乔纳森·欧布莱恩的五过程组合工具寻找综合成本优化的机会并排序，针对优先级别高的重点品类使用卡拉杰克矩阵层层穿透到最底层 SKU 之后，前文已经论述过，若属于日常工作或者该品类背后存在的问题较简单，我们可以采用 AT 科尔尼的"速效药"64 格方案对症下药，快速解决。

（2）如果我们要管理的采购品类具有战略意义，同时遇到的问题较大、改善的难度也很高，例如，采购管理者面对的供应市场波动性或复杂程度较高，内外部的需求管理难度大，供应链"左手边"构成资源稀缺特性较强，或者供应商关系管理对企业商务与效益的影响很大，又或者供应商的供应绩效表现低下且迟迟得不到改善等情况，就不能寄希望于一蹴而就，而应该立足于长远，回归到事物的本质上来。我们要认识到融入战略采购的品类管理项目是一个长期的循环往复的企业持续改进的活动，这一持续性的活动有着明显的出发点，但是没有明确的终点。因为任何事情不可能做得百分百完美，前方总还会有全新的机会来获取更多的供应链价值。当我们每一次实施品类管理项目的阶段性目标达成时，也就意味着内外部的宏观微观环境也已经发生了变化，包括世界的多样性与多变性，外部供应市场与采购组织内部也一直在变化。那么最恰当的做法就是重新开展品类再造与综合成本优化的活动。当然，唯一可以确定的是旧有的矛盾解决了，新的矛盾就会产生。每一次的品类项目管理活动都会将该品类的成熟度提高到新的水平，比如说过往卡脖子的供应市场当中的稀缺资源通过项目活动已经有效获取并占有，之前不良的供应商关系已经得到显著改善，则下一个阶段的品类持续改进项目的工作重心和项目目标也会发生调整和修订，例如，可能经过机会分析，会更多地聚焦在合同执行履约的流程效率、价值型采购的技术路线完善和内部客户满意度提升等方面。

(3) 综上所述，我们希望启动一个品类综合成本优化的项目时，就需要有一套成熟的具有世界级最佳实践的方法论。在此推荐乔纳森·欧布莱恩的 5i 模型。欧布莱恩在他的专著《采购品类管理》中特别围绕着他开发的具有五个固定顺序的独立阶段的方法论进行品类项目管理的论述。它们分别是启动（Initiation）、洞察（Insight）、创新（Innovation）、实施（Implementation）、改进提高（Improvement）。5i 模型已经开发多年且具有很好的实践案例增加其说服力，它在全球范围内被多家跨国企业所采用并作为主流的采购品类管理方法。5i 模型简图如图 4–28 所示。

| P1：启动 Initiation | P2：洞察 Insight | P3：创新 Innovation | P4：实施 Implementation | P5：改进提高 Improvement |

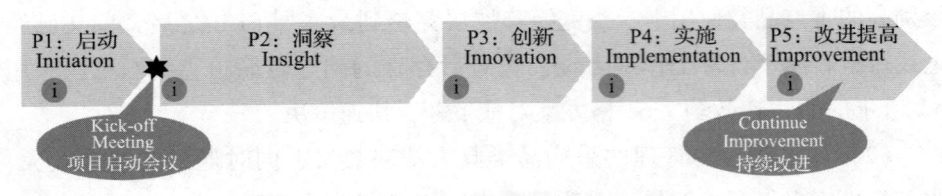

Kick-off Meeting 项目启动会议

Continue Improvement 持续改进

图 4–28　乔纳森·欧布莱恩 5i 模型简图

(4) 乔纳森·欧布莱恩撰写的《采购品类管理》专著中 70% 的内容是对 5i 模型指导下的品类项目进行论述。在此我不会过多地转述该专著的内容。强烈建议采购与供应链的管理者一定要深入学习该专著并将理论转化为企业实践。

(5) 我们研究和探索采购与供应的博弈是为了给采购的物资（或服务）进行定位，而定位是为了更科学与精准地分类，再利用分类找出采购品类背后的机遇，并且要抓住机遇设定目标，持续改进，提高效率，提升客户价值。因此，采购的品类管理是采购与供应博弈与定位管理的升级版，也是每一位采购管理者的必修课。至此，综合我们之前讨论过的内容，可以把欧布莱恩的 5i 模型中的全部活动流程展示如图 4–29 所示。

1) 这张流程图看似复杂，但欧布莱恩的著作里把 5i 的五个活动步骤分成五个章节去——详细论述。仔细研究该全流程图后发现，它包含了每个步骤的最高层次的内容和详尽的细节。围绕这些知识点可以为实践工作者起到设定基准的作用。各层级的采购品类经理人可以抓住每个机会去检查所管理的品类的进程，并用项目的"共同语言"（Common Language）进行沟通，这个方法论最终会落实在企业当中，形成共识。

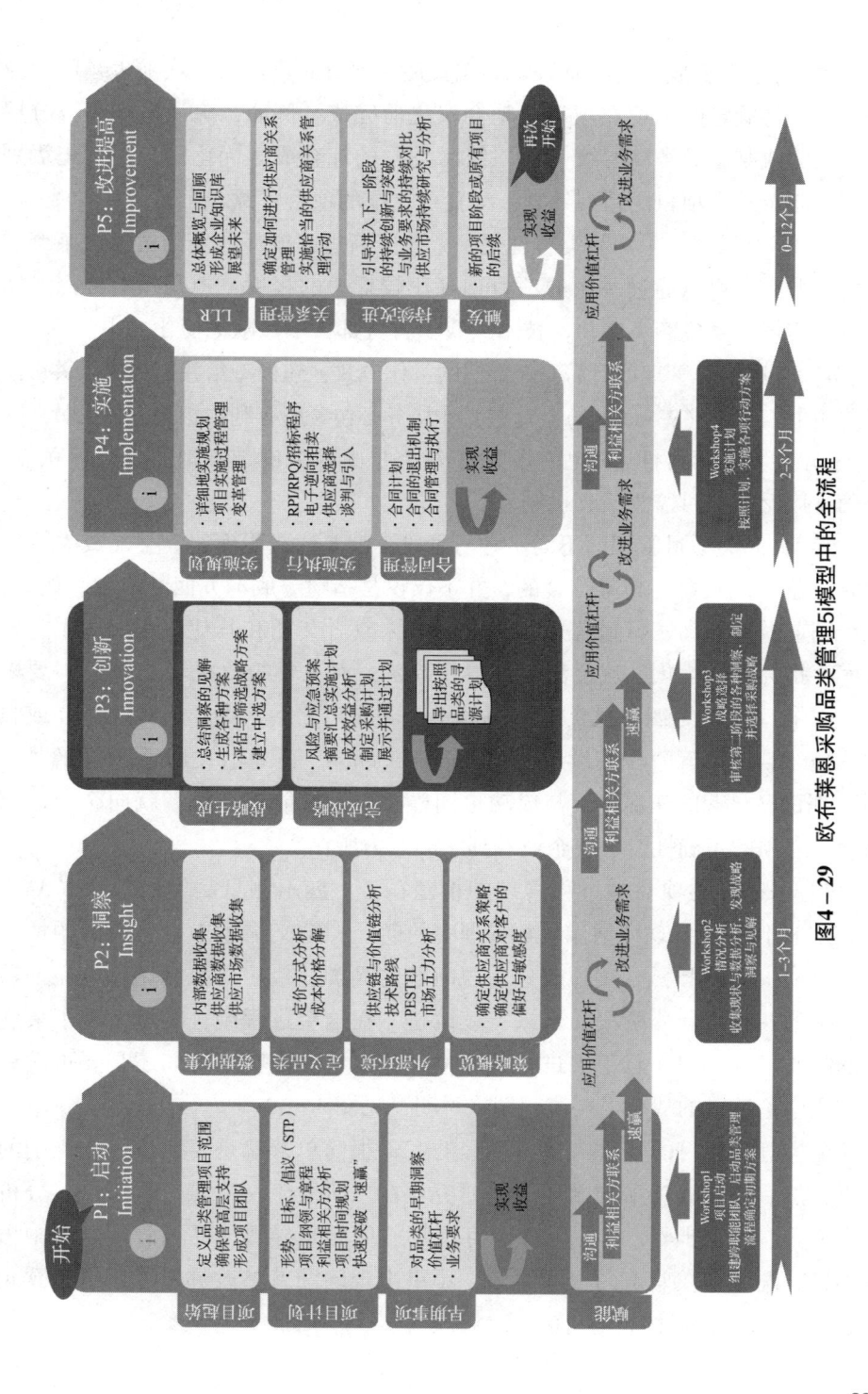

第 4 章 运筹帷幄：供应与采购的博弈

P1：启动 Initiation
项目范围与目标
- 定义品类管理项目范围
- 确保高层管理支持
- 形成项目团队

高层目标
- 形势、目标、信议（STP）
- 项目纲要与章程
- 利益相关方分析
- 项目时间规划
- 快速突破"速赢"

资源集中度
- 对品类项目价值杠杆业务要求

P2：洞察 Insight
数据与资料
- 内部数据收集
- 供应商数据收集
- 供应市场数据收集

价格与成本
- 定价方式分析
- 成本价格分解

业务需求
- 供应链与价值链分析
- 技术路线
- PESTEL
- 市场五力分析

供应商关系
- 确定供应商关系策略与对客户的偏好与敏感度

P3：创新 Innovation
管理洞察
- 总结洞察的见解
- 生成各种方案
- 评估与筛选战略方案
- 建立中选方案

实施组织
- 风险与应急预案
- 简要汇总实施计划
- 成本效益分析
- 制定采购计划
- 展示并通过计划

导出按照品类分类的资源计划

P4：实施 Implementation
实施规划
- 详细地实施规划
- 项目实施过程管理
- 变革管理

招标与谈判
- RFI/RFQ招标程序
- 电子逆向拍卖
- 供应商选择
- 谈判与引入

合同签订与执行
- 合同计划
- 合同的退出机制
- 合同管理与执行

实现收益

P5：改进提高 Improvement
回顾
- 总体概览与回顾
- 形成企业知识库
- 展望未来

采购关系管理
- 确定恰当的供应商关系管理
- 实施恰当的供应商关系管理行动

持续创新与突破
- 引导进入下一阶段的持续创新与突破
- 与业务要求创新与突破
- 供应市场持续研究与分析
- 新的项目阶段或原有项目的后续

再次开始

实现收益
改进业务需求

沟通 利益相关方联系
速赢
应用价值杠杆
改进业务需求

Workshop1 项目启动 组建跨职能团队，起草品类管理 战略并确定初步方案

Workshop2 情况分析 收集现状与数据分析 洞察与见解

Workshop3 战略选择 审核第二阶段的预约各种情报，制定并连接采购战略

Workshop4 实施计划 按照计划，实施各项行动方案

1~3个月　　1~3个月　　2~8个月　　0~12个月

图 4-29　欧布莱恩采购品类管理 5 模型中的全流程

2）为了能够成功地实施采购品类管理，项目的负责人（或项目经理）应该把很多待确定的事项在项目启动会议之前完成。例如，确认采购品类分层分级，完成某个品类高层级（如二级品类）的综合成本优化机会的优先级别排序，制定品类项目的系列计划，配置可支配的项目资源。

3）再次强调，采购品类管理是一个循序渐进、循环往复的过程，某个层级的采购品类可以通过一次的项目达到比较理想的程度，但是没有终点，因为供应市场、供应商、客户、技术或我们自身都在不停歇地变化之中。

4）采购品类管理项目需要跨部门的工作方式，5i 模型给我们提供了关键阶段的四个工作坊（WorkShop），这些工作坊务必包含所有利益相关方的人员。

5）在整个项目推进过程中，对于每个步骤的关键节点都要设立回顾点，要确立广泛的项目监管治理机制。

6）在品类项目管理的不同步骤与阶段，都要达成明确的效益（或收益）。同时效益（或收益）也是综合的，并不仅仅是指财务成本方面的成就。例如，某个环节效率提高了，过程成本也会降低，或者交期和其他流程缩短了，各级库存指标也会优化，现金流也会得到改善。而主要的效益（或收益）要来自于 5i 模型中的第四阶段实施（Implementation）之后，更长远的效益（或收益）应来自于第五阶段持续改进（Improvement）。正如前文所述，按照"果园"理论，早期的速赢分析与成功也同样重要，它能够在早期就向企业证明该项目立项的正确性，也使企业看到它的效力所在。

7）采购品类项目的过程管理的精髓在于：展示测量品类的现状（As-is，项目用语），发现评估流程与管理中的问题，定义描述未来整改后的情形（To-be，项目用语），实施改进发现问题的品类，最后要控制调整，保证项目结果的一致性，分阶段在未来持续改进。在这个过程中，既然发现了最优选的品类机会，如何着手去进行整改？整改哪些方面呢？我们还是要再次展示前文中论述过的战略采购流程图来说明，见图 4-30。

品类管理项目的整改与实施过程的逻辑很简单，就是要抓住优先级别的品类，然后放在战略采购循环中去研究，在三阶段十一步骤三层级中，分析哪个阶段、哪个步骤、哪个层级、存在哪些问题是导致该品类管理过程中出现不良状况或存在瑕疵的根本原因，哪里出现问题就整改哪里。这也是欧布莱恩 5i 模型设计的初衷与目的。

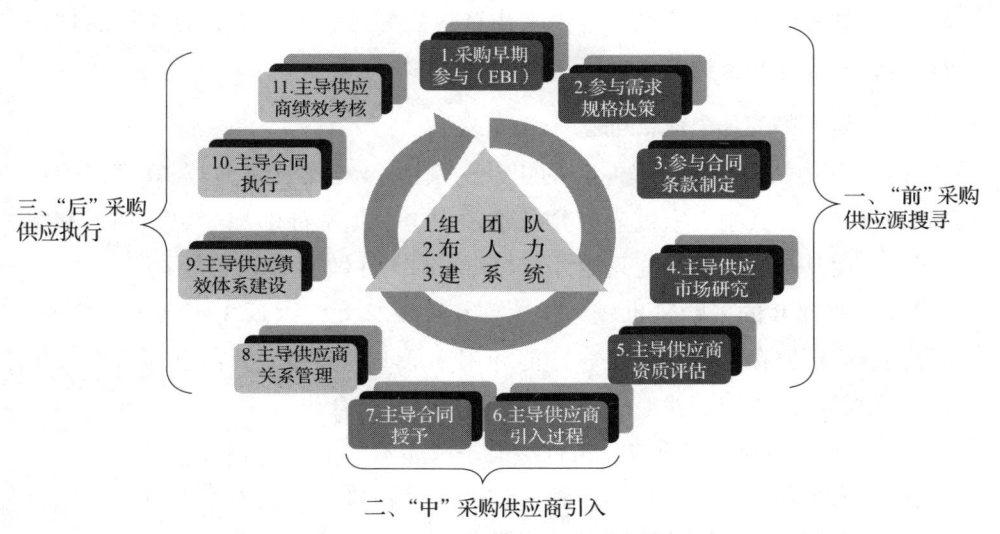

第4章 运筹帷幄：供应与采购的博弈

图 4-30 三阶段十一步骤三层级战略采购管理循环

4.7 案例与思考

鉴于本章的重要性与较多的知识点，特别安排以下两个案例。第一个案例主要聚焦于采购物资的卡拉杰克定位与被动局面的改善；第二个案例主要侧重于采购品类管理的定量综合成本优化机会排序的实战。

4.7.1 伟达集团采购物资定位的困境

1. 企业背景

（1）伟达集团是一家消费类电子产品生产、销售型企业，集团的主营业务整体上市，下设若干子公司进行生产和营销活动，面对渠道代理商和零售商。

（2）2022 年的营业额为 100 亿元，净利润率为 3%。而 2019、2020、2021 三年的净利润率分别为 8%、6%、5%。由于下游渠道和终端客户市场竞争激烈，又有几家企业挤入该市场，同时该产品的替代品市场也异常活跃，故利润呈下滑趋势。2022 年，直接采购支出为 65 亿元。

（3）伟达集团直接采购物料进行生产加工制造，目前没有整机外包生产

模式，一共有 300 家供应商，有直接生产供应零部件的厂家，有组装组件供应厂家，有零件与整机的代理商和经销商。

2. 采购面临的几个重点问题

（1）其中的关键重要组件 A 的年采购额为 14 亿元，有超过 10 家国内供应商进行供应，其中 3 家供应商具备组件内全套零部件的配套生产加工和组装能力，而其余的供应商均只能针对对外采购零件做简单组装工作。

（2）零件 B 的采购额也较大，达到年度 9 亿元，因近 3 年来出口不畅，大批供应商厂家存在开工不足、产能利用率低下的问题。目前已经有很多供应同类型零件的供应商找上门来希望给予机会进行合作。

（3）组件 C 为独家供应，组件中有一件带有专利的元器件，而该元器件是美国一家企业制造的，且该专利在过去从无转移生产技术或者授权其他企业制造的先例。目前组件厂家以专利元器件成本提高为由希望未来年度进行组件供应价格的整体上涨，预计涨幅在 30% 左右。而该组件中的零部件除了专利元件外，均可由本地供应商提供。

（4）企业中研发部门制定所有零部件和组件的参数、规格和各项指标，市场部门仅仅对产品外观和外在的使用功能有一定的决策权。这些参数和指标一旦确定，就下发给生产单位和采购部，要求执行。除了 C 组件之外，研发部门还直接指定了一些零部件品牌的供应商，要求务必从其那里进行采购。

3. 案例讨论

集团董事会已发现目前的不良经营状况，除了其他业务板块的整改之外，还责令总经理紧急启动一个项目，公司委派你负责接手并梳理企业的采购业务，你将面临：采购组织建设、业务规则设立、采购流程再造和供应商管理等方面的问题。

（1）请说明采购职能的组织建设、组织结构规划的形式、目的和意义。

（2）针对 A 产品、B 产品和 C 产品，你认为有什么建议可以让集团走出目前的困局？

（3）在采购需求提出、设定和确认方面，你认为如何协调企业各部门才能有效提高采购运营效率？供应商开发的管理方面有哪些亟待推进的事项？

4.7.2 盛华公司七大采购品类的综合成本优化机会

1. 企业背景

盛华公司是一家大型综合专业工业电气生产制造商，公司具有研发创新能力、生产加工制造能力与市场营销职能。其中集中采购部承担了所有品类的生产性直接物资的采购。占总采购金额80%的采购主品类共七大类，年度采购金额10.1亿元，具体情况见表4-4。

表4-4 盛华公司年度采购情况表

主类别名称	年度采购金额（亿元）	内外部阻力与障碍	产品成熟度与价格灵活度
机加工外协组件	1.8	属于通用机械加工领域，外部供应能力较强，供应商之间具备一定的充分竞争；但是内部由于配套工艺问题，更换供应商的阻力很大	产品较为成熟，价格弹性空间很小
高低压电子控制单元总成	0.8	目前外部供应环境宽松，替代品较多；之前内部的意见倾向于可以尝试各项创新	产品成熟度中等，但是具有较高的价格灵活度与批量弹性空间
高压逆变器	2	高频逆变器供应商较多，但是质量可靠且稳定的产品较少；由于其总装后的产品特性，属于非常重要的高压发生单元，其稳定性与否直接影响到客户的价值，内部观点以保守为主	利用独特的变频技术在高压控制领域尚属创新型产品；但价格弹性空间较小
大直径精密静音轴承	1.3	直径超过一米的大型高速精密静音轴承是A供应商的专利产品，目前市占率超过了80%。内部研发与市场认为它的稳定性直接影响到产品的核心性能	产品成熟度中等，价格灵活度很低
专用液晶显示器	0.6	外部供应资源可替代性强，但是内部考虑到与设备的外观和安装位置匹配问题，倾向于保守	产品成熟度很高，具有一定的价格灵活度

（续）

主类别名称	年度采购金额（亿元）	内外部阻力与障碍	产品成熟度与价格灵活度
镀锌钢板	1	总装各设备子单元的外壳，用量较大，但产品为通用类物资	产品成熟度很高，市场波动大，具有价格灵活度
超高速运算集成电路芯片类	2.6	高速运算类芯片属于寡头垄断类产品，价格高、供应稳定性差；但是目前国产品牌有望在短期内有大幅度提升与突破	产品成熟度中等，价格灵活度中等

2. 案例讨论

（1）请各小组根据欧布莱恩模型工具，模拟盛华公司，组成项目组进行讨论，并推导出机会定量分析的结论。

（2）根据这样的结论，对这七大品类的创新有哪些建议？

第5章

决胜千里：
供应商绩效考核与激励

如果你不能够测量，你就不能控制；如果你不能控制，你就不能管理绩效管理涉及组织绩效、职能绩效、岗位或员工绩效、供应商绩效。本章从采购与供应绩效的"三个层面"和"一个重点"进行论述。三个层面包括：绩效管理、绩效测量、绩效考核与评定；同时以供应商绩效考核分级工具为核心，重点展开描述供应商的供应质量绩效管理与开发。

5.1 采购与供应绩效管理

采购绩效就是指从数量和质量上来评估考核采购的职能与相关人员达到规定要求和具体目标的程度。

数量（或以采购成本金额为主要因素）方面的考核主要集中在采购的效率上，即为了实现确定的目标，计划的费用、成本和实际的费用、成本之间的关系，是相对客观和可量化的，具体表现就是采购职能以企业资源最小的消耗来实现既定目标的程度。

质量方面的考核是依据采购方对供应商关系改善的贡献、合作伙伴组织资源的能力、内部客户满意程度等指标来进行评价的，这方面的绩效就是为了考察采购策略的选择过程以及结果的有效性。同时采购职能作为企业战略的一部分，这里所涉及的质量绩效也上升到广义的供应与采购业务的质量范畴，而不仅仅是采购物料的技术与性能质量。

5.1.1 从组织绩效的四个层面理解绩效管理的重要性

在第3章中关于采购预算的章节涉及了部分企业战略的讨论，组织为了战略目标的达成会追求更高的效力与效率，又因为组织战略本身所具有的复杂性和多样性，对于是否达成目标以及达成的程度需要有一套系统工具进行评估与考核。

大多数企业制订了商业计划，通常需要先设立使命陈述（mission statement）或者愿景陈述（vision statement）作为这些计划的基础，并由战略计划指导企业的经营与运营管理。一个组织的计划管理体系包括了所有与供应链和价值链相关的职能要素。无论是属于哪个行业的组织，或者不同的组织规模与形式，都必须根据整个组织的绩效，评判其在商业领域中的成功。

效力（effectiveness）与效率（efficiency）涉及绩效测量的最基本分类，用来描述如何评价企业的目标结果。它是企业绩效测量的两个方面：

（1）效力是在一定时间内，通过对利益相关者或者客户需求的满足程度进行测量。

（2）效率是在给定的利益相关者或客户满意度水平的前提下，根据组织资源利用的经济性来测量。

组织绩效管理的四个层级如图5-1所示。

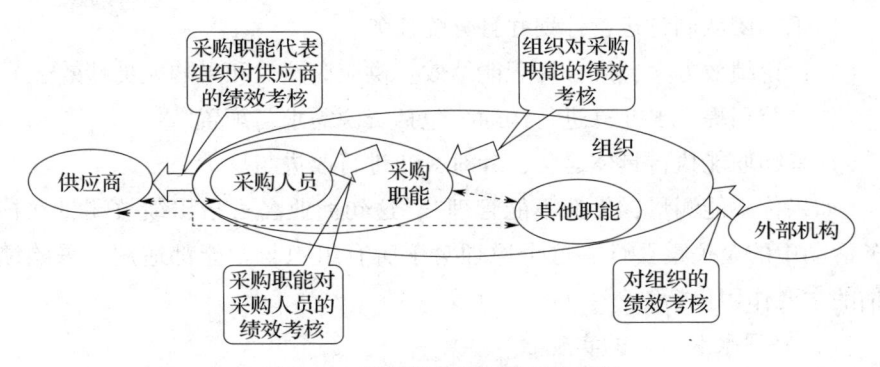

图5-1 组织绩效管理的四个层级

当我们把战略与运营放入整个供应链网络中进行管理时，需要分四个层级对绩效进行管理：

（1）外部机构对组织的绩效评估。

（2）组织对采购职能的绩效评估。

（3）采购职能对采购人员的绩效评估。

（4）采购职能代表组织对外部供应商的绩效评估。

供应链绩效覆盖了一个企业上下游的产品与服务的管理过程，它能够对公司的绩效和利润造成直接的影响。

（1）供应链管理的职能也把外部环境、内部管理与流程连接起来，按照价值链的核心流程导向分为：进向物流（inbound logistics）过程与供应、内部管控、出向物流（outbound logistics）过程与交付。

（2）采购与供应在任何组织的管理过程中都是一个重要的职能，根据企业业务的特性，进向活动与采购支出占据企业总成本的比重相当高，因此，采购绩效管理体系的建设与完善成为企业管理者的必修课。

（3）通过绩效管理体系选择出来的绩效指标，称为关键绩效指标 KPI（key performance indicators）。通常一个绩效体系建设完善的组织，会根据绩效管理规则与流程构建采购职能的绩效，其关键步骤如下：

1）企业管理团队会同董事会确定组织的使命陈述。
2）建立采购职能的战略目标。
3）采购管理团队接受公司关于采购职能的授权。
4）采购职能管理者制定采购策略与目标。
5）采购团队制订运营计划并且分配任务。
6）讨论绩效方案，细分为职能绩效、供应商绩效和采购人员绩效。
7）向公司提交 KPI 并进行沟通，包括资源需求与配置。
8）采购职能执行具体运营，针对 KPI 进行改进与反馈。

"如果你不能测量，你就不能管理"，这句商业名言指出绩效测量在核心商务活动中的至关重要性，这个原理对于所有组织与职能都适用。采购绩效评估的主要作用包括：

（1）确保采购目标的实现。
（2）提供改进绩效的依据。
（3）作为奖惩的依据，提高个人或职能部门的积极性。
（4）促进各职能部门之间的关系。

5.1.2 绩效管理为企业增加价值

1. 运营增值的绩效管理

增值（added value）表面的含义就是在原有的基础上实现财务的收益或者节约的增加值。但是并非仅仅是价格的或者表面成本的变动。早在 1985 年迈克尔·波特（Michael Porter）在他的经典模型中就阐述了至今大家耳熟能详的价值链（value chain）原理。该模型显示了企业运营流程的基本活动与支持活动创造了产品的功能以及增加了产品价值时，利润是如何被创造的。利润作为一个结果，它是对基本活动和支持活动管理程度的反应。从绩效的角度看待价值链，可以定义为：价值链管理是创造并保持最佳绩效的有力工具。

运营当中每一个功能和活动都是企业管理的一部分，可以造成营业毛利的增加或减少。因此，企业管理团队的成员都有责任和义务实现企业利润。在价值链模型中，采购作为一个重要的支持活动，它可以影响基本活动中各功能的增值，为主要增值过程提供服务并直接影响企业利润。

2. 采购能够为企业的增值链做出重要贡献

（1）消除或改变产品规格标准或客户指定的初始需求。这一点我们在制定规格与明确需求的章节讨论过它的意义。采购可以与相关职能一起对处于瓶颈区间或不增值的功能进行主动的需求变更，从而规避风险，赢得竞争力。

（2）参与并利用价值分析和价值工程（VA/VE）项目，努力将成本的节约与避免所带来的增值锁定在产品的生命周期初始阶段，改进运作效率，降低学习经验曲线成本。

（3）采购职能应当主动在供应商合同授予阶段以及与供应商形成有效供应的阶段，设定货款支付的账期，并严格履约，为企业带来现金流的改善。

（4）在协议有效范围内，尽力争取延长质量保证期限。

（5）在合理化的基础上优化并减少库存，有条件的运用 VMI 或虚拟库存管理方法。

（6）降低采购职能的管理成本与交易成本。

除此之外，采购职能伴随企业管理的发展，也对产品的市场表现力、品牌价值向上游的延伸做出贡献，还会对企业社会责任以及可持续性的表现有重大影响。这些问题需要与企业总体的绩效一起进行考核与评估。

3. 量化采购和供应所取得的增值绩效

通过采购与供应绩效的改善获得的增值，需要量化地设定测量要求，获得测量数据，报告测量结果，并不断地修正测量的方法，这有助于采购职能提升它在组织中的战略地位。按照企业与采购职能部门的发展阶段，绩效测量的侧重点也有所不同：

（1）若一个组织处于发展的早期，最佳的绩效测量将取决于采购职能部门在组织发展中的地位及其供应商基础。

（2）若组织已经较发达，但是采购职能部门成立之初，绩效测量的重点

是降低成本、合理化供应商基础和明确客户服务水平。

（3）当采购职能部门伴随企业的发展日趋成熟后，绩效测量的方法可以从较低层级的战术关注点，向采购组织与关键供应商之间的战略关系管理转移。

采购职能的代表——采购人员。采购人员是一个广义词，可能在不同的行业与企业中包含了一系列相关的职能岗位。这些职能包括：订单管理人员、供应市场分析人员、采购经理、谈判经理、合同经理等。这个角色的职能作用属于企业供应链最前端的过程管控，同时也是一个联结点，是组织与外部供应市场的接口（interface）。因此，我们就需要用有别于企业内其他职能绩效的方法测量它的效率和效力。以采购人员绩效为例：

（1）效率测量指标可能包括：

1）采购过程的实际成本。
2）每张订单的管理与行政成本。
3）购置成本。
4）实现的节约。
5）获得的增值。
6）前置期。
7）信息技术的应用。
8）组织结构的效率。
9）供应商管理。
10）劳动力评估。

（2）效力测量指标可能包括：

1）客户服务水平。
2）物资的预算。
3）质量水平。
4）物资的准时交付。
5）关系的改进。
6）对资本效率、资产管理和利润的影响。

根据以上关于效率与效力方面的建议清单，应当结合企业的需求进行适当的增补与调整。为了达到这个目标，要求采购绩效测量方法必须能够清晰明确地反映组织的目标。若测量指标不能与组织的广义目标相一致,那么采购职能部门所开发的测量方法是不会有任何价值的。

4. 通过降低库存成本与管理费用进行增值

关于库存对于供应链管理与价值链增值的重要意义,已在各章节从不同的方面论述过多次。近年来,随着物料与资源需求计划(MRP)和准时制(JIT)生产的发展,生产加工型制造业的库存持有水平迅速下降。但是在很多供应链管理不完善的企业依然依靠库存来满足业务需求。要辩证地看待库存的价值与成本的对立与统一,组织需要识别库存成本的合理性,就需要对持有库存的价值进行判断。

之前我们在第2章论述过,从广义的角度看待库存资产,在资产负债表中,会计会把它计为运营资本的一部分。库存在所有流动资产中属于最不具有流动性的,而与之相反,现金是商业拥有的最具流动性的资产。库存在未销售之前,它并不流动,而且充满了不确定性风险,例如贬值与跌价、损毁过期、长时间占压等。库存过剩会占用大量的现金并且降低了资金的流动性。而另外一方面,库存不足又会降低服务水平。在之前的章节我们已经举例说明,库存的投资决策需要三方面的量化支撑:明确客户服务水平、量化与稳定需求、规范供应的波动性。

供应链管理的特性告诉我们,所有的供应链中间阶段是用库存管理进行衔接的,它包括库存节点的决策、库存控制、在制品(WIP,work in progress)管理。货品的形态分别为:原料、半成品、完成品。在商业运营管理中,库存成本的运营性体现在存贮和移动过程中;库存成本的财务性是指从运营资本中产生的持有库存的财务成本,如利息与利率。

此外还有一类成本是机会成本(opportunity cost)。这个专业的经济学术语,在企业管理的决策中使用得越来越频繁。通过对机会成本的分析,可以明确企业掌握的有限流动资金将用于持有库存,还是投资在其他方面。根据成本—效益分析做出决定,资本需要瞄准那些更好的机会,使资金使用效率最大化。

了解了在库存管理中成本发生的具体环节与特性,有助于采购职能主动寻找更好的机会进行成本降低。

5. 谈判与合同授予过程中的增值机会

采购方同供应商达成的协议本身的质量高低，也决定了为增值做出贡献的大小。合同的条款与条件不仅仅对价格产生影响，还将从根本上对成本与价值产生影响。因此，我们通常把更高级的谈判活动定义为"与战略看齐的谈判"。它提升了谈判职能在采购管理中的地位，同时还把谈判战术的运用与企业的目标联系在一起，为增值做出贡献。

> **Tips　　什么是成本？**
>
> 这里谈到的成本从一般概念出发是指总购置成本（TCA，total cost of acquisition），广义的概念是所有权成本（TCO，total cost of ownership），它不仅是物资的成本大小，而是延伸到它的生命周期成本。
>
> （1）全生命周期成本（总所有权成本）＝采购价格＋获取成本＋运作成本＋处置成本。
>
> （2）采购职能应当按照以上公式所反映出来的总成本概念，通过改善合同条款和条件来增加价值。
>
> （3）根据环境和需求特性，采购谈判人员应当寻找灵活利用竞争力杠杆的机会，进行交易谈判，并通过谈判当中运用的技能和技巧获得降低成本、提高服务的采购合同或商业条款，在物资或服务的TCA和TCO上进行增值。
>
> （4）从谈判的结果导向进行成本优化来源的划分：
>
> 1）从表面看可能涉及某些减少或节省，例如价格、时间、折扣等。
>
> 2）从另外一方面，还涉及主观性的改善或价值，如更好的质量、改善的服务或延长的质量保证期限。
>
> 3）其他的节约还可以从降低的采购交易成本中获得，如更合理的订货次数、框架协议下的订单、企业采购卡（主要针对MRO或差旅等支出业务）的使用、减少交易时间、采用系统化和电子化作业降低采购的管理和行政成本。

6. 通过提高运作效率增值

在物资的购置成本中的一个关键因素是采购活动自身产生的成本，这类采购的管理、作业与行政成本包括：

（1）采购人员以及采购团队的薪酬，包括直接采购作业人员与管理人员。

（2）办公室成本和支持性行政成本，包括办公室费用分摊或租金、各项水电气费用支出等。

（3）办公用品及信息系统成本，包括有纸化办公设备及用品的成本，信息系统软件费用分摊、系统账号分摊成本等。

以上的成本均应当量化且折算到每一张订单中、每一元钱的物资采购中、每一个直接或间接采购人员中。

采购作业的运作效率基于以下两方面因素：

（1）人力资源因素：采购人员的个人能力或专业能力、技巧、知识、经验、资格和态度。

（2）系统和流程因素：采购流程、战略、战术、交易、关系、商务信息技术系统和交流。

对于采购运作消耗的时间与资金，也需要利用成本—效益分析进行评估。结合效力与效率的绩效基本分类，可以根据采购作业的数量和价值来进行测量。

（1）采购工作的数量范畴：

1）单位时间内下订单的数量。

2）承担采购物料的数量。

3）处理供应商沟通的数量。

（2）采购工作的价值范畴：

1）订单的资金价值。

2）交易成本，包括询价、评估、会谈等。

3）与预算相比较所带来的节约。

增值是一个非常重要的商业概念和管理理念。在采购成本占企业总成本较高的情况下，需要特别关注采购功能的增值与创造利润的机会。在考虑进行供应链管理时，每一个环节和每一个部分都可以通过制造产品和提供服务得到增值。由于采购活动的重要性，在采购作业当中应当更广泛地考虑如何进一步挖掘增值潜力，以及如何建立测量增值的系统，以保证效力与效率的目标达成。

5.1.3 作为重要绩效的一部分如何确定成本与定价

第3章、第4章的内容里均分别涉及了成本与价格、价格与价值的话题，在本节内还将继续深入讨论成本与定价的方法。

1. 经济的要素之一就是供应与需求法则

在一个成熟的市场中,"价格是供应的函数。但是成本不总是价格的函数,价格也不总是基于成本"。如何更好地理解这句话的含义?让我们用两个案例进行说明:

(1)许多大宗商品交易,其价格就是供应的函数。根据供需法则,若全球的小麦丰收,在自由市场经济条件下,小麦价格将会下跌;反之,在歉收的年份,小麦的价格就会上涨。在这个例子中,种植和收获小麦的成本是相同的,但是由于供需法则,它们的价格却不同。

(2)在时装市场上,国际著名品牌的一件服装的价格可能是万元甚至十万元级别的,而它实际的原材料成本和人工成本却只占价格的很小的一部分,那么人们仍然会为了这件服装而支付高昂费用购买的原因在于:这件服装的价值几乎与生产成本无关,更多的是对于品牌、设计、时尚的主观价值的认同,针对高档时装或许还有限量销售、某某专款等要素的存在。之前我们也谈到过这类价值的概念:品味(体验)价值(esteem value)。

在制造业和服务领域,成本与价格的联系更加紧密。若已知加工成本,就能够通过专业的方式将成本与价格联系起来。

商业定价战略的应用,会影响利润与交付服务的结果。采购绩效测量的一个重要功能是对成本和价格进行管理。

成本和市场力决定价格:

1)成本是制造产品或提供服务所耗费的各种成本的总和;价格是产品和服务在市场上销售的金额,在数值上它几乎不可能仅仅等于成本;价格是价值在市场中的具体表现形式。

2)在市场当中,供应商制定某个产品的商业价格时可能会考虑许多因素。在企业当中,通常成本会计要负责定价的基础信息收集,需要掌握与市场、工艺、产品、采购等相关的信息,同时也应当了解宏观经济、市场与客户的问题。在定价问题上没有单一的公式和方法。

3)采购职能不仅需要主导采购物料的价格与成本分析,在企业共同面对下游销售市场时,也应当有责任参与产品销售价格的制定,并与相似产品规格进行比较。

2. 基本成本分析可以明确成本分摊逻辑与计算过程

在很多企业的实际运营管理中，产品销售价格是通过各种成本的累加而形成的，最后制定出销售价格。作为采购职能对企业内部责任的一部分，应当向成本会计提供用于制定产品和服务的销售价格的成本信息；还应当要求供应商提供成本信息，据此可以对采购的物料进行成本分析。通常使用成本价格分析（CPA，cost price analysis）原理，可以按照成本中心（cost center）种类进行分解。常用的财务科目有：劳动力、原材料、管理费用、利润。这些科目按照可变成本和固定成本进行分组。

（1）产品或服务的可变成本：即直接随活动水平变化而变化的成本。要明确地认识到，销售额必须抵消掉这些可变成本之后才能产生利润。可变成本由以下几项产生：

1）原材料、零（组）件。

2）劳动力。

3）能源。

（2）固定成本：即不直接与业务活动水平相关的成本。无论企业生产多少产品，固定成本都要从销售额抵消可变成本之后产生的利润中支付。固定成本由以下几项产生：

1）厂房、设备。

2）管理、安保。

3）销售团队。

（3）边际成本：即每生产一个额外单位的产出所发生的成本，与可变成本的增量相同。

3. 在成本分析管理中如何管理可变成本

可变成本是关于某个特定产品或服务的实际销售（或生产）成本的数据，它们是制造产品或提供服务的直接成本，因此产品制造得越多，直接成本就会发生得越多。成本的主要要素是实际的劳动力、原材料和任何耗费的直接管理费用。

用生产一台工业用机械电子设备为例，进行可变成本分析的进一步说明。

（1）直接人工成本是按照各自的工时费，支付生产和组装及其所需要的全部工时的费用。

（2）指定的或已经列入物料清单的原材料是直接材料成本。

（3）生产管理者用于制造这台设备的时间是直接管理成本的一部分。

这些涉及可变成本的信息对采购绩效的测量提供了价值：

（1）采购职能可以依据供应商的详细成本信息做出更精准的采购决策。

（2）对于成本要素，采购能够管理和测量一段时间内任何价格和费率的更准确的变化情况。

1）假设要对生产和组装这台设备的组件与零件进行采购，主要机械机构框架由铝合金和钢制成。这将有助于采购供应市场分析职能查询相关金属材料市场的基础价格，并详细进行分析。当金属材料市场的价格或费率变化时，采购能够以更好的需求博弈力与长期供应商就销售价格或变化的需求进行谈判。

2）全面了解了由人工成本与原材料成本构成的销售成本，能够确保任何价格变动的谈判是在标准市场框架范围内的，这个标准可以是政府或行业协会公布的劳动力指数分析，也可以是原材料市场中基本成本的价格变化信息。

（3）对于可变成本的测量会带来与供应商互动过程中的主动优势与博弈力提升的机会。它可以使供应商在市场没有大幅度波动的情况下维持现有的价格，供应商也将继续通过稳定的供应成本提供竞争优势。

（4）由于采购方进行了详细的成本—价格分析以及市场与行业的标杆管理，采购的成本与支出绩效就能够被更准确和更公平地测量。同时也能有效消除企业内外部对采购价格与成本的疑虑。价格成本的透明化还能够支持内外部审计的需要。

4. 采购职能部门的利润中心化

获取成本信息作为制定销售价格的一部分，给采购管理带来了增值的机会。我们曾论述过供应商评估和授予合同，它是一个复杂的评估决策过程，成本信息是这个过程的关键部分。

根据行业产业以及项目或合同的期限不同，产品生命周期中会发生很多变化。变化和变化管理是企业管理的一部分，采购职能需要根据这些变化而变化：

（1）成本或价格会随着时间而改变。

（2）规格或质量等级会改变。

（3）阶段性的重新研发与设计。

（4）增加或削减一些加工工艺流程。

（5）工作本身的变更。

> **Tips**
>
> **采购部门可以成为利润中心吗？**
>
> 采购的机会成本的挖掘与量化测量，可以作为采购管理职能对利润贡献的一部分而被测量与评价。从目前对于各主要产业与行业的平均统计数据得出：采购成本每减少一元钱，相当于销售额增加四元钱；而且采购所节省的每一元钱都将直接转化成净利润。在某些采购支出占比更大的领域，该杠杆作用更强。许多组织已经认识到采购的这种财务利润杠杆的重要性，根据这个原理，企业会把采购部门看作利润中心。

显而易见，采购职能并不能保证总是获得降低价格的机会。因为没有任何供应商能够永远以成本价格或更低的价格供货。测量标准是制定一个公开价格或目标价格，然后去实现。这些方法经常用于产品组合而不是单一的产品。

采购职能可以使用成本定价分析数据来管理和测量绩效。价格会随着时间而出现短期的变化和波动。而且按照社会总成本逐渐提高的基本事实进行分析，宏观价格指数会逐步提高，这可能是不可避免的。采购职能的专业技巧在于管理这些变化，以便授予订单或合同时，能够保持有竞争力的地位。

通俗地说就是：若你不能有效降低成本的绝对值，你还可以进行成本增加的避免。例如某物料成本在大环境下提升了20%，但是通过采购职能的成本分析的专业技巧与运作，成本只提升了15%，那么就可以评价采购职能成功地避免了5%的成本增加。

为了达到这个目的，采购职能需要了解基本的成本信息、价格数据、市场的长期变化情况。然后使用这些资料检查现有的形成有效供应的物资或未来待授予的合同。

5. 在成本分析管理中如何管理固定成本

在企业中除了生产活动或销售服务所发生的成本外，还有管理成本（overhead cost），它包括：厂房基建、设备管理服务、安保、管理职能成本、健康与保险、行政部门成本、清洁服务与工作餐饮等。

在提供产品或服务过程中，以上这些成本都是必要的，但是大多数不直接与具体的产品或服务的成本相联系。在考虑这些成本时，我们需要明确固定成本是否完全独立于销售成本，以及这些管理成本是如何在销售价格中分摊的。

我们还以上面的电子机械设备生产为例：假设生产制造该设备的厂房车

间可能有安全方面的成本。

（1）可能某些安全成本是产品成本中被明确的一部分，例如通过在生产线上的某些安全措施，保证设备机电运行部分未来使用性能上的安全。这些成本可能被描述成半可变成本而被分摊。

（2）其他的安全成本，如常规性的防火防盗与员工的人身安全保障装置，与该设备的制造没有直接的关联，因此归于一般管理费用。

固定管理费用能够从单一的中央成本中心进行分摊，对于所有的作业在销售价格里分摊同样的成本。在实际工作中，还可以使用作业成本法（ABC，activity based cost）。这种方法认识到不是所有的作业和过程都消耗或使用同样数量的资源。作业成本法作为一种成本的分摊方法，它使用若干个与业务作业有关的具有不同驱动因素的成本中心，而不是单一的中央成本中心。

所有的管理成本将最终在销售价格中反映出来，但是采购职能的任务是保证只选择那些公平的并与采购的物资相关的管理成本。成本－价格分析可以使采购方较容易地获得所采购的关键物资的信息。因此，理解成本的分摊原则有助于采购绩效的测量和跟踪。

5.1.4 优良的库存管理绩效在商业运营中具有黄金般的价值

库存是很有价值的资产，但是它也可能会变成沉重的负担。库存是一把双刃剑，对于那些要求无条件保障供应，又需要很长前置期并且认为库存是合理的管理者看来，大量的库存是一种安全保证。但是很不幸，在另外一方面，为了保持库存所支出的额外成本的数字是触目惊心的。统计资料表明，每年为支撑那些所谓"无条件保障供应"的库存所花掉的费用大约是商品本身价值的25%~40%。尤其是那些单位价值低而重量和体积又很大的商品，这部分费用会更高。

似乎最理想的状态是没有库存，当客户需要时供应商能够及时供应。但是从实践角度来看这几乎是不可能的，因为无论是管理还是使用时效性的需求，都需要一些库存来保证运转。所以，企业的管理目标之一就是在满足运营要求和成本效益的条件下，将持有库存量降到最低，同时制定相应的绩效指标。由于库存管理的重要性，我们在之前的单元都从不同的角度论述过库存指标的三要素，即持有库存的增值与资金价值的经济性、库存管理的效率、为客户提供库存的服务水平（涉及效力问题）。

管理库存的难点就在于审时度势把握适度的平衡：一方面满足客户需求的服务水平，另一方面降低库存并最大限度地减少库存的资金占用。库存在资产负债表中和其他流动资产、现金都是商业运营资金的一部分，拥有越多的库存，占用的运营资金就越多。在分销过程中，现代化的商业渠道是把商品流的上下游连接在一起，利用供应链的全局观点打通信息与资金的屏障，实现链条上的客户满意与库存优化。

1. 库存在商业运营中的地位

库存是商业运营的重要组成部分，并且在资产负债表中被专门列出。库存也是运营资金的一部分，同时隶属于相对周转速度较慢且风险较高的流动资产。一旦企业将流动资产变成库存，在这些货物卖出之前，这部分资产都是半流动性质的。在三个产业当中，保有库存的原因也各不相同：

（1）第一产业（原料与资源行业），库存主要是大宗物资、MRO。

（2）第二产业（以增值型的制造业为主），库存主要是采购的原物料和零部件、在制品与半成品、产成品、MRO。

（3）第三产业（零售、批发和服务行业），库存主要是采购的商品、用于二次分销的库存、管理和服务类库存。

稳定的供应市场以及良好的需求信息，会带来较低的库存水平；而不良的和不确定的供应市场以及不良的需求和销售信息，则必定导致库存水平的畸高。

2. 库存的持有成本

（1）之前谈了很多库存在资本和运营方面的负面影响。在企业实际运作中，采购与供应作为参与库存管理的职能的重要角色，应当先思考在企业内不同职能的库存政策背后的动机是什么。

1）财务职能希望保持尽量少的库存，这样能够保证资金有更好的使用效果。

2）生产职能希望保持库存来满足生产计划。

3）市场销售职能希望能够尽快销售出库存产品，缩短货物的前置期，但是缺货也会造成市场面的打击以及销售的损失。

4）消费者希望能够方便容易地获得产品。

5）采购人员可以通过较大的经济批量获得较优惠的价格。

通过上述对库存持有水平的驱动力分析，我们可以看到在企业供应链当中，存在很多"推和拉"的驱动因素。采购与供应链的管理者需要综合供应与需求要素，明确与库存相关的各项成本和费用，平衡利益相关者的矛盾与冲突。

（2）库存持有成本的基本构成要素。在计算库存的持有成本之前，我们先学习从企业的资本经营高度去看待库存成本，它主要分成两部分机会成本：

1）资金的机会成本。

① 用于购买物资或生产产品所需要的成本。

② 还包括为了使用这部分资金的财务成本。

③ 货物的折价或跌价所损失的成本。

2）实物的机会成本。

① 为了保存实物所需要的仓库、建筑物、堆场等设施。

② 为了保持货物静态存储期间安全良好的相关费用，包括照明、气候调节、安保、维护等。

③ 运营仓储所需要的人力和物力资源。

以上概括了两种机会成本的概念，它们加合在一起构成了企业运营持有库存而产生的总机会成本。

3. 库存持有成本在实际工作中的计算与应用

在企业实际操作层面，主要的库存绩效指标包括库存量与周转率、库存持有成本。

库存量是一种效力指标，它决定了在现有管理水平下，对客户服务水平的满足情况；而周转率（或周转天数）是一种资产回报的效率指标，周转率越高（周转天数越少），资产的利用率也越高。

（1）这两种指标需要建立内外部标杆（benchmark）。内部标杆需要在各分支机构横向比对，以及进行自身的历史数据的纵向比对；外部标杆主要参考竞争对手或同行业的情况。

（2）同时结合企业发展阶段与管理水平进行管控，例如新市场的开拓与成熟市场对库存需求就会有很大的不同，这还需要启动各职能的类别管理项目进行细化安排。

库存持有成本通常包括四大方面：

（1）第一方面，为了保有库存而投资或租赁的仓储空间成本，投资的自有仓库按照折旧分摊到运营的单位时间内；租金按照单位货物的使用量进行计算。这里推荐一种简便算法，仅需要三个参数：

统计单位时间内的周转量（通常是月度货物的周转量）；

再利用期初和期末库存计算平均库存；

月度租金（或自建库房的折旧摊销）。

根据以上三个参数计算：

每件货物（或每吨）的平均租金＝月度租金/月度周转量

月度仓储空间成本＝每件货物平均租金×平均库存量

（2）第二方面，库存物资的折价或跌价（depreciation）。任何物资都有生命周期，快消品的保质期或货架期（shelf life）最为严格；市场波动较大的物资或商品也会有较大的风险。该成本也可以称为库存风险成本。

例如：由于市场推进速度极快，某型号的 CPU 每周跌价 10%，那么从某种简易线性折价的财务管理角度看待这件产品，也就意味着不超过 10 周，该产品将无任何商业价值。很多企业的管理会计会将其残值设定为一元钱。

再例如：某快消品的保质期是 12 个月，因为还要包括各级渠道库存以及零售终端上架的周转时间，工厂仓储则设定：从产品下生产线开始计算，超过四个月还未移动的即为失效产品。管理会计会按照企业中约定的逻辑进行折价计算，损失的成本将分摊到各相关职能。

关于库存产品的折价管理，目前还存在两种争议，一种是不进行折价管理，因为跌价风险是相对预设的，而不是确定的。而且将折价成本转移到运营中也是一种虚拟成本。另一种观点是，对于库存资金的时效性成本应当严格管理，用这样的业务规则来约束相关的业务单位关注库存资产的优化，而不是放任。

（3）第三方面，库存投资资金的机会成本。我们可以假定一般投资者期望的年度最低盈利率为 15%，这个比率通常会略高于银行利息。比较保守的计算办法就是直接应用这一比率。还有更加精算的办法，需要考虑投资中有多少是银行贷款，多少是自筹资金，这方面涉及基准收益率（benchmark yield）和净现值（NPV）等财务知识，暂不展开介绍。

$$库存资金的成本 = 库存价值 \times 15\%$$

（4）第四方面，库存服务成本。库存服务成本包括：仓库存货的保险费用、装卸费用、员工工资、库房收取的其他以出入库为主的管理费用。

举例说明库存持有成本的计算。按照以上的计算办法，假设某企业的 X 分拨中心通过获取库存仓储的日常管理数据进行库存持有成本的计算。见表 5–1、表 5–2。

表 5–1　X 分拨中心平均库存统计

某分拨中心（XDC）库存统计	期初结存（箱）	期末结存（箱）	平均库存（箱）	周转量（箱）
	302300	284000	293150	615765

表 5–2　X 分拨中心仓储运营数据统计

某分拨中心（XDC）仓储运营统计	库存价值（万元）	仓库月租金（万元）	折旧费×（万元）	保险费（元）	装卸费用（万元）	仓管工资（元）	管理费用（万元）
	3560	10	237	5000	15.3	40000	2.5

注：折旧费根据该产品的特性，企业内部约定按照 6 个月 6 折计算。

根据以上计算办法得出：

库存持有成本

= 库存资金成本 + 仓储空间成本 + 库存折旧成本 + 库存服务成本

=（库存价值 ×15%）+（租金/周转量 × 平均库存）+（库存价值 ×40%/6 个月）+（保险费 + 装卸费 + 仓管工资 + 管理费）

= 5340000 + 47600 + 2373333 + 223000

= 7983933（元）

根据以上计算得出一个结论：该企业的 X 分拨中心用接近 800 万元的总库存持有成本维持运行了 3560 万元的库存，持有成本占比为 22.4%。有些单价货值更低的产品，若再加上由于体积和重量较大导致的仓储作业成本的提高，则库存持有成本与货值的比率还会更高。

4．与仓储、库存相关的关键绩效指标

在很多企业的实际案例中，至今还没有把相关的库存绩效指标释放到以供应链管理为主导的采购职能与计划职能当中，而是分散在财务、生产、营销等领域进行管理。

企业管理中，某一职能是否对一项具体绩效指标负责，要看该职能是否对这一具体业务活动有管理权。若要进行管理，就必须测量；要测量，就必须建立对该活动过程与结果的绩效目标与指标。那些不需要对库存负责的采购职能，可以说明一点：该企业中的采购职能还处于简单作业层面，远未达到战略采购地位。承担包括库存在内的一系列关键绩效的管理责任，是把采购与供应全面上升到供应链管理战略地位的必由之路。

在以合适的库存水平满足特定的业务活动的基本需求的基础上，需要考虑如何衡量仓储和库存管理的服务水平。对于直接采购形成的生产物资或经销转售的产品库存，除了需要相应的生产管理职能或营销管理职能对库存负责之外，采购职能也必须背负起库存管理的责任。

负责库存管理的职能要按照成本和客户服务要求设计运营指标。这些关键指标同时对内外部客户有效，并且与职能绩效、岗位绩效与员工个人奖惩与职涯发展相联系。推荐使用库存与成本相关的三原则制定关键绩效指标：

（1）与经济性相关的财务关键绩效指标。

1）采购成本。

2）计算并跟踪库存持有成本与成本率指标。

3）更详尽的仓储成本分析，分解成运营成本和人力成本。

4）库存周转率（天）。

5）平均库存价值。

6）库存的损失，包括跌价贬值、报废淘汰等。

（2）与效率相关的作业关键绩效指标。

1）涉及库存的广度：包含有多少品类；涉及库存的深度；各品项的库存持有量。

2）库存在供应链各节点的方式和管理方法。

3）帕累托法则体现在库存金额、数量与品类的80/20（或称ABC）分析。

（3）与效力相关的库存与交付服务关键绩效指标。

1）标杆管理（benchmark）。

2）库存货品的损坏或淘汰的比率。

3）库存处理的效率，可以体现为仓储作业指标方面，例如仓储设备或人工处理库存货品的分拣效率等。

4）在提升服务水平方面的成本—效益分析。

以上推荐的一系列绩效指标并不互相排斥，不同职能的侧重点不同，可以根据实际情况调整。识别出针对性较强的测量指标，然后跟踪它们随着时间的变化而变化的情况，就能够有效地持续改进并提升供应链管理的绩效水平。

库存管理绩效也是供应链绩效的重要内容之一。

从管理成本和服务水平的过程与结果的角度分析，选择并设定库存绩效形成供应链管理绩效的一部分。采购与供应运营管理是一项高度事务性工作，包括处理海量的数据与信息，若职能的管理者要求通过持续改进来保证企业的竞争力，就一定要识别出最有效的关键绩效指标来控制成本和服务。

为库存使用者提供恰当的服务是库存管理者关注的目标，这样就使得库存管理流程成为客户驱动的流程。首先要设定目标和关键绩效指标，然后将结果通过清晰明确的形式提供给相关的三个层级，包括：

（1）企业高层会依据这些数据和信息发现和研究长期的趋势，并据此制订战略计划和库存投资计划。

（2）运营管理者需要依据关键绩效指标来制订中期和年度工作量计划和交付服务标准。

（3）基层作业人员也要根据这些指标对自己的工作效率和工作质量进行及时有效的调整。

5.2 根据组织的特点对绩效测量进行分类

5.2.1 如何协助组织与职能对内外部审计进行管理

采购与供应的绩效管理、测量与考核并不仅仅是采购或供应链职能部门单独发起的一项管理活动，而是涵盖了整个企业乃至供应链网络。无论站在商业活动投资者的角度，还是供应链运营层面，都需要把企业的经营过程与结果放在整体供应链之内进行审计。因此，企业内外部的审计需要包含与采购绩效有利益关系的团体或个人（利益相关者）。

1. 利益相关者及其作用

我们应当按照让有关各方积极参与的原则对采购绩效进行管理，让利益相关者或其代表参与到绩效管理活动中，这样可以带来以下优势与益处：

（1）满足组织本身的职能绩效管理的要求。

（2）在当前或未来的采购重要活动中分担项目角色与责任。

（3）扩展、吸收采购所欠缺的其他管理技能，特别在针对整个组织的内外部审计方面，可以学习到在审计组织绩效的过程中如何提炼采购与供应的职能绩效。

（4）有助于建立跨职能协作的团队和打破内外部沟通壁垒。

（5）有助于提升绩效测量与考核过程的效率。

与项目管理的基本构成要素一样，采购绩效管理的利益相关者包括以下各方：

（1）组织内部各职能部门：

1）财务。

2）内部审计。

3）生产。

4）研发与技术。

5）物流或库存管理。

6）市场营销。

7）人力资源。

（2）第三方咨询、外部审计、专家团队等。

（3）供应商。

（4）外部客户。

在采购绩效管理过程中利益相关者的作用见表5–3。

表5–3 利益相关者在采购绩效管理中的作用

部门或职能	在绩效管理过程中的作用
采购与供应	• 领导和管理 • 协调和执行 • 检查和反馈 • 整体责任
内部客户	• 监督供应商 • 确定质量和服务要求 • 输入技术与规格参数

(续)

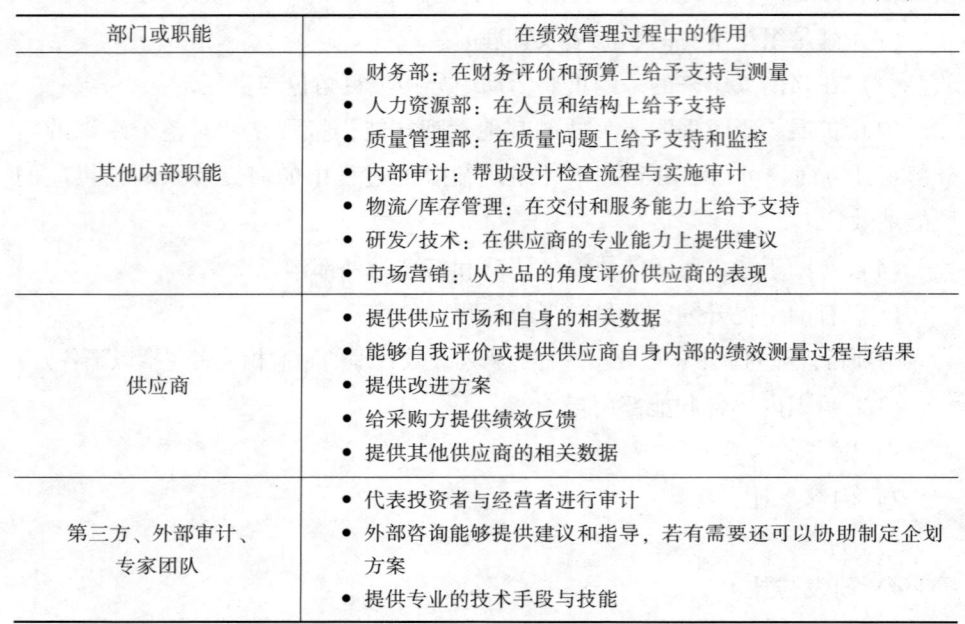

部门或职能	在绩效管理过程中的作用
其他内部职能	• 财务部：在财务评价和预算上给予支持与测量 • 人力资源部：在人员和结构上给予支持 • 质量管理部：在质量问题上给予支持和监控 • 内部审计：帮助设计检查流程与实施审计 • 物流/库存管理：在交付和服务能力上给予支持 • 研发/技术：在供应商的专业能力上提供建议 • 市场营销：从产品的角度评价供应商的表现
供应商	• 提供供应市场和自身的相关数据 • 能够自我评价或提供供应商自身内部的绩效测量过程与结果 • 提供改进方案 • 给采购方提供绩效反馈 • 提供其他供应商的相关数据
第三方、外部审计、专家团队	• 代表投资者与经营者进行审计 • 外部咨询能够提供建议和指导，若需要还可以协助制定企划方案 • 提供专业的技术手段与技能

2. 第三方参与绩效管理的意义与测量范围

审计机构或受委托的独立执业的会计师事务所是实施外部审计的主体，此外，由于组织内部各种职能特定的需要，例如对于质量测试工作，通常会交由独立于买卖双方之外的第三方来承担。

包括绩效测量在内的任何测量系统都依赖于操作和使用系统的人员的技能。采购职能人员熟悉与采购密切相关的各类作业与操作，但是对于由供应商提供的产品应用和服务规程通常会欠缺专业经验。同时买卖双方构成交易关联的任何一方单独做出评估或鉴定，都有悖于公平公正的原则。基于这样的考虑，应当做出邀请第三方参与的决定。

典型的第三方参与的范围包括如下内容：

（1）提供技术人员或者项目管理者在实施过程中以及实施后期进行现场跟踪。

（2）提供专家咨询，在如何执行供应商策略的项目上提供建议和指导。

（3）提供相关的 IT 服务。

（4）提供相关的供应市场和供应商研究。

(5) 提供专家财务评估意见。

(6) 外部测试机构，可以测评特定的组成部分，如评价供应商的整体绩效或者遵守某种国际标准的能力。

(7) 在特定行业，例如建筑工程领域，整体范围的绩效测量是由建筑师和监理师来完成的。

(8) 对于服务的供应，第三方还可以提供所谓"神秘顾客"对服务质量进行检查。例如在餐饮行业的第三方评价中扮演"挑毛病"的客人；在酒店服务行业中扮演"试睡员"等。

3．审计和审计追踪计划

采购与供应审计是为了确认提供给客户组织的信息、产品或服务的正确性和可靠性，而对采购与供应体系、流程和业务实践进行评估的一个过程。从更宏观的角度看待审计，它通常是对一个组织，包括了验证采购与供应职能在供应链管理中是否持续满足了规定的环境、社会和经济的要求。

用更通俗的语言来表达审计过程的要点，就是考察被审计对象是否达到了"说、写、做"的一致性。"说"，就是审计人员要走访和采访相关职能的各层级人员，就一般性的业务过程或重点问题进行访谈；"写"，就是检查审阅职能的相关体系建设与三级管理文件；"做"，就是审计人员走入职能的普遍或有针对性的日常工作当中，观察和了解所有业务活动。然后将"说、写、做"三方面收集到的信息与资料汇总，总结出业务过程的差异性以及问题所在，同时给出建议与整改报告。

采购管理审计是指对一个组织的采购环境、目标和战略战术进行的全面、系统、独立和定期的检查，以便发现问题和机会，并促进制订适当的行动计划。

(1) 审计可以是一个重要环节，在寻源与供应商选择的过程中发挥重要作用。

(2) 同时也是日常合同与供应商关系管理的有效监控与反馈手段。

(3) 采购职能作为一项业务过程，也需要通过审计对经营结果进行评价与鉴定。

采购管理审计的四大主要目的：

(1) 验证采购战略与策略贯彻的力度。

(2) 确保规则、流程与方法遵从了最佳工作实践（best practice）。

(3) 监督和测量资源有效利用的程度。

(4) 有助于检查和防范舞弊或其他不法行为。

当考虑计划和执行采购绩效测量的过程时，充分考虑审计的角色和建立审计跟踪索引是非常重要的。首先需要明确一系列与审计相关的术语：

(1) 传统审计：它的目的是确保所有系统与良好实践以及组织的规章制度相一致。

(2) 过程审计：确保系统和过程正常工作，并且可以提供需要的信息。

(3) 现金价值审计：检查并测量组织的实际与潜在收益，确保其大于所使用的成本。

(4) 审计见证性资料：审查是否有十分清楚的管理制度与统一的格式，是否被记录并有备忘录支持，以便审计人员顺利开展工作。

4. 传统审计

通常在正常的组织审计过程中会涉及采购与供应方面的问题，特别在那些已经将采购职能融入企业战略的组织，都会通过内外部的审计，针对采购与供应的资源、财务、人员等重点问题执行严格的审计。审计过程包括以下内容，这些内容也是组织审计工作的必要组成部分：

(1) 采购是否遵循了组织的战略、策略与流程。

(2) 采购支出成本与费用的管理是否与财务过程一致。

(3) 与供应商建立关系和交易的成本与费用方面。

(4) 采购所负责的各项相关文档、文件是否完整且及时更新。

5. 过程审计

在阶段性的绩效测量过程中，需要检查一个组织或职能的管理系统是否能够按照原计划有效开展工作。通常这样的检查与审核会在系统的生命周期内，按照固定的间隔时间进行。过程审计更加注重"说、写、做"三合一问题：

(1) 是否所有的工作都按照预先设定的流程在执行。

(2) 是否系统（包括软件、信息技术、书面文档）在按照计划正常有效地工作。

(3) 是否按照规定召开阶段性职能的回顾与计划会议，例如月度会议、季度会议、年会。

（4）目前执行的工作流程是否建立在利益相关者一致通过的基础上。

（5）供应商是否遵守承诺并履行其职责。

（6）作为组织代表的采购职能是否遵守承诺并履行责任。

过程审计更加注重反馈，且应当提供正式的差异报告，目的是帮助修正正在发生的错误以及提出下一阶段的改进建议。

6．现金价值审计

传统审计与过程审计是为了检查与测量财务损失与漏洞，是否存在违规操作，并审查业务活动是否按照计划正常开展工作。而现金价值（VFM，value for money）审计的目的是确定组织是否通过测量过程获取价值，通常更加关注以下问题：

（1）组织或职能是否可以证明节省或成本降低与所花费的费用项目相关。

（2）是否有现金方面的节省。

（3）如果没有现金方面的节省，那么组织或职能是否获取了其他领域的价值，例如品牌知名度的提升、产品质量更佳或者为客户提供了更好的服务。

（4）组织或职能在经营活动中获得了哪些无形的价值，例如与供应商的良好关系。

7．审计见证性资料

见证性资料是组织管理过程的重要组成部分。它的许多方面都需要通过文档记录在案，关键原则要求是体现透明性和开放性。

（1）组织内部首先应当具备启动或已经完成，旨在建立和完善"体系文档系统"的项目，以便可以方便地记录与查阅各项计划的预期目标、开展工作的程序等。这样的一套体系无论是对于过程审计，还是评估鉴定经营结果的有效性，都是很有帮助的。

（2）见证性资料包括运行过程中为了记录和再现各项活动所产生的文档、文件、记录、数据和信息等。它的重要性体现在：准确而完整的记录可以提供进行测量的基础数据，从而达到我们希望的持续改进的目的。

（3）见证性资料还应当包括经营与管理活动中所有重要决定的记录，例如供应商的合同授予过程；供应商的激励与惩罚或者淘汰。

（4）它还包括职能内部所有向高层提交的正式报告，都需要有完整的备份。

（5）对于其他新的项目或者新员工，这些见证性资料还能够起到培训教材的作用。

因为由业务规则与作业流程所构成的体系文件的重要性，强烈建议采购职能结合本企业的实际，建立一套在组织内部使用的采购手册，它除了可以使审计流程更加顺畅外，还是一份汇总了战略、业务规则与工作流程的三层级指导性文档，也是与其他职能保持良好沟通的媒介。

5.2.2 职能部门绩效测量与个人评估的内在关系

企业管理结构和业务计划会根据产业行业的性质不同而不同。通过广泛的调研发现，一般的生产制造型组织的职能和业务计划结构如图5-2所示。

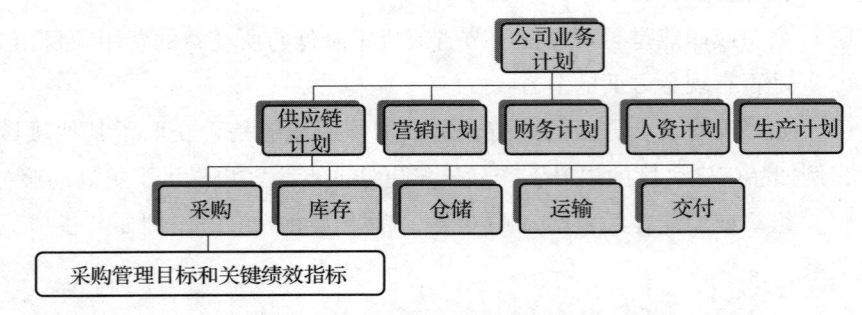

图5-2 生产制造型组织的职能和业务计划结构

通常总体战略计划需要以组织的愿景、使命和价值观为基础，以及与之匹配的管理问题。运营和职能部门按照总体战略计划制订各职能的计划、目标和KPI，以配合完成组织的总体战略计划与目标。战略计划可以由上至下地指导职能计划，反之，职能计划对战略计划也有由下至上的反馈与支持作用。

在图5-2中，一个完善的组织计划系统要求每个职能部门的业务计划都应该以系统化的控制过程作为基础，这些控制过程把基本的业务紧密地联系在一起，并且在各个层级进行管理。除了采购职能的业务过程，供应链还包括以下业务过程：

（1）库存与仓储管理。

（2）与增值有关的生产制造管理。

（3）产品交付的管理。

（4）客户关系管理。

对于采购职能的业务过程，以上几个环节都属于直接或间接与采购发生联系的过程，无论在制订计划目标还是绩效管理中都必须协同考虑。

为了充分发挥供应链的整体力量，采购职能需要详细检查和评价每个与采购过程有关的部分。选择绩效测量项目不仅要聚焦企业内部的各职能，还要把视野扩大到供应链的采购与供应各环节，通常与采购流程相关的部分包括：

（1）采购在组织中的作用。

（2）采购过程。

（3）采购周期各环节。

（4）采购政策与职业道德。

（5）采购中的"六个合适"（合适的供应商、质量、数量、价格、时间、地点）。

（6）评估供应商报价与价格—成本分析。

（7）供应商关系管理。

以上各部分的管理要点在于：数据与信息系统、采购合作伙伴关系、全供应链的持续改进、价值链增值。

为了检查采购职能部门管理采购与供应过程的效力与效率，首先需要理解采购过程的组成要素，并将其与行业的最佳实践进行标杆化对比。基于持续改进的原则，需要对采购过程进行最佳实践测量：

（1）设定和理解采购职能角色。

（2）筹备或不断完善采购职能的采购手册和三级管理规则与流程（宏观采购与供应的管理范围、中观采购业务规则、微观采购作业流程）。

（3）采购政策与道德标准应当纳入组织的商业战略计划中。

（4）设定针对采购基本要素与"六个合适"的详细分解行动计划。

（5）建立明确的供应商评估与合同授予标准体系。

（6）明确采购对于内外部客户的管理措施。

（7）主导建立采购专业的 IT 系统模块，并与企业的资源计划系统有效对接。

职能部门管理层面涉及战略的落地分解与策略和战术的制定。以上这些功能要素决定了采购过程的效力与效率。按照持续改进的原则制定目标，只有这样才能建立绩效管理体系，并能够正确地选择测量标准与指标。

在企业与采购职能建立了信息系统之后，管理者需要对大量的数据与信息进行筛选、分类，产生有效的报告用来支持采购职能的绩效反馈。

采购职能需要有效率和有效力地工作。采购职能在为企业提供所需要的物资和服务的过程中会产生成本，它是采购职能绩效中最重要的组成部分。我们已经了解到采购成本不仅仅是价格，它还上升到全生命周期成本管理的层面，对企业的增值负责。

在很多组织中，采购被看作是和生产成本或公司的边际利润相关的成本中心，甚至作为利润中心进行管理。因此，采购职能部门除了对于采购物资的直接成本以外，还应当对于职能本身的运营管理成本、人员成本分门别类地建立详细的账户科目并施加有效的管理，这样才能充分体现采购职能对边际利润以及增值的贡献。

在管理采购业务的过程中有很多方面需要考虑：

（1）业务过程与规则。

（2）专业实践和解决方案。

（3）人力资源成本。

（4）如何选择并有效使用信息系统。

采购职能部门的绩效测量以客观测量为主，以主观判断为辅。

（1）客观测量包括：可测量的数量和价值，例如金额成本、时间、比率等。

（2）主观测量包括：定性的或者具有服务价值的测量。例如客户调查、价值判断等。

在测量过程中，主、客观方式既可以单独使用也可以联合使用。

当采购在组织内的重要性大幅度提升之后，采购职能的绩效管理与评价也就越来越趋于重要。一个组织除了需要了解采购职能在企业内的运作绩效之外，还特别希望通过采购职能直接获得供应商的绩效信息。供应商绩效将作为一个专题进行讨论。在此作为参考，先利用表格简单归纳供应商绩效的测量指标，见表 5-4 和表 5-5。

（1）供应商绩效基本测量指标。

表 5-4 供应商基本测量指标

交货质量	对于交货质量的测量一般适用于：在规定的条件下，在规定的时间内接收到合格货物的比例。通常交货质量的计算会详细体现在商务合同的条款中
产品或服务质量	产品的质量缺陷情况或者退货与产品等级问题通常会被记录下来用于对质量绩效的测量。对于服务类型的供应，会进行服务失败的测量。狭义的质量问题都会在合同中进行标准化与量化，并且和质量标准相关联，例如 ISO 9000，或者其他质量管理系统，如 TQM、六西格玛等
服务	服务的情况由于其自身的特性，更具有主观性。但是仍然可以用一系列客观标准进行测量。例如售后服务、对出现问题的反应速度、紧急情况下的处理能力等
价格与成本	产品的定价模式、供应市场中的库存节点、成本加成与细分目录

（2）供应商绩效高级测量指标。即使量化与客观地测量也需要安排长周期、多测量节点的绩效管控过程，而不能一蹴而就。绩效的目标是测量长时期的真实绩效，并且通过对话、沟通和开发来共同提高绩效水平。因为供应商的地位和市场情况在不断地变化中，除了基本测量指标外，还应当考虑更多的内容，见表 5-5。

表 5-5 供应商高级测量指标

整体能力	这是将供应商作为一个整体来评价供应商的绩效。它们是否有能力在合作的过程中按要求提供服务和产品？例如把行业内具有最佳实践的供应商作为标杆进行对比与考核
财务稳定性	在大的宏观市场环境或者供应商其自身的微观环境发生变化时，按照财务三大报表的数据和信息反映出来，它们的财务的各项指标还是否稳定？对于未来有何种财务方面的应对能力
贡献的能力	供应商是否能够理解采购方的需求，并且有能力为采购方组织的发展做出积极的贡献？这可已通过双方的设计、创新性思维或者通过成本降低的项目进行测评

任何组织都应该不断地帮助员工开发他们的管理与专业的技能和知识，促进其职业生涯的发展。人员作为组织资源的重要部分，员工技能与知识的提升，既有利于个人，也同时对组织的发展具有重要意义。一般而言，组织通过对员工个人的绩效管理以期达到以下结果：

（1）员工可以拥有工作所需要的管理与专业技能和知识，并且针对个人潜能进行开发。

1）个人绩效管理的首要目标是通过开发有效的技能和取得实用的知识，帮助员工提高自身的绩效水平。它要求组织中的职能部门管理者充当教练的角色，与员工定期交流，保证绩效管理的实施具有连续性。这是员工个人绩

效评估或评价（appraisal or evaluation）体系的重要组成部分。

2）培训需求分析（TNA, training needs analysis）能够提供更加具体和真实的员工学习需求的基本情况。作为一个系统化方式，是为了建立实施与组织的需要相关联的培训信息。

（2）通过技能的提升，可以增加对组织的贡献。具备了良好的技能和全面发展的员工团队，可以为组织的运营做出更多的贡献，他们应当更多地参与到有效率的工作当中并尽情地发挥自身的特长。

（3）可以更充分地参与到组织的活动当中，更好地理解总体目标和经营战略。一个优秀的组织十分明了与员工充分交流带来的益处，因为可以明白无误地将组织的战略目标与经营计划及时有效地传达给每一个员工。完善的绩效管理体系需要在员工和管理者之间进行定期的交流，最重要的沟通内容包括来源于组织经营战略分解的业务发展方向与目标。

（4）通过绩效管理活动对过程与结果的激励，使团队和个人都能保持高昂的斗志。

1）若采购人员士气低落将会影响工作绩效水平以及目标的达成，还会造成人浮于事、人员流动过于频繁。进而还会带来一系列不良后果。例如项目采购目标无法实现、专业人才的流失和招聘成本的增加。

2）组织内员工士气不高是由多种原因引起的，而规范的绩效指标管理、得当的绩效里程碑（milestone）评价体系能够有效提高员工士气。

3）另外一方面，组织和员工都不应当把个人绩效的管理仅仅看成是奖惩的手段，从而与组织的管理形成对立面，导致对绩效与绩效测评产生抵触。而应当在组织与员工之间积极沟通的基础上，从更广阔的视角去理解个人绩效测量与考核的目标与目的。

5.2.3 供应商绩效：采购与供应绩效的重头戏

在以往，虽然很多企业一直在进行供应商的考核工作，但是一般都只是对重要供应商的关键物资的到货质量进行检查，没有一整套的规范作业规则与流程可以遵循。近年来，伴随着供应链思维在企业管理中的逐步应用，在建立供应链管理的绩效过程中，涉及交付绩效、库存与资产绩效、全生命周期成本指标以及供应链反应能力，这四大方面的绩效全部都与供应商的供应表现有密切关联。

在以提升供应链绩效为目标的前提下，为了了解供应商的表现，促进供应商的发展，提供供应商的奖惩依据，确保供应的质量，而建立和完善供应商绩效管理体系，特别是针对已经通过认证的、正在为企业提供服务的供应商（又称合同授予后）的定期监控与考核，成为采购绩效中的重要组成部分。对考核结果善加利用，既是同优秀的供应商继续深入合作的基础，也是对后进供应商的鼓励与整改驱动力，同时也形成了对绩效表现持续较差的供应商淘汰和更换的机制。

> **Tips** **理查德·布兰森关于与供应商关系的名句**
>
> 对于与供应商的关系，著名企业家理查德·布兰森有过精辟的论述："如果和那些亲密的以及你尊敬的人一起工作与共事，并且知道在经济不景气的时候他们还会和你站在一起，那感觉将是什么样的！"
>
> 供应商不是你的朋友，但是他们是受人尊敬和不断发展的，并且在供应链环节出现问题的时候可以提供有效的帮助。据统计，购买外部物资与服务的支出占大多数企业运营成本的 50% 以上，所以供应商的绩效将会很显著地影响一个组织的运营结果。

1. 供应商绩效与商业绩效

对于采购职能的关键挑战是在获得了合适的供应商之后，如何为组织不间断地供应商品和服务，这就需要对一系列能够产生价值的过程进行管控才能实现，这些过程包括：

（1）测量供应商的能力和绩效。

（2）要选择并使用符合实际需求的系统与工具进行绩效测评。

（3）需要通过长周期中各个阶段的测量来展示发展的趋势，切不可仅仅着眼于短期的急功近利的行为。

（4）测评的结果要与以往的绩效以及外部的标杆进行比较，并加以利用。

如何有效地对包含在采购绩效当中的供应商绩效进行合理管控，是决定组织商业运营结果成败的重要因素之一，这些影响可以从以下几个方面深入挖掘：

（1）采购单位价格的降低直接影响组织的利润。典型的财务杠杆数据表明：大约每降低 4% 的采购成本，就相当于提升了超过 20% 的营业额。大幅

度的营收业绩的提升在很多趋于稳定的市场中是很难实现的。这也就是采购越来越多地被组织重视的原因之一。

（2）供应产品或服务的质量。

1）供应商所供应的产品或服务的优劣，将对采购方企业品牌的建设和客户满意度有重要影响。

2）毫无疑问，广义的质量是从产品设计开始的，若采购与供应商能够在研发的初期参与规格的设计，在这种情况下产生的质量将有助于减少不必要的成本。

3）减少商品缺陷有助于提高质量，保证产品的可信任程度，增强客户的体验。

4）质量管理的原则告诉我们：事后弥补质量问题的费用比预防它们的费用要高得多。

（3）在生产型和零售企业中，准时制生产和精益生产需要依靠供应商在需要的时候送达适当数量的物料。对于订货数量的管控也是很多组织在合理化的基础上通过优化库存，达到提高供应链效率和降低成本的目标。

（4）对于到货周期和前置期的精确管理，是降低库存水平和准时制系统运行的关键。迟到的或不恰当的配送将导致严重的生产和服务问题。

具有良好绩效的供应商对采购方企业的商业运营过程和结果的积极作用还体现在：

（1）建立良好绩效系统的目标不仅是要管理运营的方向性问题，还要管理到过程与结果，也就是管控到"第一次就把正确的事情做好"，而不是简单的"把事情做对"。因此一个具有良好绩效表现的供应商能够让采购方组织有效率和有效力地运行，同时还能够聚焦企业的核心活动。相反，若供应商做得不够好，那么也会损害客户的利益，同时影响到产品和服务的形象。此外，额外施加管理的时间和资源也都是成本的一部分。

（2）供应链管理要求采购职能不仅对第一级供应商进行管控，而且还要对供应商的供应商（二级供应商）进行必要的管理。这一趋势导致采购职能向上游延伸，涉及整个供应市场。

2. 供应商绩效测量和建立长期关系之间的博弈

为了能够有效地测量供应商绩效，采购职能一定要成功地管理与供应商、内外部客户之间的复杂三角关系。供应服务的得失取决于这三者之间的关系。企业看待供应的广义与狭义的质量观念越先进，这种关系就越和谐。这就要求在保持合理的商业化和专业化行为的同时，关系的模式要更加灵活和开放。好的规则与流程有助于建立关系的平衡，并且促进双方的信任和开展双边的公开测评。

通过之前介绍的一系列核心工具，我们可以确定哪些采购与供应的类别需要保持简单的交易关系，哪些应当发展成为长期关系的合作伙伴。通常基于简单交易的甚至是对立型的关系不可能激发生产力。在此，我们重点讨论在建立长期关系的前提下进行绩效管理。

（1）发展长期的战略合作伙伴关系，更加要求平等地对待供应商。在此基础上的合作，需要双方以团队的形式参与。而这种关系的产生与发展要求采购职能部门主导进行。

（2）首先，要求双方的高层级管理者能够建立定期的对话与沟通机制，而不能把这一类型的采购与供应视为作业层级的事务。其次，要求双方建立团队合作机制。团队成员应当包括双方的研发技术、采购、生产、物流、市场营销等职能。

真正形成战略合作纽带关系并不注重数量，而是注重质量。伙伴关系是在采购方、内外部客户和供应商之间按照约定的目标建立长期关系的承诺。关键目标如下：

（1）通过伙伴关系的发展联合降低成本、提高质量，进而共同解决问题以最小化总成本，增加供应链价值，而不应当只看重某一个职能或部门的成本。

（2）通过平等地共享技术和成本等信息来保证持续改进。

（3）通过长期的承诺、组织之间的信息交换和经常性的沟通，保证信息交换的效率。

> **Tips**
>
> **绩效的侧重点**
>
> 不同的关系具有不同的绩效侧重点。
>
> 我们了解到与对立对抗型关系不同，初步合作的关系，通常关系的生命周期会设定在3~8年的中长期范畴，表现出较少的对抗性，在强调关系的前提下，更注重成本与服务。
>
> 而更高层级的伙伴关系的合作周期通常在5年以上。双方更加注重思想与理念的分享，以及保持双方高层管理者对于创新目标的协同。

> 我们要注意一个绩效管理当中的普遍问题，那就是采购职能管理者因为受到内外部的压力，会简单地采用大量的量化关键绩效指标对供应商、供应过程与结果进行测量。毫无疑问，这对于简单交易或对抗型供应商是有效的。但是若不分关系类型，均采取"一刀切"的办法，则可能反而是一种不良的方式，这样就会存在减少与供应商形成战略联合的可能性。在长期的伙伴关系中，关键绩效指标与测量也仅仅是基础，而更重要的绩效就是"建立这种关系"本身。这同时也是物料与供应商类别管理的重要内容。

5.3 关键绩效指标不能流于形式或束之高阁

对采购运营绩效的评价与考核是围绕采购作业的基本功能来进行的。采购的基本功能可以从两个方面进行描述：首先，通过对组织所需要的外部物资与服务的购买与供应活动，保证组织的生产与业务的持续进行。其次，不断开发合适的供应源，降低综合成本，并通过内外部标杆管理，实现采购的最佳实践。

为了客观地反映采购与供应的运营情况，应当建立与之相适应的绩效考核指标体系。绩效指标的选择要科学、恰当，要符合目标管理的 SMART⊖ 基本原则，即指标设定要求具有明确性、可量化测量性、可达成性、现实性以及时效性。在注重设定指标的积极性与进取心的同时，也要注重自身、客户以及利益相关方的可接受性。在制定考核指标体系时，不同的行业企业对采购的关注重点不同，可以根据企业的具体情况确定指标。

5.3.1 如何设定价格与成本绩效指标

价格与成本绩效指标是企业最重视也是最常用的衡量标准，通过这些指标，可以衡量采购职能的议价能力以及供应与需求双方的博弈力的消长情况。

⊖ SMART：S（Specific）具体且明确的，M（Measurable）可量化测量，A（Attainable）可以达成、可实现的（也有变形为 Ambitious，意指设定目标要有一定的进取心），R（Relevant）要与其他工作或目标具有一定的相关性，T（Time-bound）必须具有明确的截止期限。

价格和成本绩效的测量还表现了采购的有效程度，最普遍的衡量指标包括实际价格与标准成本的差额、实际价格与过去移动平均价格的差额、使用时价格与采购时价格的差额、当期采购价格与基准价格之比、采购成本率等。这个系列的绩效指标要求企业拥有完善的战略企划与预算管理体系，并且企业的运营信息与数据系统也要能够支撑对于历史运营的过程与结果的分析。这样才能在包括采购在内的各个职能中进行量化的绩效设定与测量，真正做到既能回顾过往又能前瞻未来。

1．实际价格与标准成本的差额

该指标用来监控企业的实际采购价格与企业事先确定的物料采购的标准成本之间的差额，可以反映企业在采购过程中实际采购成本与采购标准成本的超出或节约，企业可以及时采取有效的措施防止价格失控。

2．实际价格与过去移动平均价格的差额

该指标是指企业采购的实际价格与已经发生的某一个阶段的物料采购移动平均价格的差额，它可以反映企业在采购过程中实际成本与过往采购成本的超出或节约。

3．使用时价格与采购时价格的差额

该指标反映了企业在采购物料时是否考虑了市场的波动性以及价格走势。

（1）若采购职能预测到未来市场的价格走势是上涨的，那就应当对当期的采购进行"逢低签单"动作，尽可能按照当期价格签署一定的合同量，或适当多准备一些库存。

（2）若预测到未来市场的价格是下跌的，那就应当采取"随用随签"合同的办法，且不宜保留过多的库存。

预测的准确性在很大程度上取决于采购的供应市场分析职能的建立健全，以及对市场的把握与理解。

4．当期采购价格与基准价格之比

（1）根据预算管理的过程与结果，很多企业在年初的工作计划中就设定了当年采购成本下降的目标，通常会用百分比来表达。具体的做法有很多，例如把上一年度期末的采购价格作为基准，将每个月或全年的采购价格与基准价格进行比较，通用的公式如下：

$$采购价格比率 = \frac{实际采购金额}{基准采购金额} \times 100\%$$

（2）在实际作业中，往往会利用帕累托法则结合卡拉杰克矩阵分析的结果，把关键重点物料的单位价格进行预算金额与预期使用数量的两项加权（因为单价越高且使用量越大的采购物料，对于成本的影响也越大），然后将实际合同执行的单价与其对比，得出超额或节约的百分比，以此进行单价 - 成本的绩效测量与考核。

5.3.2 质量绩效指标的两方面

质量绩效指标主要是指供应商的广义质量水平以及供应商所提供的产品或服务的狭义质量表现。它包括供应商质量体系、物料质量水平等方面。通常会通过供应商审计、验收记录以及生产使用过程统计进行测量。

1. 质量体系

质量管理体系的绩效设定，主要是从供应链质量的角度看待供应商质量体系建设的情况。包括：通过 ISO 9000 的供应商比例；实行 TQM 全面质量管理的供应商比例；供应商的采购与生产实行质量管控与检测的手段和方法，例如实施 SPC 统计过程控制、实施六西格玛；开展质量改进项目的供应商比例；参与采购方企业质量改进项目小组的供应商数量等。

2. 物料质量

大量的企业案例表明，采购物料的品质是由采购职能与相关部门共同推进供应商进行改善的。在企业内与采购物料品质关联程度较高的职能一般是研发与科技部门、品质保证部门以及生产职能。

> **Tips**
>
> **SQE 的岗位职责是什么**
>
> 很多企业在研发、品质保证或采购部门设立了供应商质量工程师（SQE，supplier quality engineer）岗位，近些年又把它由特定岗位扩展为一项专业职能——供应商质量工程（supplier quality engineering），主要负责供应商质量与采购方企业过程质量的协调与一致性。具体职责如下：
>
> （1）负责保障供应商所供原材料的质量，由于供应商供货物料质量缺陷引发的问题要及时反馈给供应商要求其改善。

(2) 负责追踪确认供应商的改善报告及实施效果，必要时可进行现场审核检查以及辅导。

(3) 负责制订进货检验部门的检验规范及检验计划，并适时对检验员进行培训指导。

(4) 参与供应商初始样品的评估放行工作。

(5) 按照时间阶段，通常为月度、季度和年度，对现有供应商的质量状况进行统计评分，对评分较低的供应商提出限期改善要求。

(6) 参与新供应商开发与审核，与采购、研发部门一起对新供应商进行考核打分。

该岗位或职能由于要求对物料性能与质量的专业科学技术性较强，通常会设立在品质保证或科技部门，少数设立在采购部门。

采购物料的质量合格率是采购绩效的重要指标。通常采用以下公式进行测量：

(1) 物料质量合格率：

$$物料质量合格率 = \frac{合批次此的数量}{来料总批次数量} \times 100\%$$

(2) 物料抽检缺陷率：

$$物料抽检缺陷率 = \frac{抽检缺陷数量}{抽检样品总数} \times 100\%$$

(3) 物料在线（在制过程中）缺陷率：

$$物料在线缺陷率 = \frac{物料在线生产过程缺陷数量}{总上线数量} \times 100\%$$

(4) 物料免检率：

$$物料免检率 = \frac{物料免检的种类或数量}{该供应商供应的总种类或数量} \times 100\%$$

很多企业在实际应用中，会综合考虑供应商供应物料到货管理过程中的多种成本—效益因素，设立来料等级验收作业规则。

例如：按照物料特性，为某些原物料设定到货检验的等级，对于不能接受的等级之外的产品，予以退货处理。而对于在可接受范围内的物料，区分1等、2等、3等，实行附带价格折扣的等级分级管理。

还可以实行允收、让步接收、特收、退货等管理办法，对供应商的供应物料的质量进行管控，以便既保证在质量安全与客户满意的基础上连续供应，又可以有效测量与考核供应商，进而达到全面提升供应商质量的目的。

物料质量管理的目的，除了对某些供应商所提供的缺陷料品进行防范与杜绝并进行相应的惩罚外，同时还要敦促供应商限期整改。最重要的是给予供应商一定的帮助与扶持，如帮助其改良工艺、培训其品质检验人员、完善其品质管理体系等。

5.3.3　与时间相关的绩效指标设定

时间绩效指标主要用于衡量采购人员处理订单的效率，以及对于供应商交货时间的控制。JIT被形容为准时制，就是考虑到延迟交货固然会形成缺货风险，但是提早交货也会导致采购方负担不必要的库存成本或提前付款产生的财务费用。

1．紧急采购费用指标

紧急采购也会提高采购的综合成本。紧急采购的显性成本主要体现在紧急运输方式的费用与正常运输方式的费用差额上（例如海运或陆运改为空运）；还有为了紧急采购而额外付出的订单成本以及其他附加费用。

因紧急要货通常会压缩供应商的标准前置期，这样往往会导致供应商紧急赶工期而出现物料品质的瑕疵。更重要的是，多次出现未预警的短于约定前置期的紧急订单，还会导致采购方的信誉度下降；同时在供应链网络内表现出采购方企业对于产销协同以及需求波动管理的失控。

> **Tips　订单分级的意义**
>
> 很多企业在实际工作中为了有效管理需求，还会设定采购订单响应等级：
>
> （1）P1（priority 1，以下同）为最高响应等级，该类订单会由一组专门的资深员工进行处理并且与供应商密切对接，安排特殊的备货与发货渠道，实时跟踪在途与到货信息。当然P1订单背后的成本也相应高企。例如很多企业会安排由原来的陆运改为空运，或改为快递甚至更为严苛的"下一个航班"模式。
>
> （2）P2为普通响应等级，按照常规订单与到货管理办法执行。
>
> （3）P3为最经济响应等级，主要针对补充库存的订单或非紧急物资的需求。通常考虑大批量和经济型运输方式，以尽可能降低采购的过程成本。

2. 缺货停工损失指标

缺货停工（断供）是较为严重的采购供应事故。该损失包括停工期间人员的薪酬损失、生产线再启动再运行的费用等。除了这些直接费用，还有很多间接损失，例如经常停工断料，会造成客户订单的流失、客户满意度下降，进而对营销市场造成消极影响；作业人员士气低迷、流动率增高；因后期可能需要赶工期交货而导致产生必须支付的额外费用等。

5.3.4 如何设定效率指标

品质、数量、时间以及价格绩效指标，主要是衡量采购职能的工作效力与效果的，衡量采购职能的能力要使用采购效率指标。

1. 采购金额

（1）采购金额包括生产性原材料与零部件采购总额、非生产性采购总额（如 MRO 等）、原材料采购总额占产品总成本的比例等。

（2）按照类别管理的原则，原材料采购总额还可以按不同的材料进一步细分，如大宗原物料、包装材料、电子类产品、塑胶件、五金件等。

（3）原材料的采购总额按照采购成本结构又可以划分为基本价值额、运输费用以及保险费、税费等。

2. 采购金额占销售收入的比率（采购成本率）

如何让采购成本的指标设定得更加科学，且同时具有横向标杆的可比性？近年来越来越多的企业采用了采购成本率作为测评采购职能最重要的绩效指标。若从采购预算与计划的角度提出单纯的成本降低金额或百分比，都存在一定的缺陷，因为没有考虑与企业经营目标与结果的关联性。更科学的方法是在一定时间阶段内（通常为一个年度），测量采购支出成本与企业营业额的比率。

（1）该指标更能反映企业所处的供应链上下游市场的变化情况。

（2）它可以在一定程度上表明企业采购资金的合理性。

（3）还可以用来在同行业中找到标杆，与最佳实践企业或其他竞争对手进行有效的对比。

（4）此外，该比率在很多上市公司的年报中都有不同形式的体现。

3. 订单数量

指企业在一定的时间阶段内采购物料的物品种类数量与生成订单的数量，管控程度可以按照帕累托结合卡拉杰克矩阵进行划分。

4. 采购部门费用

采购部门费用是隶属于采购预算范畴之内的。它反映了一定时期内采购职能部门的经费支出，是采购部门经济效益的指标。也应当按照预算管理办法进行管控。无论采购职能作为成本中心还是利润中心，企业应当审核该指标的波动情况，尽量缩减不必要的费用开支。

5. 采购计划完成率

该指标用来衡量采购职能工作能力与努力程度，可以用单位时间内完成的（关闭的）订单数量与请购数量进行对比。

6. 订单处理时间

在采购职能中处理订单的过程所需要花费的时间，它反映了采购职能的工作效率。针对该效率进行整改或流程再造，可以有助于缩短总前置期，降低每张订单的订货成本，精简订单岗位编制。

5.3.5 交付过程中的物流绩效指标

物流绩效指标很大程度上与供应链的运营状况有关。虽然物流绩效主要由物流管理职能承担，但是由于采购与供应链中各相关职能均存在互动性，采购职能也会承担一部分物流绩效指标的责任。

1. 库存

库存管理的理念已经在不同的章节中论述过多次，它一方面降低了企业在经营过程中的断货风险，另一方面也加大了企业的成本。库存的成本主要是资金占用和持有成本，企业应该将现有库存占用资金的利息以及保管费用进行测评与考核。

2. 运输

运输标准包括实际运输成本与预定目标的对比、逾期与滞留费用、运输承运商质量和交货绩效水平、运输过程前置期指标。

3. 客户订单履约

该标准用于衡量一个企业如何满足下游客户，包括及时交货的比例、从客户订单到交货的总前置期（OTR，order to receive）、退订订单等。该指标的引入与责任的分担充分表明采购与物料管理职能已经越来越重视从全面的供应链方面对采购进行管理，例如对库存与交付的管理，就涉及下游的营销市场活动与客户的满意度。

5.3.6 借鉴财务的专业"标准成本法"

以上各小节中分别介绍的各项绩效包括了采购的效力与效果的指标设定与测量。其中比较重要的指标均涉及价格与成本的差额、比率与对比的问题，因此有必要进一步学习使用标准成本法，以便更深入地理解采购绩效指标设定与测量的原理。重点掌握价格差额与用量差额的计算原则以及在采购绩效中的应用。

CIMA（The Chartered Institute of Management Accountants）[一]对标准成本法的定义是："一种控制和管理的技巧，它将成本和收入与实际结果进行比较，计算差额，并以此来促进绩效的改善。"因此标准成本是一种将实际情况与标准进行比较的技巧。这种方法主要用于重复生产和活动中，并假定物料的设计、质量以及规格都已经标准化。物料的标准成本由数量、价格和差额组成。

1. 数量

通常数量来源于技术、生产或工程规范，并标注在物料清单中。标准数量通常包括正常损耗状态下所允许的余量，如废弃、破损、蒸发以及其他类似情况。通常在实行了企业资源管理 ERP 或生产资源物料计划 MRP 系统的组织中，物料清单 BOM 是在各个相关职能当中引用的标准化数据信息，例如生产系统会根据物料清单结合标准使用量给出物料需求计划，采购承接该计划后编制采购成本预算。

[一] CIMA 特许管理会计师公会是全球最大的国际性管理会计师组织，同时它也是国际会计师联合会（IFAC）的创始成员之一，拥有 17 万会员和学员，遍布 170 多个国家。CIMA 成立于 1919 年，总部设在英国伦敦，很多国家和地区均设有分支机构或联络处。

2. 价格

（1）常用的是采购预测的期望价格，在预算时间范围内，采购的供应市场分析职能根据市场的情况设定从供应商采购的物料的单位价格。在第 3 章预算管理中曾经介绍过采购职能应当配合年度预算管理，将每一项物料的单价确定分解到各月的采购成本计划中。

（2）在对于多家供应商采用不同的价格供应的情况下，可以根据预算时间范围内预计支付价格的加权平均值来计算基础价格。

3. 差额

标准与实际之差定义为差额。通常在采购预算与实际绩效管理过程中，对于总成本的控制与测量，会受到物料的价格差与用量差的影响，而且总成本在两者共同作用下，需要区分哪些是由价格差导致的（采购职能的主要责任），哪些是由用量差导致的（相关使用部门的主要责任）。

（1）直接物料价格差异导致的成本差额（简称"价差"）。即标准价格和实际价格之差乘以实际物料的使用量。它重点反映了采购职能对于供应市场价格的博弈与掌控的优劣势。计算公式如下：

价差 =（实际价格 × 实际采购量）-（预算标准价格 × 实际采购量）

（2）直接物料用量差异导致的成本差额（简称"量差"）。即生产计划提交的物料需求的标准用量与实际用量之差乘以标准价格。它重点反映了需求的波动与差异（需求的波动可能来自于生产计划与产能的协调问题，也可能来自于下游各环节的需求波动）。计算公式如下：

量差 =（预算标准价格 × 实际生产用量）-（预算标准价格 × 生产需求计划标准用量）

（3）直接物料总差额。即以上两项计算结果的价格差额与用量差额之和。

> **Tips**
>
> **差额的计算案例**
>
> （1）假设物料 A 的采购预算单价为 5100 元/吨，生产计划给出的该物料的计划需求量为 20000 吨/年。
>
> （2）在年度运营执行过程中，由于供应市场的波动与供需双方博弈力的变化，实际采购价格为 5250 元/吨；且由于下游需求市场的不稳定导致生产实际用量仅为 16000 吨/年。

> (3) 按照以上的计算公式，计算结果如下：
>
> 价差 = (5250×16000) - (5100×16000) = 2400000 元。定义为财务意义上的"损"。
>
> 量差 = (5100×16000) - (5100×20000) = -20400000 元。定义为财务意义上的"益"。
>
> 总差额 = 2400000 - 20400000 = -18000000 元。定义为财务意义上的"益"。
>
> 在实际管理过程中，当涉及多种物料的混合使用时，也可以计算直接物料的产出与混合差额。有关这类差额的深入介绍，可以参考相关成本会计的专著。

4. 物料价格差异导致的差额成因

在计算结果得出后，需要找到导致总差额的"损"或"益"的成因。因物料价格差异导致的成本差额原因可能有以下几个方面：

（1）实际采购执行的价格比采购预算价格高或低。

（2）由于实际需求量的变化导致的采购数量比原计划的大或小，从而可能形成的价格优惠折让或损失。

（3）实际支付时由于供应商或物料本身的问题而导致的价格变动。

（4）原计划采购物料由于种种原因导致的缺货，必须购买其他替代品而导致的价格的上涨或下降。

5. 物料用量差异导致的差额成因

（1）下游各个环节的实际需求比原物料需要计划量的增大或减少。

（2）各环节特别是生产环节的损耗比原计划的大或小。

标准成本法给企业的风险管理、绩效管理带来了可量化的工具。组织的运营计划可以设定标准额度限制，一旦实际差额超出或达到预警水平，应当使用可控和不可控因素为标准来分析差额生产的原因。特别是在有"价差"时，标准成本法更被普遍用来评价与考核采购效率的绩效过程与结果。

5.4 供应商绩效考核与等级评定

5.4.1 平衡计分卡与战略地图在供应商绩效考核中的应用

平衡计分卡（BSC，balanced score card）模型是由哈佛大学教授卡普兰（Robert Kaplan）与诺朗顿研究院（Nolan Norton Institute）的首席执行官诺顿

(David Norton)于20世纪90年代所从事的"未来组织绩效衡量方法"研究过程中开发出来的一套绩效评价体系,当时该计划的目的在于找出超越传统的以财务量度为主的绩效评价模式,以使组织的战略与策略能够转变为行动计划。经过20多年的持续发展,平衡计分卡已经发展为集团战略管理的工具之一,例如在美国的世界500强企业当中,有超过60%的企业导入了平衡计分卡管理系统,在集团战略规划、运营执行管理与绩效管理中发挥了非常重要的作用。

以往的企业管理过程中没有一种办法可以简洁有效地测量决策对于未来所产生的长期的、复杂的结果,纯财务目标与绩效指标不足以有效地控制组织。过于强调财务目标导向与结果的绩效,会倾向于鼓励短期的、局限性的思维。因此,我们需要融合其他的参数与视角建立一套更加平衡的绩效管理系统。

同时,在运营层面,平衡计分卡也是一种有效的绩效测量方法,它综合了传统的财务测量指标与非财务测量指标,既可以使用定量指标,也可以使用定性指标。在采购绩效测量中应用平衡计分卡的思维方式,可以为采购职能提供一个更加综合全面的指标框架,可以反映采购与供应以及供应链中各相关方的所有层次的情况,并且保证遵循企业的整体目标方向。

1. 卡普兰与诺顿提出了平衡计分卡的四个关键视角,强调了融入供应链当中的企业得以成功的长期驱动力

(1)四个关键视角包括:

1)财务视角:重点在于财务绩效和为股东创造的价值。

2)客户视角:重点考察组织向客户传递价值的效果如何,组织与客户和其他利益相关者发展互惠关系的效果如何。

3)内部业务流程视角:如何有效力并有效率地完成贯穿整个供应链的增值流程。

4)创新与学习视角:为了组织未来的竞争优势和成长,开发独特能力的技能与知识。

(2)平衡计分卡四个视角与企业愿景的关系。四个视角与组织愿景的关系如图5-3所示。

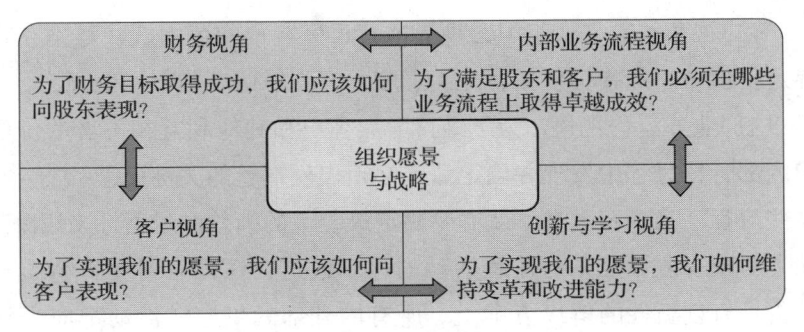

```
┌─────────────────────────────┬─────────────────────────────┐
│  财务视角                    │  内部业务流程视角            │
│  为了财务目标取得成功，我们   │  为了满足股东和客户，我们必  │
│  应该如何向股东表现？        │  须在哪些业务流程上取得卓越  │
│                             │  成效？                     │
│              ┌──────────┐                                 │
│              │ 组织愿景  │                                 │
│              │ 与战略    │                                 │
│              └──────────┘                                 │
│  客户视角                    │  创新与学习视角              │
│  为了实现我们的愿景，我们应   │  为了实现我们的愿景，我们如  │
│  该如何向客户表现？          │  何维持变革和改进能力？      │
└─────────────────────────────┴─────────────────────────────┘
```

图 5-3 平衡计分卡四个关键视角

从上图可以看出，计分卡的平衡来源于：财务与非财务指标相结合；短期和长期目标保持一致；聚焦于通过内部的改善达到外部客户的增值与满意。因此可以提供有效的激励因素，刺激组织内部各单元与职能以及供应链的持续改进。

在采购与供应职能当中，通过平衡计分卡关联起来的采购方与供应商。可以用来整合供应链中关键伙伴关系的战略、绩效测量和反馈。

识别并描述以下几个关键因素是使用平衡计分卡的前提条件。这些条件也同时构成了绩效目标与指标的分层级管理办法，并且告诉我们行之有效的关键绩效指标是如何科学地建立起来的。

1）第一层级：明确组织的愿景与战略。组织的长期战略目标，以及在职能当中的愿景与战略的分解。按照平衡计分卡的原则，无论怎样分解组织的愿景和战略，第一层级也可以分解成财务、客户、内部流程、创新成长和发展四大方面。

2）第二层级：实现 BSC 每一个方面目标的关键成功要素（CSF，critical success factors）。

3）第三层级：为了实现成功要素所必须执行的关键活动计划。

4）第四层级：由具体的关键活动计划产生可以用来监督与反馈的 KPI。

（3）BSC 四大方面包含的具体内容。

1）财务视角：财务指标的设计应当反映组织和供应链的战略以及实施方式在何种程度上提高了利润、利润率以及股东价值。从组织的经营角度出发，除了维持与提高客户满意度之外，归根结底需要保证组织的良性获利能力，这就需要对营销收入、利润和市场份额产生的可测量的效果进行分析。

2）客户视角：首先，组织必须界定其目标客户的范围，并且站在客户的角度界定价值。一般指标包括客户满意度、客户保留率和市场份额。

3）内部业务流程视角：为了维持增加客户和其他利益相关者的价值，要从组织内部管控过程中发现并确定那些必须表现卓越的关键流程。

这些流程一旦确定下来，就需要制定最合适的绩效测量指标来跟踪进展。

除了对现有业务规则与流程活动的逐步改进，还很有必要将精力与资源集中在更具有创新性的解决方案上。所有内外部的供应链活动都应当从这个视角加以考虑。

4）创新与学习视角：组织中所有员工的技能、知识和学习是未来发展的基础。因此从组织的长远目标考虑，更应当聚焦于这些支持企业成功的根本驱动力上。

在这方面可以进行差距分析（gap analysis），以便识别出当前企业的状况与实现未来目标所需要的基础设施之间的缺口，瞄准创新与学习发展的绩效测量指标，填补已经识别出来的差距。

值得一提的是，在有些实施了 BSC 的企业中，为了更好地鼓励创新，还会特别将新产品的推广、营销过程与结果，专门纳入这个方面进行管控。

2. 战略地图与平衡计分卡的关系

（1）战略地图（strategy map）。战略地图也是由平衡计分卡的创始人罗伯特·卡普兰和戴维·诺顿提出的。他们在对实行平衡计分卡的企业进行长期的指导和研究的过程中发现，企业由于无法全面地描述战略，管理者之间及管理者与员工之间缺乏有效沟通的手段，因而对战略无法达成共识。平衡计分卡只建立了一个战略框架，而缺乏对战略进行具体而系统、全面的描述。于是，两位 BSC 的创始人研究开发了战略地图管理工具，并且于 2004 年出版了他们的第三部著作《战略地图——化无形资产为有形成果》。

战略地图是在平衡计分卡的基础上发展来的，与平衡计分卡相比，它增加了两个层次的内容：

1）每一个 BSC 方面下都可以分解为若干层级的要素。

2）增加了动态的层面，也就是说战略地图是动态的，可以结合战略规划过程来绘制。

战略地图是以平衡计分卡的四大方面为核心的，是通过分析这四个方面目标的相互关系而绘制的企业战略因果关系图。企业的战略地图绘制、战略规划及实施是一个"自上而下"的分解和"自下而上"的对企业战略的支撑与责任确定的双向过程，这也就要求组织的经营管理各个层级都需要具备相关的能力及素养。

另外，战略地图不仅仅用于整个组织的战略与平衡计分卡的关联，还普遍适用于各个职能的战略分解与绩效指标的管理。

（2）战略地图的绘制过程（案例）。要力图把握任何复杂的局面，我们倾向于利用把复杂而庞大的事物细分为相关几个部分的方法，化繁为简。有了平衡计分卡，通过战略地图，便于我们理解战略各个关键层面的关联。

某电气生产制造企业的供应链与采购职能设定了一系列的目标或战略议题，并且利用平衡计分卡展示了四大方面的样本目标与四个层级的战略—成功要素—关键行动计划—关键绩效指标的分解。

1）财务方面——保障采购预算与财务目标的实现。

① 利用采购成本优化策略协助企业提高净利润5%。

② 利用库存管理策略提升资本运作周转率10%。

2）客户方面——双赢的内外部供应与采购关系。

① 运用差异化竞争力策略达到客户与质量的内外部协同。

② 带动行业上游资源的发展，实现公平交易，保证双赢的内外部供应与采购的关系。

③ 搭建业界的最佳采购团队，提供最佳品质的连续供货，保证内外部客户的增值。

3）内部业务流程方面——建立采购优势地位的作业原则与标准。

① 协同研发与市场，保障新产品创新与服务的一体化，建立供应与采购的优势地位。

② 进一步规范化、标准化、可视化采购作业流程，利用成本比较优势原则，巩固集中采购优势。

③ 利用内部创新，缩短总前置期，加快订货响应速度。

4）创新与学习方面——打造训练有素、士气高昂的工作团队。

① 计划并实施员工个人绩效管理与考核制度，提升员工满意度，保留关键岗位员工，以利于开创执行文化的组织环境。

② 推行关键骨干员工管理技能培训、全员专业技能培训、定期轮岗制度，提升员工管理技能与专业技能。

在职能部门的战略制定与 BSC 分解过程中，首先需要明确自上而下的分解以及对企业战略的支撑与责任之间的关系，利用图 5-4 进行说明。

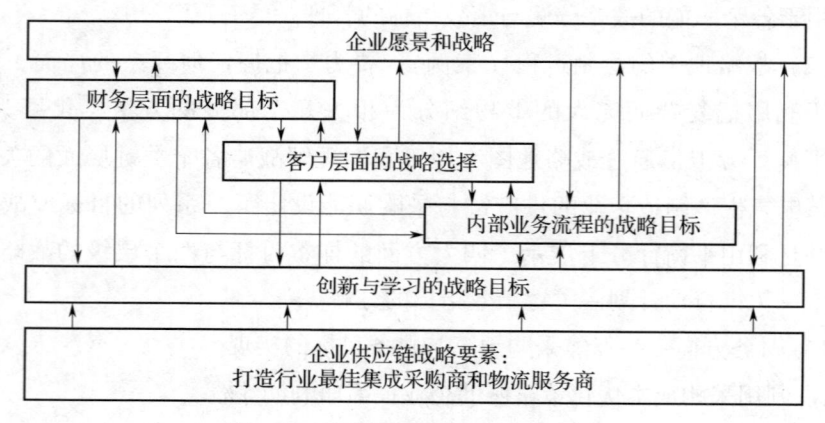

图 5-4 职能战略制定与 BSC 分解

要使组织高效运作，我们一定要了解和诠释业务单元之间复杂的互相依存的关系。同样组织也一定要掌握战略意图与使战略意图付诸实践之间的关系。战略地图为这样的转化提供了一个视觉框架，并且可以图示因果关系。换言之，财务目标通常是由包括客户、内部、学习与发展等内在行为而引发的。

战略地图按照 BSC 绘制四大方面，点明了组织中高效运作和战略转化的关键因素，各因素之间的关联用连接箭头表示，且记录了与战略实现相关的企业架构、影响力以及互相关联的依存关系。这个框架因战略变量的改变而定期有所调整和更新。具备了调整战略的能力，就能够创建一个弹性的组织，这样的组织能在内在压力和外部挑战并存的情况下，对既定的目标进行改变和适应。

图 5-5 展示了案例企业中 BSC 四大方面以及相关要素所构成的战略地图：

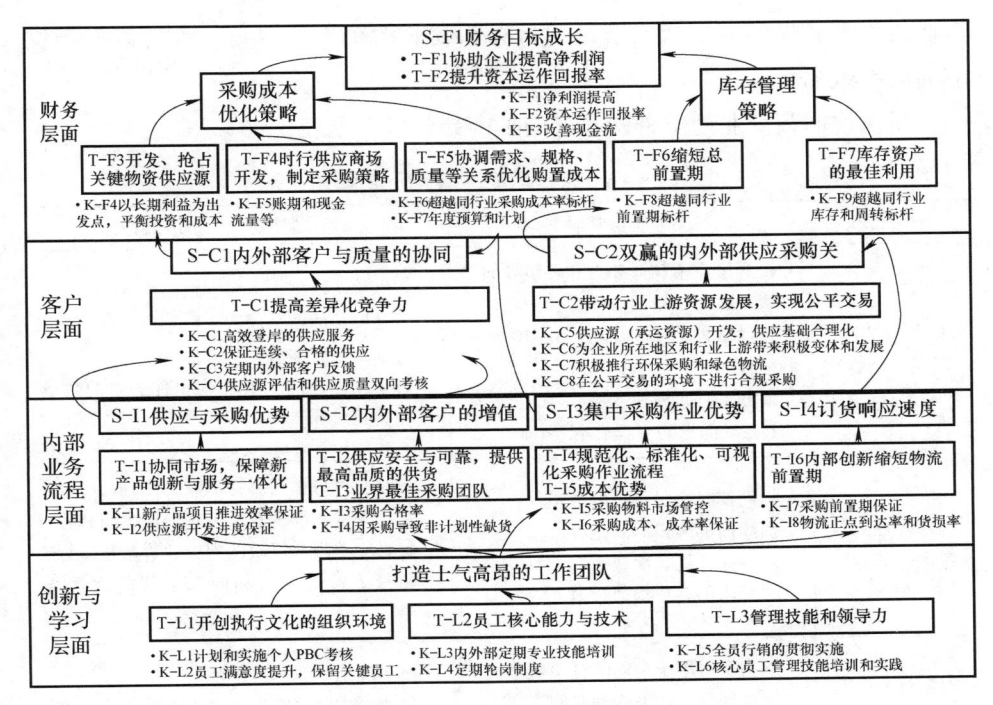

图 5-5 案例企业战略地图

财务层面：
- S-F1 财务目标成长
  - T-F1 协助企业提高净利润
  - T-F2 提升资本运作回报率
  - K-F1 净利润提高
  - K-F2 资本运作回报率
  - K-F3 改善现金流
- 采购成本优化策略
- 库存管理策略
- T-F3 开发、抢占关键物资供应源
  - K-F4 以长期利益为出发点，平衡投资和成本
- T-F4 时行供应商场开发，制定采购策略
  - K-F5 账期和现金流等
- T-F5 协调需求、规格、质量等关系优化购置成本
  - K-F6 超越同行业采购成本率标杆
  - K-F7 年度预算和计划
- T-F6 缩短总前置期
  - K-F8 超越同行业前置期标杆
- T-F7 库存资产的最佳利用
  - K-F9 超越同行业库存和周转标杆

客户层面：
- S-C1 内外部客户与质量的协同
- S-C2 双赢的内外部供应采购关
- T-C1 提高差异化竞争力
  - K-C1 高效登岸的供应服务
  - K-C2 保证连续、合格的供应
  - K-C3 定期内外部客户反馈
  - K-C4 供应源评估和供应质量双向考核
- T-C2 带动行业上游资源发展，实现公平交易
  - K-C5 供应源（承运资源）开发，供应基础合理化
  - K-C6 为企业所在地区和行业上游带来积极变体和发展
  - K-C7 积极推行环保采购和绿色物流
  - K-C8 在公平交易的环境下进行合规采购

内部业务流程层面：
- S-I1 供应与采购优势
- S-I2 内外部客户的增值
- S-I3 集中采购作业优势
- S-I4 订货响应速度
- T-I1 协同市场，保障新产品创新与服务一体化
  - K-I1 新产品项目推进效率保证
  - K-I2 供应源开发进度保证
- T-I2 供应安全与可靠，提供最高品质的供货
  - T-I3 业界最佳采购团队
  - K-I3 采购合格率
  - K-I4 因采购导致非计划性缺货
- T-I4 规范化、标准化、可视化采购作业流程
  - T-I5 成本优势
  - K-I5 采购物料市场管控
  - K-I6 采购成本、成本率保证
- T-I6 内部创新缩短物流前置期
  - K-I7 采购前置期保证
  - K-I8 物流正点到达率和货损率

创新与学习层面：
- 打造士气高昂的工作团队
- T-L1 开创执行文化的组织环境
  - K-L1 计划和实施个人PBC考核
  - K-L2 员工满意度提升，保留关键员工
- T-L2 员工核心能力与技术
  - K-L3 内外部定期专业技能培训
  - K-L4 定期轮岗制度
- T-L3 管理技能和领导力
  - K-L5 全员行销的贯彻实施
  - K-L6 核心员工管理技能培训和实践

以上在 BSC 的四大方面中的各战略议题的分解，采用统一编码方式，战略-方面：S-F 代表财务方面；S-C 代表客户方面；S-I 代表内部业务流程方面；S-L 代表创新与学习方面。

按照上一小节中论述的四个层级中的第二层级的关键成功要素（CSF）进行归纳和编码：T-F 代表财务的关键成功要素；T-C 代表客户关键成功要素；T-I 代表内部流程关键成功要素；T-L 代表学习与发展关键成功要素。

而每一个关键成功要素又都可以再次向下分解为第三层级的关键活动计划，编码方式分别为：K-F、K-C、K-I、K-L。通过对各关键活动计划的分析，进而可以较清晰和明确地设立第四层级 KPI 的具体量化测量标准。

3．平衡计分卡在采购职能绩效中的应用

（1）同样，结构化的平衡计分卡与战略地图可以帮助采购职能建立一组战略导向的绩效管理指标，以支撑企业的总体目标。这些指标为采购与供应

链职能管理者提供了一个关于组织目标和绩效的全方位视角，也可以指导供应商的绩效测量。

举例说明某企业用于采购职能的平衡计分卡，见表5-6。

表5-6 采购职能平衡计分卡举例

BSC视角	关键成功要素	关键活动计划与关键绩效指标
财务（成本削减与创收）	提升供应市场博弈力和环境导向谈判并授予新的协作型合同 通过战略合作伙伴关系，增加采购杠杆 通过增加使用供应商管理库存VMI，降低采购管理成本	凭借重新谈判，每季度取得成本的节约 每月授予的新合同数量 每季度的成本节约 每季度创建的VMI供应伙伴关系的数量及相关的成本节约金额
客户（透过内部客户视角考虑外部客户的满意度）	提高按时交付订单的数量 提高内部客户的满意度 减少库存缺货次数 改善内部客户沟通渠道	按时交付订单与总订单数的比例 每个季度内部满意度调查的情况与趋势 每月相关报告反映的库存缺货量与趋势 每月采购部门召集内部会议的次数与记录
内部业务流程（职能效率提升）	提高通过电子采购的订单数量 改进部门处理请购的时间 增加电子采购供应商的数量	每季度电子采购订单数量 每季度内部请购周转时间降低的百分比 每季度增加的电子采购供应商
创新与学习	增加采购人员培训时间 每年完成的绩效考核 与战略目标相一致的个人发展计划目标的绩效评定	在专业技能与通用管理技能方面培训的小时数与总可用小时数的比率 占完成考核的比率 每季度相一致的个人发展计划目标的建立与回顾

（2）供应商平衡计分卡（SBS，supplier balanced scorecard）。对于SBS的概念与理解。单独应用在企业中平衡计分卡的概念已经分别向供应链的上下游延伸，相应地，专门为供应商的管理而设计的绩效被称为供应商平衡计分卡。它也要求遵循平衡计分卡与全面绩效管理的原则，不仅仅是测量与考核供应物资与服务的价格和成本的高低，更重要的是围绕持续供应与采购的状态和关系进行评价。

因为各个企业都会用到包括平衡计分卡在内的绩效管理系统，为了保持在供应链上下游绩效管理的一致性，需要给供应商提供有关它们绩效的体系与测量考核办法，并且讨论修订后共同实施，这是至关重要的环节。

> **Tips** 推荐采用的供应商绩效测量的 SBS 模型（见表 5-7）

表 5-7 典型供应商平衡计分卡模型

绩效要素	权重	评分（百分制）	考核标准（附带子权重）
质量	25%	100 分，加权后满分 25	质量绩效（70%）、拒收发生频率（30%）
交付	20%	100 分，加权后满分 20	足量、按时交付
支持系统	15%	100 分，加权后满分 15	质量管理体系、其他技术、生产、营销、供应链管理系统等（可按照重要性划分各项子权重）
财务	25%	100 分，加权后满分 25	成本节约（70%）、采购价格与市场或其他供应商价格差（30%）
服务	15%	100 分，加权后满分 15	售前、售中（30%）与售后服务（70%）
总计	100%	分项加权后满分 100 分	（各细项与得分评分办法可根据企业具体情况另行制定）

SBS 权重说明。模型表格中所使用的要素和有关权重随着不同企业的不同业务特点而有所差异。所使用的每个要素的权重是直接与企业战略目标与采购战略相关联的。

供应商平衡计分卡的测量与评定如下：

1）对于每个要素，每种评价标准的总分加合，并且与每个要素权重相乘。

2）所有要素分数累加得到总分值，满分记分可用任何积分系统，例如 5 分制、百分制等。但是要注意，若与企业自身或供应链中的常用的绩效评分记分系统保持一致，则较易沟通与管理。若记分制不同，需要提前做好换算表以便换算。

3）得出的最终分数可以用于供应的整体绩效评定与等级划分。

SBS 分析得出的数据，特别是针对那些存在问题与不足的绩效要素，需要进行差距分析，用于与供应商进行积极的、面向未来的、以发展为核心的沟通，以便形成双方共同改进的行动目标与方案。

5.4.2 核心工具：供应商绩效考核结果的应用

1. 对标（Benchmarking）及标杆管理

(1) 对标的概念。

"将你的绩效和做得最好的组织进行比较，明确为什么这些最好的组织能够实现最好的绩效，并将这些信息作为设定自己组织的目标、战略和实施方案的基础。"其目的是通过和最佳实践进行比较，确定哪些绩效需要改进以及如何提高这些绩效。对标的活动不仅可以用在组织与组织之间的对比，还可以用在组织内的任何一个职能部门内部或职能之间。通过对标可以清楚地了解自己在关键商业领域的运作相对于其他人处于何种位置。这种方法也可以帮助组织使它的运营向世界上最好的榜样看齐，甚至有所超越。

对标可以用来衡量与分析组织各方面的绩效，在采购与供应绩效方面也不例外，同样具有广泛的用途。供应商对标可以用于以下方面：

1) 价格与成本管理。
2) 库存水平。
3) 交付前置期。
4) 质量绩效。
5) 人员培训。
6) 创新。
7) 电子采购应用。

使用经过对标的绩效目标以及质量标准有两个最关键的优势：

1) 因为其他的组织已经做到这样的绩效标准，也就意味着对标的现实性。

2) 但是由于大多数组织还没有做到，它又具有挑战性。

这种既现实又具有挑战性的目标，是对组织发展驱动力最有效的组合方式。同时，对标还能促进对关键成功要素的不断研究和交流，不断寻找所在产业的新增长点及竞争优势。它也可以打破组织原有思考问题与行为的既有方式，激发新的灵感，拓展新的思路。

(2) 常用的对标（标杆）管理分为四种类型。

1) 内部标杆（internal benchmarking）。和同一组织内的其他绩效水平高的职能或部门进行比较。例如：在组织内部各分支机构具有类似的职能之间的对比，找出内部最佳的标杆，进行绩效提升的活动。也属于所谓"横向标杆"的一种分类。

在同组织中的绩效对比还有一类是所谓的"纵向标杆"，也就是与自身的历史绩效相比较，观察发展与演变的趋势如何。

2）竞争者标杆（competitor benchmarking）。和绩效水平高的竞争对手进行比较，通常会在相同的行业中建立标杆，特别是在对手组织中显示出竞争优势的方面。竞争者标杆也属于"横向标杆"。

3）职能标杆（functional benchmarking）。将自己的某个职能或流程的绩效水平和其他绩效水平高的组织中的相同职能或流程的绩效水平进行比较。例如：对于某生产电子零件的供应商绩效，可以把该供应商的物流部门的绩效与另外的其他行业领域的公司具有较高物流管理效率的物流部门进行对比。职能标杆所采用的对比组织可以跨行业领域，但所对比的职能相同。

4）通用标杆（generic benchmarking）。对商业领域的所有经营过程做跨职能或跨产业的对比。可以将标杆设定为市场上任何领域公认的"卓越"企业、学习型组织、质量、商业道德或创新领域的具有领导地位的企业。

(3) 在供应商绩效中开展对标管理的过程包含五个阶段：

1）对市场及组织进行分析，以决定优先顺序和成功要素。

2）找出合适的供应组织（比较的对象）以便进行比较。

3）研究和评价比较对象的绩效和流程。

4）分析研究反馈信息，易识别最佳实践和绩效差距。

5）修订现有流程或计划新的流程，设定改进目标，计划和实施变革。

总之，要想成功开展对标管理，最为重要的是要进行有效的沟通与交流。通过推介会、报告分析研讨会等形式，及时沟通传达标杆管理项目的进程和发展状况。这样做不仅能减少困惑与冲突，而且还可以推动各方积极参与到项目中来，共同让最佳实践在组织内或整个供应链中顺利实施。

2. 供应商绩效测量与考核

在本章的以上内容中我们谈到了绩效、供应商的特定绩效与管理的问题，以下将讨论供应商绩效测量与考核的管理。

（1）供应商绩效测量。

1）供应商绩效测量的过程。

① 供应商的绩效测量与其他范畴的绩效测量没有本质区别。通过绩效管理系统，将当前的供应商绩效与已设定好的关键绩效指标或服务水平协议进行对比，通过存在的差距，以明确反映是否实现了既定的目标绩效水平。

② 同时还要与以往的绩效进行对比，以便了解发展的趋势。

③ 还需要与其他组织的绩效进行对比，找出与最佳实践或者竞争对手相比较还存在哪些缺陷与不足，进而关注下一步的改进。

2）供应商绩效测量的重要性。绩效测量有助于我们管理供应商并与之建立恰当的关系。"只有对某件事物进行了有效的测量，才能把它管理起来。"

① 只有找出供应商目前的绩效与期望的绩效或最佳实践的差距，才可以促使绩效得到改善，同时，供应商才能因此获得发展。

② 绩效测量也是一种高效沟通的工具，可以和利益相关者就它们应该在供应链绩效中发挥的作用以及目前所得到的阶段性结果进行沟通。

③ 绩效测量指标得到的结果，还可以被用来管理、激励和奖惩⊖个人、团队和供应商。

（2）关键绩效指标。关键绩效指标是一组清晰的定性或定量的说明，它定义了在一些商业的关键领域所期望达到的目标，对照这些指标，可以开展绩效过程以及结果的测量。

1）制定关键绩效指标的过程。在平衡计分卡与战略地图的论述环节，我们已经展示了这个过程：采购作为一个组织的重要职能如何从分解组织战略目标，到设定四个视角的平衡计分卡，再到建立关键成功要素，形成关键行动计划，并最终在微观层面制定出关键绩效指标。这也就是我们常用的四种视角的平衡计分卡结合四个层级建立绩效管理体系的方法。

① 首先，在具备了战略分解到职能的战略议题之后，所谓识别关键成功要素，就是希望确定哪些要素对成功或竞争优势而言是关键的领域。

⊖ 虽然所谓按照绩效结果进行惩罚的问题一直是管理学当中争论的焦点话题之一，但是毫无疑问，根据绩效的负面表现采用适度的惩罚乃至淘汰机制是供应商绩效管理中的常用方法。

② 其次，对关键成功要素中每一个已确定的关键行动计划进行识别，以平衡定量（例如成本与数量等）和定性（主观和感受等）的指标。

③ 最后，还要与关键利益相关者达成协议，确保关键绩效指标具有相关性、清晰简洁、没有歧义的，且能够在作业层面连续、一致地进行测量。

2）制定定量关键绩效指标的要点。通过现有的数据收集系统，这些指标所表述的绩效目标为我们提供了一种可以直接对操作层面的绩效进行有效测量的方式。如有管理需要，这些目标都可以被量化，使其具有"硬性的"、数字化的，以及统计学意义或基于事实的特性。例如，我们常用的定量指标包括成本数额、时间长度、产出数量、交付数量与质量等。

3）定性指标也是关键绩效指标的必要组成部分。同时有些目标可能需要"软性"化，具有相对定性和主观的特征。在实际工作中，我们会遇到与质量或性能相关的却无法简单进行定量的，或许所依据的数据也暂时不具备系统性（如客户调查等）。例如，我们可能会希望评价客户的满意程度、供应商客户的管理的有效性、供应商的灵活性、响应性或质量承诺。这些领域的关键绩效指标在可以管控的范围内也应该尽可能做到定量化。举例说明：对于客户的满意程度或许需要使用更感性的评定打分模式，但是由此得出的结论还是可以对服务表示满意或不满意的比例进行量化分析。

4）使用关键绩效指标的优势和收益。

① 提高和改进关于绩效的沟通方式，从过去仅仅关注结果转变为过程与结果并重。

② 运用与关键绩效指标相关的激励、奖惩措施以实现或改善绩效水平。

③ 运用采购方与供应商双向绩效测量，共同推动供需双方的协作关系。

④ 通过历史的数据积累，可以进行直接的年度绩效"同比"，发现业务发展的趋势。

⑤ 使各个层级更加关注关键成功要素，对组织的战略目标进行有效的支撑。

⑥ 确定组织内外的共同目标，使跨职能甚至跨组织的团队协作成为可能。

⑦ 降低由于目标混乱或期望值不明确可能导致的冲突。

5）设定供应商关键绩效指标的优势和收益。

① 设定明确的绩效标准和期望值，激励供应商实现目标并不断改进。

② 有了明确的绩效测量体系，也奠定了供应商的分类、等级评定的扎实基础。

③ 管理供应风险，控制质量、交付，保证资金价值最大化。

④ 由于绩效测量确保了与供应商的协议中的收益，因此也从侧面支持了合同管理。

⑤ 若绩效体系建设得较完善，在供应源寻源过程中可以按照绩效水平进行测量，较易发现具有高绩效水准的优质供应商，以便降低列入首选或准入供应商的过程成本。

⑥ 绩效测量的结果也是一种有效的反馈与知识积累，以便不断学习并持续改进采购方与供应商的关系。

6）关键绩效指标的局限性。在管理学与企业实践中，也一直存在对关键绩效指标批评的声音。毫无疑问，任何管理工具都会或多或少地存在缺陷，关键绩效指标也不例外。特别是在绩效管理系统设计不够严谨的情况下，一味追求实现某一关键绩效指标，可能会导致某些不当的行为。例如：为达到生产效率或时间目标而在质量或数量上偷工减料；或者某个职能部门抱着本位主义的思想，为了实现自己的"狭隘"目标不惜破坏跨职能的协作或损害协调关系，从而导致组织总体目标的迷失。因此在设定目标的过程中，务必要站在供应链的角度，在保证可以支撑组织愿景和战略目标的同时，与利益相关者团队达成一致。

3．供应商供应质量绩效考核管理模型

（1）供应商绩效测量的概念规范与步骤。

1）供应商绩效测量——供应商供应质量的绩效考核。

我们在第 1 章"供应商评估"内容中首先就强调了几个容易混淆和模糊概念的甄别。为了更好地区分在采购管理过程中的几个重要的评估、评价与鉴定的概念，通常我们把合同授予前的，即供应源引入过程的"前采购"阶段对供应商进行鉴定，用"供应商评估"这个专有名词来描述。

同样，我们特别把合同授予后的，即已经形成有效供应的"后采购"阶段对供应商进行评价，用"供应商供应质量的绩效考核"这一专有名词来界定。这里的"供应质量"定义的是"广义"质量问题，包含了所有对供应商供应的关键绩效测量指标，而不仅仅是供应产品的"狭义"质量。

2）供应质量绩效考核包含以下范围与过程：

① 明确规范和设定关键绩效指标：根据在合同中双方认可的标准和关键

绩效指标进行考核；

② 按照一般的绩效管理原则，所有已经形成有效供应的并且在合同执行范围内的供应商都应当参与绩效考核，但是从实践可行性的角度考虑，通常我们考核的重点来自于帕累托分类的 A 类及部分 B 类供应商，并结合卡拉杰克矩阵修订增加对于战略型物料、瓶颈型物料供应商的考核。而对于日常型物料供应商可以采用简易测量的办法。

③ 建立收集与记录系统：通过规范的报告系统或相关的 IT 系统（如 SRM，供应商关系管理系统等）收集记录绩效信息，供组织在未来需要时参考使用。

④ 参与考核的利益相关者：与"前采购"的供应商评估相同，绩效考核也需要组建跨职能评审团队，除了采购职能本身之外，通常首先包括采购方的内部客户，例如生产、市场营销等，还应当包括财务、IT 或其他支持职能部门。

⑤ 绩效反馈与持续改进过程：利用这些绩效考核后得出的结果与供应商进行积极的讨论，帮助它们改进绩效。

⑥ 考核结果的有效应用：按照供应质量绩效考核结果进行分类分级，针对如何进一步发展与供应商的关系，抑或是用淘汰和更换来结束关系进行决策。

3) 绩效考核时间维度。无论是绩效考核过程，还是绩效结果反馈与改进都不是一次性的工作。供应商的绩效测量与考核只有在主动的且持续的情况下才能真正发挥它的效用。

绩效考核的时间维度见表 5-8。

表 5-8　供应质量绩效考核时间表

周度（或每天）	• 保持操作层面的日常联系和例行的简易评价 • 常规的信息与数据交换 • 采用电话、电子或书面的交流 • 若本地有供应商业务代表，必要时可召集小型非正式会议 • 形成周度报告
月度	• 根据周度报告进行总结 • 按照设定的月度 KPI 进行测量 • 讨论关于变革或改进的项目进展 • 与关键的供应商员工进行会议（有条件的可面谈） • 有效保存数据与信息记录

(续)

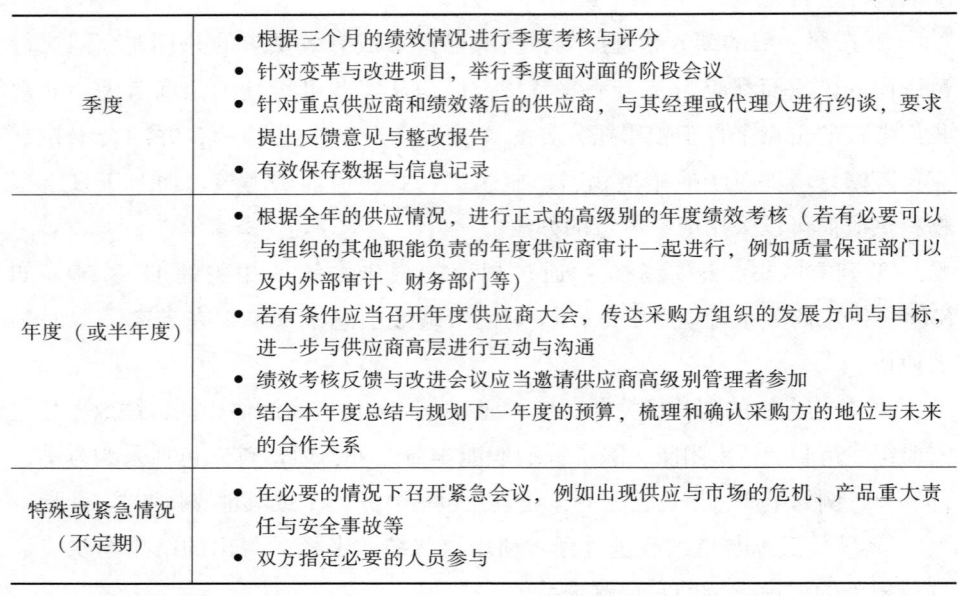

季度	• 根据三个月的绩效情况进行季度考核与评分 • 针对变革与改进项目，举行季度面对面的阶段会议 • 针对重点供应商和绩效落后的供应商，与其经理或代理人进行约谈，要求提出反馈意见与整改报告 • 有效保存数据与信息记录
年度（或半年度）	• 根据全年的供应情况，进行正式的高级别的年度绩效考核（若有必要可以与组织的其他职能负责的年度供应商审计一起进行，例如质量保证部门以及内外部审计、财务部门等） • 若有条件应当召开年度供应商大会，传达采购方组织的发展方向与目标，进一步与供应商高层进行互动与沟通 • 绩效考核反馈与改进会议应当邀请供应商高级别管理者参加 • 结合本年度总结与规划下一年度的预算，梳理和确认采购方的地位与未来的合作关系
特殊或紧急情况（不定期）	• 在必要的情况下召开紧急会议，例如出现供应与市场的危机、产品重大责任与安全事故等 • 双方指定必要的人员参与

无论是绩效考核过程，还是绩效结果反馈与改进都不是一次性的工作。供应商的绩效测量与考核只有在主动的且持续的情况下才能真正发挥它的效用。

> **Tips　　推荐的具体绩效测量与考核办法**
>
> （1）由采购基层作业人员进行周度绩效测量，并按照业务类别组织周度会议，例如供应市场分析职能周会等。
>
> （2）月度绩效考核应当根据四周的情况进行汇总，并在下个月初的采购职能部门的月度会议上进行回顾与讨论。
>
> （3）季度绩效与全年度（或半年度）绩效考核是供应商绩效管理的重点活动，通常采用正式的绩效考核管理办法并约请各职能代表利益相关者参与。
>
> 总之，它是持续性的管理活动，不能指望一蹴而就。我们只有在坚持周度、月度乃至季度绩效管理的情况下，才能获得供应商绩效管理给我们带来的积极效益。

（2）供应商供应质量绩效考核方法的汇总与归纳。绩效考核是一个积极的过程，通过测量可以明确指出供应商在供应过程中的薄弱环节，并且通过互动与反馈，使供应商得到改进与提升绩效的机会。另外，从被动的供应商关系管理的角度看待考核，采购方也能够利用供应商存在的绩效缺陷，寻求对方做出商务方面的妥协与让步，或者提请供应商根据其不良的绩效要求补偿。在考核过程中获得的反馈与行动计划也可以用来提高供应与采购双方的绩效管理技能水平，帮助供应商整体绩效的持续改进。

除了按照效力与效率的划分方法之外，通常的供应商的关键绩效指标分类办法包括：

1）供应商供应产品质量指标：这是供应商考评的最基本指标，包括来料批次合格率、来料抽检缺陷率、来料在线报废率、供应商来料免检率等。

2）供应商企划指标：也称为供应指标。是同供应商的交货表现及其企划管理水平相关的因素，主要有准时交货率、交货周期、订单变化接受率等。

3）供应商经济指标：与采购价格和成本相联系，与质量及供应指标按照周度及月度考核不同，由于供应市场所决定的经济指标具有相对稳定的特性，通常按照季度及年度考核。此外，经济指标定性成分较多，主要包含：

① 价格水平。往往需要同市场行情进行比较，或根据供应商的实际成本结构及利润率进行判断。

② 报价是否及时，报价单是否客观、具体、透明（分解成原材料、加工、包装、运输费用、税金、利润等以及相对应的交货与付款条件）；

③ 降低成本的态度及行动。是否在配合采购方，或是否具有主动地开展降低成本活动的诚意，是否定期与采购方检讨价格。

④ 分享降价成果。是否将降低成本的收益也让利给采购方。

⑤ 付款。是否积极配合响应采购方提出的付款条件要求与办法，开具付款发票是否准确、及时、符合有关财税要求。

4）支持、配合与服务指标：这方面的绩效考核也偏重于定性范畴，可以按照季度进行，相关的指标有反应与沟通、合作态度、参与本公司的改进与开发项目、售后服务等。

以上介绍的以及其他文献中所记载的各种测量方法和类型，归纳起来主要包括五种类型：

1）以统计为基础：依靠统计数据，因测量指标可量化，所以在考核后可以很直观地进行简易评定。为了使考核结果更加科学，通常围绕数据加权来进行，以及指标本身更多地采用比率的形式，而不仅仅是绝对值。

2) 以感知为基础：与感知和观点有关的定性化指标。由于对比目标的需要，以感知为基础的定性指标往往也需要转换成数字。

3) 以研究为基础：通过研究对供应商绩效进行检验。主要包括财务分析、参考量值、历史绩效、品牌声誉等。

4) 以标准和认证为基础：使用广泛认可的全球通行的标准，如 ISO 标准、全面质量管理体系、六西格玛等。或者参考全球化的权威供应商认证，如 CIPS 的企业认证等。同时还可以根据具体情况使用国家或企业标准。

5) 以供应商自我评价为基础：这是全面绩效评价技术的一种类型，可以使用供应商现有的绩效自我评价系统，所形成的自我评价结果可以作为供应商总体绩效考核的参考。

(3) 双维度供应商供应质量绩效考核模型。无论我们采用哪些绩效考核指标，或采取何种测评模式，一般都是按照考核结果的得分分值进行排序，然后根据分值范围进行等级划分的。例如：大于 90 分则定为优秀，70～90 分为良好等，以此类推。不过这种考核评分方式存在一个缺陷，类似于采购物料类别管理中的帕累托（80/20）法则存在的缺陷，那就是只能从一个维度来衡量供应商的绩效表现即总评分。特别是针对某一类物资有两家或两家以上的供应商供应，且得分趋同时（假设两家供应商总评分都得到 80 分），无法用更有效的办法对它们进行分类管理，进而可能造成绩效结果的失真与绩效管理的失效。因此我们可以把对供应商的供应质量绩效指标提前划分为两个维度，并形成直角坐标系。与此同时，按照在两个维度上的得分情况投影在四象限坐标中，即可以确定通过绩效考核后的供应商类型，为进一步实行分级分等管理以及供应商关系管理打下基础。

按照以上的双维度原则，可以绘制出供应商供应质量绩效考核分级分等模型，如图 5-6 所示。

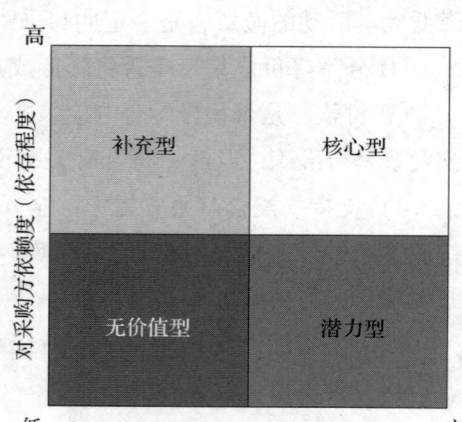

图 5-6 供应商供应质量绩效考核模型

1）供应商在行业集中度或资源量集中程度中的排序。

> **Tips**
>
> **行业集中度**
>
> 行业集中度（CR，concentration ratio）也为称行业集中率或市场集中度（MCR，market concentration rate），是指某行业的相关市场内前若干家最大的企业所占市场份额（产值、产量、销售额、销售量、职工人数、资产总额等）的总和，是对整个行业的市场结构集中程度的测量指标，用来衡量企业的数目和相对规模的差异，是市场势力的重要量化指标。较为通行的做法是以行业内排行最前的四家或八家为计算基础。例如，CR4是指四个最大的企业占有该相关市场份额。同样还有CR5、CR8，则是以前五名或八名的企业所占的集中率。

不同的行业特性也导致了CR指标的大相径庭。例如：在很多传统快消品行业，市场较分散，CR5可能还不到25%；而在一些以尖端科技的研发为核心竞争力的行业，即使是采用CR4来统计，也可能已经达到80%以上。通常将产业市场结构粗分为寡占型（CR8≥40%）和竞争型（CR8<40%）两类。其中，寡占型又细分为极高寡占型（CR8≥70%）和低集中寡占型（40%≤CR8<70%）；竞争型又细分为低集中竞争型（20%≤CR8<40%）和分散竞争型（CR8<20%）。

在另外一些产业，特别是以大宗原物料类为主的第一产业内，例如在矿业与农业资源等领域的企业，也会采用所能掌握的资源量集中度指标对其综合实力进行衡量。

在此我们借用行业集中度这一专有名词，用以表达供应商在其所处行业中的地位，同时结合供应商在相关绩效领域的测量与考核得分情况，进一步在模型横轴当中确定其坐标。在众多绩效指标当中，我们推荐选择质量、技术与资质三大领域的指标作为衡量与反映供应商在其行业内的综合实力。

① 质量。

◇ 供应商供应产品质量指标是供应商考评的最基本也是最重要的指标之一，通常可以在以下项目中按需选择：来料批次合格率、来料抽检缺陷率、来料在线报废率、供应商来料免检率等。各分项质量指标测量加权后，以此用来形成总体的质量合格率或者缺陷率指标。

◇ 建议权重30%。

② 技术。

◇ 结合不同物料所处的行业状况，并与供应同物料的其他供应商进行比较后打分。例如某些产品的加工工艺与技术具有优劣之分或代序特征。显然，采用更先进的工艺或设备，在技术绩效领域会占有更大的优势。例如：某电子元器件的加工模式在国际上有三个代际，若采用最新的第三代工艺加工的在该绩效领域会得到满分（100 分），采用二代的得分 70 分，采用一代则得分只有 50 分。

◇ 建议权重 10%。

③ 资质。

◇ 按照公布的行业内的市场集中度排名或资源集中度顺序进行打分；或者按照市场调研后的数据与信息进行打分。并且结合早期寻源过程中供应商评估的资质信息进行反馈与调整。

◇ 建议权重 10%。

2）供应商对采购方的依赖程度（依存度）。若仅仅简单地用采购金额占供应商营业额的比例对于依赖程度进行衡量，难免失之偏颇。因为我们已经从供应动力矩阵模型了解到，即使采购金额占比较高，也可能会落在"利用"区间，供应商对采购方的依赖程度并不会因此而增高。所以我们需要用另外的绩效指标对于依存程度进行衡量，包括交付的及时性、综合的配合程度以及诚信、信用表现。

① 及时性（供应能力）。

◇ 供应商的交货表现与其供应链计划管理水平相关，主要有准时交货率、交货周期、订单完成率等。

◇ 建议权重 20%。

② 配合度。

◇ 应急情况下的支持与配合能力：对于临时订单与紧急订单的接单意愿，或出现断供时采用的措施等。还有可以用订单变化接受率进行衡量，它是测量供应商对订单变化灵活性反应的一个指标，指在双方确认的交货周期中供应商可接受的订单增加或减少的比率。

◇ 反应表现：对订单、交货、质量投诉等反应是否及时，答复是否完整，对退货、挑选等是否处理及时。

◇ 沟通手段：是否有合适的人员与本公司沟通，沟通手段是否充足。
◇ 合作态度：是否将本公司看成是重要客户，供应商内部沟通协作是否良好。
◇ 共同改进：是否积极参与或主动提出与本公司相关的质量、供应、成本等改进措施或活动。
◇ 售后服务：是否主动征询本公司的意见、主动访问本公司、主动解决或预防问题。
◇ 参与开发：是否参与、如何参与本公司的产品或业务开发过程。
◇ 其他支持：是否在参观、访问、报价与送样、保存本公司相关文件等方面配合良好。
◇ 建议权重20%。

③ 诚信与信用。
◇ 在供应过程中是否出现欺诈、以次充好。
◇ 价格水平：往往同市场行情比较，或根据供应商的实际成本结构及利润率进行判断。
◇ 报价是否及时，报价单是否客观、具体、透明（分解成原材料、加工、包装、运输费用、税金、利润等以及相对应的交货与付款条件）。
◇ 降低成本的态度及行动：是否真诚地配合采购方，或主动地开展降低成本活动，是否定期与采购方检讨价格。是否将降低成本的收益也让利给采购方。
◇ 付款：是否积极配合响应采购方提出的付款条件要求与办法，开出付款发票是否准确及时、符合有关财税要求。
◇ 建议权重10%。

（4）某休闲食品生产制造企业供应商绩效考核体系建设（案例）。

某休闲食品生产制造企业决定建立供应商绩效考核体系，对供应生产性物料的重点供应商进行绩效管理。

1）首先在采购与供应管理体系之下，建立起供应商绩效考核业务规则，包括：

① 采购职能部门负责制定供应商考核制度。

② 采购职能部门根据供应商在日常供货中的价格、误期率、合格率、服

务、资质、技术水平等数据建立供应商考核数据库,数据的提供由以下部门负责:

◇ 价格由采购职能部门与财务部门共同审核并出具当期与历史价格明细。

◇ 误期率由生产管理部门负责提供数据。

◇ 合格率由质量保证部门负责提供数据。

◇ 技术水平由研发与科技部门提供信息。

◇ 服务有效性与资质等方面由采购职能部门负责提供数据。

③ 由采购职能部门牵头,根据供应商考核数据库中的数据,按照考核制度中的考核方法,定期对供应商进行绩效考核,可分为月度、季度、半年度和全年度的考核。附带现场审计的考核至少每年度进行一次,并将考核结果反馈给供应商。

④ 采购职能部门根据考核结果,参照考核制度中既定的供应商控制与激励方式,对不同的供应商采取相应的控制与激励措施,包括增加或减少供货额度、暂时停用冻结或淘汰等方式。

2) 供应商绩效考核流程。该企业结合休闲食品供应商行业产业特点,在供应商绩效考核管理规则之下,制定出具体的考核类别与流程,按照 100 分制进行加权计算。同时也按照双维度考核模型,把质量、技术与资质设定为行业资源集中度表现的横坐标;把价格、服务、诚信度设定为对采购方依赖程度表现的纵坐标。其中,诚信度作为单纯扣减项。绩效考核评分类别、权重与考核计分方法如下:

① 质量占 35 分。由两部分组成:数量合格率、在线合格率。对于月度供货批次小于等于 2 次的,由于基础数据较少,则直接汇总数据以季度考核评判。相关计算逻辑与公式如下:

◇ 验收货物处理办法分为:允收(合格)、按照等级接收、特别收货、退货四种类别。验收合格率 = 合格批次数/进货批次数 × 100%。

◇ 在质量打分中,1 次"特别接收"与 1 次"退货"权重一致;2 次"按等级接收"计算为 1 次退货。

◇ 在线合格率 = (1 - 使用中异常数量/使用数量) × 100%。

◇ 质量总评分(带权重)= (0.7 × 验收合格率 + 0.3 × 在线合格率) × 35,若两项中有暂时缺项的,则权重完全转移至另外一项。

② 交期占 25 分，即交货及时率。对于月度供货批次小于等于 2 次的供应商，直接汇总数据以季度考核评判。

③ 配合度占 20 分，即在服务方面的配合度，例如提交资质、配合现场考察、日常工作响应等对于客户工作的配合程度。具体评分方法：

◇ 对待日常工作反应及时，不敷衍滞后，5 分。
◇ 合作态度端正，无抱怨与不良言论，3 分。
◇ 沟通设备齐全，联系便捷，3 分。
◇ 对待问题积极整改，不断提高，5 分。
◇ 考核期内无投诉，无不良反馈，4 分。

④ 价格占 20 分，以平均价格比率以及价格谈判过程中的表现为主要评判依据。具体评分方法：

◇ 报价及时、合理、透明，5 分。
◇ 价格低于市场平均价格，具有竞争力，5 分。
◇ 账期能够符合我方要求，5 分。
◇ 发票及时、折价处理准确，5 分。

⑤ 特别扣分扣减项目，包含重大异常扣分：

◇ 严重质量异常影响生产或销售，扣 5 分。
◇ 由于供应商原因引起客户投诉，扣 5 分。
◇ 当月累计 3 次或连续 2 次同类异常，扣 5 分。

⑥ 诚信度扣分：诚信度指标包括供应过程中或事后发现的存在骗取、欺诈或故意隐瞒供应问题的情节，一经发现并确认的一次扣 10 分，或暂停冻结供应，乃至取消供应资格。

3）考核时间阶段与考核结果管理办法。

① 考核时间阶段：

◇ 季度考核由月度考核结果取 3 个月的平均分汇总而成，某些供应商由于月度供应小于等于 2 次的，汇总到季度考核中进行评分。若季度供应次数仍然低于 2 次的，则不进行评分。

◇ 每年的年底以四个季度的考核结果为主要数据，取平均分值作为供应商的年度考核的结果，且作为下一个年度供应商配额管理的依据。

② 考核结果的利用与供应商分级分等：按照传统的绩效管理办法，在每

月、每季度、每年度结束后统计供应商的供货情况,考核结果分四级,分级标准为:

◇ A 级:90 分≤评分≤100 分。
◇ B 级:75 分≤评分<90 分。
◇ C 级:60 分≤评分<75 分。
◇ D 级:0 分≤评分<60 分。

4)双维度的绩效考核结果:若采取双维度年度绩效考核管理办法,综合考核评分的分数只是其中一个参考条件。另外,还要按照供应商绩效类别得分在四个象限的具体坐标,得出供应商的年度最终考核分类:核心型、潜力型、补充型或无价值型。

5.4.3 供应商进行等级评定的"双维度法"

1. 供应商绩效考核结果按照双维度分级分等管理

(1)绩效考核总评分记分管理办法与双维度管理模型之间的差异与适用范围:通常按照总评分进行供应商等级评定的管理模式较为流行,以上的案例中给我们展示了按照附带类别权重的百分制进行考核并且分级分等的过程。但是总评分模式存在一定的缺陷,那就是量化计分只提供了过往一段时间周期内的供应商绩效表现,而不能明确地指导与供应商之间关系的长期发展方向。因为供应商绩效管理的终极目标不仅仅是对过往的考核与评定,也是供应商开发的重要组成部分,更重要的还是在未来采购与供应双方需要把握与调整恰当的关系形成过程与关系形式表现。

以上按照总评分的分级管理办法与双维度四象限考核模型的坐标系位置之间没有必然的逻辑关系(特别在短期绩效考核周期内,会存在偶然性,例如核心型供应商在某个月度会出现供应的差错而导致评分较低),只是按照一般的经验会有一定的相对对应关系(例如,评定为 A 级的供应商通常会是核心型,D 级的通常对应为无价值型)。它们是两套不同的考核评定体系。这两套考核评定体系有其适应范围:

1)按照总评分分级的管理办法适用于相对短期的考核。例如周度、月度、季度考核。对于短周期内出现的问题,双方致力于找出解决方案,并有针对性地进行整改。

2）按照双维度分类管理办法则更适用于相对长周期的年度考核。通过对供应商的类型分类，可以总结过去的一年中供应与采购双方的得失，在既定量又定性的绩效测量与考核基础上，更好地把握与供应商关系的形成，调整与供应商关系的形式。同时瞄准未来，对不同类型供应商进行有针对性地开发和管理。

（2）双维度考核结果四大类型的特点。

1）核心型供应商的特点与关系管理。在双维度绩效考核模型当中，处于行业资源集中度与对采购方依赖性的绩效考核得分均较高的区域。对于绩效考核结果指向核心型区域的供应商，我们应当以加强建立与其牢固的纽带关系，获得稳定的资源供应为目标。

利用某石化炼化企业的案例说明为了扩大核心型供应商的比重所采取的主要手段：

① 投资参股、控股：利用资金、品牌等综合优势，以产权契约关系为纽带，进行资本投资。

② 合资设立公司：利用网络优势，以产权契约关系为纽带与潜力供应商合资设立区域性或全国性公司，争取使供应商从潜力型升级为核心型。

③ 定牌加工：利用品牌优势，设定标准，筛选优质供应商输出品牌、获取产品，以此为纽带发展核心型供应商。

④ 签订长期合约：利用资金和网络优势，通过签订长约、授予信用额度等方式对工厂进行规模化采购。

⑤ 共享物流设施：利用物流网络和信息优势，通过物流前置，围绕核心供应商建设共享的仓储设施，共同解决运力问题，平衡双方库存。

2）潜力型供应商的特点与关系管理。在双维度绩效考核模型当中，处于行业资源集中度较高，但是对采购方依程度较低的区域。潜力供应商资源量大，行业集中度较高。但是对采购方供货的比重小，尚未形成紧密的合作纽带关系。

针对该类型供应商分析的重点方向在于：

① 通过供应市场分析，找出行业内市场份额占比排行前10名的企业，拟创造机会，按照年度或者中长期规划目标，重点突破若干家并希望发展成为核心供应商。

② 可以利用采购运营的统计数据进行分析，对某类物料属于潜力型供应商的累计供货量占同期的百分比设定目标，拟增加绝对采购量。

3）补充型供应商的特点与关系管理。在双维度绩效考核模型当中，处于行业资源集中度较低，但是对采购方依赖程度较高的区域。资源量小，但是对采购方的依存度较高，合作关系稳固。

针对该类型供应商分析的重点方向在于：

① 该类供应商定位为资源的补充与调剂，首先需要与其保持稳定的合作关系。

② 短期内可利用其对采购方依赖程度较高的特点，保持其积极性，从保证供应和服务方面获益。

③ 鼓励和开发，促进其向核心型升华。

4）无价值型供应商的特点与关系管理。在双维度绩效考核模型当中，处于行业资源集中度与对采购方依赖性的绩效考核得分均较低的区域。应当列入拟淘汰和更换的候选名单。

有关供应商关系的终止、淘汰与更换的内容，将在下节详细论述。

2. 雷达图在绩效考核结果中的应用

（1）雷达图的概念。雷达图又称为蛛网图（spider chart），因其绘制后的形状而得名。最早是应用于企业经营与财务状况的系统分析工具，它可以将一个组织的财务分析所得的数字或比率的关键项目，集中展现在一个多边形（或圆形）的图表上，用来表现一个公司各项财务比率的情况，使用者能一目了然地了解公司各项财务指标的变动情形及其好坏趋势。后来随着应用的拓展与延伸，雷达图也广泛用于具有多项量化指标的展示与不同个体之间的对比。它既能按照各个项目分别展现其量化指标或结果，又能把所有需要评价的项目集合在一起，在同一个圆形坐标图中观察其偏向与趋势。

雷达图另外的优势是具有静态与动态的可对比性：

1）静态分析，可以将各项考核结果指标与其他个体或行业情况做横向比较；

2）动态分析，可以把现时的考核结果指标与先前的做纵向比较。

（2）雷达图的绘制原理与要领。随着电脑软件的发展，雷达图已经不需要原始的手工描绘，常见的办公软件与专用插件等都已经具备了雷达图的自动生成功能。

先画三个主要同心多边形（或圆），把多边形（或圆）按照考核的项目数分为若干个区域。例如：我们在供应商绩效考核项目中使用六个关键绩效指标，则分为六个区域，以 60°夹角形成六个扇形区，分别代表质量、技术、资质、及时性、配合度和诚信。

按照标准的绘制原则，同心多边形（或圆）中最小的多边形（或圆）应当代表同行业平均水平的 1/2 值或最差的情况；处于中间位置的多边形（或圆）代表同行业的平均水平或特定比较对象的水平，称为标准线（区）；最大多边形（或圆）表示同行业平均水平的 1.5 倍或最佳状态。在六个区域内，以圆心为起点，以放射线的形式画出相应的考核结果指标的分值线。然后，在相应的分值线上标出指标项目名称。然后将该考核对象的各分值用线联结起来后，就形成了一个不规则闭环图（见图 5-7 中的粗线条不规则多边形所构成的闭环）。它清楚地表示出该考核对象的综合态势，并把这种态势与标准线相比，或与其他被考核对象的图形相比，就可以清楚地看出该考核对象的优势、劣势与差距。

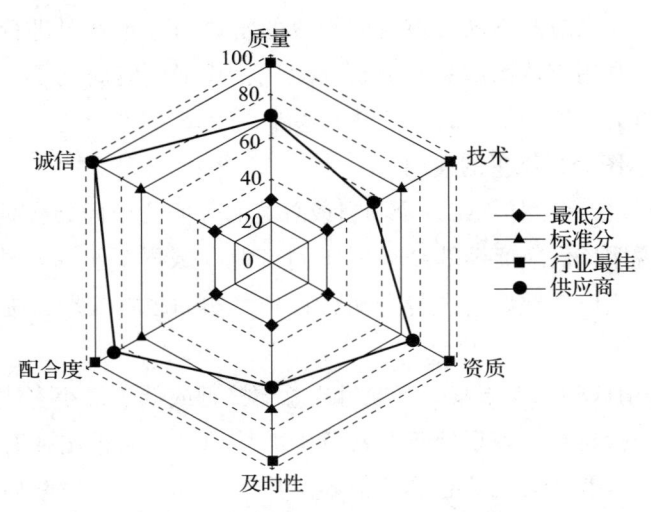

图 5-7 供应商绩效考核结果雷达图

根据图 5-7 所举案例我们可以看出，在该测评体系中，按照百分制进行测量与计算；行业的最差表现为均值 30 分；行业的领先企业的最佳表现为均

值 95 分；行业的标准分为 70 分；那么该供应商绩效考核的得分，在诚信度方面与行业最佳齐平。质量、资质与配合度方面等同于或略优于行业标准水平。而技术与及时性方面低于行业标准水平。

> **Tips　如何量化设定行业最佳分值、标准分值与最小分值？**
>
> 在有些行业领域，市场与经营透明度较高，各类分析数据较完善，我们可以直接使用公开发布的权威信息与数据。
>
> 但在有些行业，可能这类公开分析数据并不常见。那么我们可以采用利用现有的供应商中的最佳表现者作为标杆，进行各级分数的设定。例如：某物料有五家供应商供应，按照六大项的绩效分类，分别找出绩效考核得分最高的作为最佳标杆。假设 A 供应商的质量得分最高，那么我们就把它的质量作为 100 分进行标记，然后分别对另外四家供应商按照其来料合格率的量化数据进行"相对性"打分。
>
> 还可以把五家供应商的每项绩效的平均分设定为标准分。其余标记与计分方法以此类推。

这样，同一类物资的采购中存在若干家供应商供应的情况，则可以横向地对于若干家供应商的绩效考核结果分别进行雷达图绘制并加以比对；另外，还可以用同一家供应商不同考核时间阶段的雷达图分布状况进行纵向的前后对比。总之，利用雷达图的势态分析与对比，找到供应商之间或供应商自身的差异，可以为后续的供应商开发打下基础。

（3）雷达图分析结果的使用。

1）标准线区间。如果某一个项目或总体的分值位于标准线所构成的多边形以内，则说明该供应商绩效结果低于同行业（或同类被考核供应商范围）的平均水平，应启动差距与差异分析，找到真实的根本问题，提出下一阶段的整改方向。

2）最小值区间。如果某一个项目或总体接近或低于最小多边形，则说明该供应商的经营与绩效表现处于非常危险的境地，急需推出强有力的改革措施以扭转局面。若持续性的总体分值不达标，则需要考虑适时启动供应商的淘汰与更换的程序。

3）最佳值区间。如果某一个项目或总体超过了中间位置或标准多边形，甚至接近最大多边形，则表明该供应商具有经营优势与优异的绩效，应当予以巩固、嘉奖与发扬。

5.4.4　供采双向联合绩效考核与采购手册的应用

1. 双向联合绩效考核

联合绩效系统（JPS，joint performance systems）是绩效测量与管理的一种关系性的、协作型的方法。其中"双向"的含义就是采购方评价供应商的绩效，而供应商评价采购方的绩效。

（1）实行联合绩效管理的意义。

1）从供应链管理的角度看待绩效管理，双方组织都需要定期互相提供反馈，而不仅仅是作为客户的采购方进行主导。

2）供应链网络强调链态的平等和公平，需要避免过去传统的主从关系形式。

3）供应与采购双向联合绩效测量本身，有利于引入、发展和建设更加权威、公正和客观的第三方测评模式。

4）有利于建立具有良好沟通渠道的供应商和采购组织的跨职能团队。

5）双向联合绩效管理的采用，还有利于推动供应商早期参与和价值工程在供应链中的发展，以有效避免早期成本。

（2）联合绩效管理的目标。

1）从供应链管理的角度出发，转变以往很多企业管理者的旧有思维——提供供应服务的有效性就是供应商的全部责任。采购方若采用不恰当的流程与行为方式也会对供应链绩效、效率和可持续性产生重要影响。这些不良行为包括：

① 采购方认为具有较高的博弈力而采取一味的对抗关系。

② 采购方只专注于价格的竞争，而忽略关系的形式。

③ 采购方经常在无任何预先安排的情况下不断变更需求或订单。

④ 不按照合同协定的付款方式执行，经常延迟支付或拖欠货款。

2）更有利于识别采购方与供应商关系中那些可能妨碍任何一方绩效的问题，着眼于解决由于不良协作性而导致的问题。

3）通过确保互惠和平等分享关系中存在的风险与收益，进而支持长期的增值关系。

4）鼓励在供应链绩效中推行可测量的持续改进活动，以及加深提升关系满意度方面的协作。

（3）联合绩效管理的基础是追求互利和双赢的结果，因此强调供采双方都可以从中受益是很重要的，实行联合绩效管理的收益见表 5-9。

表 5-9　联合绩效管理对双方的收益

对采购方的收益	对供应商的收益
消除在采购方与供应商之间衔接过程的成本	提高财务稳定性，能够进行较长周期的资源规划
提高质量和交付水平	更好的付款条件
缩短前置期	提高流程能力
能够消除产品设计中不必要的成本	提高管理能力
改善供应的安全性	增进对采购方的了解
提升采购对盈利的贡献	提高技术能力、产品开发与创新

（4）联合绩效管理适用的范围。在协作型而不是对抗型或竞争型的供应链模式下，实行联合绩效管理最为理想。因为该绩效管理系统需要很高的信任程度和开发程度，才能使采购方对于关系绩效考核反馈的请求得到供应商最为诚实和建设性的响应。

通常开发和建设双向联合绩效管理体系是一个较长的过程，因此一般仅限于对战略性关系进行这种管理。而且采购方与供应商的跨职能团队应当定期评审这一过程，评审的内容包括：

（1）评价该系统收获的有形或无形的益处，并且可以作为最佳实践的范例，自上而下地逐层进行。

（2）定期评价该过程的有关问题，例如，由于某种强势而导致的偏见，或由于担心影响未来的商业关系而违背诚实性。

（3）双方都需要定期地为该管理系统的进一步发展提出建议。

（4）如何建设双向联合绩效指标来体现互惠的期望。供应商对客户（采购方）进行优先排序，通过提供包括优先供应、签署长期协议的意愿、紧急订单的灵活性等在内的服务措施，以期加强它们与优质客户的关系。

供应商对于采购方的绩效会提出一系列测量指标：

1）报价和招标过程的公平性、透明性和效率。

2）关于合同条款和合同管理的有效和公平的谈判，包括采购方对支付公平交易价格的意愿如何，对合同条款的质疑、变更或争执的合理性如何等。

3）关于规格、计划、日程安排、赶工期、变更和查询处理等事项进行高质量的信息沟通。

4）对开具的无争议的发票迅速、公平地支付。

5）在需要查询或出现问题时，采购方的配合有效性。

6）对冲突或争议的建设性处理方式。例如是否采购方对于任何微小的违约都采取诉讼或索赔。

7）在逆向物流方面进行协作。

8）在供应过程中一直秉持符合道德的行为模式。

9）公平地分担供应、创新等的风险和收益。

供应商还会主动寻求增值因素：

1）具有与供应商共同创造和分享价值的意愿。

2）在制定规格时主动积极地咨询供应商。

3）为了使伙伴关系更加有效，愿意与供应商分享知识、技术和信息。

4）对于供应商在材料或流程方面改进建议的响应程度。

5）采购方（客户）关于质量管理的驱动力，包括：产品知识的分享、客户市场知识的分享、将内部客户需求转化为适当的规格以便供应商提供有效的解决方案的能力、采购的专业技能和效率。

> **Tips**　　**与供应商关系的质量与发展是否需要纳入绩效测量？**
>
> 采购方与供应商关系的质量与发展应当作为整个采购与供应职能的绩效测量指标之一。在传统的对抗性与竞争性供应与采购关系中，采购方与供应商的目标被认为是冲突的。而在更为协作性采购与供应关系中，为了保持长期供应的可靠性和供应商承诺，通过合作和双赢而使价值最大化，满足供应商的需求与期望，也是符合采购方组织的利益的。

2. 采购手册在企业管理与审计中的作用

采购手册又称为采购管理手册。为了使采购标准化、规范化、专业化和高效化，现代企业通常要求制定采购手册，用以指导公司的采购行为。它本质上是交流信息的媒介，用来阐明采购政策、规则、步骤、指令和规定等内容。

（1）制定采购手册的意义。组织为了使内部各相关职能在执行采购作业时有严格的标准业务规则所遵循，必须建立和制定采购管理手册，以促进采购活动的制度化与合理化，并能达到适质、适时、适量、适价的目标。同时在不违背组织保密原则的情况下，应当有条件地邀请供应商一起参与手册的制定与修订，这也可以促进与开发采购方与供应商进行双向联合绩效管理。

通常作为企业或职能部门的二级与三级文档进行管理（一级文档一般多为战略性与方向性、纲要性文件），涉及采购与供应职能的整体性和结论性。整体性政策是从根本上明确采购与供应职能的目标与责任；而结论性规则，是明确整体性政策在具体的业务活动和具体情况下的应用。例如如何选择供应商。

利用针对具体业务步骤或流程的描述，制定出各种行动的先后运作顺序，以便政策与规则的贯彻执行。例如，如何对货物进行现场验收。同时在手册中需要详尽地描述各种指令，以便将具体的知识与指导传达给负责执行政策与步骤的职能或岗位。例如订单需要多少副本以及分发给何种部门。

应当用明确而清晰的规定对采购工作和采购人员在履行责任的过程中所面临的各种不同情况加以指导。它也是具体规章制度的体现。

（2）采购手册在企业管理中发挥的作用。采购手册的基本目的是将供应市场信息、采购原则和具体流程有效地传播给企业内每一个相关人员，采购手册的运用有以下作用：

1）使采购政策与规则、步骤与流程、指令与规定等内容变得简洁明了。

2）为采购职能与其他部门的沟通提供了机会，使它们能够建设性地看待现存政策和步骤，并在需要的领域与时机对其进行修改。

3）手册上的步骤与流程是针对采购所承担或管理、控制的业务活动来制定的，因此能促进工作的一致性，从而减少对日常工作进行具体的监督。

4）手册有益于对员工的培训和指导。

5）手册有助于公司的年度与日常的内外部审计。

6）手册协调了政策和步骤的关系，并确保了采购原则和操作的一致性和连贯性。

7）手册还为评估这种原则和操作提供了参考依据。

8）手册也通过企业管理层面对采购的重视以保证将采购提升到企业的战略管理地位。

9）手册还有助于采购的计算机化，从而实现市场分析和供应商关系管理。

（3）采购手册的内容。采购手册的内容应当包括三个主要方面：

1）组织结构。

① 组织结构的图表显示与文字描述。重点展示采购职能在其中的层次和位置，同时也展示了总部和各分支结构的组织结构关系。

② 采购职能部门每个职位的工作职责，最好包括个人职责权限的设定。

③ 员工应当知悉的相关行政管理规定。

2）政策与规则。

① 陈述设定的目标、责任和采购职能的权力。

② 陈述的内容可以延伸到与价格、质量相关的总原则当中。

③ 采购业务活动的条款和条件。

④ 供应商的选择。

⑤ 详细描述与供应商建立关系的过程和关系的形式。

⑥ 采购职能的汇报链

3）步骤与流程。

① 用图文并茂的方式来说明采购步骤与流程，包括订单申请、订单下达、催促交货、收货、质量检验、入库仓储以及付款等。

② 关于拒收和退货的步骤。

③ 关于废弃或剩余物料的处理步骤。

④ 关于采购以及辅助业务活动有关的所有文件单证的图解说明，并附有它们的用途的文字说明。

⑤ 有关各种采购的记录文档备案、保存与维护。

（4）采购手册的格式与共享范围。

1）采购手册的格式。采用何种格式，需要考虑的因素包括：内容的时效性、查阅的方便性、便于携带、便于更新与增补。同时，建议使用活页装订，便于内容分类管理和增补修订。

2）采购手册应当按照企业内部的采购职能利益相关者进行共享与分发。可能包括以下部门和人员：

① 董事会或相同级别的最高经营层。

② 企业的最高管理层。

③ 与采购职能有关的各职能部门或工作团队的主要负责人。

④ 采购人员或其他被授权的相关人员。

⑤ 此外，为了加强和供应商的沟通与互动，还应当编辑一个特殊的版本交由供应商备案和参考使用。特别针对新加入供应序列的供应商，要求按照采购手册的相关内容，给它们提供一定的"入门"辅导。

5.5 供应商开发与改进

我们在本章以上的内容中论述了一个组织如何建立采购与供应商绩效管理体系，并了解到当绩效被正确有效地实施时，将给组织的采购与供应管理带来诸多优势。同时我们也看到它是如何帮助调整双方关系的形成，以及改善关系的形式。当然，从我们所理解的供应商关系的知识中已经清楚地了解到，并不是所有的供应与采购关系都适用于紧密型关系。因此我们在掌握了相关的关系评价与绩效考核的工具与技能之后，应当能够按照不同的绩效结果的分类方法，识别出关键供应商的价值，从而更积极主动地开发和管理与供应商的关系。

5.5.1 对供应商的主动开发

如今，越来越多的组织更加积极主动地发展与供应商更为密切的关系，这能促进持续改进产品和服务的质量。采购职能部门在运营过程中经常可以遇到很多"软问题"，其中一个重要的议题就是关于采购方组织与供应商如何进行跨组织与跨职能的团队协作以取得更好的绩效。所有相关的组织与部门可以一起分享这种绩效改进所带来的收益，这样的管理活动通常被称为"供应商开发"项目，这也是供应链战略中的关键要素。

一个成功的供应商开发项目，将会鼓励供应商在供应方面的改进，包括：减少缺陷的数量、降低废料与返工、降低物流成本、提升交付的可靠性、增加供应的敏捷性与灵活性。

总之，供应商开发与改进可以定义为：采购方为了提高供应商绩效和能力以满足自己短期或长期的供应需求，而对供应商实施的综合商业计划与活动。

1. 供应商开发与改进

(1) 供应商开发的目标。供应商开发有以下两个总体目标——结果导向与过程导向。

1) 将供应商能力提高到一个特定水平,包括在成本降低、质量改进或交货服务等方面的绩效指标的改善。因此,以结果为导向的供应商开发项目集中于解决具体的绩效问题,采购方支持供应商进行逐步的技术变革以达到预先设定的改进目标。

2) 通过持续改进过程,支持供应商保持自身发展所需要的绩效标准。因此,以过程为导向的供应商开发项目集中于提高供应商进行自身过程与绩效改进的能力,采购方不直接干预。在学习和使用问题解决与变革管理技术方面,采购方提供相应的支持。持续改进的过程是这种供应商开发的重要内容。

(2) 供应商开发与改进的责任。

1) 供应商开发计划,首先需要建立采购方和供应商组成的跨职能协作团队,以项目管理的形式或瞄准解决问题的快速突破小组。这需要基于供应链中上下游组织的开放工作环境。另外,还可以采取把供应商的业务或技术人员暂时调派到采购方组织中去参与项目以及学习对方的生产与经营过程;同样,也可以把采购方的人员派驻到供应商组织中去,进行交流、培训以及意见的反馈。

2) 在对供应商开发的过程中,得到双方组织高层的支持是非常重要的。在采购方组织中需要安排负责相关业务的高层主管对具体的供应商开发过程进行监督,特别是对于战略性的或伙伴关系性质的供应商开发项目。组织的高层项目发起者是供应商开发计划的首要驱动力,也是跨职能合作的协调者,组织高层的职位本身便于跨职能地调动资源以及施加必要的影响。

(3) 供应商开发计划。

1) 指令性方法与协助性方法。

① 指令性方法:供应商受具体目的与目标的指导以及供应绩效指标的控制。这可以被视为"知会"法或"命令和控制"法。

② 协助性方法:采购方和供应商协作进行学习、团队协作和改进计划,以实现持续改进、最佳实践共享、共同学习。该方法具有双赢导向性质。

2) 开发计划的实施。

① 以上两种方法均可以被采购职能用于有效的供应商开发过程。例如,

在供应商开发计划的初始阶段，建议采用更加具有指令性、结构化的方法，以确保双方对开发项目达成共识并进行协调。随着开发计划走向成熟，信任程度越来越高，应逐渐向更趋向于协助性方法转移。

② 采购职能在决定使用哪种方法之前，首先需要判断组织对有关供应商施加影响力的强弱，若对于现有市场没有多少管理能力或影响力，那么投入大量的组织资源就没有意义。另外，按照我们讨论过的供应商供应动力原则，还要看采购方的业务对供应商的重要程度。一般情况下，采购方只有在供应商视其为关键客户时，或者与供应商之间已经建立了积极的业务关系的时候，才能提出相关的指令性或协助性要求。

> **Tips** 采购在具有不同影响力情况下的对策
> （1）采购方影响力较高：可以采取指令性或协助性的控制方法。
> （2）采购方影响力中等：只需要瞄准改进的关键领域提出要求。
> （3）采购方影响力较弱：需要启动寻找替代供应源，或者致力于提高现有供应商的供应意愿与意识。

（4）供应商开发活动的成本和收益。供应商开发需要花费资金与精力，采购方渴望在以下方面取得价值的收益与增值：分享供应商的专业知识；利用供应商的能力以帮助将非核心业务活动外包；提高供应商与供应链的绩效以取得更好的质量、交货服务水平或降低成本。供应商开发活动的目标是双方互利，我们应当从采购方与供应商两个方向的视角来看待供应商开发活动的收益与成本。

1）采购方视角。见表5–10。

表5–10　供应商开发活动的收益与成本——采购方视角

成本	收益
在对各种机会进行研究、识别和协商等方面的管理时间成本	对外包战略提供支持
开发活动和资源的成本；对不会持久或已经证实不兼容的供应关系过度投资的风险	改进产品和服务：新产品投放市场的时间、质量、价格、交付，促进销售额的利润率的增长
持续关系管理的成本	使系统和流程精益化：减少浪费、提高过程效率、降低成本
共享信息与知识产权所带来风险	作为开发的补偿，获得折扣或其他益处

2）供应商视角。见表 5-11。

表 5-11　供应商开发活动的收益与成本——供应商视角

成本	收益
在对各种机会进行研究、识别和协商等方面的管理时间成本	对生产和过程效率和成本节约提供支持，产生更大的利润率
开发的成本：若客户要求太高或不盈利，则有过度投资和过度依赖的风险	改进客户服务和提高满意度；带来持久的或增加的业务
持续关系管理的成本	提高能力和服务水平，可增加对其他客户的潜在销售业绩
共享信息和知识产权的风险	直接获得客户提供的知识与资源
作为补偿，提供给采购方的折扣或排外协议的成本	提高学习技能和灵活性；问题解决和持续性改进的技能

2. 与供应商关系的深化管理——谋求关系的成长

（1）采购方希望促进与供应商关系发展的驱动力。我们通过与供应商关系的周期模型观察到，在周期的初始阶段，沿着关系图谱的变化和发展，从一般的松散型交易关系到合作的伙伴关系。采购方一般会出于以下原因希望得到关系的发展：

1）需要在新市场上获得战略立足点，例如通过海外同盟或技术知识的共享。

2）目标、文化、技术或品牌方面需要协同作用（synergy），例如个人计算机的制造商需要宣传其产品上使用了某先进型号的 Intel（英特尔）处理器。

3）与更少的首选供应商发展大规模的交易，从而降低供应商选择和交易的成本。

4）信息系统的集成，用于数据共享、信息传递、订单跟踪等，并由此提高效率。

5）需要供采双方或者某一方投资于不能转移到其他关系中的专门设备或系统，这样双方都希望确保关系的延续性以便保护自己的投资。

6）基于市场风险的考虑，更具合作性的关系可以保障供应、质量等。

（2）采购方在管理向长期伙伴关系的转变时需要考虑的因素。

1）如果环境发生了变化，则有被锁定在长期关系中的风险，对此应当进

行监督与管理。供应源搜寻的要求可能会发生变化，或者供应商可能出于某种原因，变得不再有能力满足需求。

2）在组织之间的所有层级和联络点上，需要改善沟通方式与方法。

3）执行或改进绩效测量，以确保实现目标和协同作用，并确保仍保持对持续改进和增值潜力的承诺。

4）确保组织之间在战略、运营方面更加具有相同的价值观和长期目标。近年来，组织之间需要越来越多地考虑质量、环境和企业社会责任方面的兼容性。

5）对建立起的关系同盟目标的权衡进行监督，确保公平的分配收益与风险承担，并针对目标与利益相关者进行沟通。

> **Tips**
>
> **6T 法则在关键供应商能力开发过程中的应用**
>
> 综合针对供应商关系的开发与管理的内容，可以总结出围绕"6T"的方法。对于"6T"应用是建立在供需双方相互达成一致的基础上的，以争取世界级的生产能力和竞争力为目标，并且对建立长期关系做出承诺。特别是双方旨在建立伙伴性质的关系时，更需要坚守这六条法则：
>
> （1）促成双方高层定期的会晤并分享愿景、达成共识（top vision）。
> （2）相互充分的信任并且建立利益分享模式（trust）。
> （3）信息、成本与运营更加透明化（transparency）。
> （4）跨企业与职能的团队协作（team work）。
> （5）双方共享技术的利用与创新（technology utilization）。
> （6）双方技术技能与知识等方面的交叉培训（training）。

5.5.2 供应商管理的重要手段：激励与配额管理

1. 促进供应商的承诺与合作

采购方若希望从供应商关系管理中获得更多的收益，其中一个有效的途径就是提高供应商的承诺、合作与忠诚度。有以下的方法可以帮助实现这一目标：

（1）对于供应商供应过程与结果的测评与反馈。在双方共同制定的商务合同中明确并量化期望值、规格、关键绩效指标或服务水平协议，依据绩效结果对供应商进行奖优罚劣。

（2）承诺对绩效和关系的改进给予明确的激励，并且在达到或超过绩效指标时兑现奖励。

（3）与供应商维持积极的、加强关系的联络与沟通，可以参照市场营销的客户经理岗位模式。设立"供应商责任经理"（supplier account manager），加强与供应商之间的合作与忠诚度。

（4）获得双方组织中高级经理的承诺与支持，对与供应商开展的合作活动，在采购方组织内部得到更强有力的支持。

（5）进行具有道德的、建设性的双赢谈判，在谈判过程中表现出期望理解供应商观点的意愿，以解决更长久的关系与绩效方面的问题。

（6）通过保持足够的业务经营量，使供应商有理由对关系进行投资，并且通过公平交易，使采购方成为供应商的更加富有吸引力的客户，互惠互利。具体的行为准则包括：

1）按照合同约定按时按量支付货款。

2）积极、公平且适当地处理争议。

3）共同承担研发、生产、创新与市场等方面的风险。

4）保证供应商合理的利润空间。

（7）创造一个让供应商积极参与共同开发的环境，包括产品的开发、计划和培训、系统集成、收益共享等。使得采购与供应绩效的提高，采购方和供应商都是赢家。

2. 对供应商的激励

所谓激励就是投入资源以求达到某个特定目标的过程。它同时也指一方对另一方施加的影响，促使其参与或追求某个目标的过程。例如：在组织中，通常激励的方法是对绩效突出或者进步很大的团体或个人提出表彰或以奖金的形式兑现。与此类似，采购方也可以嘉奖那些达到或超过了绩效指标、提升了服务水平或在其他方面创造了价值的供应商。

激励可以是正面的给予供应商奖励和回报，让它们感觉值得付出额外的努力，以追求更好的表现与绩效水平。但同时也可以是负面的，以处罚条件或罚金来约束，让供应商感到有必要改善表现，提高绩效以避免受到惩罚。通常与供应商签订的采购与供应合同中都包含对于合同履行出现问题的处罚

条款，但是这类处罚条款还不足以构成对供应商激励的全部内容，因为合同规定的处罚条款仅仅是最低的下限标准。若采购方希望供应商能够精益求精、敏捷灵活、积极创新、主动解决问题并且持续改进，甚至超过合同所规定的标准，那就必须让供应商感觉到这些付出是值得的且有所回报的。如果采购方的激励就仅仅是单纯以满足合同为要求，那么得到的绩效结果也就只能是满足最基本的要求而已。

（1）对供应商的奖励。对供应商按照合同要求达到或超越标准指标，或者在供应过程中积极践行创新与持续改进活动，应当按照事前的约定进行奖励。常常将这类奖励的办法写入合同或其他绩效管理要求中。奖励既有财务性的，也有非财务性的。一些常用的供应商奖励办法如下：

1）按照项目里程碑约定分期付款、按照绩效表现付款。

2）续签合同、承诺将来合作的持续性；纳入首选供应商名单；公开提出的表彰；或者对额外的贡献进行财务奖励（以额外的产出量、节约的成本金额、提前的天数等为依据）。

3）按照约定，若供应商的改善与创新能够为采购方创造更多的价值、收入和利润，那么这部分额外创造的收益可以与供应商分享，这也是双赢的一种表现形式。

4）固定订货量或保证（提升）最小订单量，以便供应商安排资源与投资。

5）承诺更长期的业务协议；增加供应配额比重；给予优先级供应商的地位。

6）提供创新的机会。例如某些合同或订单转给表现优异的供应商，使其有机会参与创新并实施解决方案，从而带动供应商的发展和其品牌价值、市场地位的提升。

7）为鼓励供应商的产品开发，提供培训或其他技术分享方面的支持。

为了有效促进供应商的持续改进与长期协作关系的发展，对供应商的奖励行为应当注意以下几个要点：

1）不能只强调绩效的某一方面而导致其他方面受到损害，这也包括一些隐性的供应绩效。这方面若处理得不够平衡，就可能适得其反去鼓励一些投机取巧的行为。例如通过牺牲质量来追求提高产量和降低成本。

2）奖励标准要清晰、明确、可执行，但是也不要过于片面，以免因极端追求某方面的成绩而扼杀了敏捷性与创新性。只重视结果而忽视了方式方法和过程管控也是狭隘绩效管理的表现。

3）奖励计划必须公平且易于监督。绩效结果可以用双方共同认可的方法来客观衡量。一旦达到或超过标准，就要履行事前奖励的承诺，做到"言必信，行必果"。

（2）对供应商的惩罚。按照事先的相关约定，若供应商的供应达不到预期的要求，就要采取惩罚措施。可以采用的惩处措施包括：

1）对绩效不佳的供应商减小交易额（降低配额）。

2）按照规定排除出首选供应商名单，或暂时冻结供应。

3）公开展示表现较差的供应商的绩效等级评定分数，提出批评。

4）在合同中体现惩罚规则，若因供应商原因未能按要求履约导致采购方损失的，要求向采购方进行财务性赔偿或其他惩罚。

在供应商惩罚方面，需要说明的一点是，尽管惩罚手段可以让供应商不得不设法达到最低绩效标准，但是通过惩罚促成的通常都是一些短期临时性改进措施，根本问题往往得不到有效解决，双方关系也会受到不同程度的损害。因此，在绩效管理过程中应当合理、平衡地使用惩罚，采购方才能从更长期的承诺与更积极的合作关系中获益。

3. 供应商激励的重要手段之一：供应配额管理

（1）供应商配额管理的概念。

1）配额管理的目的。配额管理的目的是以绩效考核结果与等级评定为基础，为了进一步加深供需双方合作伙伴关系，激励供应商改进供应过程与结果的效力与效率，规范采购职能对各供应商订单配额的管理，促进供应商之间的良性公平竞争，实现供应商配额分配管理的公开性和透明性。

2）配额适用范围与管理职责。配额适用于某一类物料的供应超过两家（含两家）供应商的情况。

配额管理的职责：

① 采购职能应当主导并负责供应商配额的制定与实施，但是要求在组织内部应当由利益相关者共同参与制定，由指定的采购或供应链主管进行审批，

并在企业内备案，以便稽核与审查。

② 采购职能按各种料品的特性，制订季度额度分配的计划。

③ 负责订单的额度分配，将内部请购计划转化为订单。

④ 按照配额分配计划将订单下达给各供应商。

3）配额执行的适用规则。将有两家或两家以上合格供应商形成有效供应的物料纳入供应商配额分配管理范围。但考虑到某些物料在某些时期内供应与采购博弈力的不平衡性，建议在以下情况下可以暂不实施配额管理：

① 有具体的需求，某些指定品牌或指定供应商的产品。

② 设定一个年供货金额、数量或批次或限制额度。例如，年供货金额总量低于某数额的供应商供应的物料或月度（季度）供应批次低于某次数。

③ 短期内由于需求或供应市场的情况导致的供应紧张、供不应求，或需求量大于现有的实际供应产能，供应商须同时启动最大产能才能满足需求的料品。

④ 临时订单、紧急订单也不建议列入配额管理范围。

（2）供应商配额管理的具体操作方法（利用案例说明）。某生产制造企业进行生产性原物料的集中采购，对供应商施行绩效考核。原则上可以将供应商绩效考核结果、供应能力、供应价格、供货地域依次作为参考设置配额比例的依据。

1）按照供应商绩效考核的结果进行配额管理。考核结果处于同一档次的供应商根据得分多少降低或增加配额；得分一致时，依据质量、交货期、配合度、价格得分的多少依次确定。在每季度供应商绩效考核完毕后形成考核报告，其中需明确下个季度供应商供货的配额安排。

考核结果以及等级评定遵循上一节案例中的管理办法执行：

① 总分≥90 分，为 A 级供应商。

② 90 分＞总分≥75 分，为 B 级供应商。

③ 75 分＞总分≥60 分，为 C 级供应商。

④ 60 分＞总分，为 D 级供应商。

供应配额的分配遵循以下原则：A 级供应商所获得的份额应比单个 B 级供应商所获得的份额≥20%；B 级供应商所获得的份额应比单个 C 级供应商所获得的份额≥20%；D 级供应商原则上不参与供应分配。详见表 5-12。

表 5-12 按照绩效考核结果进行配额分配

供应商数量	绩效考核评级情况			配额说明
	A	B	C	
两家	★★	或★★	或★★	按 1:1 分配
	★	★	—	按 6:4 配额分配
	—	★	★	
	★	—	★	按 8:2 配额分配
三家	★★★	或★★★	或★★★	按 1:1:1 配额分配
	★	★★	—	按 4:3:3 配额分配
	—	★	★★	
	★★	★	—	按 4:4:2 配额分配
	—	★★	★	
	★	—	★★	按 6:2:2 配额分配
	★★	—	★	按 4.5:4.5:1 配额分配
	★	★	★	按 5:3:2 配额分配
四家及以上	—			按评级高低进行分配，同级同比例

注：★表示有哪几家供应商获得相应考核等级，例如：A 和 B 等级下各有一个★，表示一家得到 A 等级，另一家得到 B 等级。

2）按照供应商供货价格的高低进行配额管理。在保证供货质量、数量的前提下，对于供货价格有差异的供应商进行额度的分配，详见表 5-13。

表 5-13 按照供应商供应价格高低进行配额分配

供应商数量	供货价格			配额说明
	低	中	高	
两家	★	—	★	7:3
	价格一致			1:1
三家	★	★	★	5:3:2
	★★	—	★	4:4:2
	★	—	★★	6:2:2
	价格一致			1:1:1
四家及以上	—			从低到高分配比例

注：★表示有哪几家供应商的供货价格的高中低，例如：供货价格高这一栏目下有两个★，表示两家的供货价格均为高。

5.5.3 两难的抉择：供应商关系的终止

不论与供应商关系的形式是怎样的，即使是长期的战略合作纽带关系，随着时间的推移也都不可能违背关系生命周期的法则。所有的关系都有开端，然后成长到互相满意的成熟状态，随后由于成长的停滞或不成功导致衰退与衰竭，最终关系终止。对这些过程，特别是伴随关系的终止带来的供应商的淘汰与更换过程，必须谨慎地加以管理，或者有意识地恢复和重建新的关系。

1. 限制关系发展的因素

限制关系发展的因素包括了供需双方关系的自身内在因素与外部环境因素，它们都有可能阻碍关系的发展或引发关系之中的问题。

（1）与供应商关系中的差异、障碍和冲突的内在因素。

1）由于对于伙伴关系的风险考虑得过多，组织中或采购职能的高级管理者对某特定供应商或某特定类型的关系持否定态度。

2）双方之间利益的冲突。这些冲突经常是由于价格和利润等问题产生的。采购方总是希望获得更低的价格（或供应商希望达成尽可能高的交易价格），却以牺牲另一方的利润为代价。其他的利益冲突还包括供应商想签订独家供货合同，而采购方则希望扩大供应基础以降低风险；或者在长期关系框架下，采购方希望其供应商转移到更低成本的国家或地区开展制造业务，而供应商不想承担这样的潜在风险与额外成本。

3）双方采用对抗性方法，尤其在一方试图发展为伙伴关系的情况下。

4）双方博弈力不平衡，弱势的一方认为自己被强势的一方盘剥。

5）缺乏足够的信任，常常是由于不能共享信息或未能对未来的长远关系做出承诺；通常还有由于长期不能满足履约条件、供应失败或恶意地延迟支付而导致的关系衰退乃至终止。

6）双方高层人事的变动导致政策的变化和丧失关系的高层支持，或者作业层面的人员流动造成联络和沟通渠道的不畅。

7）企业文化与价值观的差异，或体系、规则、流程等方面的不兼容。

8）从商业角度考虑，维持现有关系是否会带来更小的风险和更低的成本，还是退出这种关系更有利。除此，双方还会考虑关系所带来的价值的增值与否的问题、维持某种关系的投资与回报的考量、现有协议的期限、备选供应商的可利用性等。

（2）外在的因素或者环境的因素也会影响关系的形式与形成。

1）外在因素的影响包括社会文化的差异性、普遍意义上技术的特征、所处的经济提振还是衰退的周期、自然环境与资源的影响、政治政策干预的内容、法律法规的约束、社会道德与职业道德的规范等方面。

2）还包括供应市场风险、行业与产业发展阶段与具体行业的竞争环境相关的微环境。

2. 关系衰退的管理

采购与供应的深层次管理，要求我们必须不断地审视关系生命周期，以便发现由于内外部环境的变化而导致的利益的减少或增值程度的降低。不论是双方还是某一方的原因，一旦出现这样的情况且不可恢复，也就宣告关系进入了衰退阶段，那么关系形式可能会从较紧密的合作伙伴关系转变到松散型的交易关系，此时双方或某一方会从该关系中撤出原有投入的资源；有的甚至会下降为更具有对抗性的关系，以榨取最后的一些利益。

理性地认识关系的衰退，应当以负责任的和更加道德的方式从互相依赖的关系中撤退，同时对各利益相关方进行管理，为双方完全退出关系做好充分的准备。

理论上从伙伴关系降级到松散交易关系或对抗性关系，采购方应当对此过程进行管理：

（1）建立并加强客观有效的采购决策标准，并以量化的数据为决策基础。这有助于双方从务实的态度理性看待这种衰退，果断地重新建立以商业和竞争为基础的决策和合同签订机制，而不再幻想依赖于以往的密切关系。

（2）一旦建立了松散的交易型关系，可能采购物料的定位也将随之改变，或许会从战略型物料转变为日常型或杠杆型物料，这就要求采购职能部门按照需要，将日常或间接采购转交内部用户、预算持有人或者兼职采购部门进行管理。随之而来的，还需要重新界定供应商管理执行者的角色与职责。

（3）为转变为日常型采购的物料，重新维护价格目录清单和质量要求信息数据库，并为新形式的合同签订提供清晰有效的指导，以便用户部门进行

后续的采购。

3. 关系破裂与终止

我们通过充分的论述已经了解到，任何一种商业关系不会永远存在，尤其供应与采购双方同时处于不断变化的商业环境中，战略方向和内外部因素也在动态地调整。供应关系走向最终破裂阶段也是客观实际的存在。

（1）双方关系的破裂与终止原因。

1）采购方或供应商战略目标或状况发生变化，另一方不再适合对方的需要。例如，买方组织可能被迫将其产品更新，并且与竞争对手进行标杆化管理，若此时现有的供应商不能或不愿意发展必需的创新能力和开发其灵活性，那么采购方就需要寻求其他供应资源。有些情形可能更为简单，采购方由于各种原因，停止生产某一特定产品，因此就不再需要向该供应商购买原有的物料。

2）进入供应市场的新供应商提供了现有供应商无法与之相比的产品、服务或条款。例如新供应商采取了降低成本的有效手段或在某些领域技术创新取得成功。

3）出现冲突与对抗，或者缺乏沟通，导致紧密型关系不再具有较高的增值特性，或许表现为不再对合作纽带与同盟关系进行持续性承诺。

4）供应商供应质量或交付绩效表现不佳，特别是在违约而导致了法律诉讼等更为严重的情况下。而且若在改善与改进方面没有达成一致，抑或是改进后没有达到预期的效果，关系均可能会出现终止的征兆。另一方面，若采购方管理不善，屡次出现延迟付款或支付争议、订单与规格随意变更、没有提供关键信息或违反保密协议等，也可能成为不受欢迎的客户。

5）经济原因导致供应商或采购方财务方面不稳定或出现重大风险，那么另一方需要寻求替代的业务伙伴。

6）双方或任意一方组织中管理、人事、文化或系统等方面的变革，或者是出于组织之间的合并与收购等原因，造成另一方业务关系的终止或无法解决新体系的不兼容性质。

7）还有一类情况，那就是合同已经完成，双方已经达成了当初步入这种关系时所设定的目标，双方在无争议的情况下关系走向自然的终点。

(2) 对双方长期合作紧密关系的终止过程管理中要注意的几个关键问题：

1) 时机。无论何时，终止应当与目前的合同或协议期满相一致。对关系终止过早地提示，很可能会引起后续阶段的服务问题，而提示地过晚，又存在与采购职业道德和操守相违背的问题。

2) 关系。应当建设性地和专业地处理终止过程，以避免双方的敌对情绪和信誉损害，并且在适当的前提下为未来的业务留下再发展与重建的可能。

3) 法律。终止一份合同或协议可能会有财务方面的风险。围绕保密协议、退还资产或知识产权的保护等可能也会存在一系列需要必须解决的问题。

4) 补救。给双方足够的冷静时间和信息，或者改进目标和其他条款，希望能在新的平台上再次合作。至少要保证双方利益的满足，并对双方保持商务关系的"大门"持续开放。

5) 转换。在终止与供应商关系之前，采购方应当采取合理的措施保证供应的连续性，包括提醒受供应商变化而影响的职能部门、评估并引入新的供应商、对从终止的关系中获得的经验与教训进行反思以便改进未来的协议与关系。

> **Tips** 与供应商合同关系终止后还需要维持吗？
>
> 即使关系终止后，也应当保持沟通渠道的畅通。即使在终止过程中出现了较为激烈的情况，采购方和供应商组织中市场营销职能在对待其供应与产品市场的态度方面必须表现出应有的专业化水准。完全关闭组织之间的对话，将会丧失未来再次合作或其他方面的商业机会，也会造成在市场当中企业形象与品牌价值的损失。
>
> 一旦供应合同终止，组织可能仍然希望保持联络，或在机会得当的时候对未来的商业合作保持开放的态度。另外，采购方应当充分地从各种渠道了解供应市场的发展情况，与各方保持合作性沟通与交流越充分，采购方就越能了解最新的供应市场动态。

(3) 更换供应商的转换成本。在淘汰已经不适宜继续发展商业关系的供应商之前，除了考虑原有供应商的退出管理机制之外，还应当重点解决供应商的转换成本（switching cost）问题。在之前的章节我们已经反复论述了供应商与采购方相对博弈力的理论。在安排现有不合格供应商淘汰时，采购方的关键杠杆就是能够较轻松地从一个供应商转换到另一个供应商的能力。若转换过程被各种因素所抑制，这期间产生的成本就是转换成本。采购方转换能

力会受到以下几类影响：

1）采购物资的复杂程度和专业性的影响。若产品或服务的复杂程度较高，或存在某种类型的技术、专利壁垒，又加上在淘汰现有供应商之前，潜在的供应源挖掘得不够充分，不能形成有效的并且可以随时启动的备选供应商基础，那么转换成本就会相应升高，转换风险就会增大。

2）根据采购定位模型结合供应市场供需情况分析，若供应商处于垄断或寡头垄断的地位，也就是在供应市场当中供应商的数量相对较少的情况下，转换成本会很高。

3）采购方对于替代品的研究不充分，如采购物料可替代及灵活性不足，也会导致转换成本急剧升高。

可见，转换成本因素的来源可以引发一个全新层面的思考。供应商的转换成本不仅仅是在淘汰供应商时才开始考虑的问题，而需要尽可能地提前做好准备。我们应当把它作为早期的评估采购方与供应商组织的发展和改变供应源搜寻战略能力的一个重要因素。但是这个因素在早期的供应商评估与引入过程中很容易被忽略掉。

（4）供应商淘汰与更换过程的过渡安排。

1）供应商过渡（supplier transition）是指从一个供应商转换到另一个供应商，同时伴随着从一个合同协议到另一个合同协议的转换。过渡管理的具体安排细则应该在最初的合同协议中就以退出条款的形式进行表达。若供应商是被迫淘汰而不是有计划地安排，那就必须对这类高风险的退出行为进行有效的管理。而且老供应商的淘汰与退出通常需要与新引入的替代供应商协调，新老供应商应当有逐步进入与退出的重叠管理措施。

2）从即将退出供应的老供应商向新引入的供应商交接是一个高风险时期，如果管理不善，可能会导致较差的质量与服务水平以及更加恶化的供应商关系。与退出管理一样，采购方也要为新供应商准备一套"进入"管理规则与流程。在理想模式下，应当约定有新老供应商共同供应的重叠期限。新供应商需要利用这段时间尽可能地全面了解采购方的基本情况与供应流程，并根据新的职责将相应的资产转移到适当的设施和流程负责人手中。

3）供应商退出的准备和转换应在合理的基础上保证较充裕的时间，以确保在有序、高效、合作的状态下平稳过渡。同时根据风险评估所得到的风险等级进行必要的管理。对重叠供应的时机的把握有一定难度，时间越长，采购方为同一个供应类别下负担两个供应商的总成本就越高；时间越短，则出现问题的风险就越大。这就需要采购方综合使用采购模型工作，对不同种类的物料与不同类别的供应商提前做好防范风险的预案。新老供应商的逐步替代与过渡计划如图 5-8 所示。

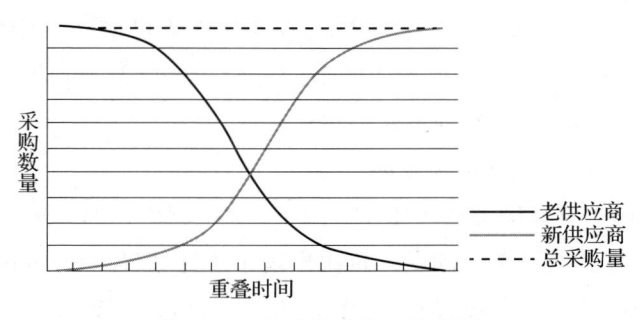

图 5-8 新老供应商过渡计划

> **Tips**
>
> **新老供应商不能重叠供应时的对策**
>
> 若经过评估，重叠供应确实不现实或不可能，采购方则应当采取措施，最大限度地将信息和知识传递给新的供应商。这一系列安排包括：
> （1）在新供应商与其他正常供应的供应商之间组织正式的沟通会议，对进入供应进行讨论。
> （2）提前准备好新供应商的"入门辅导"，把原供应商的供应规则与作业流程移交给新供应商。建议采购职能制定一份"新供应商辅导计划"，作为采购手册的一部分。
> （3）尽早安排新供应商与利益相关者和采购方内部客户之间进行多层级的对话与交流，以便新供应商深入了解客户的需求与期望。

5.5.4 供应链中的可持续性与负责任的采购

1. 可持续概念的前世今生

（1）之所以把可持续性问题和负责任的采购讨论集中放在这个章节，主要考虑有两点：

1）可持续性议题充分融合到了"前、中、后"战略采购活动之中，在各章节配合相关议题也有所涉及，都会从不同的角度进行管理，如需求规格技

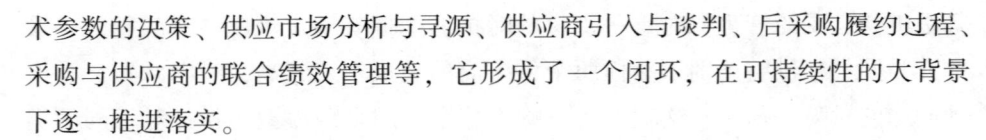

术参数的决策、供应市场分析与寻源、供应商引入与谈判、后采购履约过程、采购与供应商的联合绩效管理等，它形成了一个闭环，在可持续性的大背景下逐一推进落实。

因此放在绩效管理这个章节，便于形成统一的认知。

2）近年来，全球以及各主要经济体都对可持续性的重要性达成了共识，形成了若干决议与行动方案。采购与供应管理作为供应链当中的重要活动，在可持续性的框架下，遵循负责任的采购理念，肩负着开发供应商能力、改善供应链绩效、带动上游行业发展的重任。

（2）可持续的概念起源与发展。

1）联合国人类环境会议于1972年的一次主题研讨时，提出了工业发展与环境、社会和人类的关系问题，首次出现了可持续性（Sustainability）的概念。直至1997年，来自英国的可持续管理咨询师约翰·埃尔金顿（John Elkington）正式提出了"三重底线"（TBL, Triple Bottom Line）理念，它包括利润、人类、地球，强调国家与组织遵守这三个领域绩效的必要性。

2）近年来，三重底线理念又被提炼推高到"3E"（Economy, Equity, Environment）问题，包括经济（人类发展要获取经济价值）、公平（社会的正义）、环保（自然环境的合理开发与利用）三个方面。

3）可持续性发展"大厦"，是以可持续发展之上的可持续消费与可持续生产为基石的，体现对人类社会、地球资源与经济发展的尊重；以三重底线为支柱支撑起"3E"可持续发展大厦。如图5-9所示。

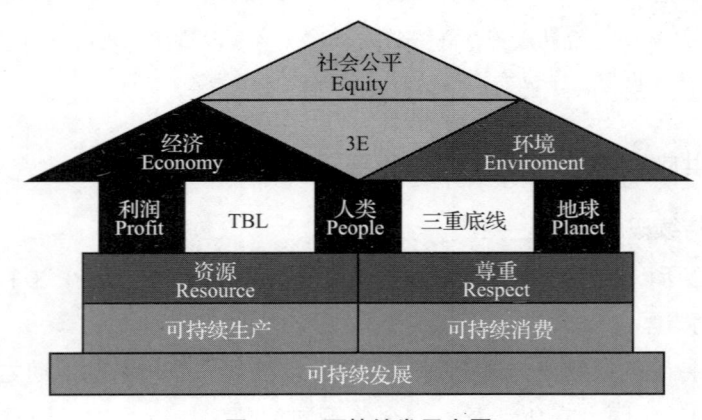

图5-9 可持续发展大厦

2. 负责任的采购原则在"3E"问题中的体现

(1) 增加经济价值(利润)。

1) 确保采购资金的利用价值,如库存持有成本问题、库存周转与投资回报率、前置期缩短与流程效率问题。

2) 有效的投资评估和资本采购,如全生命周期资产管理问题。

3) 成本管理与预算控制,如何看待与管控供应链上的总拥有成本。

4) 寻源效率、ESI/EBI、质量改进获得增值。

5) 支持供应商和供应市场长期财务生存能力的道德贸易。

6) 道德寻源、招标和谈判。

(2) 增加环境价值(环保)。

1) 绿色产品和服务的规格和设计输入。

2) 绿色材料和资源的市场研究。

3) 绿色环保型供应商的选择。

4) 有效供应过程降低资源浪费。

5) 闭环供应链中的绿色物流,废弃物、污染、排放的重复利用、安全处置与回收管理。

(3) 增加社会价值(人类)。

1) 鼓励采购团队和供应商的多样性。

2) 监督供应商的劳动用工行为符合人权、健康、安全、公平就业。

3) 产品与服务中有关健康与安全的设计、规格、质量。

4) 公平贸易、公平定价、道德博弈力运用、商业道德实践。

5) 本地和中小型供应商的参与。

3. 采购活动在可持续性框架中应当遵守相关的倡议和标准

(1) 可持续性发展的宗旨。2015年9月25日,联合国可持续发展峰会在纽约总部召开,联合国193个成员国在峰会上正式通过17项可持续发展目标(见图5-10)。可持续发展目标(Sustainable Development Goals of the United Nations,简称SDGs)旨在从2015年到2030年间以综合方式彻底解决社会、经济和环境三个维度的发展问题,转向可持续发展道路。

图 5-10 可持续发展目标

建立在千年发展目标所取得的成就之上，增加了气候变化、创新、可持续消费、经济平等、和平与正义等新领域。这些目标相互联系，一个目标实现的关键往往依赖于其他目标相关问题的解决。

（2）2020年至2030年的中国国别方案与"双碳"目标。

1）过去40年里，联合国开发计划署在中国开展的工作与中国的国家发展战略高度一致，希望通过中国与全球合作在世界范围落实SDGs。联合国开发计划署驻华代表处与中国政府及其他合作伙伴合作编制了与"十三五"规划相结合的《联合国开发计划署中国国别方案文件（2016—2020）》，主要关注以下领域：可持续发展目标融合与可持续投资、生物多样性与清洁中国、灾害管理、中国的国际参与、低碳转型、创新和技术。

2）为了配合新的五年规划，阶段性地落实2030年可持续发展议程是国际发展领域的核心工作。当前世界经济复苏乏力，南北发展差距拉大，难民危机、恐怖主义、气候变化等问题困扰国际社会。各国要将语言转化为行动，将承诺转化为现实，认真推进落实可持续发展议程，携手走上公平、开放、全面、创新的可持续发展之路，共同提高全人类福祉。

3）为指导和推动有关落实工作，中国特别制定发布了《中国落实2030年可持续发展议程国别方案》（以下简称《国别方案》）。《国别方案》回顾了中国落实千年发展目标的成就和经验，分析了推进落实可持续发展议程面临的机遇和挑战，明确了中国推进落实工作的指导思想、总体原则和实施路径，并详细阐述了中国未来一段时间落实17项可持续发展目标和169个具体目标的具体方案。《国别方案》还将根据形势发展适时更新。

4）2020年9月，中国明确提出2030年"碳达峰"与2060年"碳中和"目标。这一系列宏观目标与具体措施，给各行各业的供应链管理与采购管理提供了未来发展的指南。根据碳排放降低的进程，中国的"碳中和"发展分为三个阶段：

①碳达峰阶段：2020~2030年。主要目标为碳排放达峰。在2030年达峰目标的基本任务下，主要任务是降低能源消费强度，降低碳排放强度，控制煤炭消费，大规模发展清洁能源，继续推进新能源车辆对传统燃油车的替代，倡导节能（提高工业和居民的能源使用效率）和引导消费者行为。

②快速降碳阶段：2030~2045年。主要目标为快速降低碳排放。这一阶段大面积完成新能源车辆对传统燃油车的替代，以及完成第一产业的减排改造。在以CCUS（Carbon Capture Utilization & Storage，碳捕捉、利用与封存）等技术为辅的过程中，将加大氢能研究与开发，积极开拓氢能在航运、航空领域的运用，大幅降低氢能成本，加大氢能发电、供热等应用。

③深度脱碳阶段：2045~2060年。主要目标为深度脱碳，参与碳汇，完成"碳中和"目标。在深度脱碳到完成"碳中和"目标期间，工业、发电端、交通和居民侧的高效、清洁利用潜力基本开发完毕，此时应当考虑碳汇技术，以CCUS等兼顾经济发展与环境问题的负排放技术为主。

（3）从CSR跃升到ESG。近几年来，越来越多的企业将原有的企业社会责任（CSR）提升为更全面的ESG（环保Environment、社会责任Social Responsibility、公司治理Corporate Governance），包括信息披露、评估评级和投资指引三个方面。ESG也成了社会责任投资的基础，是绿色供应链体系的重要组成部分。采购作为供应链中最重要的活动之一，必须要支持、符合与履行ESG。

（4）采购职能应当掌握的一些可持续性发展的倡议与标准。

1）通用的规范与标准。目前在全球范围内来源于各种组织的倡议、规范和标准很多。一些通用的标准包括但不限于：联合国国际劳工组织（ILO）的标准，道德贸易联盟（ETI）的标准，社会责任国际组织的标准SA 8000，国际标准化组织的ISO 14001、ISO 26000，世界公平贸易组织（WFTO）的公平贸易原则，等等。

2) 符合不同行业要求的标准。与森林、木制品和纸业相关的国际森林管理委员会的森林认证体系（FSC），和生态多样性相关的雨林联盟（Rainforest Alliance），和咖啡产业相关的4C认证，和电子元器件相关的RoHS（Restriction of Hazardous Substances）指令，全球电子可持续性倡议和电子行业公民联盟（EICC），等等。

（5）采购要利用绩效体系，体现可持续性发展的内容。

1）建立有效的绩效管理、监督和激励制度，对项目运行状况进行评估，碳减排工作取得的成本收益要能够与合作伙伴分享，进而加强互相之间的信任，促进彼此的沟通与合作。

2）包括采购与供应绩效在内的企业ESG绩效，必须经过第三方审计后予以发布。《可持续发展报告标准》是由全球报告倡议组织GRI（Global Reporting Initiative）编制并发布的，目前很多企业采用了标准化的GRI。

3）用示意图展示可持续性体系在中国企业中的发展与建设规范。见图5-11。

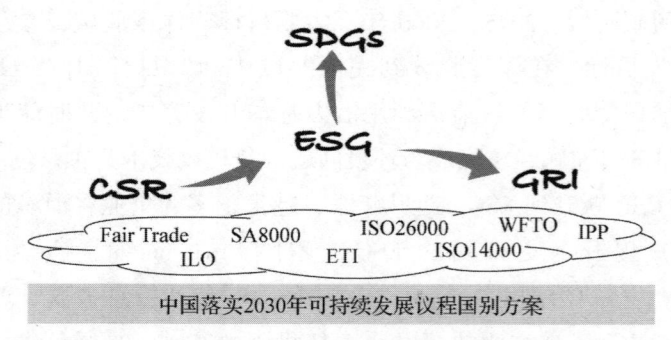

图5-11 可持续性体系在中国企业中的发展与建设规范

4. 作为企业环保重要议题的碳排放管理，在供应链与采购活动中的三大战略与四大管理要素

（1）三大战略。企业要对自身的碳排放进行掌控。要精确计算企业所提供的产品或服务的碳排放量，必须从整个供应链入手，完整地计算将产品或服务交付到消费者手中的所有环节，即从原材料开始到物流、生产、销售的完整过程。因此碳排放的计算需要在供应链视角下完成，并且碳管理的目的是通过降低碳排放，进而优化成本，最终实现供应链综合效益最大化。积极

在供应链中开展碳排放管理，对企业有以下三个方面的战略作用：

1）碳管理的价值创造战略。迈克尔·波特的价值链理论强调了在供应链当中的经济活动要创造价值。但是这些活动都会产生一定量的碳排放，碳排放是对能源的消耗，是价值链中的减值过程。如图5-12所示。

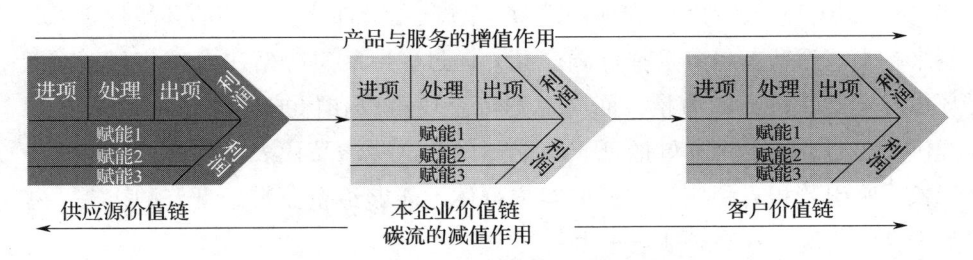

图5-12 价值链中的碳减值

因此企业需要积极开展碳管理，在保证产品质量和准时交付的前提下，降低每个活动中的碳排放，这其实就是降低了成本，为企业创造了利润和价值。

2）资源优化配置战略。企业从外界获得原材料以及其他生产条件，通过内部运营，生产出销往下一级客户的产品。将内外部碳排放数据核查清楚，有助于企业对资源进行优化配置，以表5-14为例说明。

表5-14 按照BOM表进行碳排放定量分析

碳排放量（$kgCO_2eq$）	原物料	物流活动	生产	合计
零件1	2.1	0.1	1.8	4
零件2	1.2	0.1	1.2	2.5
零件3	8.3	0.2	1.4	9.9
零件4	1.1	0.1	1.2	2.4
成品	12.7	0.5	5.6	18.8

通过对生产过程各节点碳排放数据的计算和分析，能够帮助企业发现节能减排的机会，提出相关技术改善计划，同时有助于逐步建立科学、合理的评估模式，对节能减排项目进行管控。例如，某机加工企业通过计算产品售价与产品碳排放的比值来分析产品碳排放特性，比值越高，则表明产品资源

节约、碳排放量少，并且产品售价高，受市场欢迎。于是该企业对这类优质产品或项目投入更多资源，取得了良好的综合效益。因此供应链中的碳管理有助于企业发现改善机会，调动供应链上相关企业的资源，形成相辅相成、互相促进的合作关系，实现优化资源配置以及"1+1>2"的工作效果。

3）提升竞争力战略。近年来随着气候问题的加剧，人们的环境保护意识越来越强。消费者趋向选择低碳产品，通过实际行动为解决全球气候变暖等环境问题贡献自己的力量，同时也期待企业可以在保护环境方面有所作为，提供更多对环境更为友好的低碳节能产品。这些产品代表了品牌质量和企业形象，吸引着相对稳定、忠诚的客户群体，能够给企业带来良好的声誉，扩大产品的市场，提高企业竞争力。

（2）四大管理要素。通常而言，供应链碳管理是对企业的计划、采购、制造、交付、回收等活动中产生的碳排放的管理（即计划、组织、协调、控制），不仅仅是企业内部的管理，更包括企业与供应商和客户之间的物流与商业活动而产生的碳排放的管理。其管理方式与传统供应链管理相同，企业可以通过以下四个方面开展供应链碳管理工作。

1）外部要求和客户需求管理。外部要求管理是将政策、法规和客户的要求转化为企业生产运营系统所能接受的特定信息，是企业开展碳管理工作的出发点和依据。

国务院印发的《"十四五"节能减排综合工作方案》中明确，到2025年，全国单位国内生产总值能源消耗比2020年下降13.5%，企业可以根据此要求制定出自己的单位产值碳排放比下降目标。

例如，沃尔沃汽车的目标是在2040年前实现碳中和，在2018~2025年期间，平均每辆汽车在其生命周期中减少25%的碳排放。为实现这些目标，沃尔沃供应链体系上所有企业都需要相应地制订碳管理计划并付诸行动。因此了解政策法规内容，分析客户的需求是企业开展供应链碳管理的首要环节。

2）供应市场与供应源管理。供应商向企业提供产品和服务，同时将一系列碳排放输入给企业。有数据表明，随着零部件采购输入的碳排放占产品总碳排放量的40%~60%，因此企业需要通过供应商管理来降低碳排放输入。

当企业确定碳管理目标后,应及时向各级供应商宣传推广,鼓励供应商开发低碳技术,加强与供应商的碳减排合作,形成相辅相成、互相促进的紧密关系。

例如,某跨国汽车零部件公司就利用表 5-15 中的内容,对供应商展开评估和分类管理等工作,并对供应商的碳减排项目给予资金和技术支持,取得了良好的碳减排效果。

表 5-15 针对碳排放的专项供应商资质评估

序号	客户规范	评估内容
1		交付产品的那些部件是否包含循环再利用的材料?请说明贵司的经验案例
2		循环再利用材料的含量百分比(与总重量的)是多少
3		使用循环再利用材料可以减少多少碳排放
4		如何保证循环再利用材料的质量和供应水平
5	26060419A	提高循环再利用材料含量的计划是什么
5.1		2023 年达到 10%
5.1		2025 年达到 25%
5.3		2030 年达到 50%
6		贵司及供应商是否基于全生命周期分析来计算碳排放
7		若是,请解释是如何计算的,以及贵司产品的碳排放量是多少

3)综合成本优化管理。企业碳管理的一个重要目的是减少能源消耗,降低碳排放,进而综合优化成本,因此碳管理常常和持续改善、价值分析与价值工程、供应商质量管理等活动紧密结合在一起。管理过程不局限于企业内部过程,也要包含外部过程。当降低生产运营过程中碳排放量的工作需要花费成本来实现时,企业就需要计算 TCO(总拥有成本,Total Cost Ownership)来确定项目是否可行。

例如,某工厂空气压缩系统的使用效率低,需要进行系统升级,升级费用需要 5 万元。经测算,系统升级后,一年内年因空气压缩机使用效率提升和维护成本降低所带来的收益远高于系统升级的花费。考虑到后续还会有长期的收益,根据综合总成本优化原则,这个项目就很值得去做。

4）绩效管理。利用平衡计分卡在相关维度设定战略目标、目标达成的驱动要素、行动方案与关键绩效指标。企业在供应链中推进协同式碳排放管理模式，和合作伙伴共同制定碳排放效益目标，合作开展工作，这样能够调动更多资源，发挥供应商的专业特长，使各方的绩效都得到提升，最终取得综合性效益。建立有效的监督和激励制度，对项目运行状况进行评估，将碳减排工作取得的成本收益与合作伙伴分享，进而加强互相之间的信任，促进彼此的沟通与合作。

5.6 案例与思考

SFS 建筑公司的供应商绩效管理

1. 背景

SFS 建筑公司是负责钢模板设计和供应的公司。钢模板用于重要民用和商业工程建筑中复杂的和关键结构的混凝土建筑的定型。SFS 还提供混凝土建筑中的钢筋，以其优异的产品质量瞄准高性能的高端市场。SFS 公司始建于20世纪70年代，是德国富兰克林一家建筑联合企业的一部分。1986年，SFS 被售出而独立运营。到2008年，SFS 在一些主要交易区域都已开设办公室，包括美国、欧洲（总部仍在富兰克林）、南非、马来西亚和中国香港。

SFS 的每个项目都是不同的，需要定制的工程解决方案，并在不同的运作环境下完成项目。大多数项目的价值很高，从设计到完成需要几年时间。SFS 会在流程初期参与并提出意见。SFS 参与的一些项目包括高层的商业建筑、铁路和道路桥梁、发电站、水坝和军事用地。

2. 项目的相关挑战

天气条件（极度冷或热，如在阿拉伯沙漠或阿拉斯加高寒地区）、文化障碍（如语言、商务礼仪和政治协议等）和不断变化的经济和社会条件（如：有技术的人员、汇率和通货膨胀的影响）。在每个区域中，工程咨询、设计和项目管理业务的客户通常是有望成为主要商业房地产开发商、投资财团或政府机构的客户，因为他们通常通过管理咨询来组织项目。管理咨询是收费的，费率是不固定的，通常根据项目价值和风险而定。SFS 现在雇用了超过 200 名的咨询工程师和项目经理和大约 300 名员工提供支持。

3．主要项目情况

SFS 最初为指定项目的混凝土设计进行咨询。建筑设计师共同合作对特定技术、设计和工程能力（例如，承重和环境）以及安全事宜提出建议。一旦设计完成，SFS 可能会被指派供应模板，或者这份交易被转给竞争者。相反，SFS 也会被指派为一项别人已经设计好的项目提供模板。在建筑过程中，SFS 会带着所需要的模板来到工地，并进行安装，在项目结束前一直与混凝土供应商紧密合作。在此阶段，钢筋的空间位置的准确性对于确保正确的安装和结构性能很关键。模板通常从工程公司进行采购，形状根据不同的应用而定。一些部件是"标准的"和可再次利用的，其他部件需要预定或可能在建筑过程中被损毁。

在全球每个经营区域，SFS 有一些"认可的"钢材供应商，但在一些新区域开展业务时，公司仍需从别的区域进行采购，这样成本很高，因为物料数量大而且很重。每个项目的员工由指定的项目经理选派，分为三种来源：信任的分包商、猎头公司或与 SFS 签订永久合同的核心安装人员团队。人员数量和经验的恰当组合永远是个挑战。

4．年度项目审查

项目经理会根据财政和工程质量目标对每个项目开展持续审查，SFS 每年也会召开中心项目投资审查会议。在会议上，每个区域主管会就其负责区域的项目、日常活动和所面临的挑战向公司汇报。这样有助于 SFS 战略规划和决策的制定。在区域主管的报告中发现了一些运作问题，包括：

（1）分包公司人员标准的不确定性；针对具有挑战性的项目，需要从其他区域调动人员。

（2）一些领域中处理风险的难度，例如汇率波动、政府造成的延迟、紧张的员工关系（导致罢工）和经济因素，例如通货膨胀和财务成本升高。

（3）与混凝土供应商交易中，关于沟通、同步的行动和工作流程的挑战。

（4）钢价格的大幅度提高。

在会议结束时，董事长展示了上一年贸易数值的总额，并概述了未来三到四年内组织面临的主要挑战，包括：

（1）由于为客户借款的成本提高，导致利润的降低。运营绩效低的区域必须转变成为运营绩效高的区域。

（2）管理供应链，应对增长的能源成本以及不断增加的环境绩效目标。在管理相关风险的同时，在高速增长的经济环境中抓住机会。

（3）修订后的组织使命陈述为："通过创新的和更具成本—效益的解决方案，让我们成为全球顶尖的钢模板供应商。"

（4）根据新的组织使命，SFS 公司宣布最近已经收购了两个有竞争力的机构。

（5）计划实施业务流程再造项目，希望通过组织合并带来最大化的收益。

5．思考与启发

（1）若该企业全面推进流程再造，企业内外部还存在哪些明显障碍？

（2）若建立标杆管理系统，对 SFS 提高绩效有哪些帮助？

（3）考虑在此案例中，是否有必要进行供应商基础合理化的改善项目？

（4）如何帮助该企业建立有效的供应商监督与审查机制？

后　记

"管理之于企业，犹如爱情之于文学，都是永恒的主题。"

从企业诞生的那一刻起，管理学就担负起了研究企业持续发展之道的重任。而它之所以永恒，又恰恰是因为企业的发展总能给它带来新的课题。

早在 21 世纪之初，就像全球经济一体化的浪潮全方位地冲击着人们的感官一样，第三方物流、供应链管理、价值链管理、全生命周期管理、虚拟经济等，新的经济现象和新的经济理念也在这个信息时代里以超常的更迭速率冲击着人们的头脑。

那么，供应链管理中的重要环节之一采购活动又具有什么样的特征呢？对于现代采购又该如何进行管理呢？现代采购管理又是如何从传统采购作业中蜕变出来的呢？企业家在思索，社会与经济学家也在思索。这既是主动争取发展空间，也是不得不追随的时代步伐。过往的三十年，互联网思维推动的各种经济现象风起云涌，以信息化为核心的各种新技术、新模式层出不穷。伴随着信息化技术的深度开发，特别是近几年来，人工智能、虚拟现实已呈现全面与社会相融合的趋势。与其感叹当今信息技术的进步给我们带来的无限机会，不如探讨这种急剧的变化给不同的国家、不同的人们所带来的冲击、发展和挑战。因为人们已经发现，无论你意愿如何，新经济已经远远将旧有的管理模式和经营思想抛在了身后，在实践中边摸索边调整企业的发展战略，寻求科学有效的可行方法是唯一的出路。

供应链与采购管理属于管理学当中更偏向于"实证"与"实践"科学的一部分，若脱离了具体的社会环境与企业实战，将会变得毫无意义。但是它的理论基础同时又是社会科学与自然科学交叉的产物，是集多种科学理论的边缘学科。与其他学科相比较，管理学的应用更易受到环境、关系与具体作用人的影响而导致过程与结果的巨大差异。归根结底，管理学更多的是研究社会与人的关系，也更强调社会实践。在掌握了一定的理论基础之后，应当乐于在组织中大胆的尝试应用，并在失败中总结经验，对原有的内容进行实

践性的补充，用持续性的改进不断刷新行业的"最佳实践"标杆。

当今经济发展和商业宏观环境的不确定性逐渐增强，人们对采购的认识也发生了根本的变化。采购不再仅仅被看作是一种操作层面的职能，还是公司的战略决策过程当中不可或缺的一部分；采购职能除了是降低显性成本的途径，还是一个重要的"增值"的过程；采购也不仅仅是采购人员的日常工作，而且也是公司各相关部门积极参与的一个综合管理过程；采购也不再局限于某一国家或地区，而是超越国界和自由贸易区界限的全球采购与供应；不仅要具备某一方面的专业知识，而且要具备基于丰富经验的软技巧；不仅要成为能够提供和制定采购规格的技术行家，而且还要是谈判和商务高手；同时，全面融入供应链管理的现代采购不只是要求采购人员能够处理事务性的工作，而是要求他们具有战略眼光，帮助并参与公司最高管理层进行有关战略性资源的获取、合作联盟关系建设、战略整合与并购等重大抉择。

和以往的写作过程一样，这篇后记的修订还是坐在我喜爱的一间小咖啡馆里开始动笔的，正是"处暑无三日，新凉直万金"的早秋时节。当到了要摘掉近视镜才能看清电脑显示屏的年纪，也时时感觉到某种责任的重大。花开花谢，日出日落。面对纷繁的世界，我们都是匆匆过客。当我偏安一隅修订增补这本书内容的过程中，被称为世界最尖端技术之一的人工智能（AI，Artificial Intelligence）得到了很多重大突破。近几年来在很多领域都获得了广泛应用，并取得了丰硕的成果。人工智能已逐步成为信息化技术的一个独立分支，无论在理论和实践上都已自成一个系统，并且全面融入了社会的各个领域。

毫无疑问，我们所经历的任何一个时代都是伟大的，自1760年以来的三次工业革命，给世界与人类的发展带来了空前的繁荣。但是，也造成了巨大的不可再生资源消耗，付出了惨重的环境代价以及生态成本，急剧地扩大了人与自然之间的矛盾。当今乃至未来的时代，无论是全方位互联互通的虚拟经济与电子商务，还是所谓高度智能化的AI，其本质是在大幅度提高生产效率的同时，必须为生产要素添加"绿色"和可持续性。我想，这也应该是所谓"第四次工业革命"的初衷。

我相信未来世界还是由具有思想性和管理艺术的人来主导，而不仅仅是依靠技术及其发展的水平。科技进步可以帮助解决很多问题，特别是信息化技术几乎给所有的领域插上了翅膀，但也绝非可以打开所有问题之门的万能钥匙，许多问题仍将在技术解决的范畴之外。

在此必须要诚挚感谢在本书编著过程中给予大力协助的各位老师、同事、朋友们。

屈指一算，距第一版的写作时间已经过去了九年，精力和笔力也大不如前。最后还要感谢我的家人，在艰难的再版写作过程中，他们给予了我极大的宽容与支持，正是他们的扶助，我才得以心无旁骛，完成此书。

曲沛力

2024 年初秋于北京

参考文献

[1] 唐纳德·鲍尔索克斯, 戴维·克劳斯. 物流管理：供应链过程的一体化[M]. 林国龙, 宋柏, 沙梅, 译. 北京：机械工业出版社, 1999.

[2] 罗伯特·雅各布斯, 理查德·蔡斯. 生产与运作管理[M]. 任建标, 译. 13 版. 北京：机械工业出版社, 2011.

[3] 安德鲁·杜柏林. 管理学精要[M]. 胡左浩, 陈莹, 袁媛, 译. 6 版. 北京：电子工业出版社, 2003.

[4] 保罗·萨缪尔森, 威廉·诺德豪斯. 宏观经济学[M]. 萧琛, 译. 18 版. 北京：人民邮电出版社, 2008.

[5] 保罗·萨缪尔森, 威廉·诺德豪斯. 微观经济学[M]. 萧琛, 译. 18 版. 北京：人民邮电出版社, 2008.

[6] 黛布拉·纳尔逊, 詹姆斯·坎贝尔·奎克. 组织行为学：基础现实与挑战[M]. 桑强, 王丽娟, 蒙欣, 李海, 译. 北京：中信出版社, 2004.

[7] 肯尼斯·莱桑斯, 迈克尔·吉林厄姆. 采购与供应管理[M]. 鞠磊, 莫佳忆, 胡克文, 等译. 6 版. 北京：电子工业出版社, 2004.

[8] 彼得·贝利, 大卫·法摩尔, 大卫·杰塞, 等. 采购原理与管理[M]. 王增东, 杨磊, 译. 8 版. 北京：电子工业出版社, 2004.

[9] 斯塔特勒, 基尔戈. 供应链管理与高级规划[M]. 王晓东, 等译. 北京：机械工业出版社, 2005.

[10] 克里斯蒂安·舒等棋盘博弈采购法[M]李瑞, 王春华, 译. 北京：中国物资出版社, 2009.

[11] 克里斯·查普曼, 斯蒂芬·沃德. 项目风险管理：过程、技术和洞察力[M]. 李兆玉, 译. 北京：电子工业出版社, 2003.

[12] 贝内特·利恩兹, 凯瑟琳·雷. 突破技术项目管理[M]张金成, 杨坤, 译. 2 版. 北京：电子工业出版社, 2002.

[13] 周小桥. 项目管理实务运作[M]. 北京：清华大学出版社, 2003.

[14] 约翰·盖特纳. 战略供应链联盟[M]. 宋华, 等译. 北京：经济管理出版社, 2003.

[15] 菊池康也. 物流管理[M]. 丁立言, 译. 北京：清华大学出版社, 1999.

[16] 阿斯沃思·达蒙德理. 高管商学院：价值评估[M]. 张志强，王春香，等译. 北京：中国劳动社会保障出版社，2004.

[17] 熊楚雄，刘传兴，王义华. 财务报表分析精解[M]. 深圳：海天出版社，2001.

[18] 支燕. 物流财务管理[M]. 北京：电子工业出版社，2006.

[19] 傅桂林. 物流成本管理[M]. 北京：中国物资出版社，2005.

[20] 莫哈·尼尔. 平衡计分卡实战精要[M]. 邓小芳，译. 北京：机械工业出版社，2007.

[21] 拜瑞·内勒巴夫，亚当·布兰登伯格. 合作竞争[M]. 王煜昆，王煜全，译. 合肥：安徽人民出版社，2000.

[22] 杰拉尔德·温伯格. 咨询的奥秘[M]. 周浩宇，张卓娟，熊妍妍，译. 北京：清华大学出版社，2005.